Barbara Lesjak

Die Kunst der Politik

Schriften zur Gruppen- und Organisationsdynamik
Band 6

Herausgegeben von
Ewald E. Krainz

Beirat:

Ralph Grossmann
Peter Heintel
Karin Lackner
Ruth Simsa
Helmut Stockhammer (†)
Rudolf Wimmer

In der Reihe sind erschienen:

Band 1:
Renate Osterchrist, Marion Perger
Gruppen unter weiblicher und männlicher Führung
ISBN 978-3-8100-3290-4 (vergriffen)

Band 2:
Karl Kasenbacher
Gruppen und Systeme. Eine Anleitung zum systemtheoretischen
Verständnis der gruppendynamischen Trainingsgruppe
ISBN 978-3-8100-3815-9

Band 3:
Gerhard Falk, Peter Heintel, Ewald E. Krainz (Hrsg.)
Handbuch Mediation und Konfliktmanagement
ISBN 978-3-8100-3957-6

Band 4:
Peter Heintel (Hrsg.)
betrifft: TEAM. Dynamische Prozesse in Gruppen, 2. Auflage
ISBN 978-3-531-16260-7

Band 5:
Rudolf-Christian Hanschitz, Esther Schmidt, Guido Schwarz
Transdisziplinarität in Forschung und Praxis
ISBN 978-3-531-16029-0

Barbara Lesjak

Die Kunst der Politik

Zum Potenzial von Gruppendynamik
und Organisationsentwicklung für
politische Lernprozesse

VS VERLAG FÜR SOZIALWISSENSCHAFTEN

Bibliografische Information der Deutschen Nationalbibliothek
Die Deutsche Nationalbibliothek verzeichnet diese Publikation in der
Deutschen Nationalbibliografie; detaillierte bibliografische Daten sind im Internet über
http://dnb.d-nb.de abrufbar.

Veröffentlicht mit der Unterstützung des Forschungsrates
der Alpen-Adria Universität Klagenfurt.

ALPEN-ADRIA
UNIVERSITÄT
KLAGENFURT

1. Auflage 2009

Lektorat: Katrin Emmerich / Marianne Schultheis

VS Verlag für Sozialwissenschaften ist Teil der Fachverlagsgruppe
Springer Science+Business Media.
www.vs-verlag.de

Umschlaggestaltung: KünkelLopka Medienentwicklung, Heidelberg
Druck und buchbinderische Verarbeitung: Krips b.v., Meppel
Gedruckt auf säurefreiem und chlorfrei gebleichtem Papier
Printed in the Netherlands

ISBN 978-3-531-16677-3

Inhaltsverzeichnis

TEIL II:

TEIL III:

ALTE UND NEUE PERSPEKTIVEN
FÜR DIE POLITISCHE BILDUNG 169

Vorwort

Dieses Buch beschäftigt sich mit der Frage, wie politische Bildung besser, vielfältiger und wirkungsvoller als bisher vermittelt und ermöglicht werden kann. Es ist gedacht für LeserInnen mit „intervenierenden Berufen" (PädagogInnen, PsychotherapeutInnen, ÄrztInnen, BeraterInnen, ManagerInnen etc.), aber auch für kritische WissenschafterInnen und interessierte „Laien", die ihre Gestaltungsmöglichkeiten im Rahmen von Selbstbestimmungsprozessen erweitern möchten. Hier wird unterstellt, dass sich besonders diese intervenierenden Professionen mit Themen wie Aufklärung, Emanzipation, Selbstbestimmung, Selbststeuerung, Selbstreflexion als Steuerungsinstrumente für soziales bzw. politisches Geschehen beschäftigen müssten. Bei genauerer Betrachtung des „intervenierenden Charakters" dieser Professionen stellt sich nämlich heraus, dass Aufgeklärtheit, Emanzipation, Kritikfähigkeit, selbstbestimmtes Denken und Handeln keineswegs „verordnet" oder „unterrichtet" werden können, sondern dass diese „Zustände von Freiheit" hochgradig korrespondieren mit sozialen Prozessen, aus denen sie hervorgehen. Der Fokus liegt also auf der Prozesshaftigkeit der politischen Handlungsfähigkeit im weitesten Sinn, sowie auf den Steuerungsmöglichkeiten von sozialer Dynamik mit besonderer Berücksichtigung des Eigenlebens von sozialen Systemen.

Das Forschungsinteresse für die hier vorliegende Thematik war geleitet einerseits von eigenen Erfahrungen in der politischen Bildung und andrerseits von theoretischen Einsichten, gespeist aus Sozialphilosophie, praktischer Philosophie, Systemphilosophie, Systemtheorie, Sozialpsychologie, Psychoanalyse und Gruppendynamik. Ein besonderes Motiv war und ist das der Aufklärung – das Projekt einer Revitalisierung von Kants Wahlspruch der Aufklärung sollte in Angriff genommen werden. Aber wie sind sie zu überwinden – die „Faulheit" und die „Feigheit"? Diese Momente der sozialen Trägheit sind nicht nur individuell, sondern in kollektivem Ausmaß zu beobachten. Hier stellt sich die Frage, mit welchen „intervenierenden Instrumenten" (Methoden, didaktische Modelle, Steuerungspraktiken etc.) so etwas wie „Selbstbildung" in kollektivem Ausmaß am besten erreicht werden kann, freilich unter der Voraussetzung, dass eine „Freiwilligkeit zur Selbstaufklärung" besteht.

Das vorliegende Buch geht diesen Fragen nach; es ist eine Überarbeitung meiner Dissertation (Titel: Kunst der Politik. Ein philosophisch-sozialwissenschaftlicher Beitrag zur politischen Bildung) zum Zweck der besseren Lesbarkeit. Die eigenen Beweggründe für diese Art von Forschung waren unterlegt mit dem Bemühen, die „politische soziale Welt" besser zu verstehen und somit auch die eigenen Verhaltensmuster besser verstehen zu können – zu einem späteren Zeitpunkt meiner Forschungen wurde ich selbst Politikerin; somit erhöhte sich das Bedürfnis nach Orientierung, Verständnis, Einsicht, Kritik und Selbstreflexion. Dieses Buch ist auch zu verstehen als Dokumentation eines persönlichen „Selbstbildungsprozesses", der von erkenntnisreichen Höhen und lähmenden Tiefen und Selbstzweifeln geprägt war. Ich würde meinen, dass das Ergebnis ein größerer Spielraum sowohl in der Analyse von sozialen Prozessen wie auch bei der „Überlegung der Intervention" ist. Dieses Buch beschreibt diese Erkenntnisse – es mag den LeserInnen dazu dienen, selbst neue Kenntnisse über die Schwierigkeiten von individuellen und kollektiven (Selbst-)Bildungs- bzw. (Selbst-)Aufklärungsprozessen zu gewinnen und dadurch dort und da die Handlungsfreiheit in ihren Anwendungsfeldern zu erhöhen.

Der ganze Forschungsprozess – die Feldforschung, das Literaturstudium, die Hypothesenbildung, die Verwerfung der Hypothesen, die Neuformulierung – war ein abenteuerlicher Streifzug durch verschiedene akademische Disziplinen, mit längeren „Aufenthalten" im Forschungsfeld, mal mitten drin, mal am Rand, aber immer bemüht um reflektierende Distanz. Diesen „Aufenthalten" habe ich meine Kompetenz in der empirischen Sozialforschung zu verdanken – sie haben mich gelehrt, Respekt vor dem Eigenleben von sozialen Systemen zu haben. Für die „theoretische (Selbst-)Bildung" sei meinen Gutachtern bzw. Betreuern Prof. Peter Heintel und Prof. Ewald Krainz gedankt – ohne ihre geduldige, aber auch kritische Haltung wäre das Buch nicht zustande gekommen. Der größte Dank aber gilt meinem Lebensgefährten Johannes Wadl, der dafür gesorgt hat, dass ich über längere Zeiträume befreit von meinen elterlichen und haushalterischen Pflichten meinen Forschungen nachgehen konnte.

Oktober 2008

Einführung

Kunst der Politik – so nannten die ersten politischen Denker jene Fähigkeiten, die für die Ausübung einer politischen Tätigkeit vonnöten wären. Platon und Aristoteles glaubten, dass diese Kunst aus einer Reihe von Tugenden (heute würden wir von „Fähigkeiten" oder „Kompetenzen" sprechen) besteht, die prinzipiell jedem Staatsbürger und jeder Staatsbürgerin in unterschiedlichen Ausprägungen eigen sind. Dahinter steht der Gedanke der Teilhabe, und zwar einer Teilhabe von *menschlichen Anteilen*, von *menschlichen Affekten* am politischen Geschehen, an der Konstitution des Staates und an der Weiterentwicklung der Gesellschaft.

Die Jahrhunderte haben aus der *politischen Kunst* die *politische Bildung* geformt; heute ist sie institutionell den Politikwissenschaften und Sozialwissenschaften zuzuordnen und hat sich nach bestimmten Richtlinien und Bildungszielen zu orientieren. Die gegenwärtige politische Bildung basiert im Unterschied zur antiken Auffassung von *politischer Kunst* auf der Vorstellung, dass aus einer systematischen Wissensakkumulation eine „politische Gebildetheit" hervorgeht, die letztendlich die *Besserung des Ganzen* bewirken soll. Das war auch ein explizites Ziel der Griechen, aber nicht das vorrangige. Heute haben sich die Voraussetzungen geändert, die als Bedingungen für die Möglichkeit der politischen Bildung konstitutiv sind. Aber immer noch geht es um die Frage, wie eine Gemeinschaft durch eine partizipative Form der kollektiven Selbstbestimmung bestmöglich ihr Potenzial des *Gemeinwohls* entfalten kann, damit ihre Mitglieder auch ein *gutes* Leben haben können.

Zum Aufbau der Arbeit

Wie die politische Bildung gegenwärtig versucht diese Grundidee einzulösen, wird im ersten Teil dieser Arbeit behandelt. Hier werden ausgehend von einer „Bestandsaufnahme" der Situation der politischen Bildung die damit verbundenen Schwierigkeiten beschrieben. Es geht um die Frage, *wer* für *wen* politische Bildung macht, welche Voraussetzungen dafür geschaffen wurden und inwieweit die Ziele der politischen Bildung erreicht werden können. Wesentlich ist in diesem Zusammenhang die Frage der Didaktik der politischen Bildung: Sind beispielsweise Schulen dafür geeignet, dass sie die äußerst anspruchsvollen Ziele der politischen Bildung (laut Erlass des Bundesministeriums Politische Bildung in Schulen) einlösen können?

Schließlich ist zu hinterfragen, wo in der Gesellschaft politische Bildung „an-kommt". Sind etwa die SchulabsolventInnen dann so gebildet, dass sie komplexe gesellschaftliche Zusammenhänge durchschauen können, darüber urteilen und entsprechend politisch handeln können? Oder dass sie in der Gesellschaft um-fassende demokratische Prinzipien einführen können? Wenn nicht, wer oder was soll das dann können – die PolitikerInnen?

Diese Fragestellungen führen zu einer Auseinandersetzung mit der Praxis, die im zweiten Teil dieser Arbeit entlang einer Falldarstellung von politischer Bildung behandelt wird. Dabei wird eine konkrete Bildungsmaßnahme am Bei-spiel der GRÜNEN ÖSTERREICH untersucht, die unter dem Titel „Kunst der Politik" so etwas wie eine „alternative" politische Bildung darstellt, welche sich stark von der „schulischen Auffassung" von politischer Bildung unterscheidet. Mittels einer empirischen Studie wurden die Lernerfahrungen der beteiligten Personengruppen erhoben, deren Auswertung für eine kritische Bewertung von politischer Bildung bzw. für deren Weiterentwicklung interessant erscheint. Dieser „Fall von politischer Bildung" wird in weiterer Folge als Beitrag zur Entwicklung von neuen Perspektiven der politischen Bildung herangezogen.

Im Dritten Teil der Arbeit wird der Versuch unternommen, „neue, alte" Wege zur politischen Bildung aufzuzeigen. An Hand von theoretischen Aus-gangspositionen und praktischen Modellen werden die Möglichkeiten für neue Paradigmen der politischen Bildung beleuchtet. Dabei wird die politische Philo-sophie der Griechen sehr ausführlich dargestellt, weil es zweckmäßig erscheint, deren Überlegungen zur politischen Kunst im Hinblick auf eine heutige Über-setzbarkeit weiterzuführen. Die *politische Kunst* wird folglich mit einer gegen-wärtigen, besonderen Form der angewandten Sozialwissenschaft, der Gruppen-dynamik, in Zusammenhang gebracht und dahingehend hinterfragt, in wie weit die Gruppendynamik hier als eine neue Lösungsmöglichkeit eine praktische und theoretische (Neu)Orientierung bieten könnte. Schließlich werden daraus einige Konsequenzen für eine Neuorientierung der politischen Bildung abgeleitet.

Praktischer und theoretischer Zugang

Die „Erkenntnisbrille" für die Erforschung der „politischen Kunst" – was das sein könnte, wird noch geklärt werden – ist die „Brille" der Gruppendynamik; sie ist in theoretischer und in praktischer Hinsicht interessant, weil sie sich zwar nicht explizit als „politische Bildung" ausgibt, aber innerhalb eines anderen Wissenschaftszusammenhangs ganz deutlich den Anspruch auf eine emanzipa-torische Bildung erhebt. Die Gruppendynamik hat sich als eine interdisziplinäre, angewandte Sozialwissenschaft etabliert, die auf mehreren Ebenen wirksam geworden ist: in der Formulierung des „dialektischen Wissenschaftsbegriffs", in der Begründung von Interventionsansprüchen in die Forschungsfelder, in der Entwicklung von „Vermittlungskompetenzen" zwischen Wissenschaft und Praxis (Methoden, Designs, theoretische Modelle, Prozesskompetenzen, Beratungskompetenzen etc.), in der Entwicklung von Lehr- und Lernformen, sowie im Bereich der angewandten Forschung. Das Hauptmotiv der Gruppendynamik ist die geplante und beabsichtigte „Intervention" in ein System mit dem Ziel der „Selbstbestimmung". Dieses Ziel setzt eine entscheidende Situation voraus: das „Bewusstsein eines Systems über sich selbst". Es beschreibt zugleich ein wesentliches Ziel der politischen Bildung, nämlich die „Politisierung" von sozialen Verhältnissen.

Beim Vorhaben, die Gruppendynamik als Hintergrund für die Fragen der politischen Bildung heranzuziehen, sei hier auf drei Tatsachen verwiesen: 1. meine Erfahrungen als Universitätsassistentin in diesem Bereich erschließen eine Vielzahl an didaktischen Möglichkeiten, Modellen, Konzepten und Erfahrungen von „demokratischer Bildung", die ich im Bereich der Forschung und Lehre umsetzen kann. (Hier muss allerdings dazugesagt werden, dass diese Möglichkeiten innerhalb der systembedingten disziplinären, „akademischen" Strukturen oft massiv eingeschränkt werden. Besonders was den Bereich der sozialen Kompetenzen (Verhaltensbildung, Erfahrungslernen) betrifft, ist er – so wie im Bildungssystem generell – im traditionellen Wissenschaftsbetrieb eher ein „fremdartiges Element".) Nicht zufällig hat die Gruppendynamik eine Art „Sonderstellung", die von „akademisch-eingefleischten" WissenschafterInnen oft argwöhnisch beobachtet wird; immerhin kommt sie ganz unmittelbar mit der Empirie in Kontakt, und zwar nicht nur auf einer theoretischen Ebene der Gesellschaftskritik, sondern mit einer starken Orientierung nach Veränderung der Praxis.

Neben diesem wissenschaftlichen, praxisorientierten Zugang gibt es noch 2. die Ebene der konkreten Politik. Als grüne Mandatarin im Kärntner Landtag liegt meine Funktion nicht primär im Reflektieren, sondern im Agieren, und zwar im politischen Agieren. Hier wird der eigene „demokratische Bildungsgrad" auf den Prüfstand der Praxistauglichkeit gestellt, und zugleich wird dadurch ein bestimmtes „empirisches Material" generiert, das in die Überlegungen zur politischen Bildung einfließt. Und 3. haben die Erfahrungen als „Bildungsarbeiterin" in der „Grünen Bildungswerkstatt Kärnten" gezeigt, dass eine neue Ausrichtung der politischen Bildung einerseits große Mühe kostet, andererseits aber auch erfolgreich sein kann. Hier habe ich die Erfahrung gemacht, dass die Gruppendynamik eine hohe praktische Tauglichkeit für die politische Bildung haben kann.

Diese drei Zugänge zur politischen Bildung verbinden eine Grundidee: Die politische Bildung soll Demokratie vermitteln und zwar vor allem in ihren „sozialen Möglichkeiten". Das würde einfach gesagt die Menschen in ihrer Rolle als BürgerInnen und die Demokratie insgesamt weiterentwickeln. Für einen solchen Entwicklungsprozess sind aber Prozessmethoden, Verfahrensweisen, Organisationsformen und Steuerungsinstrumente nötig, die ebenso für die Erreichung der Ziele der politischen Bildung nötig erscheinen. Denn diese Methoden beeinflussen die Interdependenz von (Entscheidungs-)Prozessen und den Resultaten daraus, die uns beispielsweise im System Politik als politische Entscheidungen „von oben" begegnen. Politische Entscheidungen werden aber überall dort getroffen, wo „Gemeinschaft" im weitesten Sinn geregelt werden muss.

Jedes soziale System (Verein, Unternehmen, Schule, Partei etc.) hat eine bestimmte, spezifische „Herrschaftsform" (die mehr oder weniger hierarchisch organisiert sein kann), das heißt, dass Entscheidungen immer schon zu einer bestimmten Steuerungsstruktur führen bzw. geführt haben. Insofern lässt sich das Konzept der demokratischen (Selbst-)Bildung bzw. eine „direkte Demokratisierung" auf der ganzen Spanne der sozialen Komplexität aufspannen: Es setzt bei der Selbstreflexion des Individuums an, beschäftigt sich mit Gruppenprozessen (soziale Gesetzmäßigkeiten von Gruppen) und führt zur Entwicklung von Modellen zur kollektiven (Selbst-)Steuerung oder „Selbstbestimmung". Diese sozialen Kategorien sind beispielsweise für die Gestaltung von politischer Bildung ganz wesentlich: Je nach sozialer Formation der TeilnehmerInnen müssen entsprechende prozessorientierte Methoden eingesetzt werden, wenn etwa das Ziel der Partizipation im Vordergrund steht.

Diese drei Zugänge eröffnen gleichermaßen die Blickrichtung auf neue, alte „Ansätze" im Bereich der politischen Philosophie und auf praxisorientierte Bildungsmodelle, die für die Zwecke dieser Arbeit auf einen „grün-politischen" Anwendungsbereich eingegrenzt werden. Die Erfahrungen aus dieser Anwendung könnten aber beispielhaft für weitere Anwendungen gelten, zumal sie mit wesentlichen Paradigmen der politischen Bildung verglichen werden können.

Die letzte und „unhintergehbarste" Vergleichsebene ist für mich jedoch die Ebene der alltäglichen politischen Arbeit. Durch die eigenen Erfahrungen im politischen Agieren drängt sich geradezu die Frage nach der politischen Bildung auf. Es liegt sogar der Verdacht nahe, dass häufig nicht Bildung, sondern „Unbildung" zu politischen Entscheidungen führt. Es gibt viele Situationen, in denen sich diffuse Widersprüche zwischen politischer Vernunft, politischem „Sachzwang" (WählerInnenmaximierung, Medien- und Pressearbeit, Parteilogik etc.) und politischen Bildungsansprüchen verdichten und zugleich zu so etwas wie einem persönlichen „Defizitbewusstsein" führen. Dies ist ein zentrales Motiv für diese Arbeit. Um diese Erfahrungen und Überlegungen sichtbar zu machen, habe ich zwei praktische Erfahrungsebenen gewählt: Einerseits werden die Erfahrungen der TeilnehmerInnen aus der Bildungsmaßnahme „Kunst der Politik" beschrieben und interpretiert (im 2. Teil dieser Arbeit). Andrerseits fließen auch eigene Erfahrungen in der Bestandsaufnahme der politischen Bildung im ersten Teil ein; hier werden erlebte Situationen als „Situationsvignetten" hinzugefügt (grau hinterlegter Text).

Teil I:
Zur Situation der politischen Bildung

1   Eine allgemeine Bestandsaufnahme der politischen Bildung

„Politische Bildung neu denken" – unter diesem Titel wurde im November 2006 vom Zentrum für Friedensforschung und Friedenserziehung der Alpen-Adria-Universität Klagenfurt eine dreitägige Tagung durchgeführt. Diese interdisziplinär ausgerichtete Initiative zeigt, dass das (wissenschaftliche) Interesse an der politischen Bildung ungebrochen bzw. wieder aktuell geworden ist. Sie zeigt zugleich aber auch, dass es offenbar noch ungelöste Probleme gibt, insbesondere im Zusammenhang mit der Frage der Vermittlung von politischer Bildung. Der Titel der Tagung deutet eine anspruchsvolle Intention an: die Neuformulierung und Neuausrichtung der politischen Bildung. „Neu denken" heißt gleichzeitig auch, Alternativen zum Bisherigen zu suchen und zu finden. Indirekt verweist diese Intention auf ein traditionelles Dilemma: die Diskrepanz zwischen Theorie und Praxis, zwischen Curriculum und Lebenswirklichkeit, zwischen aufklärerischem Anspruch und „Sachzwang" in der politischen Praxis.

Auf der einen Seite gibt es eine wissenschaftliche „Zuständigkeit" für die inhaltliche und didaktische Gestaltung von politischer Bildung. Auf der anderen Seite stehen (meist) SchülerInnen, die Politische Bildung als Fach neben anderen Fächern unterrichtet bekommen – sie sollen zu selbstbewussten DemokratInnen ausgebildet werden, zu StaatsbürgerInnen, die laut Grundsatzerlass des Bildungsministeriums *Wissen und Kenntnisse* über die politische und soziale Ordnung der modernen Gesellschaft erlangen sollen; sie sollen in der *Fähigkeit zum kritischen Urteil* und in der *Einsicht in die einzelnen Faktoren gesellschaftlicher Entscheidungsfindung entwickelt* werden, um schließlich die *persönliche Aufgabe bei der Gestaltung unserer Gesellschaft wahrnehmen zu können.* Es soll die *Bereitschaft zu verantwortungsvollem Handeln* geweckt werden, denn *der Schüler soll bereit sein, Entscheidungen... in politisch verantwortungsbewusstes Handeln umzusetzen.* (vgl. Bundesministerium 1994, Pkt. I. Grundsätzliches)

Dieser Grundsatzerlass definiert die Ziele und Aufgaben der politischen Bildung, wobei in der Politikwissenschaft in diesem Zusammenhang zwei Politikbegriffe angenommen werden (vgl. Pelinka 1985, 1999): ein *enger Politikbegriff*, der die Politische Bildung deutlich an die *Politikwissenschaft als fachwissenschaftliche Voraussetzungen* (*Spezialisierung*) knüpft und als *Unterrichtsfach Politische Bildung* in Schulen eine entsprechende Realisierung dieser Ziele und Aufgaben finden soll. Der zweite Politikbegriff ist ein *weiter Politikbegriff*, der als *Unterrichtsprinzip* von allen sozialwissenschaftlichen Fachdisziplinen der politischen Bildung getragen und unterrichtet werden soll (*Generalisierung*). *Das Unterrichtsprinzip Politische Bildung ist notwendig mit einem weiten Politikbegriff verflochten. Schon die Auffassung, dass Politik nicht ein Lehrinhalt wie andere auch sein kann, dass vielmehr Politik Bestandteil aller Lehrinhalte zu sein hat, dass daher Politische Bildung Aufgabe aller Fächer und aller Fachvertreter sein muss, setzt die Auffassung einer Politikimmanenz aller Wissensbereiche voraus.* (Pelinka 1985, S. 549)

Anton Pelinka sieht im Erlass des Bildungsministeriums das *Unterrichtsprinzip* verwirklicht, wobei er einräumt, dass es dazu der *umfassenden Verschränkung der Politikwissenschaft mit letztlich allen Fächern* bedarf (ebd., S 550). Erst diese Voraussetzung könne die im Erlass festgelegten Ziele und Aufgaben erfüllen. Das bedeutet, dass die Fachgrenzen überschritten werden müssten, um die politische Bildung zu einer Angelegenheit aller Fächer werden zu lassen. Nun ist die Struktur der Schule aber nicht auf interdisziplinäre Kooperationen ausgerichtet, sondern auf die Ab- und Eingrenzung der Fächer. Wenn es nicht dazu kommt, dass die Schulen ihre Strukturen auf Interdisziplinarität ausrichten, dann ist die *umfassende Verschränkung mit allen Fächern* von vornherein zum Scheitern verurteilt. Der Status quo verdeutlicht dies: Politische Bildung ist heute immer noch ein Teilbereich im Geschichtunterricht bzw. ein eigenes Fach „neben anderen Fächern", und die curricularen Entwicklungen in Richtung Interdisziplinarität lassen kaum die „Politisierung der Wissensinhalte" erkennen. Mag sein, dass einige FachvertreterInnen die Politikimmanenz ihres Fachs erkennen und würdigen, die didaktische Umsetzung ist jedoch wiederum an das didaktische Konzept des jeweiligen Fachs gebunden und nicht an eine (noch zu entwickelnde) Interdisziplinarität. Hier kann bestenfalls das Ziel der *Vermittlung von Wissen und Kenntnissen* erreicht werden. Die weiteren Ziele stoßen unvermeidlich an die Grenzen der didaktischen Möglichkeiten, weil sie eine Dimension des Lehrens und Lernen beschreiben, die als Voraussetzung eine politische Praxis erfordert, welche in der Schule nicht vorhanden ist.

Fähigkeiten und Einsichten und die *Bereitschaft, Entscheidungen in politisch verantwortungsbewusstes Handeln umzusetzen* müssen erprobt, geübt und „durchgespielt" werden – wie sollen sonst *Fähigkeiten* (kritische Urteilsfähigkeit, Entscheidungsfähigkeit, Handlungsfähigkeit) entwickelt werden, wenn nicht im politischen Handeln selbst?

Diese Widersprüche zwischen Theorie und Praxis sind nicht neu; der Stand der kritischen Diskussion zur politischen Bildung in den siebziger und achtziger Jahren des vorigen Jahrhunderts hat sich seither kaum verändert. Noch heute erinnern die mühevollen Anstrengungen in der Politikwissenschaft, die politische Bildung „neu denken" zu müssen, an jene aus dieser Zeit. Dass die immer zu aktualisierenden Inhalte und die Entwicklung einer ihr angemessenen Didaktik gerade nicht in Schulen verwirklicht werden kann, darüber sind sich die ExpertInnen aus verschiedenen Disziplinen damals wie heute einig. Immer noch werden die unüberwindlichen Grenzen der Didaktik der politischen Bildung analysiert, die gerade aus der institutionellen Verfasstheit des Bildungssystems resultieren. Ein Befund aus dieser Auseinandersetzung gilt damals wie heute: Die Schule hat als Funktionssystem ihre disziplinäre Trennung der Fächer nicht aufgegeben und verfolgt immer noch den Zweck der *instrumentellen Wissensvermittlung* (vgl. Altrichter/Krainer 1996; Kellermann 1985; Grossmann/Heintel 2000; Heintel 1974, 1975, 1977a, 1985a, 1985b, 2000; Krainer 2002; Krainz-Dürr 1999; Scala 1974; Schwarz 1974).

1.1 Zum „Theorie-Praxis-Problem"

Der Befund der politik- und sozialwissenschaftlichen Analysen lautet, verkürzt gesagt: Das „Theorie-Praxis-Problem" wurde nicht gelöst. So ehrenhaft gegenwärtige universitäre Initiativen der (politik-)wissenschaftlichen Auseinandersetzung mit der politischen Bildung sein mögen, sie sind vermutlich selbst ein „Symptom des Theorie-Praxis-Problems", denn hier wird eine institutionelle Insuffizienz sichtbar, die charakteristisch für Universitäten und Schulen ist: Das Nachdenken über Politische Bildung wird zu einem elitären Diskurs, der wenig Möglichkeiten hat jene AkteurInnen zu erreichen, die politisch gebildet werden sollen. Die Einen (WissenschafterInnen) denken für die Anderen (SchülerInnen, StudentInnen, StaatsbürgerInnen) – Denken und Handeln sind kein integrierter Prozess, sondern werden arbeitsteilig auf „ExpertInnen" und „Laien" aufgeteilt in einer Weise, die eine gegenseitige „Beteiligung" offenbar kaum zulässt. Inhalte und Didaktik der politischen Bildung werden nicht aus der Praxis heraus von „PraktikerInnen" (PolitikerInnen, BürgerInnen, „Zivilgesellschaft") entwickelt, sondern von „TheoretikerInnen", die ihrerseits eine Praxis voraussetzen, die sie selbst nicht haben. Genau genommen ist diese Art von „Verteilungspolitik" (hier die Denkenden, dort die Handelnden) höchst undemokratisch, weil keine Partizipation der PraktikerInnen an der Theoriebildung bzw. der TheoretikerInnen an der Gestaltung der Praxis vorgesehen ist. Das entspricht eher einem obrigkeitsstaatlichen Fürsorgegedanken, der theoretisch definiert, was und wie die Praxis zu sein hat und wie man die AkteurInnen mit bestimmten Inhalten versorgt. Es ist unübersehbar, dass Universitäten wie Schulen eine große, schier unüberwindliche Distanz zur politischen Praxis haben, die ja letztendlich verbessert, demokratisiert und aufgeklärt werden soll.

Ein wenig anders verhält es sich in der politischen Erwachsenenbildung, die in der Nähe von politischen Parteien angesiedelt ist und sich an ihre Mitglieder (potenzielle bzw. aktive PolitikerInnen) richtet. Ihre politische Bildung hat einerseits noch sehr stark die Charakteristik der *Vermittlung einer ideologischen Identität* (Heintel 1977a, S. 19), andrerseits ist das „Theorie-Praxis-Problem" nicht in der Weise virulent wie in praxisfernen Bildungsinstitutionen. Für die hier angestellten Überlegungen sind politische Parteien interessant, die Werte wie Aufklärung, Emanzipation, Demokratie, Solidarität oder Selbstbestimmung hoch halten. Ihnen kann unterstellt werden, dass sie diese Werte auch auf ihre Auffassung von politischer Bildung übertragen und dementsprechend an einer humanistischaufgeklärten, emanzipatorischen und sozialen (Verhaltens)Bildung interessiert sein müssten. Beispielhaft seien daher *Die Grünen* herangezogen – ihre politische Bildung hat sich explizit auf die Grundwerte der Partei zu beziehen (eine ausführliche Darstellung an Hand einer Fallbeschreibung bietet der zweite Teil dieser Arbeit).

Allgemein gesprochen befindet sich die grüne politische Erwachsenenbildung in einer permanenten „Umbruchphase", wo es möglich ist, neue Formen der Bildung zu erproben. Eine empirische Forschung der „grünen" politischen Bildungslandschaft im deutschsprachigen Raum hat gezeigt, dass die Vermittlung demokratischer Kultur ein wesentlicher Bestandteil der Identität von „Grünen Bildungswerkstätten" ist, aber gleichzeitig „erliegen" sie organisatorisch der Differenz zwischen Theorie und Praxis (vgl. Leuthold 2000). Diese Analyse verweist auf mehrere Problemfelder der grün-alternativen Bildungsarbeit: Die Handlungsfelder der politischen Bildung seien nach Leuthold indifferent – es ist nicht klar, an wen sich die politische Bildung richtet und wem sie verpflichtet ist. Mehrere gesellschaftliche Rahmenbedingungen (Individualismus, Dominanz der Ökonomie, Abstraktheit von Grundwerten etc.) erschweren außerdem eine verbindliche Begriffsdefinition von politischer Bildung. Der dominante gesellschaftliche, „individualisierte" Bildungsbegriff kann *keine gemeinsame Grundlage für ein allgemein gültiges Professionsverständnis bieten* (Leuthold 2000, S.

194). Eine latente *parteipolitische Einmischungsstrategie* erschwere außerdem die Positionierung der Bildungsarbeit als *pädagogisches Reflexionswissen* – Politische Bildung laufe immer Gefahr, als *Instrumentalisierung der Bildung für die Politik verstanden zu werden* und somit einem instrumentellen, affirmativen Bildungsbegriff Vorschub zu leisten (ebd., S. 194 f.).

Dieser Befund macht eine Ambivalenz in der Ausrichtung der parteinahen grünen Bildungsarbeit deutlich, die von ähnlichen Differenzen wie in anderen Bildungsinstitutionen gekennzeichnet ist. Auch hier muss die Grenze zwischen Theorie und Praxis, zwischen Pädagogik und Politik, zwischen Infragestellung und Affirmation, zwischen Reflexion und Handlung etc. jeweils didaktisch und organisatorisch „geregelt" werden. Leutoholds *problemgeschichtliche Darstellung der grünen politischen Bildung* (vgl. Leuthold 2000) analysiert einige interessante Problembereiche im Zusammenhang mit der Überbrückung der Distanz zwischen „Theorie" und „Praxis", es werden aber keine Modelle oder Konzepte mit neuen Ansätzen entwickelt. Hier ist das „Distanzproblem" der politischen Bildung in weiten Strecken offen geblieben.

Sowohl in parteifernen wie auch in parteinahen Bildungseinrichtungen ist das „Theorie-Praxis-Problem" mit je spezifischer Qualität vorzufinden. Schulen und Universitäten sind zwar relativ frei in der Selektion ihres Wissens, sie sind jedoch auch „frei von der Praxis". Hingegen befinden sich parteinahe Einrichtungen oft nahe am Geschehen und sind aufgefordert, diese Praxis zu „gestalten"; hierfür fehlen jedoch oft die nötige Distanz zum parteipolitischen Impetus und zur ideologischen Orientierung; Bildungsziele werden oft nicht von politischen Zielen differenziert und entsprechend vermittelt.

1.2 Die Aufgabe der Wissenschaften

Die Distanz zwischen Theorie und Praxis überbrücken, wäre die Aufgabe der Wissenschaften, einerseits im Rahmen ihrer Fachdidaktiken, andrerseits auch in der theoretischen und methodologischen Begründung der Forschungsinteressen gegenüber der Gesellschaft. Der gedeihliche Beitrag zur gesellschaftlichen Entwicklung ist auch ein Anspruch, den die Politikwissenschaften zu verfolgen suchen. Die didaktische Konsequenz daraus müsste eine politische Bildung sein, die einen emanzipatorischen Anspruch erhebt und auf die Analyse und Weiterentwicklung der Gesellschaft abzielt. Politik-, Sozial-, und Humanwissenschaften müssten sich folglich stärker dem „Vermittlungsproblem" widmen, vorausgesetzt sie haben einen deutlichen Anspruch auf Interdisziplinarität, Praxisorientierung, „Politisierung der Fächer" und schließlich auf die „Politisierung aller

Lebensbereiche". Für eine emanzipatorisch-orientierte politische Bildung ist die „Selbstaufklärung" gewissermaßen Methode und Ziel zugleich, besonders in „praktischer Hinsicht". Das bedeutet, dass Veränderungen intendiert werden. Der Begriff „Politik" sollte daher aus der theoretischen Position herausgeführt werden und eine Handlungsdimension erreichen, damit die „Theorie in die Praxis" kommt und umgekehrt. Das traditionelle Bildungsziel der politischen Bildung müsste dahingehend erweitert werden, dass die „kritische Kompetenz" sowohl im Wissenschaftsbetrieb, wie auch in praktischen Feldern – mehr als bisher – realisiert werden kann.

Die emanzipatorisch-orientierte Bildung würde ihre kritische Kompetenz auch verstärkt gegenüber den Wissenschaften selbst geltend machen (müssen). Unter anderem wären jene Voraussetzungen zu hinterfragen, die dazu führen, dass es zur disziplinären Arbeitsteilung (Spaltung zwischen Theorie und Praxis) kommt. Die Kritik an den Voraussetzungen allein ist aber zu wenig, sie müsste einhergehen mit der Entwicklung von Alternativen, mit (didaktischer und inhaltlicher) Modellbildung und mit experimentellen Entwürfen zur Integration von Theorie und Praxis. Die Leitfragen in diesem Zusammenhang lauten: Wie kommt die politische Bildung über ihre Fachgrenzen hinaus zu anderen Fächern und vor allem zur konkreten Praxis? Welche Voraussetzung müssten geschaffen werden, damit diese Grenzen überwunden werden können? Schlussendlich wäre es die Aufgabe der Wissenschaften, geeignete Voraussetzungen zu entwickeln, die imstande sind Theorie und Praxis in eine fruchtbare Synthese zu bringen.

Es mag „eingefleischte" WissenschafterInnen nicht verwundern, dass an der oben genannten Tagung kein einziger Politiker oder Politikerin anwesend war. Im Publikum befanden sich vorwiegend „Fachinteressierte" und es gab auch einige Schulklassen, die eher uninteressiert den Ausführungen der ExpertInnen lauschten; ihre LehrerInnen schienen interessierter gewesen zu sein. Auffällig war das Vorherrschen eines „theoretischen" Interesses; wie die neuen wissenschaftlichen Erkenntnisse jedoch so in die Praxis umgesetzt werden sollen, damit sie auch entsprechende Lösungen bewirken können, darüber gab die Tagung keine Auskünfte. Es gab ja auch niemanden, der danach fragte. Die gewohnheitsmäßige Abstinenz der „Praxis" an der Theoriebildung ist für eine Universität offenbar ein „Normalfall", aus einer gewissen Distanz betrachtet, erscheint sie höchst eigenartig; die Vorstellung des Elfenbeinturms drängt sich auf. Wie soll die Wissenschaft eine gedeihliche Entwicklung der Gesellschaft vorantreiben, wenn sie diese Gesellschaft nicht erreicht? Wie soll Politische Bildung an ihre AdressatInnen kommen, wenn dort kaum Interesse für die wissenschaftlichen Diskurse vorhanden ist?

Die Intention politische Bildung neu zu formulieren setzt nicht nur voraus, dass die Voraussetzungsproblematik bearbeitet wird, es müsste in letzter Konsequenz darauf hinauslaufen, den Begriff der politischen Bildung ebenso an die Voraussetzungsproblematik zu knüpfen. Die Vermittlung von Theorie und Praxis, die Integration von Bildung und Wissen und die Entwicklung von „demokratischen" Kommunikationsmodellen sind zugleich spezifische Formen politischer Bildung (die es noch weitgehend zu entwickeln gilt). Demzufolge kann politische Bildung nicht mehr als *Unterrichtsfach*, auch nicht mehr als *Unterrichtsprinzip* verstanden werden, sondern als *grundlegendes, vorausgesetztes Prinzip aller Bildung* (vgl. Heintel 1977a). Bereits in den siebziger Jahren gab es dazu erste Überlegungen, die in weiterer Folge sehr umfassend einerseits die Voraussetzungsproblematik durchleuchtete, andrerseits die Dimensionen einer Neugestaltung der politischen Bildung diskutierten. Peter Heintel formulierte in seiner Schrift *Politische Bildung als Prinzip aller Bildung* (1977a) ein umfassendes Konzept zur Neuorientierung der politischen Bildung. Vorausgehend und nachfolgend gab es eine Reihe von Publikationen, die die Versuche, eine „alternative" politische Bildung in Schulbehörden und in Schulen einzuführen, diskutierten (vgl. Heintel 1974, 1975, 1977a, 1985b, Scala 1974, Schwarz 1974, Pickl 1980, Kellermann 1985, Pelinka 1985).

Es ist symptomatisch, dass diese Konzeptentwicklung nicht etwa von der Politikwissenschaft ausging, sondern von der österreichisch geprägten *Gruppendynamik*[1] mit ihrem Anspruch als *praktische Philosophie*. Ihr Versuch, die Schulen zu „demokratisieren", den Unterricht zu „politisieren" und eine neue Dimension von politischer Bildung als eine „soziale Erziehung und Bildung" einzusetzen, sind für die heutige Schulpraxis weitgehend erfolglos geblieben. 1974 resümiert Gerhard Schwarz: *Versuche, die Unterrichtsbehörden, die Verwaltung, die Kirche oder das Heer in Österreich für Forschungen auf dem Gebiet der Gruppendynamik zu begeistern, sind bisher misslungen.* (Schwarz 1974, S. 8) Aus heutiger Sicht würde das Urteil nicht so scharf lauten: Es ist immerhin gelungen, die Idee des *Prinzips der politischen Bildung* in die wissenschaftliche Auseinandersetzung aufzunehmen und zumindest als Fragestellung aufrecht zu erhalten. Wesentliche Teile des Erlasses zur politischen Bildung in Schulen beziehen sich immerhin darauf. Andrerseits hat sich seit dieser Zeit das Bildungssystem sehr wenig strukturell und organisatorisch verändert. Das bedeutet, dass die damals analysierten strukturell bedingten Schwierigkeiten heute ebenso weitgehend vorzufinden sind.

---

1   In den siebziger Jahren des vorigen Jahrhunderts begannen die „Wiener Gruppendynamiker" (Uwe Arnold, Traugott Linder, Ber Pesendorfer, Gerhard Schwarz, Peter Heintel) im Rahmen der Entwicklung von Theorie und Praxis der Gruppendynamik unterschiedliche Anwendungsbereiche zu finden; einer davon waren Bildungsinstitutionen.

Die Gruppendynamik hat mittlerweile weite Anwendungsfelder in der Wirtschaft, in der Erwachsenenbildung und in der universitären Bildung gefunden, wohingegen „traditionelle" Politikwissenschaften gleichklingende Forderungen für die politische Bildung erheben. Sie fordern heute noch – oder wieder – Interdisziplinarität, das Überwinden von Fachgrenzen und die Vermittlung der Politikimmanenz aller Wissensbereiche; sie selbst haben diese Forderung offenbar für sich nicht vollzogen, sondern perpetuieren jene problematischen Voraussetzungen (wie etwa die strukturell-bedingte „Praxisabstinenz"), die zur Verkürzung des Begriffs der Politik führen. Dieses Voraussetzungsdilemma hat die Politikwissenschaft wieder zurückgeworfen auf die traditionellen wissenschaftlichen Paradigmen (Abgrenzung des Faches gegenüber anderen Fächern, methodische Engführung, enger Politikbegriff etc.). Die bildungspolitischen Entwicklungen machen dieses Dilemma deutlich: Für die gesetzliche Verankerung der Ziele und Aufgaben der politischen Bildung (Erlässe des Bildungsministeriums bzw. deren Novellierungen) waren und sind maßgeblich PolitikwissenschafterInnen verantwortlich. Sie definieren Ziele für andere, Ziele, die sie selbst nicht erreichen können. Schulen sollen die Ziele und Aufgaben erfüllen. Diese offensichtliche Schwierigkeit hier nur Postulate formulieren zu können und die Einsicht, dass die Realisierung nur sehr ansatzweise funktionieren kann („Es hängt immer vom Lehrer, von der Lehrerin ab..."), wird damit kompensiert, dass der aktuelle Erlass noch ausführlicher, noch detaillierter und noch anspruchsvoller formuliert werden soll. In der eingangs erwähnten Tagung „Politische Bildung neu denken" hat man sich mit einem neuen Entwurf des Erlasses beschäftigt, der im wesentlich auf ein „Mehr desselben" hinausläuft. Das „Voraussetzungsdilemma" blieb unberührt – im Gegenteil, dieses Problem hat man dadurch eher verschärft. Wie es gelingen könnte, Bedingungen zu schaffen, die eine politische Bildung als ein Prinzip der Bildung alle Wissensbereiche erfassen und verwirklichen könnte, dazu gibt dieser politikwissenschaftliche Diskurs kaum Antworten.

1.3 Politik neu denken...

Angesichts dieser Fragestellungen ist die Neuorientierung der politischen Bildung dringlich – und hier erscheint der Gehalt der Auseinandersetzung mit dem „Prinzip politische Bildung" anschlussfähig. Für die Weiterführung der Überlegungen aus den siebziger Jahren des vorigen Jahrhunderts ist es hilfreich, einen ebenso weit gefassten Blick auf das „Politische" zu richten. Ein noch weitreichenderer Blick in die Vergangenheit – zu Platons *Staat* (auch: *Politikos* und andere Dialoge) und Aristoteles' *Politik* und *Nikomachische Ethik* – eröffnet eine klare Kontur des Politischen: Das Mensch-Sein hat das Politische „an und für sich". Der Mensch wird als *politisches Lebewesen* vorausgesetzt, d. h. dass er primär als ein „soziales Lebewesen" bestimmt ist. Der Ort der politischen Auseinandersetzung ist die *Polis*, die als *politische Gemeinschaft* jener gesellschaftliche und soziale Ort ist, an dem *gemeinschaftsbildende* Entscheidungen getroffen werden (siehe dritter Teil dieser Arbeit, erstes Kapitel).

Für die genannten Philosophen sind Menschen prinzipiell dazu fähig, sich selbst als *Gemeinschaft* (heute würde man von „Gesellschaft" sprechen) zu organisieren und zu führen. Diesem Konzept zufolge wird die individuelle Form der Freiheit bestimmt: Sie ist keine „persönliche Freiheit" („neuzeitlich" gesehen haben wir eine „individualistische" Auffassung von Freiheit), sondern eine *politische Freiheit* im Sinn einer *aktiven Teilnahme an der kollektiven Macht* (Höffe 2001, S. 187). Die politischen Formen zur Realisierung eines Staates (*Tyrannis, Oligarchie, Demokratie* etc.) können unterschiedlich sein. Entscheidend ist, dass eine Gemeinschaft in der Lage sein muss, sich *autark* zu verhalten – sie muss *sich-selbst-gesetzgebend* sein können. (Die *Systemtheorie* hat für diese Funktion den Begriff *Autopoiesis* gesetzt; als soziologischer Formalbegriff kann er allerdings die Qualität der je spezifischen „Machtdynamik" nicht erfassen.) Und das setzt wiederum „politische" Fähigkeiten voraus (*Tugenden*), die erst erlernt und eingeübt werden müssen. In diesem Sinn wird etwa bei Aristoteles politische Bildung verstanden – als eine Befähigung zur *Gemeinschaftsbildung*. *Politisch* und *herdenbildend* sind für Aristoteles zwei synonyme Begriffe. Alle StaatsbürgerInnen sollen als politische Wesen permanent potenziell in der Lage sein, den Staat zu führen bzw. sich selbst als Kollektiv zu erfassen und zu steuern (vorausgesetzt es gibt eine *gerechte Verfassung*) (vgl. Aristoteles 1983, 2003). Politische Bildung im aristotelischen Sinn meint Ausbildung der BürgerInnen in politischen und sozialen Fähigkeiten – sie sollen ihre „gemeinschaftlichen" Probleme selbst lösen können (mehr dazu im dritten Teil).

Für die heutigen Überlegungen ist es zweckmäßig, einen umfassenden, prozessorientierten Politikbegriff anzunehmen. Eine einfache Definition lautet: Politik findet überall dort statt, wo „Gemeinschaft" organisiert werden muss, wo gesellschaftliche Probleme gelöst werden müssen und wo das Öffentliche organisiert werden muss. Heintel formulierte einen ebenso weit gefassten Politikbegriff: *Von Politischem spreche ich überall dort, wo direkte Kommunikation überschritten ist oder werden muss, wo Öffentlichkeit geregelt wird.* (Heintel 1977a, S. 9) Ausgehend von diesem Politikbegriff lauten die allgemeinen Grundfragen für die emanzipatorisch-orientierte politische Bildung wie folgt:

Wie kann die Idee der Aufklärung (vgl. Kant 1964) in eine moderne Didaktik transformiert werden? In Anlehnung an die Beantwortung der Aufklärungs-

frage durch Immanuel Kant könnte der „Leitspruch" heute so lauten: Aufklärung ist der Ausgang des Menschen aus seiner selbstverschuldeten „politischen"
Unmündigkeit. ... Habe Mut, dich deines eigenen „politischen" Verstandes zu
bedienen! Der Aufklärungsidee verpflichtend lauten weitere Fragestellungen:

Wie ist es möglich, dass sich eine moderne Gesellschaft als eine „politische
Gemeinschaft" begreift, die in der Lage ist möglichst partizipnativ ihre Öffentlichkeit zu gestalten?

Wie können heute „Fähigkeiten zur Gemeinschaftsbildung" vermittelt und
angewandt werden?

Wie können jene „politischen (demokratischen) Fähigkeiten" entwickelt
werden, die letztendlich auch eine Integration von „Theorie und Praxis" ermöglichen, sodass die gesellschaftliche Arbeitsteilung zu Gunsten einer Integration
von Bildung und Politik aufgehoben wird?

Wie kann es gelingen, dass es durch Verhaltensbildung und Erfahrungslernen zu einer „Repolitisierung aller Lebensbereiche" kommt?

Vor diesem Hintergrund erstreckt sich die politische Bildung auf eine soziale Dimension, die von den traditionellen Politikwissenschaften wenig bearbeitet
wird. Dieser Aufgabe widmet sich hingegen die Gruppendynamik mit ihrem
Selbstverständnis als *angewandte Sozialwissenschaft* (bzw. als *praktische Philosophie*), nicht nur in theoretischer Hinsicht, sondern auch prozess- und feldori-
entiert. Dafür gibt es Methoden und „Designs", die gezielte „Interventionen in
die Praxis" ermöglichen. Der Hauptfokus richtet sich auf die Gestaltung und
Steuerung von sozialen Prozessen mittels „organisierter Reflexion". Hierbei fällt
ein wissenschaftliches und ein politisches Motiv zusammen: Selbststeuerung
(philosophisch: „Selbstbestimmung") ist nur mit „Selbstaufklärung" zu erreichen. Anders gesagt: Jede Art von „Selbstaufklärung" ist zugleich politische
Bildung, weil hier Reflexion über „Herrschaftsverhältnisse" stattfindet, die dann
gegebenenfalls verändert werden können. Diese Reflexion muss jeweils mit
geeigneten „Techniken" erst organisiert und hergestellt werden und das erfordert soziale Kompetenzen, die immer auch eine Form von „politischen" oder
„sozialkritischen" Kompetenzen darstellen (vgl. Bradford 1964, Heintel
1977a/b, 1985a/b, 2005; Huber 1977; Lapassade 1972; Pages 1974; Schwarz
1974, 1993, 2000; Krainz 1998, 2006; Krainz / Lesjak 2004; Lackner 2006).

Diese „soziale Dimension" der politischen Bildung verlangt mithin eine
veränderte Blickrichtung – einen Blick auf politische Prozesse im Sinn ihrer
„Machtdynamik", auf die Gestaltbarkeit von politischen, sozialen Prozessen,
und auf die konkreten Voraussetzungen in der politischen Praxis. Diese Wendung entspräche zugleich einer Hinwendung der Wissenschaft im Sinn der „Intervention" in die Praxis der Politik und in die Praxis der politischen Bildung.
Der hier vertretene Standpunkt würdigt beide Seiten – die Seite der Wissen-

schaft und die Seite der Praxis. Die Autorin versteht sich ebenso beiden „Systemen" zugehörig, aber auch kritisch ihnen gegenüber. Die (Selbst-)Erfahrung des „Sachzwangs" in der Realpolitik und die Erfahrung der „institutionellen Insuffizienz" der traditionellen Wissenschaften fließen sehr stark in die Analyse der gegenwärtigen Problembereiche ein; die Erfahrung als Gruppendynamikerin eröffnet hingegen neue Perspektiven für Bildungsinnovationen, die gerade für die politische Bildung interessant erscheinen (siehe dritter Teil).

Für die Klärung der Ausgangslage der gegenwärtigen Verfasstheit der politischen Bildung werden zunächst einige Rahmenbedingungen erörtert, sowie verschiedene Erkenntnisse aus den Konzepten zum „Prinzip politische Bildung" herangezogen (ohne Anspruch auf Vollständigkeit; eine genauere Analyse der gegenwärtigen politischen und gesellschaftlichen Rahmenbedingungen bzw. ein historischer Vergleich kann aus Gründen der Komplexität nur beispielhaft angeführt werden). Diese Auseinandersetzung wird sich entlang der folgenden Fragestellungen orientieren:

- Wer soll Politische Bildung neu denken? Diese Frage widmet sich einer Seite der „gesellschaftlichen Arbeitsteilung" – der „denkenden, theoriebildenden" Instanz (Politikwissenschaft, politische Philosophie). Es wird zu untersuchen sein, inwiefern der Politikbegriff als Orientierungsrahmen für die Ziele und Aufgaben der politischen Bildung geeignet erscheint.
- Für wen soll Politische Bildung gemacht werden? Die „andere Seite" (Praxis) sollte „gebildet" werden – und was soll dabei herauskommen? Hier geht es einerseits um die „fachlich fokussierte" AdressatInnengruppe (LehrerInnen, SchülerInnen), andrerseits auch um andere „zu Bildende" (insbesondere PolitikerInnen). Das hängt mit der Frage zusammen: Wie soll Politische Bildung vermittelt werden? Diese Frage sowie bisherige Lösungsversuche sollen hier dargestellt werden.
- Wo ist der Ort der politischen Bildung? Diese Fragestellung versucht sich einer allgemeinen gesellschaftlichen Dimension der politischen Bildung anzunähern: Medien, *Teledemokratie* und *Massendemokratie* beeinflussen das Verständnis von Politik und erheben gleichzeitig einen Anspruch auf politische Bildung (z.B. der Bildungsauftrag der Medien). Hier ist auch zu klären, in wie weit in diesem Kontext eine „demokratische" Bildung möglich erscheint.

2   Wer soll politische Bildung neu denken?

Die Politikwissenschaft erhebt gegenüber der Gesellschaft einen „bildungspolitischen Anspruch"; sie definiert Inhalte und Aufgaben der Politischen Bildung. *Politikwissenschaft verhält sich zur Politischen Bildung wie jede Fachwissenschaft zu ihrer Fachdidaktik. ... Politikwissenschaft hat der Politischen Bildung zuzuarbeiten. Sie stellt der Politischen Bildung Erkenntnisse zur Verfügung, die, dem Zielkatalog jeder Politischen Bildung entsprechend, vor allem für die inhaltlichen Grundsätze, teilweise auch für die didaktischen Grundsätze der Politischen Bildung mit maßgebend sein müssen.* (Pelinka 1985, S. 545) Demnach ist die Politikwissenschaft eine „Leitwissenschaft" für die politische Bildung – sie soll Sprache und Begriff zur Verfügung stellen und darüber hinaus auch die entsprechenden Vermittlungsmethoden anbieten. Zugleich sieht Pelinka eine institutionell bedingte Gefahr darin, dass gerade wegen der Konzentration auf die Fachkompetenz die Politische Bildung zu einem *Fach neben anderen Fächern* werden kann und damit an Wirkungskraft im Sinn der Bearbeitung der *Politikimmanenz aller Wissensbereiche* verliert: *Das Dilemma der Politikwissenschaft angesichts des Unterrichtsprinzips besteht auch darin, dass sie durch die Betonung dieser curricularen Konsequenzen allzu leicht in den Verdacht des Fachimperialismus kommen kann.* (ebd., S. 552)

2.1 *Politikwissenschaft als* Leitwissenschaft*?*

Ähnlich klingen die Forderungen der heutigen Politikwissenschaft(en): Politische Bildung muss sowohl Wissen zur Verfügung stellen, als auch dafür sorgen, dass dieses Wissen in *sozialen Systemen und Organisationen realisiert* wird (Filzmaier u. a. 1999, S. 275). Die Weiterentwicklung des Begriffs der politischen Bildung liegt im Wesentlichen darin, dass die Inhalte und Methoden noch genauer ausformuliert wurden als in den 70er Jahren, und die Zielvorstellungen noch komplexer geworden sind. Zu den zentralen Bereichen der politischen Bildung zählen heute *sowohl die Sozialgeschichte als auch Fragen der sozialen Kompetenz und Organisationsentwicklung* (ebd., S. 275 f.). Eine *allgemeine Begriffsdefinition* lautet: *Politische Bildung basiert auf Wertvorstellungen, die historisch gewachsen sind. ... Politische Bildung vollzieht sich als Wissensvermittlung, aber auch als Entwicklung von Fähigkeiten und Einsichten, sowie als Entfaltung der Bereitschaft zu verantwortungsbewusstem Handeln. ... zentrale Problemfelder der Gesellschaft sind aufzugreifen. Durch die Reflexion und den*

Erfahrungsaustausch können die Inhalte der Politischen Bildung im sozialen Alltag umgesetzt werden. (ebd., S. 276)

Dieser Definition entspricht weitgehend der Text des Erlasses des Bildungsministeriums *Politische Bildung in den Schulen* (vgl. Bundesministerium 1994). Konsequenterweise wird er „wissenschaftlich abgesichert" mittels publikatorischer „Selbstvergewisserung"; diese Einigkeit über die Ziele und Aufgaben der politischen Bildung kann jedoch – damals wie heute – nicht aufrecht erhalten werden. Die Gefahren der disziplinären Abkapselung, der Engführung des Begriffs des Politischen und die Reduzierung auf das Fach haben sich als schier unüberwindliche „Grenzen der politischen Bildung" bemerkbar gemacht. Viele Überlegungen aus den Politikwissenschaften haben deswegen einen deutlichen postulatorischen und teilweise widersprüchlichen Charakter: Die AutorInnen der oben genannten Schrift verkünden einerseits einen Begriff der politischen Bildung, andrerseits konstatieren sie unübersehbare Defizite in dessen Realisierung. Ein bemerkenswerter *defizitärer Bereich* seien die Universitäten selbst – eine Feststellung lautet, dass die Universitäten den Bildungsauftrag quasi verweigern würden: *Für politische Bildung gibt es keine universitäre Ausbildung ... obwohl am Ende des 20. Jahrhunderts Politische Bildung als Unterrichtsfach im Bereich des Berufsbildenden Schulwesens besteht und im Bereich des Allgemeinbildenden Schulwesens. ... Es fehlt auch eine standardisierte Ausbildung, die LehrerInnen für die Umsetzung des Unterrichtsprinzips Politische Bildung qualifizieren soll.* (ebd., S. 276 f.)

Auch in den Schulen erscheint die Umsetzung der Politischen Bildung mangelhaft: Neben dem in der *Unterrichtsverwaltung auffallenden Defizit* seien die Schulen gegenüber den Universitäten wenig kooperativ (bei *der Erstellung von Lehrplänen* etc.); als Fach *nimmt die politische Bildung in Österreichs Schulen nur ein Randthema ein* (ebd., S. 288). *Politische Bildung droht dadurch zur ‚Beliebigkeitslehre' zu werden, zu einer zufällig besseren oder zufällig schlechteren Aneinanderreihung zufälliger Inhalte, die mit einer zufällig zustandegekommenen Didaktik vermittelt werden.* (ebd., S. 278) Hier stellt sich die Frage, ob das nicht immer schon so war, angesichts der mit dieser „Fachlichkeit" verbundenen Starrheit und angesichts organisatorischer Unveränderbarkeit des „Systems Schule" (auch angesichts der Unveränderbarkeit von traditioneller Bildungspolitik).

Auch in der politischen Erwachsenenbildung seien diese Defizite deutlich. Die Politikwissenschaft scheint den Ursachen dieses Problems aber nicht besonders viel Bedeutung beizumessen; sie sucht und findet die Erklärung für die Vermittlungsprobleme der Politischen Bildung in einem mangelndem Interesse seitens der AdressatInnen. *Politische Bildung ist für das Selbstverständnis der Institutionen der allgemeinen Erwachsenenbildung Österreichs ein bestimmen-*

des Moment, findet aber bei den Adressaten der Bildungsarbeit nicht die entsprechende Resonanz. (ebd., S. 285) Filzmaier und seine KollegInnen stimmen mit dem Befund von Behrens überein, der *eine relative Bedeutungs- und Wirkungslosigkeit politischer Weiterbildung diagnostiziert* (ebd., S. 285 f.). Sie führen ebenso ErwachsenenbildnerInnen ins Feld, *die mit einer gewissen Verbitterung auf die quantitative Bedeutungslosigkeit der politischen Bildung im Vergleich zu anderen Bildungsangeboten ... verweisen* (ebd.).

Aus diesen Analysen zum „Dilemma" der Politischen Bildung stechen zwei Zugänge hervor: Einerseits gibt es eine (rechts-)verbindliche Definition von Zielen und Aufgaben der politischen Bildung. Andrerseits wird eine dramatische Krise in der Umsetzung dieser Zielformulierungen festgestellt. Der Widerspruch zwischen Postulat und Effektivität erscheint eklatant. Offenbar ist das ein historisch gewachsener Widerspruch, der den Politikwissenschaften aber seit Jahrzehnten nicht unbekannt war. Hier wäre ihre Rolle dahingehend zu hinterfragen, ob sie mehr Interesse daran hat, diesen Widerspruch aufzulösen oder ihn aufrecht zu erhalten. Das Bewusstsein darüber, dass es auch eine Aufgabe der Politikwissenschaft ist, das „Verhältnis" zu ihrer Fachdidaktik (d. i. die Politische Bildung) zu gestalten, ist wissenschaftlich evident. Es ist aber offenbar nicht gelungen, diese Verhältnismäßigkeit zu Gunsten einer Integration von Wissen und Bildung, von Theorie und Praxis, und von Wissenschaft und Politik herzustellen.

Hier wird jene „Voraussetzungsproblematik" sichtbar, die dazu führt bzw. geführt hat, dass sich das Dilemma der politischen Bildung gesellschaftlich „festgemacht" hat. Anders gesagt: Dieses Dilemma ist ein Ergebnis aus der Ignoranz der Politikwissenschaft gegenüber ihren Defiziten (insbesondere in der Vermittlungsfrage). Die wissenschaftliche Abstinenz von den Schwierigkeiten der Praxis determinieren genau jene „Bedeutungslosigkeit" der politischen Bildung, an dem die Politikwissenschaften „leiden". Dieser „blinde Fleck" betrifft eine eigene, „institutionell bedingte" Unzulänglichkeit: Das Ziel der Wissensvermittlung von je zu aktualisierenden Themen (Demokratie, Rechtstaatlichkeit, Menschenrechte, Klima- und Umweltschutz, Migration, Europäische Institutionen, Globalisierung etc.) kann ja noch teilweise erreicht werden. Anders verhält es sich bei der *Entwicklung von Fähigkeiten und Einsichten, sowie der Entfaltung der Bereitschaft zu verantwortungsbewusstem Handeln* (siehe Erlass „Politische Bildung in Schulen", erstes Kapitel). „Fähigkeiten" müssen erlernt und erprobt werden, bestenfalls in einem relevanten politischen Feld (wo tatsächliche Einflussmöglichkeiten bestehen) und das „Handeln" ist durch eine konkrete politische Aktivität definiert, das heißt, dass es nur im Handeln selbst erfahren und entwickelt werden kann. Es entspricht der Charakteristik dieser Form der politischen Interaktion, dass sie an ein soziales Umfeld gebunden ist, welches in

Schulen und Universitäten nicht zur Verfügung steht. Dieser Teil der politischen Bildung – Verhaltensbildung, Erfahrungslernen, soziale Kompetenz – ist innerhalb des gesamten Spektrums der Fachdidaktik der politischen Bildung nur sehr marginal entwickelt worden.

Zudem ist eine Tendenz beobachtbar, die für Bildungseinrichtungen typisch ist: Die politische Erwachsenenbildung unterliegt einer „Wissensinflation". *Einerseits verweisen die Erwachsenenbildner mit einer gewissen Verbitterung auf die quantitative Bedeutungslosigkeit der politischen Bildung im Vergleich zu anderen Bildungsangeboten wie Gesundheit, Kreativität, Esoterik usw., andrerseits belegen Statistiken, dass das Angebot der Weiterbildungseinrichtungen im Bereich der politischen Bildung nur einen geringen Prozentsatz einnehmen.* (Filzmaier u.a. 1999, S. 285) In den siebziger Jahren hätte die politische Bildung einen *Zuwachs erlebt,* in den neunziger Jahren *ist dagegen der Begriff politische Bildung eher negativ besetzt...* (ebd.). Diese Entwicklung wird auf mangelndes Interesse seitens der „BildungskonsumentInnen" und auf gesellschaftliche Veränderungen zurückgeführt. Diese Bedeutungsveränderungen können auch gelesen werden als Rückzug der Politikwissenschaften aus den gesellschaftlichen Bildungsbereichen und es kann davon ausgegangen werden, dass sich diese Tendenz bis heute fortsetzt und für Schulen und Erwachsenenbildung gleichermaßen zutrifft.

2.2 Das Dilemma der politischen Bildung: ein historisch fundierter Rest

Das Dilemma der politischen Bildung könnte man als ein historisches Phänomen auffassen, als Symptom für eine Entwicklung, deren Ursachen in der „gesellschaftlichen Arbeitsteilung" zu finden sind. In diesem Zusammenhand formulierte Peter Heintel vor rund dreißig Jahren in seiner Schrift *Politische Bildung als Prinzip aller Bildung* die „soziale und verhaltensbildende" Funktion der Politischen Bildung: *Politische Bildung, versteht man sie eben nicht bloß als Fach, Informations- und Wissensvermittlung oder als Lernen politologischer Theorie und Systematik, sondern auch als individuelle und kollektive Verhaltensbildung, auch als* praktisch-*demokratische Bildung* (Hervorhebung durch den Autor), *hat von den impliziten und expliziten politischen Implikationen auszugehen, die schon theoretisch und praktisch vorgegeben sind.* (Heintel 1977a, S. 9) Dass sich diese Auffassung gesellschaftlich und wissenschaftlich nicht durchgesetzt hat, liegt an der genannten „Voraussetzungsproblematik", für die Heintel eine Reihe von Ursachen sieht. Eine Ursache liegt in der organisatorisch-institutionellen Verfasstheit der Bildungseinrichtungen selbst: *Im Ausei-*

nanderfallen von Wissen und Bildung, von Fach-, Berufsvorbildung und Erziehung, ja im Auseinanderfallen der Wissensgebiete, Disziplinen, Fächer, Terminologien liegt heute eines der schwierigsten Probleme schulischer und universitärer Bildung beschlossen. Dieses Problem wird verschärft durch die Unzuständigkeitserklärungen und Verantwortungsabschiebungen auf dem Gebiet der Erziehung und Verhaltensbildung. (ebd., S. 7 f.) Diese *Unzuständigkeitserklärungen* haben sich bis heute offenbar manifestiert als „wissenschaftlich fundierte Praxisabstinenz" (und zugleich als affirmative Hinwendung zum Fach, beispielsweise in der Funktion als ministerielle Beratung (Formulierung von Richtlinien, Erlässen etc.)).

Politikwissenschaften und „verwandte" Sozial- und Geisteswissenschaften bescheinigen damals wie heute, dass die politische Bildung mehrere Funktionen zu erfüllen hätte: Nach Heintel soll sie versuchen, ein *allgemeines Informationsdefizit* aufzuheben (ebd., S. 25 ff.). Dadurch kommt sie einerseits in die Gefahr der *theoretischen Indoktrination* (reine Wissensvermittlung), wobei die Hinwendung zur Praxis oft ausgespart wird. Andrerseits ist ein bestimmtes Wissen aber *nur in Verbindung mit jener individuellen und kollektiven Praxis sinnvoll, in der die zu Bildenden tätig sind* (ebd., S. 15 ff., vgl. S. 21 f.); ansonsten bleibt das „reine Wissen" in einem theoretischen Rahmen, der von der Politikwissenschaft vorbestimmt wird. Das Nicht-Erfüllten-Können der zwei „Hauptfunktionen" der politischen Bildung – *Wissensvermittlung und Verhaltensbildung* – bringt die politische Bildung in eine Verlegenheit, die sich in einer *hilflosen Einstellung gegenüber demokratischer Tätigkeit* ausdrückt (ebd., S. 25). Als Reaktion darauf wird die theoretische Kompetenz betont, die mithin in eine Dominanz der Fachorientierung (Entwickelung von Theorien, Wissen, Konzepten) münden kann.

Begründet ist diese Verlegenheit auch darin, dass der Widerspruch zwischen Theorie und Praxis gesamtgesellschaftlich, institutionell und wissenschaftstheoretisch determiniert ist und es kaum Tendenzen gab, diese zwei Seiten ineinander zu integrieren. Die Forderung nach einer *Einheit von Theorie und Praxis* war schon damals *uralt; nur hat man – und dies ist meine Behauptung – bisher noch nicht so recht die Organisationsform finden können, die diese alte Weisheit zur praktischen Realität hätte werden lassen. So ist bisher immer wieder auseinandergefallen: Theorie, Ideologie, Aufklärung, Philosophie auf der einen Seite und politische Praxis auf der anderen.* (ebd., S. 22) Heute könnte man diese Liste ergänzen mit einigen „modernen" Charakteristika der *Mediendemokratie* – Informationsflut, *Politainment*, Politikverdrossenheit etc. auf der einen Seite und eine immer noch „unaufgeklärte" politische Praxis auf der anderen. Diese Reihe von Widersprüchen bestätigt die Forderung nach einer geeigneten *Organisationsform*, die offenbar bis heute wenig entwickelt worden ist.

Gerade wenn sich die Komplexität in der Verfasstheit der politischen Bildung verstärkt – und davon kann man ausgehen – wird eine entsprechende „organisatorische Antwort" noch sehr viel notwendiger.

2.3 Von der Königswissenschaft zur Randwissenschaft

Eine weitere Dimension in der Voraussetzungsproblematik wird über das „Begriffsproblem" zum Ausdruck gebracht. Nicht zu unrecht beansprucht ja die Politikwissenschaft immer auch die Paradigmen für die politische Bildung zu setzen. Pelinka definiert hier eine eindeutige Aufgabe der Politikwissenschaft: sie hat *der politischen Bildung zuzuarbeiten* durch die Zur-Verfügung-Stellung von Sprache, Begriffen, Inhalten und historischen Hintergründen. Mit dieser Forderung wird das Ziel der Wissensvermittlung betont. Die Wissenschaft soll die zu vermittelnden Inhalte auswählen und aufbereiten. Sie hat darüber hinaus die Aufgabe, den Politikbegriff so zu definieren, dass er zumindest für eine einheitliche Konzeption der zentralen Wissensbereiche der politischen Bildung hinreichend ist. Diese Aufgabe hat eine wesentliche Bedeutung für die Konzeption der politischen Bildung. Wenn klar ist, worum es in der Politischen Bildung gehen soll, was Politik überhaupt ist und wie man politische Kompetenz lernen kann, dann kann politische Bildung entsprechend gestaltet werden.

An dieser Stelle ist danach zu fragen, was für die Politikwissenschaften der Gegenstand des Politischen ist: Wie definiert die Politikwissenschaft den Politikbegriff? Was soll der Begriff leisten? Wie können unterschiedliche Politikbegriffe fruchtbar miteinander verbunden werden? Dazu gibt es sehr unterschiedliche Antworten. In einer Einführungsliteratur in die Politikwissenschaft wird *darauf verwiesen, dass es in der Gegenwart in der Politikwissenschaft eine* Pluralität (Hervorhebung durch den Autor) *konkurrierender Bestimmungen des Politischen nebeneinander gibt und somit verschiedene Auffassungen davon, was ‚Politikwissenschaft' inhaltlich und theoretisch-methodisch ist.* (Berg-Schlosser/Stammen 1995, S. 2) Diese *Pluralität konkurrierender Bestimmungen* dürfte unter anderem damit zu tun haben, dass ihre Anwendungen jeweils systemspezifisch, ideologisch und interessensgeleitet sind. Daher werden Politikbegriffe immer auch mit bestimmten Werten, Ideologien oder Weltanschauungen in Zusammenhang gebracht. *Die Frage, was denn nun eigentlich zur Politik gehört, ist eine interessensbezogene Frage* (Pelinka 1999, S. 10), und damit wird sie in der „realpolitischen Beantwortung" auch jeweils inhaltlich, ideologisch oder wertorientiert determiniert.

Im Lauf der Geschichte haben sich neben einem *formalen Politikbegriff* und neben der *zeitkritischen Variante der Politikwissenschaft* mehrere Politikwissenschaften etabliert, die sich für die politische Ordnung aussprechen und für ihre *ideenmäßigen Grundlagen eintreten und sie rechtfertigen* (Berg-Schlosser/Stammen, S. 6). Diese Formen mit *affirmativer oder apologetischer Einstellung* würden Gefahr laufen, politisch vereinnahmt zu werden. So könnte die Politikwissenschaft allzu leicht in die Situation geraten, eine rechtfertigende, legitimierende Funktion für die Realpolitik zu übernehmen. Diese Form hat dann eine Funktion *als willfähriges Herrschaftsinstrument*, die sich für *außer ihr liegende politische Zwecke hergibt* (ebd.). Im Falle der Affirmation ist der Politikbegriff also nicht mehr rein theoretisch, sondern er wird empirisch aufgeladen; die theoretische Qualität wird gewissermaßen vom „echten Handeln" beeinträchtigt, da die zu verfolgenden Zwecke nicht mehr nur wissenschaftlich bestimmt werden. Die Form der Affirmation ist eine besondere Hinwendung zur Praxis, die in ihrer Konkretisierung an akademische Grenzen stößt – die Verfügbarkeit dieses Politikbegriffs ist somit für die Wissenschaft nicht mehr oder nur mehr sehr geringfügig gegeben. Aus dieser „Zwickmühle" führt kein Weg heraus, solange das politische Tun als „Gegenprogramm" zum reinen Denken aufgefasst wird.

In diesem Zusammenhang erscheint die Unterscheidung zwischen unterschiedlichen Politikbegriffen und einem *ahistorischen Politikbegriff*, wie sie Pelinka vornimmt, zunächst zweckmäßig. *Die Verbindung zwischen Politikbegriff und gesellschaftlichen (politischen) Interessen bedeutet, dass die Grenze zwischen Politik und Nichtpolitik verschiebbar ist. Der Politikbegriff ist historischen Veränderungen unterworfen. Dennoch gibt es auch Bestandteile des Politikbegriffs, die zeitlos sind, die unabhängig von gesellschaftlichem Wandel und auch von politischem Interesse Wesensbestandteile des Politikbegriffs sind.* (ebd., S. 11) Hier werden zwei Politikbegriffe vorgeschlagen: ein ahistorischer und ein dynamisch-empirischer. Das erklärt zwar noch nicht zur Gänze das Phänomen der Pluralität, verweist aber auf eine immanente Schwierigkeit in der Begriffsdefinition: Der „Gegenstand" ist komplex, vielfältig und dynamisch. Begriffsdefinitionen haben aber einen „feststellenden Charakter", daher können sie Veränderungen und Dynamiken nicht (oder nur teilweise) erfassen. Der Gegenstand des Politischen oszilliert folglich zwischen einem abstrakten Allgemeinbegriff, zwischen kollektiven Konventionen (affirmative, ideologische, kritische Politikbegriffe) und einer alltagsbezogenen, je besonderen, subjektiven Auffassung und Bewertung des Politikbegriffs. Das heißt aber auch, dass „das Politische" von den Politikwissenschaften nicht allgemein formuliert werden kann. Letztlich werden die Politikbegriffe wiederum historisch affirmiert bzw. zugleich offen gelassen, und sie sagen wenig darüber aus, welche Voraussetzungen zu einer „guten" Politik führen könnten; noch weniger darüber, ob etwa eine bestimmte politische Bildung zu ganz bestimmten politischen Zielen führen soll oder kann. Eine wichtige Fragestellung bleibt hier offen: Politik geschieht – doch wissen wir etwas darüber? Und können wir uns auf Grund dieses „Nicht-Wissens" für eine „gute" politische Bildung entscheiden?

Die Politikwissenschaft schreibt sich selber einen eigentümlichen Doppelcharakter als alter und zugleich junger Wissenschaft zu: Geht man von der landläufigen Erfahrung aus, dass die zeitgenössische Politikwissenschaft eine Sozialwissenschaft (Hervorhebung durch den Autor) ist, ... so wird man verstehen können, wieso die Politikwissenschaft von vielen als eine junge Wissenschaft bezeichnet wird. Diese Perspektive ist indes einseitig; sie unterschlägt, dass es Politikwissenschaft schon längst vorher gegeben hat – als Teil der praktischen Philosophie hatte sie bereits im klassischen Kanon der Wissenschaft seit der griechischen Antike ihren festen und ausgezeichneten Platz [Aristoteles bezeichnete sie als ‚Königswissenschaft']. (Berg-Schlosser/Stammen 1995, S. 4) Hier wird darauf verwiesen, dass ursprünglich – verbunden mit dem Entstehen der Philosophie – das Politische mitgedacht wurde und den Status der Königswissenschaft hatte. Heute lehren die Lehrbücher jedoch zugleich, dass die Politikwissenschaft einen Randbereich darstellt. Die Pluralität der konkurrierenden Bestimmungen scheint mithin ein Ausdruck dieser Marginalstellung zu sein; offenbar wird die fehlende Einheit des Begriffs mit unterschiedlichen, teils sogar widersprüchlichen Begriffsdefinitionen kompensiert, welche wiederum unterschiedlichen Richtungen der Politikwissenschaften zuzuordnen sind.

Aufschlussreich ist deren Beschreibung des Ursprungs der Politikwissenschaften. Zu allen Zeiten hätten Menschen über Politik nachgedacht. *Vorweg darf man allgemein feststellen, dass die Menschen zu allen Zeiten und unter allen Bedingungen der Kultur stets über Politik und politische Probleme – über Ordnung und Herrschaft, Autorität und Freiheit usw. – von sich aus, d. h. ohne wissenschaftliche Anleitung, nachgedacht haben. Dieses Nachdenken über Politik scheint eine dem Menschen eigene Besonderheit zu sein, die sich in vielen frühen literarischen Zeugnissen aufgehoben findet – im abendländischen Bereich können als Zeugen dafür Homer und Hesiod, Herodot und die griechischen Tragiker Aischylos und Sophokles gelten.* (ebd., S. 4 f.) Später wird festgehalten, dass krisenhafte Zustände zu politischem Denken führen, und dass daher die Politikwissenschaft als eine *Krisenwissenschaft* aufgefasst werden kann. *Verfolgt man demgegenüber die wichtigsten Etappen der Politikwissenschaft im abendländischen Bereich, so fällt auf, dass sie sich stets in* Krisenzeiten *zu besonderer Blüte entwickelt hat: als philosophisch-kritische Reflexion über die Erfahrung einer problematisch gewordenen politischen Ordnung der jeweiligen Gegenwart.* (ebd., S. 5)

Die Tatsache also, dass Menschen immer schon über ihre sie umgebenden politischen Verhältnissen nachgedacht haben und es immer noch tun (und danach handeln), ist an das „Mensch-Sein" gebunden. Die Beschreibung dieser anthropologischen Voraussetzung reicht historisch in die Zeit, als die Demokratie entstanden ist und die griechischen Philosophen zahlreiche Reflexionen darüber angestellt haben. In dieser frühen Form findet politische Bildung als Reflexion über Politik (Staat, Verfassung, Tugenden, sittliches Handeln, Erziehung und Ausbildung) statt, und zwar *ohne wissenschaftliche Anleitung*. Das individuelle und kollektive Nachdenken über den Staat und die politische Philosophie bringen sich gegenseitig hervor. Gleichzeitig birgt der ursprüngliche Politikbegriff den Aspekt der Krise in sich, das heißt, dass sich das „Nach-Denken" nicht „freiwillig" oder zufällig ereignet, sondern aus einer Mangelsituation begründet ist. Und so kann die griechische Auffassung von Politik verstanden werden: Menschen sind immer schon politisch, sofern sie über ihre Verhältnisse nachdenken.

2.4 Moderne Akademisierung: Spezialisierung der gesellschaftlichen Denkkraft

Ein Blick auf die aktuelle Entwicklung von unterschiedlichen Politikbegriffen verdeutlicht den Prozess der Spezialisierung und Ausdifferenzierung der Politik- und Sozialwissenschaften. Sie haben eine Art „Säkularisierungsprozess" durchgemacht, der zugleich dazu führte, dass sie einen starken nachträglich erklärenden Charakter gewinnen und den Aspekt der Reflexion vermindern. Diese Tendenz ist seit der neuzeitlichen, naturwissenschaftlich-orientierten Wissenschaftsentwicklung zu beobachten – Ausdifferenzierung von verschiedenen Begriffen und akademische „Sprachspiele" sind das Ergebnis daraus. Im Unterschied zu den Griechen, die ihre Forderung nach der politischen Reflexion „selbst-handelnd" (etwa die Befragungen durch Sokrates) realisiert haben, und daher die Figur der Frage eine zentrale Methodik begründete, gibt es heute eine Reihe von Erklärungsmodellen, die als spezifische wissenschaftliche „Produkte von Reflexion" zur Verfügung gestellt werden. Das „Wesen" des griechischen Politikbegriffs hat sich zu Gunsten etablierter Wissenschaften entwickelt, jedoch zu Ungunsten der Verfügbarkeit im Sinn einer „angewandten Reflexion" – keinem/r PolitikwissenschafterIn würde heute einfallen, einen „Menschen auf der Strasse" zu fragen, was gute Politik sei. Man könnte sagen, dass die gesellschaftliche „Denkkraft" nicht mehr unmittelbar an die BürgerInnen geknüpft ist, sondern im Zuge der zunehmenden Dominanz der Wissenschaften an „ExpertInnen" delegiert wurde. Und da es verschiedene ExpertInnen gibt, gibt es auch verschiedene Begriffe.

WissenschafterInnen, LehrerInnen, JournalistInnen und andere ExpertInnen versuchen – im Sinn ihrer methodischen und theoretischen Arbeit – die Politik zu erklären oder zu kritisieren, sei es als „Kommentar" in einer Zeitung, seien es die vielen Lehrbücher, die erklären, was Politik alles sein kann. Dieses Bemühen vermittelt den Eindruck, dass ein bestimmter Politikbegriff „greifbar" gemacht werden soll; als wenn man ihn an die PraktikerInnen „zurück-delegieren" wollte. Hier entsteht allerdings ein weiteres Dilemma: Der Kontakt mit der Praxis kann „ideologisch abfärben" – vor dieser Gefahr wird man bereits in der Einführungsliteratur gewarnt. Ein immanenter Widerspruch, der im Politikbegriff selbst grundgelegt ist, wird hier mobilisiert – es kommt zum Konflikt zwischen „wissenschaftlichen Erklärungsmodellen" (affirmativer Ansatz) und dem „Nachdenken über Politik ohne wissenschaftliche Anleitung", das wörtlich genommen aus der Praxis heraus geschehen müsste.

Die aus dieser modernen „Akademisierung" resultierenden Schwierigkeiten werden u. a. im kritischen Ansatz der Politikwissenschaften reflektiert. Deren VertreterInnen meinen, die Politikwissenschaft sei nicht wie eine naturwissenschaftliche Wissenschaft anzusehen, sondern wie eine Wissenschaft der sich verändernden politischen Verhältnisse – die dynamische, prozesshafte und kritische Funktion des Politikbegriffs wird hier betont. Die Politikwissenschaft wird demnach als eine *systematische Form der philosophischen Zeitkritik* verstanden, *die sich besonders auf die politischen Ordnungsprobleme konzentriert* (Berg-Schlosser/Stammen 1995, S. 5 f.). Wenngleich die Konzentration auf die politischen Ordnungsprobleme das Entwickeln von Alternativen oft vermissen lässt, so sind doch die kritischen Gesellschaftsanalysen nicht von der Hand zu weisen. Zymunt Baumann beschreibt in seiner gleichnamigen Schrift *die Krise der Politik* und ortet gesellschaftliche, historische und politische Ursachen für das *Verschwinden des Politischen* aus der individuellen Verfügungsmacht. Er befindet, *dass das Anwachsen individueller Freiheit mit dem Anwachsen kollektiver Ohnmacht insofern zusammenfallen kann, als die Brücken zwischen privatem und öffentlichen Leben eingestürzt sind oder erst gar nicht gebaut wurden – anders formuliert, insofern es keinen leichten und klar ersichtlichen Weg gibt, um private Sorgen in öffentliche Probleme zu übersetzen und umgekehrt öffentliche Probleme in den privaten Sorgen auszumachen und zu identifizieren.* (Baumann 2000, S. 9)

Der Zusammenhang zwischen dem *Verschwinden des Politischen* und der „kollektiven Ohnmacht" erscheint evident. Auch der Befund, dass *Brücken zwischen privatem und öffentlichen Leben gar nicht erst gebaut werden,* ist nachvollziehbar. Welche Rolle allerdings diese kritische Politikwissenschaft einnimmt, ist unklar. Ist nicht sie es, die diese „Brücken" bauen soll? Sollte nicht die Politikwissenschaft das Private mit dem Öffentlichen vermitteln und „klar ersichtliche Wege" vorzeichnen? Ist das „Verschwinden des Politischen" nicht eine Beschwörung des eigenen Untergangs? Es liegt auf der Hand, dass der Gegenstand des Politischen höchst umstritten ist und es entsteht der Eindruck, dass er dadurch auch entwertet wird. Die einen sehen „Werte", die aufrecht erhalten werden müssen, die anderen kritisieren diesen Traditionalismus bei gleichzeitiger Abstinenz von gangbaren Alternativen im Sinn einer Integration von Affirmation und Reflexion. Gemeinsam ist diesen beiden Ansätzen der kontinuierliche „Weg in die Bedeutungslosigkeit", dessen Reflexion wiederum einen Platz als kritische Theorie in der Diversität der Politikbegriffe findet.

Unser Dilemma besteht darin, dass von den privaten/öffentlichen Räumen alten Stils heute kaum mehr etwas übrig ist und neue als Ersatz für die alten nirgends in Sicht sind. Die ehemaligen agorai sind von Unternehmensplanern übernommen und zu Freizeitparks wiederaufbereitet worden, während starke Kräfte mit politischer Apathie koalieren, um die Baugenehmigung für neue zu verweigern. (ebd., S. 11) Baumann stimmt mit Cornelius Castoriadis überein, dass das auffälligste Merkmal gegenwärtiger Politik ihre Bedeutungslosigkeit sei (ebd.). Dafür werden eine ganze Fülle von Analysen angeführt – über die gegenwärtige Gesellschaft, über die Beschränkungen der bürgerlichen Freiheit, über den „Zwang" des Marktes und über die ökonomische Dominanz in der Gesellschaft. Diese Kritik erfasst gesellschaftliche, problematische Zusammenhänge, sie „vergisst" jedoch die positive Seite der „Freiheit" und verzichtet auf die Errungenschaft der „Transzendenz" in einem praktischen Sinn. Das heißt, sie bleibt abstrakt; sie vermeidet den Kontakt mit dem Erkenntnisgegenstand insofern, als ihre Kritik äußerlich bleibt. Der Anspruch ist die „reine Kritik", nicht die Veränderung der Gesellschaft oder der politischen Zustände.

Der Reflexionsanspruch des negativen Politikbegriffs bleibt insofern eingeschränkt, als in diesem Rahmen wenig über mögliche Perspektiven nachgedacht werden kann. Die Kritik bleibt in der „Negation" verhaftet. Zugleich liefert sie dennoch ein klares Bild von gesellschaftlichen Realitäten: die *agorai*, „politische Orte" sind verschwunden und von Wirtschaftreibenden besetzt worden. Dort, wo früher die politische Auseinandersetzung stattgefunden hat, ist heute die Ökonomie eingezogen. Deswegen wird es immer schwieriger, individuell und kollektiv die Politik als wirkungsvolle gesellschaftliche Gestaltungskraft anzusehen. Für Baumann war das früher offenbar anders – die *agora* war *jener Raum, in dem Ideen wie ‚Gemeinwohl', ‚gerechte Gesellschaft' oder ‚gemeinsame Werte' geboren werden und Gestalt annehmen können* (ebd., S. 10 f.). Er bleibt aber die Erklärung schuldig, warum sich die Politikwissenschaften als Regulativ für diese Entwicklungen zurückgezogen haben. Es bleibt auch die

Frage offen, was denn damals (in der formalen Beschreibung von Demokratie) um so vieles besser gewesen sein soll als heute. Es bleibt offen, welche Qualitäten die damalige Demokratie im Unterschied zur heutigen aufweisen. Hier wäre aber ein ganz wesentlicher Ansatz vorhanden: in der Frage, in welcher Weise Politik gedacht wurde und welche Kategorien für die Realisierung der *politischen Kunst* angenommen wurden. Daraufhin könnten Alternativen für die politische Bildung entwickelt werden, im Sinn einer Übersetzung der *politischen Kunst* der Griechen auf heutige Verhältnisse. Zweifelsohne hat sich die *agora* heute institutionalisiert in einem komplexen politischen System (Parteipolitik, Parlamentarismus, Rechtsstaatlichkeit, Subsidiaritätsprinzip etc.), und hat damit wohl auch wichtige Anteile von ihrer ursprünglichen Funktion verloren. Gerade deswegen wäre es sinnvoll zu erforschen, warum die *politische Kunst* keinen gesellschaftlichen Ort mehr hat bzw. welche Bedingungen dazu führen, dass Politik heute offenbar „bedeutungslos" geworden ist.

Die Verlegenheit der Begriffsdefinition in den Politikwissenschaften kann wohl als Symptom für diese Problematik gelesen werden: Wenn „Politik" affirmativ bestimmt wird, wird damit der „Transzendenzanspruch" aufgegeben – freie Reflexion ist in diesen Begriffen nicht grundgelegt. Die Folgen sind begriffliche Engführung, „politikwissenschaftliche Fachidiotie" (Spezialisierung) und Abschottung des Faches. Andrerseits wird versucht, diesen allgemeinen Anspruch aufrecht zu erhalten und einen „breiten Politikbegriff" zu forcieren, der dann auch negativ bestimmt werden kann; dann verbleibt er als „reine Kritik". Der kritische Ansatz verzichtet auf seinen Gegenstand; die Kritik selbst wird zum politischen Gegenstand erhoben (wobei im „kritischen Ansatz" die Gefahren des „affirmativen Ansatzes" – die politisch-ideologische Vereinnahmung – angesprochen werden). Hier besteht die Gefahr, durch die Betonung der negativen Seite in eine Dauerkritik zu verfallen. Die Verortung des „kritischen Ansatzes" ist offenbar zum Scheitern verurteilt, weil die Reflexion „frei" von ihrem Gegenstand agiert (und ihn nicht befragt), was zugleich das „Verschwinden des Politischen" mitbedingt und die Reflexion darüber gegenstandslos macht.

In der weitergehenden Diskussion über das Politische ist es zweckmäßig, die politische Philosophie von Platon und Aristoteles heranzuziehen. Zwar haben sich die heutigen gesellschaftlichen „Rahmenbedingungen" verändert, aber dennoch lässt sich die griechische Auffassung von Politik auf die heutigen Fragestellungen anwenden. Ein solcher „Übersetzungsprozess" wäre mithin auch die Aufgabe der Politikwissenschaften. Anders gesagt: Politikwissenschaft könnte helfen, die Brücken zwischen Privatem und Öffentlichen zu bauen – sie könnte die Funktion der Vermittlung von gesellschaftlichem Nachdenken „wiederbeleben" und moderne (Organisations-)Formen der *agora* entwerfen. Ein solches Konzept könnte auch eine Orientierung für die Definition der Ziele und Aufgaben der politischen Bildung sein.

2.5 Konsequenzen für die politische Bildung

Der Blick auf die Politikwissenschaft(en) zeigt ein interessantes Bild: Es gibt viele, teilweise unvereinbare Politikbegriffe. Es gibt auch die These, dass die Politikwissenschaft eine *Leitwissenschaft* für die Politische Bildung sein soll, eine Art theoretischer Überbau mit Handlungsanleitung. Spätestens hier stellt sich die Frage, wie die Zuarbeit zur Politischen Bildung stattfinden soll, wenn so viele Begriffe miteinander konkurrieren? Welche Ideen, Konzepte und Theorien sind denn nun wichtig für die Funktion der Wissensvermittlung? Wie soll die Vermittlung von Fähigkeiten stattfinden, sodass am Ende ein „aufgeklärtes Subjekt" herauskommt, das darüber hinaus in „politische" oder „demokratische" Fähigkeiten eingeübt ist? Gerade vor dem Hintergrund, dass – so Baumann – die Brücken zwischen Privatem und Öffentlichem nicht vorhanden sind und dass die Erweiterung der individuellen Freiheit mit einer kollektiven Ohnmacht einher geht, lässt daran zweifeln, dass die politische Bildung in ihrer traditionellen Verfasstheit diese Brücken wieder aufbauen kann.

Dazu gibt es interessante wissenschaftliche Lösungsversuche, die davon ausgehen, dass zunächst klar sein muss, was eine Demokratie ist; sie versuchen das Funktionieren und das Wesen des Politischen bzw. der Demokratie zu erfassen. Inwieweit diese Ansätze für die Konzeption der politischen Bildung hilfreich sein können, müsste mittels einer breiten Bestandsaufnahme geklärt werden. Für den Zweck dieser Arbeit seien einige beispielhafte Ansätze herausgegriffen, die versuchen Demokratie zu erklären oder zu beschreiben. Hiervon könnte ein Anspruch auf die didaktische und inhaltliche Ausgestaltung der Politischen Bildung abgeleitet werden. Diese Überlegung folgt dem Motto: Wenn wir wissen, was Demokratie ist, dann können wir sie auch „machen".

Was ist also eine Demokratie? *Was Demokratie ist, steht nicht außer Streit. Die Demokratie ist umstritten, weil sie die Fragen der Macht berührt – die Frage nach der Legitimation von Macht, die Frage nach der Kontrolle von Macht, die Frage nach der Ablösung von Macht. Die Demokratie ist eine mögliche Antwort auf eben diese Fragen.* (Pelinka 1999, S. 17) Diese Erklärung bleibt bis zu einem gewissen Grad offen, unbestimmt, denn wo gibt es diese Macht, was tut sie und was sind denn nun die *Antworten auf eben diese Fragen?*

Einige Antworten lauten (jeweils zitiert nach Pelinka 1999, S. 18 ff.):

Abraham Lincoln: *Demokratie ist Regierung des Volkes, durch das Volk und für das Volk.* (ebd., S. 18)

Carl Schmitt: *Demokratie... ist Identität von Herrscher und Beherrschten, Regierenden und Regierten, Befehlenden und Gehorchenden... Demokratie ist eine dem Prinzip der Identität (nämlich des konkret vorhandenen Volkes mit sich selbst) entsprechende Staatsform.* (ebd., S. 18)

Schumpeter: *...die demokratische Methode ist diejenige Ordnung der Institutionen zur Erreichung politischer Entscheidungen, bei welcher einzelne die Entscheidungsbefugnis vermittels eines Konkurrenzkampfes um die Stimmen des Volkes erwerben.* (ebd., S. 20)

Man könnte die Reihe dieser Erklärungen fortsetzen und es würde sich herausstellen, dass es weitgehend deskriptive Konzepte von Demokratie und / oder Politik gibt. Und insofern bleiben diese Antworten unbefriedigend, weil sie zwar andeuten, was eine „gute" Demokratie oder eine „gute" Entscheidung ist – sie beschreiben eine Zielbestimmung, aber nicht, *wie* diese Ziele am besten zu erreichen sind. Das heißt, dass die Zuarbeit zur politischen Bildung vorwiegend im Zuliefern von Theorien besteht. Ein Beispiel: Ist es so, oder soll es so sein, dass *Demokratie die Identität von Herrscher und Beherrschten* ist? Wenn es so ist, wie kann es gelingen, diese Identität herzustellen – *vermittels eines Konkurrenzkampfes um die Stimmen des Volkes*? Wenn etwa die *demokratische Methode* diejenige *Ordnung der Institutionen zur Erreichung politischer Entscheidungen* ist, wo ist dann diese demokratische Methode zu finden? Eine „Version" dieser Methode hat sich wohl als Parlament institutionalisiert – hier hat die Methode auch einen Selbstzweck. Wo gibt es aber noch *demokratische Methoden*? In einem gemeinnützigen Verein, in der Schule, am Arbeitsplatz?

Institutionen und Organisationen verwenden zweifelsohne verschiedene Methoden, um zu Entscheidungen zu kommen. Das Ziel allerdings, Entscheidungen zu treffen – ob in der Schule, im Unternehmen, in der Universität – setzt nicht zwangsläufig *demokratische Methoden* als Mittel zur Erreichung dieses Zieles voraus. Ganz im Gegenteil: Die Struktur sowohl der öffentlich-rechtlichen Institutionen wie auch der meisten Organisationen in den Bereichen Wirtschaft, Bildung, Gesundheit etc. ist eine hierarchische (vgl. Pesendorfer 1993; Schwarz 2000; Heintel 1977a; Heintel / Krainz 1994, 1998; Krainz / Lesjak 2004). Hierarchische Strukturen präferieren ganz bestimmte Führungsstile, die nicht unbedingt an demokratische Methoden erinnern. Sie können beschrieben werden als *Repräsentantensysteme* mit vorwiegendem Einzelentscheidungsprinzip (Pesendorfer 1993, S. 209 ff). Eine einfache „Befehl-Gehorsam-Kommunikation" ist qua Struktur ausreichend für das Treffen von Entscheidungen (die systembedingte Gefahr besteht hier allerdings darin, dass jedem Repräsentanten das „Verrätersyndrom" anhaftet; gerade dann, wenn die Entscheidungen, die alle betreffen, nur vom Repräsentanten getroffen werden). Das bedeutet, dass Demokratie in einer hierarchischen Struktur nicht vorgesehen ist; sie kann bestenfalls in abgegrenzten Teilbereichen (Projekte) und durch sozialintegrative Führungsstile partiell hergestellt werden (vgl. Heintel / Krainz 1990).

Oder was bedeutet es, dass die *Demokratie eine dem Prinzip der Identität entsprechende Staatsform* ist? Ist klar, was das *Prinzip der Identität* ist oder sein soll? Erfordert dieses Prinzip nicht immer den Ein- und Ausschluss von unterschiedlichen „Anteilen", von verschiedenen Interessen? Wenn es hierbei um die *Identität von Herrscher und Beherrschten, Regierenden und Regierten, Befehlenden und Gehorchenden* geht, dann sollte auch geklärt werden, in welcher Weise, mittels welcher Organisationsform bzw. Organisationsstruktur die Bildung dieser Identität organisiert werden könnte. Denn Hierarchien sind nicht für einen „partizipativen" Vermittlungsprozess der *Identität von Herrschern und Beherrschten* geeignet. Es ist die Struktur der Hierarchie, die eine eindeutige Über- und Unterordnung definiert – die „Herrschaftsverhältnisse" sind strukturell vorbestimmt.

Der Blick in die Politikwissenschaften erfordert ein mühevolles Nachvollziehen dieser Schwierigkeiten, die indirekt in diesen politischen Theorien zum Ausdruck kommen (Theorie-Praxis-Problem, Widerspruch zwischen Öffentlichem und Privatem, zwischen politischer Ohnmacht und persönlicher Freiheit etc.). Dennoch ist er insofern „fruchtbar", als ein interessanter „unerklärbarer Rest" zum Weiterdenken anregt: All diese Analysen sagen wenig darüber aus, welche methodischen (individuellen und kollektiven) Voraussetzungen eine „gute Demokratie" bewirken, noch sagen sie viel darüber aus, wie politische Bildung (demokratische Methoden, Selbstaufklärung, Verhaltensbildung) in allen Lebensbereichen verankert werden kann. Als Frage formuliert: Welche „Erkenntnisse" können wir aus der politischen Theorie für die Praxis ableiten, um zu wissen, wie dieses „demokratische Spiel" zu spielen ist? Und wie können wir das lernen? Sind es überhaupt die Politikwissenschaften, die uns das lehren können? Die Offenheit der Politikbegriffe erschwert die Beantwortung dieser Frage: Wer ist denn nun der/die „richtige" ExpertIn? Der/die PolitikwissenschafterIn, PolitologIn, JournalistIn oder die PolitikerInnen? Wird die politische Expertise aus der denkenden Instanz oder aus dem praktischen Handeln generiert? Diese Fragen sind weitgehend ungeklärt; ein Blick auf das weite Spektrum der politischen Theorien und Politikbegriffe trägt wenig zu einer Klärung bei, im Gegenteil – die Verwirrung nimmt eher zu. Sie erstreckt sich auf das ungeklärte Verhältnis zwischen politischer Pädagogik und einer ursprünglichen Auffassung von politischer Bildung, nämlich als „Nachdenken über Politik ohne wissenschaftliche Anleitung".

Diffusität, Pluralität, der negative Politikbegriff und die Uneinigkeit über den Gegenstand des Politischen erschweren die Auseinandersetzung mit der Frage, welche Politikbegriffe für die Begründung und Gestaltung der politischen Bildung geeignet erscheinen. Wenn der Gegenstand unklar ist, wie soll dann für ihn gebildet werden? Wenn das Ziel der politischen Bildung die Demokratie ist, dann sollten wohl „demokratische Fähigkeiten" die didaktische Entsprechung sein. Dieser Zustand hat sich offenkundig seit den siebziger Jahren kaum verändert. Heintels Beschreibung der *Folgen der spezialistischen Einschränkung politischer Bildung* kann noch heute Gültigkeit beanspruchen: *Dieses gegenwärtig völlig ungelöste Verhältnis zwischen ‚Praktiker' und ‚Fachmann' zeigt nur die generelle Schwierigkeit auf, die daraus resultiert, dass arbeitsteilige Prinzipien einfach überall und in gleicher Form angewendet werden. Ein ‚Funktionieren' kann man sich nur dort versprechen, wo Wissenschaftler technokratische Modelle entwerfen, die dann Politiker durchzuführen versuchen. Unter Ausschaltung von vielerlei Störfaktoren mag es gelingen, am Reißbrett gesellschaftliche und politische Systeme zu entwerfen; unsere komplex verwaltete Welt schreit förmlich nach solchen, es ist aber die Frage, ob nicht dann das politische Geschäft auf die Verwaltung und Durchsetzung technischen Verstandes reduziert wird und die bisherige politische Diktatur durch eine sogenannte ‚wissenschaftliche' ersetzt wird.* (Heintel 1977a, S. 65)

Bis heute ist das Verhältnis zwischen PraktikerIn und Fachmann/frau ungelöst geblieben, was auch darauf zurückzuführen ist, dass sich tatsächlich eine „wissenschaftliche Diktatur" durchgesetzt hat. Das müsste zur Konsequenz führen, dass die Wissenschaft(en) versuchen müssten, demokratische Methoden auf sich selbst anzuwenden – durch die Beteiligung der PraktikerInnen an der Theorie- und Modellbildung für die politische Bildung. Ein erster Schritt in Richtung „Demokratisierung" wäre eine Selbstreflexion der Politik- und Sozialwissenschaften über ihre institutionelle und wissenschaftstheoretische Verfassung. Der zweite Schritt müsste bestimmte strukturelle und didaktische Veränderungen intendieren – es wird darum gehen müssen, dass sich die „wissenschaftliche Diktatur" zu Gunsten von demokratischen, partizipativen Steuerungsformen und Organisationsformen weiterentwickelt.

3   Zur Didaktik der politischen Bildung

Die Frage der Didaktik der politischen Bildung hängt eng mit ihrer „Voraussetzungsproblematik" zusammen. In diesem Kapitel soll der Blick einerseits auf
die strukturellen und impliziten Voraussetzungen gerichtet werden; auf Voraussetzungen und Bedingungen, unter denen Politische Bildung vermittelt und
gelernt werden soll. Andrerseits auch darauf, welche Didaktik(en) durch diese
Strukturen bedingt sind und welche Schwierigkeiten sich daraus ergeben.
    Ausgehend von der Pluralität der Politikbegriffe stellt sich die Frage, wie
Lehrer und Lehrerinnen damit umgehen (können). Sind ihnen die unterschiedlichen Politikbegriffe bekannt und verstehen sie auch das „Dilemma" der Politikwissenschaften? Können sie neue theoretische Erkenntnisse in ihrem Unterricht umsetzen? Angenommen, die Inhalte sind klar umgrenzt und eindeutig –
LehrerInnen wissen, was sie zu unterrichten haben. Wissen sie dann auch wie?
Welche Didaktik wenden sie für welche Inhalte an?

3.1 Anspruch versus Wirklichkeit

Eine erste Orientierung für die Didaktik der politischen Bildung bietet der (im
ersten Kapitel angesprochene) Grundsatzerlass des Bildungsministeriums „Politische Bildung in den Schulen". Der Erlass geht davon aus, dass die Politische
Bildung *ein aktiver Beitrag zur Gestaltung der Gesellschaft und zur Verwirklichung der Demokratie* sein soll. Das *politische Handeln* muss auf Grundwerte
wie *Friede, Freiheit, Gleichheit und Gerechtigkeit* beruhen (Bundesministerium
1994, Pkt. I. Grundsätzliches).
    Laut Erlass vollzieht sich politische Bildung in drei Bereichen, die einander
wechselseitig bedingen:
1. Politische Bildung ist Vermittlung von Wissen und Kenntnissen. ...
2. Politische Bildung ist Entwicklung von Fähigkeiten und Einsichten. ...
*3. Politische Bildung ist Weckung von Bereitschaft zu verantwortungsbewusstem
Handeln.* (ebd., Pkt. I.1-3)
    Hier sind unterschiedliche Formen des Lehrens und Lernens festgeschrie-
ben: Einerseits geht es um die Wissensvermittlung von bestimmten Inhalten,
andrerseits geht es um die Vermittlung von Fähigkeiten und um die *Weckung
von Bereitschaften.* Im Erlass wird weiterhin festgehalten, dass dieser *Auftrag zu
Politischer Bildung* sich an *alle Lehrer wendet und bedeutet, dass Politische*

Bildung als Unterrichtsprinzip im Sinn der Zielvorstellungen des Erlasses wirksam wird (ebd., Pkt. III). Die Zielvorstellungen beschreiben eine Reihe von zu erreichenden Zielen – eines davon lautet: *Es soll auf eine ‚Politisierung' im Sinn eines Erkennens von Möglichkeiten hingearbeitet werden, am politischen Leben teilzunehmen, um die eigenen Interessen, die Anliegen anderer und die Belange des Gemeinwohls legitim zu vertreten.* (ebd., Pkt. II.2)

Diese Zielvorstellungen und Anforderungen an die politische Bildung sind sehr komplex, wenn nicht gar überdeterminiert. Im zweiten Kapitel wurde diese immanente Problematik der Politikwissenschaft bereits diskutiert: Es gibt in den Politikwissenschaften keine Einigkeit über ihren Gegenstand. Es bestehen formale, empirische, affirmative und negative Politikbegriffe nebeneinander; was sie vereint, ist eine gewisse Verlegenheit in der Begriffsdefinition. Nichts desto Trotz wird im Erlass der Anspruch auf die Definition von Zielen und Wirklichkeit der Demokratie erhoben; dies setzt somit die Paradigmen der politischen Bildung voraus. Demgegenüber befindet sich ein Bildungssystem, das offenbar diesen Ansprüchen nicht genügen kann. Diese Diskrepanz ist bereits in der Diskussion in den siebziger Jahren des vorigen Jahrhunderts deutlich artikuliert worden und hat bis heute zu einem sensiblen Problembewusstsein in der Bildungsforschung (insbesondere in der Schulentwicklungsforschung) geführt. Deren Befunde über die strukturelle Verfassung des Bildungssystems stimmen inhaltlich mit den mittlerweile beinahe 40 Jahre alten Analysen zum Dilemma der politischen Bildung überein:

Insgesamt wird hier die starke Fragmentierung des österreichischen Bildungssystems sichtbar, das unter anderem von folgenden Systemmerkmalen geprägt ist:

- *Die Lehrerausbildung findet an unterschiedlichen Institutionen, nämlich Universitäten und Pädagogischen Akademien statt. Da an Letzteren in Österreich wenig Forschung betrieben wird, fehlen – im Vergleich zu anderen Ländern – innovative Impulse aus der Pädagogik und Fachdidaktik der Primarstufe und teilweise der Sekundarstufe*
- *Die einzelnen Fachdidaktiken sind voneinander isoliert und spielen an den Fachinstituten meist eine untergeordnete Rolle; auch die Verbindung zur Pädagogik und zur Schulpraxis ist mit wenigen Ausnahmen nur schwach ausgeprägt.*
- *Österreich hat – insbesondere in der Oberstufe – ein hoch differenziertes System von Schultypen, das sich auch in der Organisationsstruktur der Ministerien und der Lehrerfortbildungsinstitutionen wider spiegelt und durch sie verfestigt (mit allen sich damit ergebenden Eigenlogiken, Subsystemkulturen, Mehrgleisigkeiten und Konkurrenzen).*

- *Es gibt eine bunte Palette an Institutionen, die sich ähnlichen Aufgaben widmen, aber kaum in Verbindung miteinander stehen.* (Krainer 2002, S. 25 f.)

Weitere (Schulentwicklungs-)Forschungen bestätigen diesen Befund bzw. verschärfen ihn mit Analysen der strukturellen Beschaffenheit der Schule (vgl. Altrichter / Krainer 1996, Altrichter / Posch 1998). Demnach sind Schulen nicht nur mit einer sie umgebenden *starken Fragmentierung* konfrontiert, sondern diese setzt sich in den Mikrokosmos der Schule fort. Auch hier ist die Fragmentierung ein eindeutiges Systemmerkmal. Marlies Krainz-Dürr stellt die These auf, dass sich *Schulen schwer tun zu lernen*, weil sie keine unterstützenden Strukturen für Veränderung und Entwicklung aufgebaut haben (Krainz-Dürr 1999, S. 342). Eine andere These lautet: *Schulen haben Schwierigkeiten zu ,lernen', da die Einzelschule durch einen Mangel an strukturbildenden Elementen charakterisiert ist* (ebd.). Eine weitere: *Schulen haben Schwierigkeiten zu ,lernen', da eine über Unterricht hinausgehende Definition von professioneller Arbeit von LehrerInnen fehlt und anstelle dessen ,Engagement' zum Leitbild geworden ist.* (Krainz-Dürr 1999, S. 343 f.) Wenn Schulen Schwierigkeiten haben zu lernen, wie können sie dann politische Bildung als ein *Unterrichtsprinzip* lehren – fächerübergreifend, in Kooperation mit KollegInnen und alle Erfahrungen der SchülerInnen einschließend? Sie können es nicht, jedenfalls nicht umfassend. Politische Bildung als Wissensvermittlung impliziert spezifische Veränderungen der Inhalte, die im Unterricht mit einem/r engagierte/n LehrerIn vielleicht noch umgesetzt werden können. Sie kann sich aber nicht als „soziale Bildung" (Verhaltensbildung) entfalten. Die fragmentierte Struktur der Schule hindert gewissermaßen die politische Bildung daran, zu lernen, wie sie sich als politische, soziale „Selbst-Bildung" begreifen könnte.

Verfolgt man die Diskussion der „Wiener Gruppendynamiker" (und ihrer Kooperationspartner) der siebziger Jahre in diesem Zusammenhang, so ist eines interessant: In den frühen siebziger Jahren gab es eine Art Aufbruchstimmung in Richtung Reform der Schule im Sinne der *direkten Pädagogik* in der politischen Bildung. 1974 schreibt Heintel in der Schrift *Gruppendynamik für die Schule*: *Will man mit Ernst Schulreform betreiben und diese auch in der Schule verwirklichen, so wird am Punkt der ,sozialen Erziehung und Bildung' anzusetzen sein. Ich glaube, dass nur auf diesem Gebiet nachhaltige Reformwirkungen zu erzielen sind.* (Heintel 1974, S. 109) In der gleichen Schrift argumentiert Gerhard Schwarz, dass *das Ziel der neuen Pädagogik die Veränderung der Gesellschaftsstrukturen* (Schwarz 1974, S. 9) sein soll, und dass daher die Schule ihr pädagogisches Konzept ändern soll. Für dieses Ziel werden Konzepte und Methoden aus der Gruppendynamik angeboten, die auf mehreren Ebenen im Rahmen von Schulreformen zum Tragen kommen könnten (LehrerInnenebene, Steuerungsebene, LehrerInnen-SchülerInnen-Interaktions-ebene, Verwaltungsebene; vgl. Scala in genannter Schrift). Ein Jahr später erscheint *Gruppe und Bildung*, eine umfassende *philosophische und wissenschaftstheoretische Darstellung der den gruppendynamischen und gruppenpädagogischen Praktiken zugrundeliegenden Voraussetzungen und Modellen* (Heintel 1975, S. 6). Auch hier ist noch eine sehr positive Grundstimmung erkennbar, trotz eingehender Analyse der strukturellen und kommunikativen Schwierigkeiten der Schule.

Wenige Jahre später klingt die Analyse nicht mehr so hoffnungsvoll. Heintel sieht in der Schule äußerst problematische Voraussetzungen für eine Reform in Richtung Gruppendynamik: *Wenn nun aber die gesamte Verfasstheit und Organisation der Schule eher in Sinne linearer Anpassung ausgerichtet ist, wird demokratische Bildung in ihrer praktischen Relevanz leer bleiben. Es wird zwar dort und da herumgespielt werden; Scheinaktivitäten ersetzen aber nicht Demokratie; so ist eher zu vermuten, dass sich dabei ein völlig falsches Bild von Demokratie herausbildet, von ihrem Ernst, ihrer Mühsamkeit, aber auch ihrer Möglichkeit, individuelle Befriedigung im erarbeiteten Allgemeinen zu finden.* (Heintel 1977a, S. 38) Eine konkrete demokratisch-politische Bildung würde in der Schule nicht stattfinden. Heintel empfiehlt, für die Konzeptentwicklung der politischen Bildung hin und wieder einmal die *Bildungsinstitutionen zu verlassen und sich anderswo in der Lebensrealität ein wenig umzusehen* (ebd., S. 38). Die Konzeptentwicklung zur politischen Bildung hat zwar in gewisser Hinsicht die Bildungsinstitutionen verlassen – die Gruppendynamik hat im Lauf der Jahre andere Anwendungsfelder gesucht und gefunden. Die politische Bildung hat sich hingegen im Bereich der Politikwissenschaften als eine Fachdidaktik etabliert, die sich den traditionellen Wissenschaftsparadigmen verpflichtet und gerade nicht als Reform intendiert war. „Übrig geblieben" ist seitens der Politikwissenschaften die Idee des Unterrichtsprinzips, welches sich bis heute in den entsprechenden Erlässen verankert hat (vgl. Pelinka 1985, 1999).

3.2 Schule als Ort der politischen Bildung?

Spätestens hier stellt sich die Frage, wie heute vor dem Hintergrund der Fragmentierung des Bildungssystems und der organisatorischstrukturellen Lernschwäche der Schulen die hohen Ansprüche der politischen Bildung eingelöst werden können. Insbesondere der Anspruch die *Politikimmanenz aller Wissensbereiche als Unterrichtsprinzip* zu verankern (Pelinka 1985, S. 549), stößt auf die strukturellen Determinanten der Schule. Das *Unterrichtsprinzip* besagt, dass es *notwendig mit einem weiten Politikbegriff verflochten ist* und daher auch die *Aufgabe aller Fachvertreter* sein muss (ebd., S. 550 f.). Ein „System Schule", das aber von Fragmentierung und Mangel an strukturbildenden Elementen geprägt ist, kann diese Aufgabe gar nicht wahrnehmen, weil dafür wenig oder keine Strukturen vorhanden sind. Der Auftrag, dass sich die politische Bildung an alle LehrerInnen richten soll, bleibt insofern postulatorisch, als LehrerInnen strukturell nicht die Möglichkeit haben, politische Bildung als interdisziplinäres Konzept umzusetzen. Selten gibt es dafür vorgesehene schulinterne Instanzen, die eine derartige fächerübergreifende Aufgabe steuern könnten, ganz abgesehen davon, dass sich Schulen als Organisation „schwer tun zu lernen". Somit „fragmentiert sich" auch dieser Auftrag an den Schnittstellen zwischen Unterricht, Schulorganisation und rechtlichen Rahmenbedingungen.

So erstrebenswert die Ziele des Erlasses sind und so sehr sich Schulen und LehrerInnen auch bemühen, die Umsetzung des *Unterrichtsprinzips* bleibt letztlich oft am jeweiligen persönlichen Engagement hängen. Hier kommt ein weiteres Phänomen hinzu: Angenommen die These von Krainz-Dürr (1999) trifft zu, dass anstelle von Professionalität der subjektive Einsatz der Lehrpersonen hervortritt, weil die Definition von Professionalität fehlt – wie können dann die *Ziele und Aufgaben der Politischen Bildung* laut Erlass „professionell" umgesetzt werden? Sie finden anscheinend keine Realisierung in der Profession, sondern bestenfalls im persönlichen Engagement und sind somit wiederum einer Art von „Fragmentierung" ausgesetzt. Und selbst wenn der oder die einzelne LehrerIn sich engagiert, weiterbildet und über ein großes Wissen über Politik verfügt, wird es ihm oder ihr kaum gelingen, den Mangel an strukturbildenden Elementen zu kompensieren.

Diese Schwierigkeiten müssen die AutorInnen des Erlasses geahnt haben: In den *grundlegenden Hinweisen für die Gestaltung des Unterrichts* gibt es keinen „Hinweis" auf eine professionelle Qualifikation, dafür gibt es mehr oder weniger allgemeine Hinweise auf die *sozialen Erfahrungen der Schüler* und auf ein *neutrales politisches Verhalten* seitens der LehrerInnen. Sie sollen dafür sorgen, dass *gegensätzliche Interessen offen dargestellt werden,... zumal das Gespräch eine wichtige Voraussetzung dafür ist, einen Konsens zu finden oder einen Kompromiss zu erzielen* (Bundesministerium 1994, Pkt. III). Dass das Gespräch eine wichtige Form der Mitteilung ist, wird wohl niemand bezweifeln; und dass das Gespräch zwischen SchülerInnen, aber nicht zwischen SchülerInnen und LehrerIn gemeint sein kann, das scheint auch klar zu sein. Die Vorstellung, dass SchülerInnen mit LehrerInnen etwa demokratisch über ihre Noten verhandeln könnten, konterkariert die Intention des Erlasses. Er ist im Übrigen durchgehend von einem sehr niedrigen Bestimmungsgrad betreffend Didaktik im Sinn des Unterrichtsprinzips gekennzeichnet. Hierzu findet sich nur ein

Hinweis: *Diese Art der Unterrichtsführung und des Erziehens stellt hohe Ansprüche an das fachliche und pädagogische Können und an die Einsatzfreude
des Lehrers sowie an seine Fähigkeit, auf den Schüler in partnerschaftlicher
Weise einzugehen.* (ebd., Pkt. III) Von einer professionellen Qualifikation (z. B.
im Bereich der sozialen Kompetenz) ist hier nicht die Rede.

Soziale Kompetenz wird von einigen LehrerInnen offenbar so interpretiert, dass
sie ihre SchülerInnen zu den Landtagssitzungen des Kärntner Landtages führen.
Wahrscheinlich beabsichtigen sie damit, dass ihre Schützlinge „live" die Praxis
miterleben und auf diese Weise etwas über Politik lernen. Angekommen im
Landtag, sitzen sie dann beobachtend auf der Zuschauergalerie, meistens in der
„Fragestunde" und in der „Aktuellen Stunde". Auch die Medien haben Interesse
und platzieren sich ebenfalls auf der Zuschauergalerie und im Plenum – immerhin ist in der „Fragestunde" und in der „Aktuellen Stunde" am meisten los. Hier
gibt es heftige, emotionale Debatten – Regierung trifft auf Opposition und umgekehrt, die Parteien streiten und kooperieren untereinander, es gibt ein lebhaf-
tes Treiben in der „informellen Kommunikation", die Abgeordneten versuchen
den politischen Wettkampf möglichst erfolgreich zu bestreiten, damit die Medien entsprechendes „Material" bekommen... . In der Schule haben die SchülerInnen gelernt, wie Politik sein sollte, im Landtag erleben sie, wie sie ist. Kaum
ein/e Abgeordnete/r oder ein Regierungsmitglied spricht ein grammatikalisch
richtiges Deutsch. Die objektive Richtigkeit ihrer Aussagen ist ebenso oft zwei-
felhaft. Vielmehr wird die politische Sprache emotional „unterlegt", mit Dialek-
ten, Zwischenrufen, verbalen und nonverbalen Äußerungen. Was denken sich
die SchülerInnen dabei? Sie müssen zweifellos zum Schluss kommen, dass
„fachliches Können" vielleicht noch eine Voraussetzung zum Lehrerberuf ist,
nicht aber für den Beruf der/des PolitikerIn. Welches Bild von Politik nehmen
die SchülerInnen dann mit? Und was haben sie gelernt? Dass man mit Mehrhei-
ten und mit „Ellenbogentechnik" weiterkommt. In der Schule ist diese Strategie
aber eher unbrauchbar; dort werden sie an ihren überprüfbaren Leistungen gemessen. PolitikerInnen werden hingegen nicht nach „objektiven Messgrößen"
bewertet, sondern danach wie gut es gelingt, dem Volk „seine Worte in den
Mund zu legen" – als PolitikerIn muss man sich zunächst gut verkaufen können,
erst dann kann man eine „Botschaft" anbringen. Und wenn so „ungebildete"
Menschen PolitikerInnen sein können, warum soll man dann als Schüler gute
Erfolge haben müssen? Die „Keime der Politikverdrossenheit" können durch
diese Art von politischer Bildung „eingepflanzt" werden... .

Dieses Beispiel aus der Praxis verdeutlicht einen Aspekt des Widerspruchs
zwischen demokratisch-politischer Bildung und der Struktur und Organisation

der Bildungsinstitutionen: Da dem System Schule die (partei)politische Praxis „äußerlich" bleibt, wird diese Praxis durch Beobachtung zugänglich gemacht; hier wird das Teilziel „Wissensvermittlung" mehr oder weniger umgesetzt. Jedoch bleibt die „soziale Dimension des Politik-Machens" – Kommunikation, Interaktionen, kontroverse Diskussionsführung, das Vertreten von Interessen etc. – ebenso „äußerlich" und das bedeutet, dass die anderen Teilziele, die mit der Vermittlung von Fähigkeiten, Bereitschaften und politischem Handeln verbunden sind, unberücksichtigt bleiben. Denn diese Unterrichtspraxis (Lernen durch Beobachtung) ist keine, an der die SchülerInnen aktiv mit gestalten, sondern beobachtend passiv bleiben. Anders formuliert: In der Schule lernt man zwar viel „über" politische Bildung, aber nicht mit ihr oder durch sie. Für diese Dimension des Lernens (soziales Lernen) ist ein Besuch im Landesparlament mitunter eine willkommene Abwechslung im Unterrichtsalltag, die Erkenntnisse daraus bleiben dennoch theoretisch und berühren kaum die Stärkung der eigenen sozialkommunikativen Kompetenzen (außer die der Beobachtung).

Ausführlich beschrieben haben diese Problematik bereits die „Wiener Gruppendynamiker" und ihre KollegInnen. Es sei eine Illusion zu meinen, es könne durch theoretischen Unterricht Praxis vorweggenommen oder gar eingeübt werden. Theorie über Demokratie mag uns Ideale, strukturelle Zusammenhänge, Instanzen usw. plausibel und durchschaubar machen, etwas anderes ist es, selbständig demokratisch handeln zu können, wenn es Situationen, auf die wir eben praktisch nicht vorbereitet wurden, erfordern. (Heintel 1977a, S. 55) Einer ihrer damaligen Befunde hat sich bis heute aufrecht erhalten: Verhaltenslernen, Erfahrungslernen und all jene Fähigkeiten, die unter dem Sammelbegriff „soziale Kompetenz" zusammengefasst werden könnten, erfordern ein ihr entsprechendes Praxisfeld, das aber bestenfalls außerhalb des „Systems Schule" liegen kann. In Anbetracht der „Theorie der Demokratie" scheint die zitierte „Illusion" nicht ernst genommen worden zu sein. Es kann also nicht verwundern, dass eine „emanzipatorische" politische Bildung in Schulen nur sehr schwer umgesetzt werden kann, insbesondere im Hinblick auf organisationale Lernschwächen der Schule.

Es ist offensichtlich, dass sich Schulen schwer tun zu lernen, gerade im Hinblick auf die Anwendung bzw. Einübung von politischer Bildung. Die starre Struktur und elementarisierende Verfahrensweisen verhindern zugleich die Beteiligung der Mitglieder des Systems, welches außerdem kaum Veränderungspotenziale hat. Daher sind bestimmte „soziale Fähigkeiten" aus der Perspektive der Funktionalität gesehen, nicht unbedingt vonnöten; Schulen sind ohne die partizipative und interdisziplinäre Entwicklung und die kooperative Gestaltung von neuen Strukturen funktionsfähig. Das Nicht-Teilnehmen der Mehrheit des Kollegiums an wesentlichen schulinternen Entscheidungen ist

bedingt und zugleich das Ergebnis aus dem Fehlen von Strukturen. Diese Überlegung stimmt mit der These überein, dass *Schulen als Organisation Schwierigkeiten haben zu ‚lernen', da sie über kein entwickeltes ‚Organisationsbewusst-
sein' verfügen* (Krainz-Dürr 1999, S. 343). Folglich können sie auch kein „politisches Bewusstsein" haben. Dies wäre aber eine notwendige Voraussetzung für
eine „Politisierung der Organisation" und für die Realisierung des *Unterrichtsprinzips* als ein kollektives Nachdenken über sich selbst. Das Nachdenken über
sich selbst müsste mithin die Gesamtheit der Schule erfassen, als eine Re-
Politisierung, als Nachdenken über Schwierigkeiten und Defizite, die im System
Schule selbst begründet sind. Dieser Aspekt der politischen Bildung kann also
unter den gegenwärtigen Voraussetzungen so gut wie gar nicht realisiert werden. Man kann also folgern, dass die politische Bildung in der Schule keine
organisatorische Dimension erreicht, sondern im zuständigen Fach „vereinzelt"
und verkürzt wird. Politik ist somit als Wissen einem einzigen Fach immanent,
anstatt allen Wissensbereichen immanent zu sein.

Der *Mangel an strukturbildenden Elementen* erfasst mithin eine Dimension,
die gerade hier eine Verbindung bzw. Integration von Theorie und Praxis leisten
sollte: die Verbindung von Anspruch und Wirklichkeit, von Theorie und Praxis,
von Einzelfächern und Unterrichtsprinzip, von instrumenteller Wissensvermittlung und sozialem Lernen, sowie von Engagement und Professionalität. Die hier
offenbare Fragmentierung erscheint als eine Mangelerscheinung, die auf die
fehlenden strukturbildenden Elemente zurückgeführt werden kann. Dadurch
fehlen aber genau jene Elemente der (Re)Politisierung, die auch seitens der
Politikwissenschaften eingefordert werden.

Würde man hingegen das Ziel der *Politisierung* laut Erlass ernst nehmen, so
müsste es in erster Linie auf die Struktur und Organisation der Schule angewandt werden können. Dieses Ziel lautet: *Es soll auf eine ‚Politisierung' im
Sinne eines Erkennens von Möglichkeiten hingearbeitet werden, am politischen
Leben teilzunehmen, um die eigenen Interessen, die Anliegen anderer und die
Belange des Gemeinwohls legitim zu vertreten* (siehe oben, Kapitel 3.1). Auf
sich selbst als Schule angewandt würde das bedeuten, dass die Schule so organisiert sein müsste, dass alle Interessen (der SchülerInnen, der LehrerInnen, der
Eltern, VertreterInnen anderer Schulen etc.) die gleichen demokratischen Möglichkeiten für ihre Durchsetzung hätten. Die *Politisierung im Sinne eines Erkennens von Möglichkeiten* ist ja mitunter ohnehin vorhanden (individuell), aber es
gibt keinen Ort der Auseinandersetzung darüber und keine konkreten Verände-
rungsmöglichkeiten. Sie bleiben somit hypothetisch und die Belange des Gemeinwohls im Sinne eines „Schulwohls" bleiben formal der Schulleitung vorbehalten. Die ureigenste politische Fähigkeit – das „kollektive Nachdenken" über
sich selbst – wird strukturell und organisatorisch „verhindert".

Im System Schule fehlt ein wesentliches Element, das der Demokratie immanent ist: die „organisierte" Opposition. Die Schule weist eher die Merkmale einer flachen Hierarchie auf denn die einer repräsentativen Demokratie. Ihre Struktur beinhaltet wenig Möglichkeiten für die Thematisierung und Durchsetzung von „Gruppeninteressen". Krainz-Dürr hat festgestellt, dass Führungsaufgaben im Sinne der Vermittlung von Gruppeninteressen von Schulleitungen kaum wahrgenommen werden können. Ihre These dazu lautet: *Schulen haben Schwierigkeiten zu ‚lernen', weil die Vermittlung von Gruppeninteressen nicht als Steuerungsfunktion wahrgenommen wird und ein sachlichfunktionales Herangehen an das Thema ‚Leitung' durch einen ‚antihierarchischen Affekt' erschwert wird.* (Krainz-Dürr 1999, S. 346)

Diese These sagt einerseits aus, dass Schulen ein Steuerungselement fehlt; sie sagt aber auch etwas über die „Führungskultur" aus: Wenn ein *antihierarchischer Affekt* das *sachliche Herangehen an das Thema ‚Leitung'* erschwert, dann verweist das auf eine ungelöste „Machtfrage". Krainz-Dürr meint, dass Schulen auch deswegen Schwierigkeiten hätten zu lernen, *da der ‚Mythos der Gleichheit' eine Strukturbildung in Kollegien erschwert* (ebd, S. 344). Zugleich gibt es einen *antihierarchischen Affekt*, der offenbar dazu dient, diese „Gleichheit" aufrecht zu erhalten. Hier wird offenbar ein „emotionales Unterfutter" wirksam, das die Führungskultur empfindlich beeinflusst. „Machtfragen" dürften in so einem Klima eher unterdrückt denn offen ausgesprochen werden. Hier wird wiederum deutlich, dass „Demokratie" zwar gelehrt, aber nicht „gelebt" wird.

In Demokratien gibt es unterschiedliche Interessensgruppen, die unterschiedlich stark sind – die „Herrschaftsfrage" ist insofern immer virulent und muss jeweils demokratisch beantwortet werden. Den Schulen fehlt für diese Beantwortung eine entsprechende „organisatorische Antwort". Die Vorgabe im Grundsatzerlass (unter dem Titel *Grundsätzliches*) klingt in diesem Kontext wie ein Kontrastprogramm: *Im Mittelpunkt steht aber die Frage, wodurch Herrschaft und Autorität von der Gesellschaft als rechtmäßig anerkannt werden: in einem demokratischen Gemeinwesen wird unabänderliches Merkmal sein, dass Autorität und Herrschaft aus der Quelle der freien Bestellung... geschöpft wird.* (Bundesministerium 1994, Pkt.I) Das trifft zu, aber nicht auf die Schule als „politisches System", denn hier sind „Autorität und Herrschaft" in den Strukturen apriorisch manifestiert.

Diese und andere im Erlass formulierten Vorgaben sind in gewisser Hinsicht „praxis-untauglich"; zwar werden sie von bestimmten Normen und Werten getragen, die durchaus mit einer modernen Auffassung einer demokratischen, freiheitsorientierten, gerechten etc. Gesellschaft übereinstimmen. Aber diese Bestimmungen sind abstrakt; sie haben den Charakter einer „Theorie über De-

mokratie" und weniger die Tendenz zur Praxisorientierung, denn wer oder was
die Praxis sein soll, bleibt im Erlass undefiniert.

3.3 Konformität versus Selbstaufklärung

Die Struktur und Organisation der Bildungsinstitutionen (insbesondere der
Schule) begünstigen eher eine „Entpolitisierung" ihrer Inhalte und Handlungen -
Stoff, Didaktik, Unterrichtsform, Schulstruktur etc. sind keine „Gegenstände"
einer internen Schulpolitik, an der im Normalfall auch SchülerInnen mitbestimmen könnten. Im Gegenteil: Wer sich an die Leistungsprinzipien der
Schule nicht anpassen kann, fällt heraus. Das bedeutet, dass Schüler und Schülerinnen bis zu einem gewissen Grad angepasst sein müssen. Ihre Aufgabe ist es
zu lernen und positive Noten zu haben – auch im Fach Politische Bildung. Eine
These von *Heintel* beschreibt den Zusammenhang zwischen hierarchisch-
bedingter Elementarisierung und die Notwendigkeit der Anpassung an diese
Struktur: *Überall dort, wo versucht wird, politische Bildung in einem gesonder-
ten getrennten Fach oder als Teil eines Faches zu vermitteln, kurz überall dort,
wo versucht wird, politische Bildung bloß wissensmäßig, theoretischinformativ
zu erreichen, geschieht direkt oder indirekt Anpassung an das bestehende System.* (Heintel 1977a, S. 15)

Das bedeutet für die politische Bildung, dass sie einen systemimmanenten
Widerspruch zu bewältigen hat: Einerseits soll sie zu demokratischer Selbstbestimmung erziehen, andrerseits bringt sie „angepasste" SchülerInnen hervor.
„Anpassung" bezieht sich dabei hauptsächlich auf die soziale Struktur des Leh-
rerInnen-SchülerInnen-Verhältnisses: Die Lehrperson hat eine Autorität als eine
„wissende Instanz", die dafür sorgen muss, dass die SchülerInnen den Stoff
reproduzieren können. Das heißt, dass die LehrerInnen-Autorität unhinterfrag-
bar ist. Würde z. B. ein Lehrer seine SchülerInnen den Stoff mitbestimmen
lassen, könnte er vielleicht die vorgegebenen Lehrplanziele nicht einhalten. Er
würde in einen Konflikt mit der Schule geraten. Der / die LehrerIn hat sich also
seinerseits / ihrerseits ebenfalls anzupassen, an Unterrichtspläne, gesetzliche
Rahmenbedingungen, Vorgaben der Schule etc., und zwar auf eine Art und
Weise, die nicht unbedingt eine kreative, „selbstbestimmte" Gestaltung des
Unterrichts und des Schulgeschehens insgesamt begünstigt.

In diesem Kontext ist es zweckmäßig, die *direkte* und die *indirekte* politische Bildung zu unterscheiden (vgl. Schwarz 1974, Heintel 1977, Pickl 1980,
Pelinka 1985). Die *direkte* Politische Bildung ist an das *Unterrichtsprinzip* gekoppelt und gesetzlich geregelt. Sie ist dadurch gekennzeichnet, dass eine deut-

liche Diskrepanz zwischen Normativität und Wirklichkeit vorherrscht. In der Bilanz von Anspruch und Wirklichkeit werden eine Reihe von „institutionell bedingten" Schwierigkeiten sichtbar, die es erschweren politische Bildung zu vermitteln. Man kann daher davon ausgehen, dass die strukturellen Voraussetzungen für die Vermittlung von „demokratischer Bildung" im engeren Sinn (Reflexions- und Erfahrungswissen, Verhaltensbildung, Erfahrungslernen, „demokratische Fähigkeiten") unzureichend sind.

Zugleich „bilden" aber gerade jene strukturellen Voraussetzungen auf eine indirekte Weise auf der Verhaltensebene. Hier werden im Sinne des „Systemzwecks" entsprechende „systemkonforme" Verhaltensweisen gebildet: LehrerInnen (ErwachsenenbildnerInnen) „müssen" Inhalte vermitteln, SchülerInnen (SeminarteilnehmerInnen) „müssen" diese Inhalte reproduzieren können. PolitikerInnen „müssen" ihre Aussagen verkürzen, JournalistInnen „müssen" diese Informationen möglichst übersichtlich darstellen. Damit ist die soziale Verhältnismäßigkeit im Bildungsprozess vorbestimmt und mehr oder weniger hierarchisch strukturiert. Die *indirekte* politische Bildung ist ein großer Bereich, der über die faktische Wissensvermittlung des Unterrichts hinausgeht – politische und soziale Strukturen „sozialisieren" ihre Mitglieder und bilden damit gewünschtes bzw. intendiertes Verhalten aus. „Gebildet" wird also im weitesten Sinn über eine „sozialisierte Öffentlichkeit", die sich über die Familie, über das Klassenzimmer, über das Erwerbsleben, über die „Zivilgesellschaft" und auch über die Medien vermittelt. Politische Bildung im weitesten, indirekten Sinn findet sozusagen überall dort statt, wo das soziale Leben geregelt werden muss. Demzufolge kann also vorausgesetzt werden, dass jede soziale Erfahrung immer irgendwie auch bildet – auf eine indirekte Art und Weise.

Eine besondere Form der indirekten und direkten politischen Bildung erstreckt sich auf einer gesellschaftlichen Dimension. Das zentrale „Vermittlungsorgan" sind hier die Medien. Man wird quasi immer irgendwie politisch gebildet, oft über Berichte aus TV und Zeitungen, über das Internet, über andere Medien – eine permanente Informiertheit über Politik ist geradezu zum Alltag geworden. Dass die Informiertheit jedoch „demokratisch bildet" im Sinne einer Partizipation an der gesellschaftlichen Entscheidungsfindung, soll damit nicht vorausgesetzt werden. Hier kann bestenfalls *ein* Ziel der politischen Bildung erreicht werden: die Vermittlung von verkürzten Informationen. Aber auch hier stellt sich die Frage in wie weit die BürgerInnen durch „Dauerinformiertheit" auch „wissend" oder gar „gebildet" sind (darauf wird im nächsten Kapitel noch näher eingegangen).

Als Universitätsassistentin und als Politikerin kenne ich zwei „Extreme" in der Vermittlung von Wissen. 1. Die universitäre, didaktische Sozialisation zielt darauf ab, Informationen möglichst ausführlich, breit, tiefgehend und „detailverliebt" zu vermitteln. Ich habe gelernt, Theorien, Modelle, Problemstellungen usw. möglichst umfassend und gut begründet, mit Querverweisen, mit wissenschaftstheoretischen Argumenten, mit ausführlichen „Beweisführungen" darzustellen. Ich bin mit mehr oder weniger Widerständen an die scientific community angepasst: ich „unterwerfe" mich den Werten und Normen des wissenschaftlichen Arbeitens. Mein Gegenüber, die StudentInnen sollten möglichst viel Wissen „mitnehmen" und in Form von Prüfungsarbeiten „zurückgeben". Dieses didaktische Vorgehen erfordert mitunter ein empathisches Eingehen auf die Bedürfnisse der StudentInnen – ich „hole" sie dort ab, wo sie „sind" und führe sie zu unterschiedlichen „Metaebenen". Mein pädagogisches Ziel ist es, dass sie hinterher die Welt „mit anderen Augen" sehen und diese Beobachtungen auch anders interpretieren können.

2. Als Politikerin habe ich gelernt, eine Botschaft möglichst schnell, kurz und klar, wenn's geht auch gespickt mit einer Metapher oder einem Bild, zu vermitteln. In Medientrainings wurde mir vermittelt, problematische Zusammenhänge zu verkürzen und in wenigen Sekunden „rüber zu bringen". Die Medientrainer haben mir mehr oder weniger erfolgreich beigebracht, dass ich überzeugend und sympathisch sein soll, und dass meine Sprache möglichst einfach sein soll. Es geht darum, potenzielle WählerInnen, JournalistInnen, „opinion leader" zu überzeugen. Egal was ich von einem/r JournalistIn gefragt werde, ich sollte danach trachten, *meine* politische Aussage zu betonen bzw. „mundgerecht" anzubieten. Das gelingt mit einigen Grundkenntnissen über die Funktionsweise der Medien und der Massenpsychologie und mit dem Einsatz von unterschiedlichen Kommunikations-Techniken. Dies alles zwingt aber dazu, dass man oft nur sehr oberflächlich sein kann; die inhaltliche Komplexität in der Vermittlung von Informationen, Botschaften oder Kritik geht weitgehend verloren. D. h., dass ich auch als Politikerin angepasst bin, notwendigerweise, und zwar vorwiegend an die Funktionsweise der Medien. Meine Medientrainer sind Profis; sie haben mich in der „Manipulation" meines Gegenübers unterrichtet. JournalistInnen sind hier sozusagen „gesondert" zu behandeln: sie sollen nicht frustriert, beleidigt oder enttäuscht werden, d. h. dass man „brav" auf ihre Fragen reagieren soll, bei gleichzeitigem Absetzen der eigenen Botschaft. Mein Ziel ist, dass meine Aussagen möglichst positiv aufgenommen und weitervermittelt werden – JournalistInnen müssen daher immer „bei Laune gehalten" werden; es ist günstig, wenn man ihnen schmeichelt, sie lobt und ihnen das Gefühl gibt, dass sie „Geheimnisträger" sind.

Die hier beschriebenen „Sachzwänge" resultieren aus der besonderen Form der Wissensvermittlung – sie kann in Form der direkten Kommunikation erfolgen (mit StudentInnen), sie kann aber auch „vermittelt", indirekt sein (über Medien zum „Volk"). Diese unterschiedlichen Formen prägen auch wesentlich die „transportierten" Inhalte. Hinzu kommt, dass die Wirksamkeit des jeweiligen Wissens von vielen strukturellen Bedingungen abhängt. Für die konkrete Handlungsfähigkeit im „politischen Leben" kann viel Fachwissen gleichzeitig günstig, aber auch kontraproduktiv sein. Viel Wissen verleitet zum „Dozieren", wenig Wissen verleitet zu ideologischer Kompensation. Für Bildungsinstitutionen ist viel Wissen hingegen ein wichtiger Leistungsfaktor, der überprüft und bewertet werden kann. Die Wissensvermittlung in Schulen, Universitäten und Einrichtungen in der Erwachsenenbildung kann zumindest versuchen, dieses Ziel direkt „umsetzen" – hier gibt es die Möglichkeit der Wissenskontrolle, was in der Beurteilung von politischem Handeln nicht der Fall ist. In der Wahlurne wird nicht nach Wissen gefragt – hier wird oft nach anderen Kriterien entschieden.

Diese Widersprüchlichkeit ist jener politischen Bildung immanent, die als bloße instrumentelle Wissensvermittlung aufgefasst wird. Die Vermittlung von „objektivem Wissen" ohne Verhaltensbildung „verobjektiviert" ihr Gegenüber und kann daher keine oder wenig „Subjekthaftigkeit" gelten lassen. Individuelle politische Motive, subjektive Meinungen und Werthaltungen sind für diesen „Wissenstransfer" nicht funktional, sondern eher hinderlich. Die „Verobjektivierung des Gegenstands" ist gewissermaßen der Sachzwang des Frontalunterrichts; sie hat außerdem zur Folge, dass die konkreten Lebenszusammenhänge und die subjektive Verflochtenheit mit der Gesellschaft nicht mit politischer Bildung identifiziert wird, sondern dass der „Gegenstand" Politische Bildung oft eher theoretisch, beziehungslos und abstrakt erscheint, obwohl er „mündige und aufgeklärte BürgerInnen" hervorbringen soll. Die Vermittlungsmethode der instrumentellen Wissensvermittlung spielt hierbei eine zentrale Rolle – sie verfestigt ihr Gegenüber als passive, empfangende Subjekte. Durch Frontalunterricht, aber auch durch die „Informationsflut" der Medien wird Selbstaufklärung verhindert. Hier ist eine spezifische „Top-down-Lernkultur" vorherrschend, die für die Entwicklung der Subjekthaftigkeit als Voraussetzung für die individuelle Selbstaufklärung nicht gerade förderlich erscheint.

Ein Wissen, das man nicht „verwenden" kann, bleibt abstrakt, unzugänglich, trocken und weckt wenig Interesse. Hierin liegt mithin ein Grund für das mangelnde individuelle Interesse an politischer Bildung. Ein Befund der modernen Bildungsforschung lautet, dass die Trennung von Gegenstandsbereichen zugleich interdependente Lebenszusammenhänge „elementarisiert", „verobjektiviert" und als getrennte Fächer in den schulischen und universitären Fächerkanon einordnet. Das hat zur Folge, dass wissenschaftlich abgegrenzte „Fachbereiche" in Schulen und Universitäten zwar mehr oder weniger gut vermittelt werden, aber eben als „Fächer" eher unvermittelt und gleichbedeutend nebeneinander stehen. Durch diese Angepasstheit der *direkten* politische Bildung – an die rechtlichen Rahmenbedingungen, an dominante Auffassungen von politischer Bildung, an die „Inflation" der Bildungsbegriffe und an die Wissenschaftsentwicklung insgesamt – verliert sie zugleich ihren besonderen Stellenwert als „demokratische Bildung", weil sie für einen institutionell-organisatorischen Kontext bilden muss, der vorgegeben und wenig veränderbar ist.

Wird politische Bildung als bloße Wissensvermittlung verstanden, dann dient sie aus *zwei Gründen der Anpassung: Erstens erfährt man in positivistischer Manier ohnehin das, was ist. Dies aber nun als Lehr- und Wissensfach vorzutragen gibt dem Bestehenden pseudowissenschaftlich gerechtfertigte und ausgewiesene Qualität. Zweitens verleitet die bloß theoretische Einsicht auch für alle Zukunft zum bloßen Analysieren und Betrachten... . Man kann in sicherer Distanz zu dem bestehenden politischen Getriebe weiterhin durchschauende Diagnostik betreiben, ohne selbst politisch handeln zu müssen.* (Heintel 1977a, S. 15) Dies zeigt sich vor allem im „System Schule", wo die *Kultur des Lehrens und Lernens noch einer vornehmlich statischen Gesellschaft verpflichtet ist, in der Schulen die Aufgabe zugewiesen wird, Kinder und Jugendliche darauf vorzubereiten, Erwartungen zu erfüllen, die andere für sie festlegen.* (Altrichter / Krainer 1996, S. 20) Dafür sprechen einige *Merkmale dieser Lernkultur:* die *Vorherrschaft systematischen Wissens,* die *Spezialisierung,* die *angebotsorientierte Konzeption von Unterricht* und die *Vorherrschaft einer Kommunikation von oben nach unten.* (ebd., S. 20 f.) Diese *Kultur des Lehrens und Lernens* ist auch überall dort vorherrschend, wo die instrumentelle Wissensvermittlung das Hauptziel der politischen Bildung ist. Sie erfordert eine Didaktik, die auf eine möglichst „effiziente" Weitergabe von Informationen abzielt. Zugleich bedingt diese Didaktik eine Organisationsform und eine Form der Institutionalisierung, die die andere Seite der politischen Bildung – die „demokratische" Verhaltensbildung – zu kurz kommen lässt.

Bereits in den siebziger und achtziger Jahren ist man davon ausgegangen, dass die indirekten Implikationen der politischen Bildung stärker „bilden" als ihre expliziten Absichten. Die von Pickl (1980) aufgestellten Thesen zur *indirekten politischen Bildung* sind heute noch stimmig. Sie besagen, dass die rechtlichen und strukturellen Rahmenbedingungen jenen Anforderungen entgegenstehen, die ein erfahrungsorientiertes, praxisbezogenes, selbstbestimmtes Lernen erfordern würden.

Formaldemokratisch exekutiertes Schulgeschehen lässt dem Individuum kaum Spielraum für autonome Handlungen, obwohl der Gesetzgeber in allgemeinen Absichtserklärungen gerade die Erziehung zum mündigen Staatsbürger zur Hauptforderung macht. ... Die Hierarchie des Bildungswesens fördert reak-

tives Handeln und hemmt autonome Entscheidungen des Lehrers. ... Nicht re-
gelbare, tradierte Schulstrukturen weisen dem Schüler nach wie vor den Platz
am unteren Ende der Hierarchiepyramide zu. ... Sekundärmotivationen in Ver-
bindung mit dem System der Leistungsbeurteilung fördern Konkurrenz und
verhindern Solidarisierung. ... Kommunikationsangst der Eltern mit den Leh-
rern haben häufig die Ursache in einem Bildungsgefälle (Autorität von
(Fach)Wissen). (Pickl 1980, S. 7 f.)

Diesen Voraussetzungen zu Folge müsste eine politische Bildung entworfen
werden, die auf ein Bewusstsein der Schule über sich selber abzielt. Aber: *Das*
Fatale daran ist das ‚Unterbewusstsein' solchen sozialen Lernens, was dann
dazu führt, dass... die Identifikation mit der Institution so stark geworden ist,
dass das Bewusstmachen dieser Art von indirekter politischer Bildung mit
Schwierigkeiten verbunden ist, die zu überwinden Mühe kosten,... unbequem
sind, weh tun. Hier hat aber politische Bildung, die ‚Bewusstsein' als Vorausge-
setztes und Ziel will, anzusetzen. (ebd., S. 8 f.) Somit müsste die Schule selbst
zum Gegenstand und Inhalt des Unterrichts werden. Geschieht das nicht und
bleibt die politische Bildung einem traditionellen Ansatz (Aufhebung eines
Informationsdefizits) verpflichtet, dann kann sie schnell zu einer konformen
„Rechtfertigungswissenschaft" werden, die jene Inhalte lehrt, die von einer
ebenso affirmativen, angepassten Politikwissenschaft vorgegeben werden.

Es ist also nicht verwunderlich, dass politische Bildung wenig individuelles
Interesse weckt und oft eher negativ besetzt wird. Diese negativen Tendenzen in
der gesellschaftlichen Bedeutung der politischen Bildung werden oft mit „Werteverfall", Bedeutungsverlust und ähnlichen „Negativ-Utopien" beschrieben.
Der kritische Ansatz in den Politikwissenschaften gibt hierzu eine Reihe von
Analysen über den Zustand der Gesellschaft und der Politik. Es wird verwiesen
auf einen „Werteverfall" und auf den „Freiheitsverlust" für die Politik insgesamt, weil die Ökonomie die dominanteste gesellschaftliche Normierungskraft
darstellt. Viele stimmen überein, dass das „System Politik" gegenüber dem
„System Wirtschaft" nicht (mehr) „mächtig" genug ist, um eine nachhaltige
Kontrollfunktion auszuüben. Die Gesellschaftsentwicklung der letzten fünfzig
Jahre zeigt, dass eine ökonomische Dominanz fast alle Lebensbereiche determiniert und „systemspezifische Sachzwänge" vorgibt, die ihrerseits wiederum
gesellschaftliche Strukturen und Werthaltungen befestigen (der „Individualismus" ist nicht zuletzt ein Resultat aus dieser ökonomischen Entwicklung). Diese
„Sachzwänge" – sei es in Schulen, in der Wissenschaft, im Parlament oder in
den Medien – sind sozusagen allgegenwärtig und bilden somit indirekt die individuellen Werthaltungen und die (politischen) Verhaltensweisen (sowohl die der
MedienkonsumentInnen, wie auch diejenigen der PolitikerInnen).

Vor diesem Hintergrund ist zu hinterfragen, ob das mangelnde Interesse an politischer Bildung nur individuell begründet werden kann. Die Tatsache, dass wenig subjektive Motivation vorhanden ist, hängt vielmehr mit der Verfasstheit der politischen Bildung in Bildungsinstitutionen und mit der Entfremdung durch die Medien zusammen. Wenn politische Bildung auch noch selbst diesen Anpassungscharakter aufweist, dann kann nicht zugleich das Ziel der Emanzipation erreicht werden. Die Medien vermitteln überdies ein Bild von Politik, welches notwendig verzerrt ist, und auch das bewirkt eine Anpassung der MediennutzerInnen an das von den Medien konstruierte Bild der Politik. Dass am Ende wenig Interesse an Politik und folgedessen auch an der politischen Bildung herauskommt, ist wenig erstaunlich.

3.4 Zur Didaktik des Prinzips der politischen Bildung

Die Entwicklungen in den Politikwissenschaften (aber auch in verwandten Sozialwissenschaften) haben gezeigt, dass die „Konformitätsneigungen" noch sehr stark wirksam sein dürften. Ein Vergleich der Argumentationsmuster der zweitausender Jahre mit den siebziger und achtziger Jahren zeigt kaum Unterschiede; damals wie heute wurde eine „Anpassungsfunktion" der politischen Bildung konstatiert. Der „breite Politikbegriff" sollte daher der Orientierungsrahmen für die (Neu)Formulierung der politischen Bildung sein; damals wie heute wird mit sehr ähnlichen Argumenten überlegt, wie das *Unterrichtsprinzip* in Schulen, aber auch in anderen Bereichen der Gesellschaft implementiert werden kann. Diese Überlegungen sind für die Politikwissenschaften aber nahezu ergebnislos geblieben.

Im Konzept des *Prinzips politische Bildung* (vgl. Pickl 1980, Pelinka 1985, Heintel 1977a, 1985b) wird eine emanzipatorische Zielorientierung von Bildung entwickelt. Vorausgesetzt wird ein Politikbegriff, der zentral das „Bewusstsein" und das Verhalten zum Ziel und zur Voraussetzung macht. Dieser Begriff der demokratischen, „emanzipatorischen" Politik impliziert als eine ihrer Vermittlungsformen eine „emanzipatorische" politische Bildung, die erst dadurch „politisch" wird, weil sie (Verhaltens)Veränderungen intendiert. Hier ist eine wesentliche Funktion der politischen Bildung grundgelegt, die jedoch in der Schulpraxis sowie im Kanon der Politikwissenschaften unterentwickelt geblieben ist: Politische Bildung müsste im Sinne eines „Erfahrungs- und Reflexionswissens" die direkten und indirekten Implikationen ihrer Vermittlungsformen und Institutionalisierungen hinterfragen bzw. neu gestalten. Eine Blickrichtung sollte sich nach „innen" wenden, auf das Verhältnis von Bildung und Politik bzw. auf die

Art und Weise, wie eine Schule für sich dieses Verhältnis institutionell löst.
Damit würde das „Nachdenken über sich selbst" die Gesamtheit der Schule
erreichen und einen quasi politischen Prozess initiieren, der sorgfältig organisatorisch begleitet werden müsste. Die Anwendung von demokratischen Methoden zur Herstellung von entsprechenden Kommunikationssituationen wäre dann
eine zum „Prinzip erhobene politische Bildung". So könnte sich Demokratie an
der Schule verwirklichen, als ein aktiver politischer Prozess mittels Partizipation
aller Beteiligten als mündige und selbstbestimmte Mitglieder in diesem Gesamtsystem.

Eine Blickrichtung müsste aber auch nach „außen" gehen, auf gesellschaftliche Verhältnisse insgesamt und auf ihre „Aufnahmefähigkeit" für die Inhalte
und Methoden von politischer Bildung. Ihre Bedeutung für eine gesamte Gesellschaft kann nur mit einer Analyse des interdependenten Verhältnisses zwischen
Bildung, Politik, Wirtschaft und anderen gesellschaftlichen Funktionssystemen
einhergehen (deren ausführliche Beschreibungen den Rahmen dieser Arbeit
sprengen würde und hier nur unvollständig bleiben kann). Politische Bildung
hätte dann als „kritische Disziplin" auch die Funktion eines „Erfahrungs- und
Reflexionswissens" mit einem impliziten und expliziten emanzipatorischen
Anspruch. Diese „Kritikfähigkeit" müsste sich praktisch erproben lassen bzw.
praktisch werden. Mit anderen Worten: Kritische Kompetenz sollte in eine praktische „Selbstaufklärung" münden; politische Bildung ist dann mehr als ein
theoretisches Konzept – sie ist dann eine „Intervention" in gesellschaftliche
Verhältnisse im Sinne der Befähigung zur kollektiven „Selbstaufklarung".

Wenn die politisch-emanzipatorische Bildung also wirksam sein soll, dann
müsste sie sich der Gesellschaft gegenüber nicht nur „theoretisch" verhalten,
sondern vor allem ihre Interventionsabsichten offen legen und begründen. Sie
soll sich zu gesellschaftlichen Entwicklungen insgesamt „kritisch" verhalten.
Das geschieht ja ohnehin – die Politikwissenschaften, aber auch Kultur- und
Sozialwissenschaften beliefern uns stetig mit kritischem Wissen über die Gesellschaft und leisten somit eine bestimmte Art von Aufklärung, eine „rationale
Aufklärung". Entsprechende Konzepte und Methoden der Selbstbestimmung,
Designs und Architekturen für eine kollektive Selbstreflexion und für die Reflexion von Emotionen, sowie Methoden für erwünschte, „demokratische" Veränderungen in allen Gesellschaftsbereichen werden aber meist ausgespart bzw. auf
das Individuum bezogen (und hier bleibt das „kritische Wissen" zumeist wirkungslos). Daher kann Aufklärung nur dann gelingen, wenn ihr Wirkungsbe-
reich eine kollektive Ebene erreicht.

Die kollektiv-verbindliche Anwendung der emanzipatorischen Bildung erfordert allerdings schematisch gesprochen zwei Schritte bzw. zwei Interventi-
onsformen: Die erste Form bezieht sich auf das Ziel der Selbsterkenntnis – er-

reicht werden soll ein Bewusstsein über die eigene strukturelle, soziale und kulturelle Verfasstheit. Das entsprechende „Handwerkszeug" für dieses Ziel ist eine Fähigkeit, die mit „Reflexionskompetenz" bezeichnet werden kann. Für das Wirksam-Werden eines kollektiven Bewusstseins ist aber noch ein nächster Schritt vonnöten, denn (Selbst)Erkenntnis muss auch „wirken", das heißt, dass sie auf eine Handlungsebene gebracht werden muss. Diese zweite Interventionsform zielt also darauf ab, dass die „Ergebnisse" aus dem Bewusstseinsprozess auch umgesetzt werden und hierfür ist eine Art „Didaktik zur Theorie" nötig. Diese leistet die „Prozesskompetenz" – eine Fähigkeit zur Steuerung von Denkprozessen und zur Entwicklung von Handlungsalternativen.

Die Integration dieser Kompetenzen in die gegenwärtige Bildungslandschaft würde eine echte „Bildungsinnovation" darstellen. Politische Bildung würde dann gewissermaßen als allgemeines Prinzip gelten, welches potenziell jedes Kollektiv aufklären könnte. Allerdings stellt sich die Frage, ob die Wissenschaften, die sich für politische Bildung zuständig sehen, auch die nötigen Bedingungen schaffen können um dieses Prinzip auf einer gesellschaftlichen Ebene zu realisieren. Die Funktion der Aufklärung wird zwar teilweise von diesen Wissenschaften wahrgenommen, jedoch wird sie „monopolisiert" und somit der Allgemeinheit vorenthalten. Das heißt, dass nicht alle partizipieren (können) – an der Freiheit des Denkens, an der Aufklärung, an der Emanzipation, an der Selbstbestimmung und der systematischen Gesellschaftskritik. Daraus ergibt sich ein struktureller Widerspruch, der beispielsweise von den Politikwissenschaften bearbeitet werden könnte in einer Form, die diesen Widerspruch für ein allgemeines Interesse zugänglich macht und somit „Aufklärung für alle" vorantreiben könnte. *Es geht vielmehr um die* Realisierung ihres (der Wissenschaft) ursprünglichen Prinzips, um eine Verallgemeinerung und Verwirklichung jenes Begriffs, der frei macht (Hervorhebung jeweils durch den Autor); *dies bedeutet nicht neue Gedanken zu alten dazuzusetzen, sondern das Dasein des Begriffs anders zu organisieren; Wissenschaft vom Menschen so zu gestalten, dass sich alle in ihr erziehen und bilden, nicht dadurch, dass sie etwas bereits Bekanntes lernen, sondern sich ihre Wirklichkeit und Selbstbestimmung erst entwickeln.* (Heintel 1977a, S. 81)

Das aus dieser gesellschaftlichen Arbeitsteilung resultierende „Dilemma der politischen Bildung" wurde auch schon im zweiten Kapitel erörtert. Auf die Rolle der Wissenschaften und Universitäten soll hier aber noch kurz „systemtheoretisch" eingegangen werden. Helmut Willke beschreibt in seinem Aufsatz *Dumme Universitäten, intelligente Parlamente* (1997) das spezifische Verhältnis von Wissen und Politik. Er geht davon aus, dass sich eine *Wissensgesellschaft* oder *wissensbasierte Gesellschaft* mittels *moderner Technologie, Infrastrukturen erster und zweiter Ordnung, intelligente Systeme* usw. jeweils *syste-*

misch reproduziert (Willke 1997, S. 107). Eine Gesellschaft lebt quasi nicht von „wissenden Individuen", sondern von einem *eigenständigen Wissen der Organisationen. So kommt es, dass intelligente Personen in dummen Organisationen operieren können, und umgekehrt. Die europäischen Universitäten sind ein Hauptbeispiel für dumme Organisationen, in denen – so sollte man annehmen können – lediglich intelligente Menschen arbeiten. Dumm sind sie, weil ihre organisationale Intelligenz bestenfalls auf der Stufe der Humboldtschen Reformen stehen geblieben ist. ... Das systemische Innovationspotenzial der Universitäten ist miserabel, wenn man es daran misst, ob es ihnen gelingt, die ihnen von ihrer Umwelt, ihren Klienten und ihren Mitgliedern gestellten Problemen zu lösen. Faktisch sind zum Beispiel alle Versuche der Institutionalisierung von Interdisziplinarität gescheitert.* (ebd., S. 107 f.)

Diese Argumente sind nicht von der Hand zu weisen: Die strukturellen und organisationsbezogenen Voraussetzungsproblematiken sowie ihre Konsequenzen für die Politikwissenschaften konnten an Hand von unterschiedlichen „Bestandsaufnahmen" nachgezeichnet werden (im zweiten und dritten Kapitel). Dass sich hier Organisationsformen entwickeln, die selber nicht „politisch gebildet" sind (im Sinn einer bewussten Veränderungsabsicht), sondern von meist ökonomischen Paradigmen beeinflusst werden, ist ebenso evident. Daher ist der Aspekt der „Dummheit" im organisatorischen Sinn durchaus legitim. Die so verstandene „Dummheit" kann man auch auf Schulen übertragen, weil sie - soziologisch gesprochen – in der „Kette der Wissensproduktion" eine „Vertriebsfunktion" haben; sie müssen sich an die „Produktionsbedingungen" anpassen und das bedeutet in der organisatorischen Konsequenz ein hohes Maß an Konformität mit der Struktur. Dadurch haben sie aber keine „politische Kompetenzen" im Sinn von Selbstbestimmung, von „praktischer Selbstaufklärung", von einer sozial-verbindlichen Reflexion über sich selbst (die Systemtheorie hat für diese „emanzipatorische Qualität" keinen eindeutigen Begriff; sie verbleibt auf einer immanenten Ebene und spricht von „Autopoiesis"; „Selbstbestimmung" in einem emanzipatorischen Sinn hat aber eine andere, eine „transzendente Qualität").

Anders steht es mit Systemen, deren „Systemzweck" die Selbstbestimmung ist, und zwar eine demokratische Form der Selbstbestimmung. Diese Art von System sieht Willke im Parlament verwirklicht. Im Unterschied zu den *dummen Universitäten sind etwa die Parlamente alter, entwickelter Demokratien herausragende Beispiele für intelligente Organisationen, die sehr gut mit durchschnittlichen Mitgliedern auskommen. Über Jahrhunderte haben sie eine spezifische institutionelle oder organisationale ‚systemische' Intelligenz akkumuliert, die insbesondere in die Regelsysteme für Verfahren, Kontrollprozesse, Balancierungsmechanismen etc. und in die Grundregeln ihrer ‚Verfasstheit' eingelassen*

*ist. ... Insgesamt führt dies bei allen verbleibenden Schwächen zu einer instituti-
onellen Weisheit, welche die für den demokratischen Prozess kennzeichnende
Mittelmäßigkeit zu kompensieren in der Lage ist.* (ebd., S. 108) Auch diese
Analyse klingt plausibel. Wenn die *organisationale Intelligenz* an der Verfügbarkeit von demokratischen Methoden zur Generierung von Wissen gemessen
wird, dann kann man den Befund, dass das Parlament eine *institutionelle Weisheit* aufweist, gelten lassen. Es darf aber nicht vergessen werden, *wie* sich diese
Weisheit in Entscheidungen „transformiert": Es sind meist Mehrheitsentschei-
dungen. Hierin kann die „Weisheit der Opposition" ihr Wissen nicht immer
geltend machen, weil bestimmte Machtverhältnisse eben auch ein bestimmtes
Wissen selektieren.

Dennoch ermöglicht die *institutionelle Weisheit* das Agieren von Demokratie. Die so verstandene „Weisheit" hat einen technischen Charakter und meint
eine Art „Handlungswissen" – sie hat wenig mit der griechischen Auffassung
von „Weisheit" zu tun, die ein „Reflexionswissen" bezeichnet. Platon und Aristoteles setzen „Weisheit" mit politischer Bildung im Sinne eines kollektiven
Nachdenkens über sich selbst gleich, und zwar ohne „wissenschaftliche Anleitung". Aristoteles fordert eine politische Philosophie, die das *Augenmerk darauf
zu richten hat, wie wir die einzelnen Handlungen gestalten sollen* (Aristoteles
1983, S. 36; siehe auch dritter Teil, erstes Kapitel in dieser Arbeit). Demzufolge
müssten Parlamente über sich reflektieren und darüber nachdenken, *wie* sie ihre
„demokratischen Handlungen" gestalten (sollen). Das geschieht zwar in einer
formalistischen Weise (durch Geschäftsordnungen, Regelung der Minderheiten-
rechte im Parlament etc.), aber nicht in der Form eines gemeinsamen interaktiven „Denkaktes" aller Parlamentsmitglieder, der zugleich auch die emotional-
sozialen Dimensionen des politischen Geschehens einschließt. Parlamente denken zwar „über" gesellschaftliche Probleme nach, sie selbst bzw. ihre Verhal-
tensformen werden aber kaum zum Gegenstand der Reflexion erhoben – die
Reflexion der eigenen Verfasstheit verbleibt auf einer formaldemokratischen
Ebene. Insofern kann man Willke nur teilweise zustimmen. Die *organisationale
Weisheit* hat kein „Reflexionswissen" an sich, mit dem das Parlament dazu
befähigt werden könnte, sich einerseits in all seinen Dimensionen selber zu
hinterfragen, andererseits dieses Wissen an die Öffentlichkeit, in gesellschaftliche Subsysteme und insbesondere in Bildungssysteme hinein zu tragen. Offenbar kann hier die Systemtheorie ihre eigene Formalität nicht überwinden; sie
vermag nicht die Qualität der transzendentalen Reflexion zu vermitteln, sondern
verbleibt auf der Ebene der Systeme in einer „Immanenzspirale". Aber die Erkenntnis, dass eine Organisation *intelligent* ist, wenn sie demokratisch funktioniert, ist immerhin ein nützlicher Ausgangspunkt. Bleibt „nur" noch die Frage
zu klären, *wie* Demokratie bzw. Bildung als „emanzipatorisches Prinzip" in

gesellschaftlichen (Sub)Systeme hineinkommt, insbesondere in Systeme, die es sich zur Aufgabe gemacht haben, politische Bildung zu vermitteln.

4   Wo soll politische Bildung sein? Verortung im Allgemeinen

Politische Bildung ist eine Voraussetzung sowohl für die persönliche Entfaltung des einzelnen wie für die Weiterentwicklung des gesellschaftlichen Ganzen. (Bundesministerium 1994, Pkt. I) Diese *Grundsatzerklärung* im Erlass „Politische Bildung in den Schulen" unterscheidet eine politische Bildung im individuellen Handlungsfeld (*persönliche Entfaltung*) und einen sehr allgemeinen gesellschaftlichen Bereich: die *Weiterentwicklung des Ganzen*. Während der Erlass einige Ansätze in der Vorgabe von Inhalten und Unterrichtsprinzipien für die individuell-orientierte politische Bildung aufweist, bleibt der allgemeine Bereich sehr abstrakt. Unter *Grundsätzliches* werden die demokratischen Werte betont, denen die politische Bildung verpflichtet sein muss. Es wird nicht zwischen SchülerInnen und StaatsbürgerInnen unterschieden, wenn es heißt, dass die politische Bildung ein *aktiver Beitrag zur Gestaltung der Gesellschaft und zur Verwirklichung der Demokratie* sei (ebd.).

Später, in der näheren Umschreibung des *Unterrichtsprinzips Politische Bildung* werden eine Reihe von Zielen genannt, die im Unterricht erreicht werden sollen. Von einer Allgemeinheit ist hier nicht mehr die Rede; es geht die *Vermittlung von Kenntnissen und Fähigkeiten*, um die *Weckung von Bereitschaft zu politischem Handeln*, um die ‚*Politisierung'* im Sinne des Erkennens von Möglichkeiten etc. (ebd.). Man könnte unterstellen, dass durch eine standardisierte, verordnete politische Bildung zumindest SchülerInnen erreicht werden, die unmittelbar oder erst später zu „gebildeten" Mitgliedern der Gesellschaft werden, die schließlich zur *Weiterentwicklung des Gesamten* befähigt sind. Möglicherweise war es nicht im Sinne der ErfinderInnen, dass in der Umsetzung der politischen Bildung nur mehr SchülerInnen als Zielgruppe übrig bleiben. Im Erlass wird jedoch der Widerspruch zwischen *individueller Entfaltung* und *Weiterentwicklung des Ganzen* mittels Zielformulierungen für den Unterricht aufgelöst.

Das bleibt insofern unbefriedigend, als der „Aspekt des Ganzen" nicht ausformuliert wird. Am Ende stellt sich die Frage, *wie* das Ganze weiterentwickelt werden soll. *Wie* vermittelt sich Demokratie? *Wie* soll „Politisierung" vermittelt werden – an wen, in welchen Bereichen, was soll dabei herauskommen?

Schließlich stellt sich die Frage, *wie gebildet* PolitikerInnen sein sollen: Was sollen sie wissen und können? Dass der Erlass darauf wenige Antworten geben kann, ist in erster Linie darin begründet, dass er für Schulen verordnet wurde. Dennoch wird zugleich ein allgemeiner Anspruch festgeschrieben, der eine Verlegenheit der politischen Bildung insgesamt zum Ausdruck bringt: Solange sie allgemein postulatorisch formuliert wird, hat sie keine konkreten Auswirkungen. Es liegt auf der Hand, dass Schulen und andere Bildungseinrichtungen mit dieser allgemeinen gesellschaftlichen Aufgabe überfordert sind bzw. sein müssen, weil sie die hier geforderte gesellschaftliche Breite nicht erreichen können.

4.1 Demokratisierung der Öffentlichkeit: eine notwendige Utopie

Auf die Schwierigkeiten im Hinblick auf die Möglichkeiten der Demokratisierung des Politikbegriffs und die Rolle der Politikwissenschaften wurde im zweiten Kapitel bereits eingegangen – hier soll der Blick auf noch einen Aspekt gelenkt werden, der den Widerspruch zwischen Anspruch und Wirklichkeit beleuchtet. Es wurde bereits festgehalten, dass gegenwärtig dieser Widerspruch einseitig durch Affirmation und Ausdifferenzierung des Gegenstands der politischen Bildung „gelöst" wird. Diese Art von Lösung erweist sich als folgenreich, denn der Anspruch bleibt abstrakt und allgemein bzw. wird theoretisch begründet, beispielsweise mit dem „weiten Politikbegriff". Die Fragestellung in diesem Zusammenhang lautet für Pelinka: *Ist die Demokratie ein Prinzip des Staates oder der gesamten Gesellschaft?* (Pelinka 1999, S. 16) Die Antwort auf diese Frage steckt für ihn in einem *weiten Politikbegriff,* der in seiner Konkretisierung widersprüchlich manifestiert wird: Einerseits sei er ein *gesellschafts-politisch defensives Konzept: Machbarkeit und Veränderbarkeit gelten nur für den engen, eben den ‚politischen' Bereich* (ebd., S. 16). Dieser *politische Bereich* wird nicht näher beschrieben; hypothetisch ist er überall dort, wo Machbarkeit und Veränderbarkeit vorliegt und demnach kann jede Form von Gesellschaftlichkeit als ein politischer Bereich aufgefasst werden. Andrerseits würde – so Pelinka – der *weite Politikbegriff* dazu neigen, *möglichst viele zur Mitsprache einzuladen. Am Beispiel Schule: Die Öffentlichkeit, vertreten etwa durch Parteien, durch das Parlament und durch die Medien, aber auch die Schüler selbst sollen mitreden und mitentscheiden.* (ebd., S. 16)

Hier wird jener Widerspruch formuliert, der dem weiten Politikbegriff immanent ist; darüber hinaus bringt er zum Ausdruck, dass Politik bzw. die „Machbarkeit von Politik" nicht für jede/n TeilnehmerIn der Gesellschaft zugänglich ist. Und daraus folgt, dass selbst der weite Politikbegriff zwar eine allgemeine Berechtigung intendiert, aber keine Möglichkeiten der allgemeinen Partizipation vorgesehen hat; und konsequenter Weise bleibt er einer wissenschaftlichen Elite vorbehalten, die nicht müde wird eine (noch zu leistende) allgemein-verbindliche Demokratisierung zu postulieren. Im Rahmen dieser rhetorischen Figur wird das Konzept der Demokratisierung weitergeführt: als eine Theorie über Demokratie. Somit wird dieses Unterfangen nicht nur theoretisch, sondern auch „ortlos" – kollektive emanzipatorische Bildung und demokratische Gesellschaftsentwicklung können wie moderne Utopien gelesen werden.

Ein anderer Zugang, die „Politisierung des Ortes" über die Kategorien der *Machbarkeit* und *Veränderbarkeit*, eröffnet eine neue Perspektive, die sich im Sinn einer Übersetzung der Theorie in die Praxis lohnen würde. Hilfreich ist für dieses Unterfangen die griechische Auffassung von Politik: Sie ist im Mensch-Sein grundgelegt, d. h. dass die „politischen Orte" überall dort vorzufinden sind, wo im weitesten Sinn Gemeinschaft geregelt wird. Das gesellschaftliche Ganze wäre dann jeweils auf eine konkrete „Erscheinungsform" zu beziehen, die zugleich immer auch eine „soziale Implikation" aufweist. (Was das für eine heutige (Neu)Gestaltung von Demokratisierungsprozessen bedeuten könnte, wird im dritten Teil dieser Arbeit noch ausführlicher diskutiert.) Wesentlich erscheint in der Frage der Verortung die Dimension der „sozialen Verhältnismäßigkeit". Hierin liegt der „politische Ort" verborgen – dort wo gehandelt, entschieden, geherrscht und ausgeführt wird. Solche Orte sind meist vorentschieden und haben sich als Institutionen, Organisationen, kurz: als „Systeme" mit unterschiedlichen Freiheitsgraden gesellschaftlich manifestiert.

Für die Annäherung an das Thema der Demokratisierung sind unterschiedliche Funktionsweisen von sozialen Formationen, Interaktion, Kommunikation, Steuerung etc. zu berücksichtigen. „Politisierung" oder „Demokratisierung" würde methodisch-didaktisch naturgemäß für einen Staat etwas anderes bedeuten als für eine Schule, einen Betrieb oder für einen ehrenamtlichen Verein. Für die Verortung wären also die verschiedenen sozialen Formationen zu fokussieren und zum „Gegenstand" der Politisierung, des „Nachdenkens über sich selbst" zu erheben. Auf diese Weise kann „Gesellschaft" differenziert werden: Ihre Organisiertheit lässt sich entlang ihrer „sozialen Komplexität" erfassen und somit kann eine „Politisierung" (Selbstthematisierung, Partizipation, Veränderung) auf diesen Ebenen angestrebt werden. Das bedeutet weiterhin, dass etwaige Konzepte zur Gestaltung von Demokratie vorwiegend auch Modelle für die soziale Prozessgestaltung beinhalten müssten. Hier haben die Politikwissenschaften das größte Defizit – es fehlt eine Orientierung in die „Praxis der Gesamtgesellschaft" im Sinn der Anwendung von „Demokratisierung".

Es gibt vermutlich noch viele andere Gründe, warum Demokratisierungs-bemühungen oft in der Theorie stecken bleiben. Einer dürfte sein, dass Demo-kratisierung oder Politisierung nicht gewünscht wird. Wenn „angewandte De-mokratie" dazu führt, dass die Fragen der Macht nicht nur angerissen, sondern richtungsweisend und neu beantwortet werden, dann stellt sich die Frage, wel-cher gesellschaftliche Bereich sich aus einer quasi politischen Überzeugung heraus verändern will. Die Bestandsaufnahme der Situation an Schulen und Universitäten zeigt, dass eher eine gegenläufige Tendenz vorherrscht: das Be-harren auf traditionellen Handlungsmustern. Man kann davon ausgehen, dass sich diese Beharrungstendenz gesellschaftlich manifestiert und sich mitunter noch anderen, möglicherweise „effizienteren" Steuerungsmechanismen bedient. Demokratie, Beteiligung und Opposition bilden jedoch keine „Effizienzkrite-rien" oder Erfolgskriterien in den Führungskonzepten von modernen, ausdiffe-renzierten „Funktionssystemen". Diese „Angelegenheit" wurde historisch einem eigenen „Funktionssystemen" übertragen – dem politischen System. Die gesell-schaftliche Aufgabe der Gemeinschaftsbildung wurde an diesen sehr abgegrenz-ten Bereich delegiert, der stellvertretend für die gesamte Gesellschaft das Ziel des Gemeinwohls verfolgt.

Das hat Folgen: Die Wissenschaft ist ihrer „Zweckbestimmung" folgend in unterschiedlichen Systemen (Universitäten, Bildungseinrichtungen, Schulen etc.) repräsentiert. Ihr Hauptzweck ist nicht primär auf die Herstellung des „Gemeinwohls" ausgerichtet, sondern auf die „Bildung" und „Erziehung" der (zukünftigen) BürgerInnen. Das Gemeinwohl ist also nicht unmittelbares Ziel, sondern eines, das durch einen individuellen Bildungszugang vermittelt wird. Ebenso steht es mit anderen Bereichen, wo Gemeinwohl, Demokratie oder poli-tische Bildung vermittelt werden sollen; sie haben sich zu gesellschaftlichen (Sub)Systemen entwickelt, sich darin spezialisiert und diese Monopolisierung akademisch gefestigt. Diese moderne, zivilisatorische Entwicklung ergibt ein fragmentiertes Gesamtbild einer Gesellschaft, die man mit Recht auf ihre „poli-tischen Kompetenzen" im Sinne der Verantwortung für ein Gemeinwohl hinter-fragen kann. Hierfür ist es zweckmäßig einen Blick auf die gesellschaftliche Verfasstheit zu werfen, die „Ortlosigkeit der politischen Bildung" zu identifizie-ren und eine neue „Verortung" zu versuchen.

4.2 Verlust der Polis

Der Zustand und die Problematik der politischen Bildung in unterschiedlichen Einrichtungen gibt Auskunft über gesamtgesellschaftliche Hintergründe. Hierzu seien einige Schlagworte genannt: Wertekrise, Globalisierung, Deregulierung, Verlust des Ganzen, Entpolitisierung, Individualisierung, Auseinanderfallen des Öffentlichen und des Privaten usw. Zusammengefasst könnte eine These lauten: Die Gesellschaft als Ganzes ist charakterisiert durch eine „hohe Komplexität", die zugleich ein Steuerungsproblem bezeichnet. „Hohe Komplexität" kann als ein modernes Programm für einen „enthemmten Selbstlauf" der Systeme angesehen werden. Mit anderen Worten: Komplexität ist ein Synonym für den Verlust von kollektiven Steuerungsmechanismen zu Gunsten systemimmanenter Steuerungszwänge. Viele gesellschaftspolitische Analysen gehen davon aus, dass die moderne Ausdifferenzierung der Funktionssysteme zugleich einen Verlust der Einflussnahme auf gesellschaftliche Prozesse bewirkt (und das betrifft auch das System Politik). Bestimmte Systeme sind jedoch „mächtiger" als andere – hier „streiten" die PolitikwissenschafterInnen, in wie weit die Politik noch ein differentes Regulativ gegenüber der Wirtschaft sei. Eine starke Tendenz neigt dazu, der Politik (und auch der Wissenschaft) eine echte gesellschaftliche Wirkungskraft abzusprechen.

Ähnlich klingt die Beschreibung von Zygmunt Baumann, der im Auseinaderfallen von Öffentlichkeit und Privatem eine starke Betonung der individuellen Freiheit sieht, die zugleich das Individuum „entpolitisiert", weil es keine „Verbindungsmöglichkeiten" zu einer gemeinschaftlichen Willensbildung mehr gibt. Die Politik selbst würde ein politisches Subjekt erzeugen, das in seinen Handlungen einer übermächtigen Unsicherheit ausgeliefert ist, durch die es nahezu politisch handlungsunfähig gemacht wird. *Die Kunst der Politik, sofern es sich um demokratische (Hervorhebung jeweils durch den Autor) Politik handelt, besteht im Abbau von Beschränkungen der bürgerlichen Freiheit, doch auch in der Selbstbeschränkung; den Bürgern eine Freiheit gewährend, die sie – individuell und kollektiv – in die Lage versetzt, ihre eigenen individuellen und kollektiven Grenzen zu ziehen. Dieser zweite Aspekt ist so gut wie ganz verloren gegangen.* (Baumann 2000, S. 11 f.) Er fordert einen politischen Raum, der den Menschen quasi das zurückgibt, was über die zivilisatorische, technologische und globale Entwicklung verloren gegangen ist: einen öffentlichen Raum der politischen Willensbildung.

Die Chance zu einer Veränderung dieser Situation liegt bei der agora – dem Raum, der weder privat noch öffentlich, sondern viel mehr privat und öffentlich zugleich ist: Der Ort, an dem private Probleme bedeutungsvoll aufeinandertreffen, also nicht, um daraus narzisstischen Gewinn oder um aus der öffentlichen Zurschaustellung einen gewissen therapeutischen Nutzen zu ziehen, sondern um nach kollektiven Steuerungsmechanismen zu suchen, die stark genug sind, um die Einzelnen aus ihrem privat erlittenen Elend herauszuheben. Es ist jener Raum, in dem Ideen wie Gemeinwohl, gerechte Gesellschaft *oder* gemeinsame Werte *geboren werden und Gestalt annehmen können.* (ebd., S. 10 f.) Statt dessen hätte sich die Ökonomie des öffentlichen Raums bemächtigt und damit die kollektive „politische Freiheit" verdrängt.

Die hier beschriebene Schwierigkeit der individuellen und kollektiven Grenzziehung mittels kollektiver Steuerungsmechanismen verschärft die Frage, wie eine Gesellschaft zu steuern ist, die bereits historisch, ökonomisch und politisch determiniert ist. Insbesondere die Wissenschaftsentwicklung und die ökonomische Entwicklung greifen stark ineinander und prägen den gesellschaftlichen Zustand, der mit dem *Modell Neuzeit* (vgl. Heintel 1998, 2000, 2005) identifiziert werden kann. Es ist dadurch gekennzeichnet, dass *der naturwissenschaftlich-technisch-ökonomisch-rationale und auf Kalkül bezogene Wirkungskreis im Rahmen der Gesellschaft primär zum Tragen kommt* (Heintel 1998, S. 20). Die Strukturierung der Gesellschaft erfolgt in der Form einer *Verabsolutierung* und *Universalisierung einer Teilwirklichkeit,* die aber als eine identitätsstiftende Ganzheit betrachtet wird (ebd.). Heintel und Krainer sehen auch in der Wissenschaftsentwicklung die deutliche Tendenz, dass der Bildungsbegriff sich einer *neuzeitlichen Konzeption* verdankt, die eng mit einer *ökonomischen Ideologie* korrespondiert (Heintel / Krainer 2000, S. 85f.). Merkmale wie *Effizienz, Output und Nutzen* seien auch zu Bewertungsmaßstäben im Bildungsbereich geworden (ebd., S. 79); Bildung würde zunehmend aus einem *ökonomischen Bedarf* heraus argumentiert und begebe sich immer mehr in den Dienst von *Brauchbarkeit* (ebd., S. 83 ff.).

Mit dieser Betrachtung liegt es auf der Hand, dass die politische Bildung ihre Bedeutung einbüßen „musste" – sie ist mit der „Brauchbarkeitsattitüde" nicht in den ökonomischen Bedarf einzuordnen; gleichzeitig bewirkt diese Gesellschaftsentwicklung eine massive Inflation der kritischen Kompetenz. Hier wird ein historischer Widerspruch deutlich: Einerseits ist der technologische, ökonomische Fortschritt eine Bedingung der modernen Wissenschaftsentwicklung und der modernen Demokratie, andrerseits wird aber gleichzeitig der Bildungsbegriff „technologisch reduziert", und das bleibt nicht ohne Folgen für die politische Bildung. Auch sie hat sich spezialisiert – als Fach, als wissenschaftliche Disziplin, als Fachdidaktik der politischen Bildung.

Eine Form des *partikularen Universalismus* hat sich als Fächerkanon mit didaktischer Entsprechung (Frontalunterricht, instrumentelle Wissensvermittlung) im Bildungsbereich institutionalisiert. Heintel / Krainer meinen, dass die *Ausdifferenzierung zu Fachwissen und Expertentum* mit einer *Verabschiedung*

des Erfahrungslernens einher geht (ebd., S. 89 f.). Das hat unter anderem zur
Folge, dass viele Bemühungen in den Politikwissenschaften, aber auch in den
Sozialwissenschaften und in der Bildungsforschung darauf hinaus laufen, als
Gegenstrategie zur „Fachvereinsamung" eine Re-Politisierung (zum Beispiel
mittels Interdisziplinarität) herbeizuführen – allerdings meist vergeblich. Für die
politische Bildung heißt das, dass das Nutzbar-Machen der Politikimmanenz
aller Wissensbereiche analog des Unterrichtsprinzips nicht erfolgen kann, solange es keine Organisationsform für interdisziplinäre Kooperationen gibt.

Der *partikulare Universalismus* der Politikwissenschaften hatte einen hohen
Preis: Die Funktion als „Reflexionsinstanz" für die Gestaltung von Politik und
für die Gestaltung von Gesellschaft ist offenbar verloren gegangen. Dieses Defizit kann mit dem „Verlust der Polis" identifiziert werden. Diese „Ortlosigkeit"
ist durch eine fehlende, sie konstituierende Instanz begründet. Gerade hier
müsste sich die Politikwissenschaft auf eine ganz ursprüngliche, wenn nicht die
wesentlichste gesellschaftspolitische Funktion zurück besinnen: Politikwissenschaft, politische Bildung und Gesellschaftskritik waren ursprünglich nicht
akademisch segmentiert, sondern ein – modern gesprochen – interdisziplinäres
bzw. transdisziplinäres Konzept (insbesondere in der griechischen politischen
Philosophie). Die sokratische und aristotelischen Konzeption von Philosophie
erweist eine tiefe Verbindung zwischen Philosophie und Politik – sie „philoso-
phierten" sowohl über die idealen und realistischen Modelle von Demokratie,
wie auch über die mit ihr verbundenen Verhaltensanforderungen. Die BürgerInnen sollen *weise, gerecht* und *glücklich* werden, damit schließlich das höchste
Ziel des Staates erreicht werden kann: das *Gute*. Erziehung und *Tugenden* sind
daher konstitutiv für das Funktionieren von Demokratie und umgekehrt: Erst
eine *gerechte Verfassung* ermögliche die *Teilhabe aller Bürger* (Platon 1994,
S.553 f. und S. 569 f.; siehe auch dritter Teil, erstes Kapitel in dieser Arbeit).
Eine Möglichkeit das Gute zu erreichen, ist die *Glückseligkeit für alle* durch die
Teilhabe der Affekte (das sind für heutige Verhältnisse ungewöhnliche politische
Kategorien) (ebd.; auch Platon 1992, S. 280 ff.).

Die Menschen sollen demnach als Kollektiv an der politischen Macht beteiligt werden. Die entsprechende soziale Kategorie ist die *polis*, der Ort, der eine
gemeinsame Willensbildung ermöglicht. Die Führung des Staates muss daher
immer im Sinne des Ganzen erfolgen; diese Metaebene ist eine Voraussetzung
für ein „methodisches Gelingen" von Demokratisierung. Politische Philosophie
hatte in diesem Sinn die Funktion einer gesellschaftlich-verbindlichen „Reflexionsinstanz", die sich zugleich den konkreten Fragen der Politik zuwendet.

Diese philosophischen Wurzeln haben es historisch gesehen nicht zur
Hochblüte gebracht. Der heutige Zustand der politischen Bildung verdankt sich
nicht zuletzt der Tatsache, dass sich die heutigen Politikwissenschaften (und

auch die heutige „akademische" Philosophie) aus der griechischen politischen Philosophie „herausdifferenziert" bzw. sich dem modernen Wissenschaftssystem angepasst haben. Dadurch ist vieles von ihrer ursprünglichen Funktion verloren gegangen. *Aus Mangel an Realität treibt die Philosophie selbst in Abstraktionswelten hinein, in denen sie den Verlust der Realität kompensiert. ... Das Dilemma ist das alte: Die ursprüngliche Aufgabe der Philosophie, die Wahrheit maieutisch hervorzubringen, also in der Welt tätig zu sein, Differenzen der Reflexion zu ermöglichen und herzustellen, mit dem philosophischen Organ aller Menschen zu arbeiten, ist nicht geglückt. Die Abstraktion der Philosophen ist Ausdruck dessen, dass dieses Scheitern historisch akzeptiert wurde.* (Berger / Heintel 1998, S. 48)

Die Politikwissenschaften liefern ein weiteres Zeugnis dieses Scheiterns, wenn man sie an der Nutzbarmachung von Reflexionswissen bemisst. Hingegen sind Politik und Bildung zunehmend abhängig von einem Wirtschafts- und Wissenschaftssystem, das sich auf dem „Modell Neuzeit" gründet (technologisch-rationale Paradigmen, hierarchisch-autoritäre Organisationsmodelle, Komplexität und „Entgrenzung"). Gerade diese Verschiebung von gesellschaftlichen Relationen, die Bedeutung der neuzeitlichen gesellschaftlichen Verhältnisse zu untersuchen und zu reflektieren, wäre eine zentrale Aufgabe der Politikwissenschaften und der politischen Bildung. Schließlich sollen heutzutage die BürgerInnen globale Zusammenhänge und gesellschaftliche Komplexitäten „durchschauen" und sie verändern können. Das Anliegen des Sokrates', die Philosophie an die Politik heranzutragen, ist deswegen heute noch aktuell. Die ursprüngliche Funktion der Philosophie, sich in den Dienst des Staates zu stellen und die Politik mit „philosophischen Qualitäten" auszustatten, könnte vor dem Hintergrund der modernen gesellschaftlichen Verfasstheit auf eine neue Handlungsebene gestellt werden (das wird im dritten Teil dieser Arbeit noch genauer ausgeführt).

4.3 Medien und Bildung von Öffentlichkeit

Eine wesentliche Rolle in der Vermittlung von Demokratie haben neben den Bildungseinrichtungen die Medien, die einen „virtuellen Ort" der politischen Bildung, eine „virtuelle Polis" schaffen. Mit der zunehmenden Bedeutung der Medien gehen eine Reihe von institutionellen Regelungen einher, die die öffentliche Aufgabe der Berichterstattung definieren (z. B. Bundesverfassungsgesetz über die Sicherung der Unabhängigkeit des Rundfunks 1974, Bundesgesetz über die Aufgaben und die Einrichtung des Österreichischen Rundfunks 1984, Bun-

desgesetz über die Presse und andere publizistische Medien 1981, Presseförde-
rungsgesetz 1995, Grundsatzerlass Medienerziehung 1994). Gesetzlich wird den
Medien ein direkter Auftrag zur politischen Bildung verordnet, den sie möglichst objektiv, informativ und neutral vollziehen sollen. *Ein zentrales Gut ist
dabei das Recht auf freie Meinungsäußerung, wobei Medien ein bedeutender
Stellenwert zukommt: In ihnen kann, darf und soll die Äußerung der Meinung
erfolgen, durch sie soll die freie Informationsbeschaffung der StaatsbürgerInnen
ermöglicht werden, welche in weiterer Folge der freien Meinungsbildung der
Menschen dienen soll.* (Krainer 2001, S. 21)

Für die Meinungsbildung in der Bevölkerung sind Medien unverzichtbar, insbesondere dann, wenn sie politische Debatten verfolgt: Eine wesentliche Aufgabe
der Abgeordneten des Kärntner Landtags ist die Kontrolle der Regierung. Im
parlamentarischen Verfahren wird das vorwiegend in der „Fragestunde" und in
der „Aktuellen Stunde" abgearbeitet: Regierungsmitglieder müssen auf die
meist kritischen Anfragen der Abgeordneten eingehen. Danach, in der „Aktuellen Stunde" wird ein von einer Regierungspartei (im Rotationssystem) vorge-
schlagenes Thema debattiert, meistens sehr kontrovers. In diesen beiden Stunden ist die Besuchergalerie gefüllt mit Schulklassen, interessierten BürgerInnen
und MedienvertreterInnen. Der ORF ist direkt im Plenum platziert, damit die
Kameras möglichst nahe am Gesehen sind. Meistens gibt es sehr emotionale
Auseinandersetzungen, der eine oder die andere Abgeordnete wird laut, es gibt
Zwischenrufe aus den Abgeordneten-Reihen etc. Die politische Debatte in diesen beiden Stunden ist dadurch gekennzeichnet, dass zwar heftig gestritten wird,
es aber kaum verbindliche Ergebnisse gibt. Diese gibt es erst danach, nach dem
„Eingehen in die Tagesordnung": Hier werden oft bis zu vierzig Tagesord-
nungspunkte abgearbeitet und beschlossen (es handelt sich um mehr oder weniger komplizierte Gesetzesänderungen, Gesetzesentwürfe, Umsetzungen von
EU-Richtlinien etc.). Sobald in die Tagesordnung eingegangen wird, verschwinden die BesucherInnen und die Medien; meistens befindet sich dann
niemand mehr auf der Zuschauergalerie. Einige JournalistInnen haben auf meine Nachfrage, warum sie dann gehen, wo gerade die „echte" politische Debatte
anfängt, erklärt, dass dann „eh nichts mehr los" ist. Das stimmt insofern, als die
Debatten innerhalb der Tagesordnung tatsächlich nicht so emotional sind, sondern sachlich, mühevoll und oft sehr detailliert diskutiert werden – anders als in
der „Aktuellen Stunde".
    Meine Abgeordneten-KollegInnen wissen so wie ich, dass man nur in die-
sen zwei Stunden die mediale Aufmerksamkeit erreicht; es wird auch dementsprechend agiert – emotional, pointiert, verkürzt, provokativ, polemisch... Hier
spielen wir Theater für Medien – gezwungenermaßen. Es wird eine „Show ab-

gezogen", bei der jede/r versucht, die anderen zu übertreffen. Bei diesem „Spielchen" spielen die Medien aktiv mit. Sie sind zwar nicht selbst die Akteure in der
politischen Debatte, aber als Beobachter erzeugen bzw. verteilen sie Aufmerksamkeit, und sie bewerten die PolitikerInnen bewusst oder unbewusst im Rahmen ihrer Berichterstattung. Ihr Interesse konstruiert ganz wesentlich die politische Wirklichkeit – Medien schaffen gewissermaßen die Bühne, auf der die
PolitikerInnen herumtanzen. Medien sind so etwas wie eine Jury, die die
„Wahrnehmungsschwelle" definiert. Auf der anderen Seite versuchen PolitikerInnen mit unterschiedlichen Stilmitteln über diese Schwelle zu treten und sich
auf dieser Bühne einen Platz zu verschaffen. Ihre „menschlichen Anteile" (hier
schließe ich mich mit ein), die im Zuge dessen zum Vorschein kommen, sind oft
an der Grenze des „guten Geschmacks". Solche „affektiven Grenzüberschrei-
tungen" werden immer mit Kameras und mit den Bleistiften der JournalistInnen
festgehalten. Paradoxerweise lautet der Hauptvorwurf der Medien an die PolitikerInnen, dass sie „reine Polemik" von sich geben oder dass das alles ein „Theater" ist, das man ja nicht ernst nehmen kann. Das mag aus ihrer Sicht richtig
sein, aber sie vergessen dabei, dass genau sie die Bedingungen und Spielregeln
dieses Theaters schaffen. Und offenbar vergessen sich auch, dass allein ihre
Anwesenheit die Ernsthaftigkeit der politischen Debatte konterkariert. Dieser
Zusammenhang scheint den Medien nicht transparent zu sein. Auch nicht, dass
PolitikerInnen in diesen „Spielchen" von JournalistInnen bewertet werden,
umgekehrt geht das aber nicht. Die Spielregel lautet: Der/die PolitikerIn liefert
das „Material" (Aussagen, Emotionen, Überzeugungen), die JournalistInnen
verarbeiten es. Medien haben die spezielle Rolle, dass sie zwar „teil haben" am
politischen Leben, aber nicht unmittelbar „Teil sind"; sie leben quasi aus zweiter Hand. Für sie spielt sich das parteipolitische Leben in einer zweiten Wirklichkeit ab, die von ihnen mitkonstruiert wird. Diese Art von Spielregeln bringt
es mit sich, dass seitens der Medien „Politikverdrossenheit" und seitens der
PolitikerInnen „Medienverdrossenheit" auftritt.

Diese Situationsvignette ist ein Beispiel dafür, wie Medien Demokratie vermitteln. Es zeigt auch, dass die „freie Meinungsäußerung" von strukturellen und
emotionalen Rahmenbedingungen beeinflusst wird, welche in der Medientheo-
rie wenig zum Vorschein kommen. Dass Medien ein konstitutiver Bestandteil
der modernen Demokratie sind, ist evident. Somit sind sie auch jenes Instrument, das Politik und BürgerInnen miteinander „vermittelt"; sie haben damit
auch die Funktion der „Herstellung des Allgemeinen". Einfach gesagt: Jede/r
BürgerInnen hat das gleiche Recht zu erfahren, was „in der Welt los ist". Jeder/r
soll die gleiche „Möglichkeit der Teilhabe" am politischen Geschehen haben.
Medien vermitteln einen quasi „allgemein gültigen", durch Information und

Wissen vermittelten Zugang zur Demokratie. Und die Demokratie vermittelt sich vorwiegend durch Medien, die – so ist jeweils zu hoffen – ihren öffentlich-rechtlichen Auftrag einlösen. Demokratie und Medien sind notwendig koextensiv ineinander verflochten bzw. sind füreinander jeweils die „Bedingung der Möglichkeit zur Demokratie".

Somit haben Medien zweierlei Funktionen: Einerseits haben sie eine Vermittlungsfunktion für Politik ganz allgemein; politische Prozesse, wichtige politische Entscheidungen etc. sollen möglichst „objektiv", rasch und einfach transportiert werden. Andrerseits ist diese Funktion auch eine indirekte Art von politischer Bildung, weil die Medieninhalte, ihre Darstellung und Aufbereitung nach bestimmten, selektiven Kriterien „entschieden" werden. Was, wie lange und wie oft gesendet wird, obliegt der Entscheidung der jeweiligen Redaktion; sie bestimmt, was im Medium wie viel Platz hat und sie bestimmt damit zugleich, ob es für bestimmte „Inhalte" eine öffentliche Wahrnehmung gibt oder nicht. Durch die Selektion von Inhalten, Botschaften, Emotionen etc. werden bestimmte Bedeutungen und damit auch Wahrnehmungsmuster manifestiert, die als solche gegenüber den RezipientInnen vorgegeben sind – eine ORF-Konsumentin kann beispielsweise nicht per Fernbedienung ihre Inhalte bestimmen, über die sie gerne informiert werden will; sie ist auf das vorgegebene Programm und zugleich auf die Art der Darstellung, auf die Präsentation und Kommentierung von den vermittelten politischen Ereignissen angewiesen.

Ein Blick in Tageszeitungen veranschaulicht, dass die politische Berichterstattung nicht nur „objektiv" vorgetragen wird, sondern deutlich „kommentiert", bewertet, hinterfragt, mit Bemerkungen und „Untertönen" versehen wird. „Objektives Wissen" und „subjektive Meinungen" sind dann oft nicht unterscheidbar, sondern mehr oder weniger miteinander vermischt. Das erschwert die Trennung von Informationsübermittlung und Beeinflussung von Werthaltungen, Weltanschauungen und Meinungen, sowohl für PolitikerInnen, für die „MedienmacherInnen" wie auch für die MedienkonsumentInnen bzw. BürgerInnen. Das heißt, dass überall dort, wo informiert werden soll, auch historische, gesellschaftspolitische, kulturelle, soziale und ideologiegeleitete Hintergründe mittransportiert werden. Medien vermitteln (vielleicht ohne es zu wollen) indirekt politische und ideologische Einstellungen und beeinflussen dadurch das politische Handeln ihrer KonsumentInnen. Ob dabei im Sinn von politischer Bildung am Ende tatsächlich ein höherer Bildungsgrad der Bevölkerung erreicht wird oder ob das Gegenteil passiert, kann an dieser Stelle nicht geklärt werden. Dies würde eine eigene Studie erfordern.

Schlagworte wie *Massenmedien, Mediengesellschaft, Teledemokratie, Mediatisierung* (vgl. Filzmaier 1999, S. 196 ff.) bezeichnen Veränderungen in der öffentlichen Kommunikation, die einerseits mit dem ökonomischtechnologischen Fortschritt zusammenhängen, andrerseits gerade durch die Technologisierung der Medien bedingt sind. *Die Mediatisierung unserer Gesellschaft ist das Resultat von sozioökonomischer Modernisierung und technologischen Innovationen durch neue Medien, jedoch nicht per se phänomenal. Das wahre Phänomen sind die gesellschaftlichen Auswirkungen, die sich sowohl im Alltag als auch in der Politik – für das politische System gleichermaßen wie für den politischen Wettbewerb – ergeben. Dazu zählen, soziologisch und politikwissenschaftlich gesehen, eine Fragmentierung und spätere Individualisierung sowie eine Politikverdrossenheit infolge der Überfrachtung mit medialen Botschaften.* (Filzmaier 1999, S. 196)

Dass das Phänomen der Politikverdrossenheit mit einer medialen Überfrachtung zu tun hat, liegt auf der Hand. Dahinter steht aber eine prinzipielle Widersprüchlichkeit im Verhältnis zwischen Politik und Medien: Sie müssen im Sinne der demokratischen Transparenz kooperieren und zugleich treten sie aber als „Konkurrenten" in der staatlichen und gesellschaftspolitischen Gestalterrolle auf. Es gibt sogar die Auffassung seitens einiger JournalistInnen, dass die Medien die „vierte Macht im Staate" seien und eine effizientere Kontrollfunktion ausüben würden als die üblichen politikimmanenten Kontrollmechanismen (Opposition, Rechnungshof, direktdemokratische Kontrollmechanismen etc). Diese Auffassung macht unter anderem deutlich, dass sich gesellschaftliche Auswirkungen nicht einfach „ergeben" (wie Filzmaier nahe legt), sondern bedingt sind durch Verschiebungen von gesellschaftlichen Kräfteverhältnissen zu Gunsten einer gesellschaftspolitischen Dominanz der „Medienlogik". Die *Teledemokratie* drückt diese machtvolle Verflochtenheit von Demokratie und Medien aus, wobei nahe gelegt wird, dass Medien eine stärkere gesellschaftliche Gestaltungskraft haben als die Politik, weil sich ihre Form der Vermittlung institutionell „zwischen" Politik und Souverän manifestiert hat. Hier wird eine bestimmte gesellschaftliche Veränderung deutlich, nämlich die Anpassung der Politik an die Vermittlungsformen der Medien, die es der Politik erlauben zu „existieren". Diese Anpassung lässt politische AkteurInnen oft „gesteuert" erscheinen, was nicht zuletzt ein wesentlicher Grund dafür ist, dass auf der anderen Seite Politikverdrossenheit auftritt.

Diese „Medienlogik" lässt sich an Hand ihrer Funktionsweise beschreiben – sie haben notwendigerweise in Erfüllung ihres „Systemzwecks" die dafür nötigen Strukturen und Organisationsformen entwickelt. Sie müssen die Produktion gewährleisten: Es geht darum, schnell, knapp und umfassend zu informieren, Meinungsfreiheit zu gewährleisten etc. Das bedingt eine spezifische, hierarchisch-strukturierte „Funktionslogik", die nicht unbedingt einer „demokratischen Logik" entspricht. Medien müssen informieren (und zwar rasch), unterhalten (möglichst quotensteigernd), „aufklären" (möglichst objektiv, neutral) und gleichzeitig verkürzen sie die Inhalte. Dass am Ende ein „besseres Gemeinwohl" oder ein höherer Grad an politischer Gebildetheit steht, kann daher nicht vorausgesetzt werden.

Nüchtern betrachtet sollten Medien ein „Mittel zum Zweck" sein. Ein Zweck besteht darin, dass die Politik möglichst nahe an die BürgerInnen herangetragen werden soll; sie soll die Menschen „ansprechen" können und dazu braucht es möglichst „angreifbare" PolitikerInnen. Hier hat die Wahl der Mittel eine große Bedeutung, das wissen all jene, die sich regelmäßig dieser Mittel bedienen; sie wissen, dass sie sich gut inszenieren müssen, dass sie Aufmerksamkeit erzeugen müssen, dass sie „emotionalisieren" müssen, dass sie ihre Botschaften kurz und knapp halten müssen, um „medial gehört" zu werden. Politik muss letztlich betroffen machen – die Erreichung der „emotionalen Ebene" ist eine ganz wesentliche Voraussetzung für die Möglichkeit der „Übermittlung von politischen Botschaften". Diesem Vorhaben haftet jedoch eine permanente Möglichkeit von Peinlichkeit an, die von den „allzumenschlichen Anteilen" der politischen Autorität genährt wird. Diese – oft beklagte – Personalisierung ist zugleich das politische „Überlebensprogramm": wer sich nicht gut verkaufen kann, bringt eben auch seine Inhalte, Botschaften, Überzeugungen nicht unter.

Diese Form der Nötigung durch die Massenmedien – der Zwang zur gut inszenierten Show – bedingt die ebenso offenkundige Entfremdung der Politik. Durch Reizüberflutung, durch die Erhöhung der Geschwindigkeit bei gleichzeitiger Verknappung des Informationsgehalts und durch die Orientierung nach der Masse wurde ein „Mediensubjekt" herangebildet, das sich passiv den medialen Wirklichkeitskonstrukten hingibt, ohne selbst aktiv politisch zu partizipieren. Schon die Unterscheidung zwischen Unterhaltung und Politik, zwischen „echt" und „unecht", zwischen Schein und Sein ist fast unmöglich; eine positive Identifizierung mit der Politik scheint demzufolge ebenso nahezu unmöglich zu sein.

Hier wird unter anderem eine bemerkenswerte Aporie virulent, der in dieser Funktionslogik grundgelegt ist: Politik soll unterhalten und Unterhaltung soll politisch sein. Was auf der einen Seite als *Innovation im politischen (Ferseh)-Wettbewerb* gefeiert wird, wo *durch Prime Time-Politics, Talk Show-Politics* oder *Media Clutter* (Filzmaier 1999, S. 209 ff.) die Medien ihren politischen Gehalt vielfältigst didaktisch „performen" können, wird auf der anderen Seite als eine politische Manipulation der Öffentlichkeit beklagt (vgl. Moscovici 1984). Diesem Phänomen hat Andreas Dörner die Bezeichnung *Politainment* verliehen. Dieser Begriff soll darauf aufmerksam machen, *dass sich in den 90er Jahren eine enge Kopplung zwischen Politik und Entertainment, politischer und unterhaltender Kommunikation herausgebildet hat, die es so vorher nicht gab. ... Grundsätzlich bildet sich Politainment immer auf zwei Ebenen, die jedoch in*

der real existierenden Medienrealität eng verzahnt in Erscheinung treten: un-
terhaltende Politik und politische Unterhaltung. (Dörner 2001, S. 31) Heutzutage muss Politik durch den „Unterhaltungsfaktor" angreifbar und interessant
gemacht werden, sie läuft damit aber Gefahr, einer „journalistischen Beliebig-
keit" und Bedeutungslosigkeit ausgeliefert zu sein. Ferner: Wenn Politik unterhalten muss, dann muss sie sich notwendigerweise der modernen Darstellungs-
formen bedienen. Sie kann dadurch zu einem „Unterhaltungsgegenstand" ver-
kommen, der mehr der Belustigung des Publikums, denn einer emanzipatorischen Aufklärung dient. Letztere würde ein Publikum voraussetzen, das jeder-
zeit für komplexe politische „Gemengelagen" aufnahmefähig ist.

Diese Entfremdungserscheinungen sind ein deutliches Charakteristikum der
gegenwärtigen „Medienlogik". *Die hochgradige Personalisierung der Politik in*
Teledemokratien ist geprägt durch einen betont offensiven und auch destrukti-
ven, jedenfalls durch die Kritik am Opponenten und nicht durch Sachargumente
gekennzeichneten Stil (Filzmaier 1999, S. 217). Diese offenbar unumgängliche
Personalisierung identifiziert Politik mit „Menschen wie du und ich", mit Menschen die schwitzen, die stammeln, die entweder unverständlich reden oder
„dem Volk nach dem Mund reden", die um Stimmen betteln, die abgehoben
erscheinen etc. Dadurch wird der Blick auf das „dynamische Wesen" der Politik
verstellt: auf die demokratisch auszutragenden Konflikte zwischen einzelnen
Interessensgruppen (Parteien, Bürgerinitiativen, Verbände, Sozialpartner etc.),
kurz: auf die Dialektik der politischen Entscheidungsfindung. Wenn als RepräsentantInnen der Demokratie übergewichtige, schlanke, gestylte oder wie auch
immer „menschelnde" Personen vorangestellt werden, die dadurch aber ihre
politische Autorität einbüßen, dann kann es nicht verwundern, dass Politik aus
der Außenwahrnehmung nur mehr sehr eingeschränkt ernst genommen werden
kann. Eine solche mediale Darstellung von Politik, wo die Form wichtiger als
der Inhalt zu sein scheint, begünstigt mehr die Entfremdung der Politik in ihr,
als dass sie dabei hilft, ein Verständnis für die notwendige, stellvertretende
Konfliktaustragung zu erzeugen (was vermutlich auch damit zu tun hat, dass
JournalistInnen demokratische Konflikte oft selbst nicht verstehen (können) und
dieses Defizit durch ihre subjektive Meinung kompensieren (müssen)).

Angesichts der Reizüberflutung durch die „menschlichen Anteile" der PolitikerInnen sind auf der anderen Seite die MedienkonsumentInnen damit naturgemäß überfordert und treffen daher subjektive Selektionen. Ob dann Politik
oder Demokratie zu den bevorzugten „Programmen" zählt, obliegt einer individuellen Entscheidung. Je nach dem, wie gut die „Polit-Show" ist, werden die
Quoten steigen oder eben nicht. Diese Voraussetzungen im Zugang zur Politik
über die Mediennutzung fragmentieren sein Publikum auf einer Spanne zwischen „sehr interessiert" (und informiert) und „völlig uninteressiert" (und dem-

entsprechend uninformiert). De Facto schaffen Medien also einerseits eine Form von Allgemeinheit, die aber andrerseits eklatante Ungleichheiten für die Erreichung von Öffentlichkeit konstituieren. Die demokratische Gleichberechtigung über Kommunikationstechnologien ist zwar theoretisch gegeben, sie schafft aber in ihrer Praxis große Unterschiede. Die *Teledemokratie* induziert gewissermaßen eine „Zweiklassengesellschaft": die „medienkonformen" NutzerInnen und die „Politik- und Medienverweigerer" (sowohl auf der Seite der PolitikerInnen wie auch auf der Seite der BürgerInnen / NutzerInnen). Die mediale Konkretisierung von demokratischer Politik erzeugt damit eine/n „PolitikkonsumentIn", der/die den Zugang zur Politik fast nur mehr über eine konstruierte „Politik-Wirklichkeit" der Medien erreicht.

4.4   Zum Verhältnis von Medien und Masse

Die moderne Ausdifferenzierung der Medien hat es mit sich gebracht, dass in gewisser Hinsicht das „Mittel" zu einem Selbstzweck geworden ist. Zweck und Selbstzweck erscheinen den KonsumentInnen / BürgerInnen gegenüber indifferent und „bedienen" geradezu eine reaktive Ambivalenz ihr gegenüber. Diese „moderne Ambivalenz" ist gleichzeitig ein Resultat aus ihrer Vermittlung bzw. „Auflösung" durch die Medien, denn sie spielen eine widersprüchliche Rolle in der Vermittlung dessen, was Baumann als das *Auseinanderfallen des Privaten und des Öffentlichen* bezeichnet hat (Baumann 2000, S. 9 ff.). Zwar ist dieses Auseinanderfallen bedingt durch die mediale Fragmentierung, gleichzeitig versuchen Medien auch wieder dieses Auseinanderfallen „zurückzunehmen", und zwar durch den permanenten Versuch der Integration des Privaten und des Öffentlichen. Dieser Versuch schränkt die Bedingungen der Möglichkeiten zur politischen Handlungsfähigkeit allerdings dramatisch ein: Auf der einen Seite ermöglichen moderne Medien eine „globale Vernetzung", andrerseits wird das „direkte politische Handeln" verhindert, weil zwischen dem „politischen Subjekt" und der politischen Handlung immer ein „Vermittlungsapparat" (Internet, Bild- und Tonmedien, Printmedien) steht.

   Im Zusammenhang mit den systemimmanenten Widersprüchen der Medien sei noch auf eine weitere Dimension der Mediensozialisation verwiesen: Medien setzen Allgemeinheit voraus und bedingen sie zugleich. Das erfordert eine organisatorische Vermittlungsform, mit der die Massen erreicht werden können. Die Massenmedien haben in einer unglaublich rasanten Entwicklung tatsächlich fast alle Menschen erreichbar gemacht bzw. sie dazu „gebildet", dass sie sich als „Massenmenschen" zur Politik verhalten, nämlich vorwiegend konsumierend.

Das erzeugt eine „unfreiwillige" Gleichheit, die wenig mit einer demokratisch verstandenen Gleichheit zu tun haben kann. Zwar ist der Zugang zu den Medien für alle „gleich" und die vermittelten Inhalte sind „gleich-gültig" für alle, aber genau darin liegt der Zwang zur Konformität. Anders gesagt: „Gleich-Gültigkeit" erzwingt die Anpassung der BürgerInnen und PolitikerInnen an den medialen Zugang zur Demokratie. *Die Massenpresse erfüllt schon ihre Rolle als Kommunikationsfabrik: Sie gießt die Gehirne in eine Einheitsform und gewährleistet die Übereinstimmung einer jeden menschlichen Parzelle mit dem vorgeschriebenen Modell. Diese Entwicklung ist auch Gramsci nicht entgangen, der eine ,Tendenz zum Konformismus in der gegenwärtigen Welt' konstatiert, ausgedehnter und tiefgreifender als in der Vergangenheit: Die Standardisierung der Denk- und Handlungsweisen dehnt sich auf ein ganzes Land oder auf einen ganzen Kontinent aus.* (Moscovici 1984, S. 35)

Die *Standardisierung der Denk- und Handlungsmuster* ist erst durch die Verbreitung der Massenmedien möglich geworden. Hierin liegen zugleich „Fluch und Segen" für die Vermittlung von Demokratie, denn einerseits begünstigen Medien eine die Demokratie einschränkende Konformität, die uns als „Politikverdrossenheit" begegnet; diese Form von Interesselosigkeit ist aber nicht zuletzt ein „Erziehungsprodukt" der Medien. Andrerseits sind sie dem medienpolitischen Auftrag der freien Meinungsäußerung, der Aufklärung, der Emanzipation und der politischen Bildung verpflichtet. Der Widerspruch zwischen Konformität und Aufklärung haftet den Medien an bzw. wird in die eine oder andere Richtung „aufgelöst". Ein Blick durch verschiedene Zeitungen bestätigt das: Stil, Art der inhaltlichen Aufbereitung, Themensetzung, persönliche Meinungen von JournalistInnen etc. deuten immer auch eine „politische Tendenz" an. Es soll hier nicht unterstellt werden, dass JournalistInnen in einem politischen Auftrag handeln, aber der Grundtenor einer „Blattlinie" im Sinn von Konformität bzw. Aufklärung bleibt nicht verborgen und folglich sind „mediale Sympathien" in Richtung der politischen Parteien nicht zu übersehen.

Eine interessante Rolle spielen in diesem Kontext PolitikwissenschafterInnen, die als „ExpertInnen der Demokratie" in den Medien auftreten und versuchen, der Masse die Demokratie näher zu bringen. Dabei ist ihre Rolle oft unklar – vertreten sie eine „Außensicht" zum Zweck der Reflexion der Politik oder vertreten sie eine affirmative, konforme „Blattmeinung"? Wenn sie über Medien sprechen wollen, dann unterliegen sie immer auch den „immanenten Sachzwängen der Medienlogik"; sie werden engagiert als eine Art „JournalistIn mit Expertise", aber im Prinzip machen sie nichts anderes als andere JournalistInnen auch. Sie sind bloß dadurch unterscheidbar, dass vielleicht mehr Fremdwörter vorkommen und dass ihre Kommentare und Analysen oft einen starken „Erklärungscharakter" haben – der/die „ExpertIn" erklärt dem „Massenmenschen" das, was letzterer ohnehin gerade gelesen hat. Was ist aber das Ziel? Wozu haben BürgerInnen die Erklärungen von dieser Art von ExpertInnen nötig? Werden sie überhaupt als „demokratische" (freie, selbstbestimmte, autonome) BürgerInnen anerkannt oder als konforme Massenmenschen angesehen? Werden PolitikerInnen als UnterhalterInnen angesehen, als Projektionsfläche für unerfüllte Profilierungswünsche, als zu idealisierende oder zu bekämpfende Führungsfiguren, oder werden sie schlicht als RepräsentantInnen eines demokratischen Systems anerkannt?

Resümierend kann festgehalten werden, dass Medien vermutlich „nachhaltiger" bilden als Schulen oder andere Bildungseinrichtungen. *Schon längst haben daher andere Instanzen direkt und indirekt die Funktion, politisch zu informieren, übernommen; an ihrer Spitze stehen die Massenmedien: vor allem Zeitungen und Fernsehen. Das Fatale aber an diesen ‚Bildungsinstitutionen' ist, dass sie zur Ordnung, zum besseren Verständnis, zum Begreifen von Informationen, gar zu einer kritischen Stellungnahme eigentlich schon eine grundlegende und übersichtsweise Information voraussetzen. Da diese aber kaum vorhanden ist, wird die gebotene politische Information so genommen, wie sie ist; erreicht wird ein System von Halbbildung, in dem mangelndes Wissen und die daraus sich ergebende notwendige Unfähigkeit, rational zu argumentieren, durch irrationale kollektive und subjektive Emotionalität ersetzt wird.* (Heintel 1977a, S. 31) Das ist keine antiquierte Medienanalyse, sondern eine nüchterne Bestandsaufnahme des eingeschränkten kritischen Potenzials der Medien. Die Funktion der „Standardisierung von Halbbildung" wurde bis heute noch mehr ausdifferenziert (Stichwort „Teledemokratie") und reichlich „ergänzt" mit *kollektiver und subjektiver Emotionalität,* die sich aus einer indirekten, verkürzten Kommunikation zwischen Medien und Politik ergibt (ebd.).

Daraus kann folgende Hypothese abgeleitet werden: Je ausgereifter und vielfältiger Medientechnologien angewandt werden, desto leichter können ihnen „gefällige" Massen hergestellt werden. *Die klassische Politik gründet sich auf die Vernunft und auf die Interessen. Sie verurteilt sich zur Ohnmacht, weil sie der Logik der Wissenschaft folgt und die Massen als eine Summe von Individuen behandelt. Es ist nicht so, dass es diesen an intellektuellen Fähigkeiten oder an Willen fehlt... im Gegenteil, jeder von ihnen wäre in der Lage, die Demokratie im besten Sinn des Wortes einzuführen. ... Wenn den Individuen das nicht überall gelingt, wenn ihre Bemühungen oft auf das Gegenteil hinauslaufen, dann deshalb, weil sie in der* Masse *gefangen sind. Sie unterliegen den Gesetzen menschlicher Ansammlungen. Da nimmt alles einen anderen Lauf. Nichts verläuft wie vorhergesehen oder unter den gleichen psychischen Voraussetzungen. Zusammengefasst heißt das: Das Individuum überzeugt man, die Masse beeinflusst man.* (Moscovici 1984, S. 50) Moscovici verdeutlicht mit seiner Analyse, dass Massen dadurch gekennzeichnet sind, dass sie anders zu erreichen sind als Individuen. Die gegenwärtigen Vermittlungsformen, namentlich Medien, sind aber auf Massen angewiesen. Diese Erkenntnis ist keine Besonderheit – die Besonderheit liegt allerdings darin, dass den Massen der Moment der Unberechenbarkeit und Affektivität anhaftet, der notwendig dazu verleitet, dass auf der anderen Seite mediale Formen der Manipulation dazu benutzt werden, diese Affektivität zu präformieren.

An dieser Stelle sei in Erinnerung gerufen, dass die Massenpsychologie wertvolle Erkenntnisse liefert, die in der modernen Medienwissenschaft kaum berücksichtigt werden. Insbesondere die folgenreiche Dynamik der Massen scheint weithin „unterbelichtet" zu sein. Hierzu gibt Sigmund Freud eine klare Stellungnahme ab: *Die Psychologie dieser Masse, wie wir sie aus den oft erwähnten Beschreibungen kennen – der Schwund der bewussten Einzelpersönlichkeit, die Orientierung von Gedanken und Gefühlen nach gleichen Richtungen, die Vorherrschaft der Affektivität und des unbewussten Seelischen, die Tendenz zur unverzüglichen Ausführung auftauchender Absichten –, das alles entspricht einem Zustand von Regression zu einer primitiven Seelentätigkeit, wie man sie gerade der Urhorde zuschreiben möchte.* (Freud 2000, S. 84) Solcherart Massenphänomene sind keine modernen Erscheinungen, sondern erklären sich aus den Mechanismen der Massendynamik. Diese mehr zu durchschauen und zu reflektieren könnte den Medien helfen, ihren Auftrag zur Herstellung des Allgemeinen bewusster zu gestalten.

Das neuzeitliche *Zeitalter der Massen* ist gekennzeichnet durch ein interdependentes „Verhältnisdreieck" zwischen Politik, Medien und Masse. Man könnte sagen, dass die Politik vermittelt durch die Medien „ihre Masse" erzeugt. Medien haben hierbei eine zentrale Gestaltungsmacht, welche wiederum die Politik in ihre Sachzwänge nötigt. Hier stellt sich die Frage, wie man eine Masse überhaupt politisch bilden kann und inwieweit die Massenmedien als Bildungsinstrumente fungieren können. Diese Frage weiterverfolgend sollte sie in eine neue Diskussion münden, die Aufschluss gibt über die Funktionsweisen und Auswirkungen der Medien auf die Massenbildung, sowie über die unbewussten Mechanismen in der Massendynamik und ihre Folgen für die Erreichbarkeit des Individuums. Erst ein breites Bewusstsein der Medien über ihr Gegenüber und über sich selbst könnte dazu führen, dass sie ihr emanzipatorisches Potenzial erkennen und zu Gunsten einer realen Demokratieentwicklung zur Verfügung stellen.

5   Und die PolitikerInnen? Ein Resümee

Die allgemeine und konkrete Bestandsaufnahme zeigt, dass die politische Bildung in einem Dilemma gefangen ist, dessen deutlichstes Phänomen als ein Auseinanderfallen zwischen Theorie und Praxis in Erscheinung tritt. Die allgemein festgestellte „Krise der Politik" kann mit einer Krise der Politikwissenschaften samt ihrer Fachdidaktik, der Politischen Bildung, in Zusammenhang gebracht werden, die den einstigen Status der *Königswissenschaft* eingebüßt haben. Hinzu kommt die Herausforderung, die *Pluralität der konkurrierenden Bestimmungen* der Politikbegriffe zu Gunsten eines Transfers in die Praxis zu vereinen. Eine weitere Herausforderung ist die Bewältigung von systembedingten Widersprüchen in Bildungseinrichtungen, die eine klare Grenzziehung von Anpassung und Aufklärung erschwert. Das offenbar sehr prekäre Verhältnis zwischen Anspruch (Erlass, politikwissenschaftliche Begründungen) und Wirklichkeit der politischen Bildung verweist auf ein eigentümliches immanentes Paradox der politischen Bildung: Sie bildet „theoretisch" und verfehlt damit ihren „Gegenstand".

Ausgehend von diesem Dilemma ist es zweckmäßig, zwei Modelle von politischer Bildung zu unterscheiden. Das erste und hinlänglich bekannte Modell ist jenes, das sich vorwiegend als Fach Politische Bildung verwirklicht hat. Hier könnte man von einer konventionellen oder traditionellen politischen Bildung sprechen: Sie leitet sich von der Vorstellung her, dass man bestimmten Zielgruppen ein definiertes „instrumentelles" Fachwissen zukommen lässt in der Hoffnung, dass die „EmpfängerInnen" dieses Wissen anwenden indem sie es reproduzieren. Diese Form der politischen Bildung konstituiert die allgemeine Auffassung in der schulischen und universitären Bildungslandschaft. Es gab Zeiten, da hieß dieser „Gegenstand" in einigen Schultypen „Staatsbürgerschaftskunde". Die SchülerInnen sollten die Grundregeln des Staates und der Demokratie kennen lernen und zu pflichtbewussten StaatsbürgerInnen erzogen werden. Auch heute geht es noch darum zu vermitteln, wie das „System Politik" funktioniert, aus welchen Institutionen ein Staat besteht, wie der parlamentarische Mechanismus funktioniert etc. Das primäre Motiv ist nicht die „Befähigung" der RezipientInnen (SchülerInnen) zu kompetenten potenziellen PolitikerInnen oder „DemokratInnen", sondern eine Wissensakkumulation.

Im Unterschied zu dieser Form der „schulischen" politischen Bildung, die davon ausgeht, dass ihre SchülerInnen mit Informationen auszustatten sind, gibt es demgegenüber die Auffassung von einer demokratisch-politischen Bildung, welche die Vermittlung von sozialen Kompetenzen, die nur über „Erfahrungslernen" angeeignet werden können, in den Vordergrund stellt. Dieser Zugang setzt das „Wissen von Inhalten" voraus bzw. geht davon aus, dass das „notwendige Wissen" individuell und bedarfsorientiert angeeignet wird. Diese Form der politischen Bildung setzt nicht den technisch-rationalen Lernbegriff voraus, sondern einen erfahrungsbezogenen. Dieser „empirisch-fundierte Lernbegriff" betont die soziale Dimension des Lehrens und Lernens: Es geht nicht um das Addieren von Informationen, sondern um das Hinterfragen von gesellschaftlichen und sozialen Strukturen mit dem Ziel eines kollektiven Bewusstseins. Dies impliziert die Fähigkeiten für den Umgang mit sozialen, politischen und gesellschaftlichen Veränderungen. Daraus resultiert ein dynamischer, „emanzipatorischer" Lernbegriff der politischen Bildung, der auf Veränderung fokussiert, nicht auf Summativität der Informationen. *Jedes Lernen bedeutet Veränderung. Das Bewusstmachen der Möglichkeit von Veränderbarkeit (= Lernen) nicht nur von außen (wo der zu Bildende zum Objekt wird), sondern von innen (vom Subjekt her, der Gruppe, der Klasse, der Schule, die selbst wieder Individuen darstellen) muss ein oberstes Ziel von politischer Bildung sein.* (Pickl 1980, S. 9) Eine so verstandene politische Bildung benötigt eine alternative Kultur des Lehrens und Lernens, die sich von der gegenwärtigen schulischen Kultur wesentlich unterscheidet.

Die kritische Analyse dieser beiden Modelle zeigt, dass die traditionelle Art und Weise, politische Bildung zu betreiben, von einer Vielzahl von Schwierigkeiten gekennzeichnet ist. Der Widerspruch zwischen demokratisch-politischer Bildung und der Struktur und Organisation der Bildungseinrichtungen ist eklatant. Das ist unter anderem auch ein Grund dafür, warum das andere Modell, die demokratisch-politische Bildung hier keine Entfaltungsmöglichkeiten gefunden hat. Die vorherrschende Form der politischen Bildung bringt mithin zum Ausdruck, dass die Funktion der (Re)Politisierung der Institutionen unentwickelt geblieben ist. Hier liegt aber eine große Chance: in der „Demokratisierung" der gesellschaftlichen Funktionssysteme.

Ein weiterer Bildungsbereich kann im Zusammenhang mit dem weiten Politikbegriff und der indirekten politischen Bildung identifiziert werden. Jedes soziale System (Familie, Schule, Betrieb, Verein usw.) bildet indirekt das Verhalten ihrer Mitglieder. Eine politische Partei oder das parlamentarische Geschehen erfordern beispielsweise eine spezifische Handlungslogik, die nicht in Schulen oder Universitäten gelernt wird, sondern meistens vor Ort, „on the job". Ebenso sind Schulen und Universitäten durch eine spezifische Handlungslogik charakterisiert, sowohl auf der Seite der Lehrenden, wie auch auf der Seite der Lernenden. Diese Logik kann wiederum nur sehr marginal auf das System Politik übertragen werden. Und ebenso unterliegen Medien einer Handlungslogik, die sich in Ausübung ihres Systemzwecks realisieren müssen.

Die kritische Perspektive auf das Dilemma der politischen Bildung soll nicht unterstellen, dass die traditionelle politische Bildung keinen Wert hätte oder für die Allgemeinheit bedeutungslos wäre; aber sie ist gemessen an ihrer gesellschaftlichen Gestaltungsfähigkeit weitgehend wirkungslos. Diesen Bildungsauftrag haben dafür die Medien zunehmend übernommen und weiterentwickelt. Es kann davon ausgegangen werden, dass Medien in einer direkten Form „bilden" (Aufhebung von Informationsdefiziten) und indirekt über die Vermittlung von ideologischen und moralischen Werthaltungen.

Die Gesamtheit von demokratischen Entscheidungsprozessen ist für Medien naturgemäß nicht nachvollziehbar und auch nicht darstellbar, daher muss verkürzt, inszeniert, dramatisiert, ignoriert oder idealisiert werden. Deswegen ist es auch kaum möglich, dass unterschiedliche politische Interessen breit und ausführlich dargestellt werden, sondern medienkonform mit und in einer vermeintlichen „Sprache für das Volk" vermittelt werden. Durch das Oszillieren zwischen Konformität und Emanzipation geraten die Medien jedoch in eine prekäre Verlegenheit – Medien „vermitteln" nicht nur, sie „erzeugen" auch politische Einstellungen, Werthaltungen und nicht zuletzt konkrete kollektive Emotionen. Die realen politischen Prozesse aber – der eigentliche Gegenstand der Vermittlung – kann nicht eins zu eins vermittelt werden, sondern wird im Rahmen der Medienlogik „systemkonform hergerichtet". Bei diesem Versuch der Auflösung von demokratischen Entscheidungen „im Medium" wird Demokratie zu einem Unterhaltungsgegenstand transformiert, der stark in Richtung einer politischen „Verbildung" tendiert.

Was Medien und Demokratie untrennbar verbindet, ist eine ihnen anhaftende Aporie: Medien verhindern und zugleich ermöglichen sie Demokratie. Sie schaffen eine virtuelle Erreichbarkeit von allen BürgerInnen, PolitikerInnen, „Zivilgesellschaft", weil sie sich indirekter Kommunikationsformen bedienen. Zugleich konstruieren sie damit einen virtuellen „politischen Ort", der dadurch gekennzeichnet ist, dass BürgerInnen, PolitikerInnen, ExpertInnen etc. indirekt miteinander vermittelt werden. Die direkte Kommunikation, das persönliche Gespräch unter BürgerInnen, zwischen BürgerIn und PolitikerIn, zwischen Medien und KonsumentInnen, also eine direkte Form der kollektiven Entscheidungsfindung, wird dadurch entbehrlich bzw. in das engere Handlungsfeld der (Partei-)Politik „ausgelagert": In parlamentarischen Sitzungen, in Parteienverhandlungen und im informellen Bereich werden politische Entscheidungen getroffen, quasi unter einem „Ausschluss" der Öffentlichkeit. Medien haben hier die Funktion einer sekundären Partizipation: Sie beteiligen die BürgerInnen nicht direkt unmittelbar am Geschehen, sondern eben „vermittelt" und indirekt, über die Berichterstattung.

Moderne Medien sind daher bestenfalls für ein kleines Segment der politischen Bildung (Aufhebung von Informationsdefiziten) geeignet, nicht jedoch in der Vermittlung von demokratischen Fähigkeiten, geschweige denn im Agieren dieser demokratischen Fähigkeiten (die immer auch an die direkte Kommunikation gebunden ist). Daher kann festgehalten werden, dass Medien – da sie auf dem Funktionsprinzip einer einseitigen Subjekt-Objekt-Funktionalität basieren – einem technisch-rationalen Lernbegriff gerecht werden, jedoch dadurch ihre emanzipatorische Kraft verlieren. Da die Selektion im gesellschaftlichen „Nachdenken" also „arbeitsteilig" den Medien überlassen werden, werden dadurch gleichzeitig die BürgerInnen ihrer eigenen gesellschaftlich-verbindlichen, kritischen Kommunikation beraubt; sie werden auf eine spezifische Art „entmündigt". An dieser Stelle könnten Medien jedoch neue Beteiligungsformen entwickeln – sie könnten mitwirken an der „Repolitisierung der BürgerInnen" durch die Zur-Verfügung-Stellung von konkreten politischen Bildungs- und Handlungsmöglichkeiten. Diese Art der politischen emanzipatorischen Bildung würde möglicherweise eine reale, keine virtuelle *polis* hervorbringen.

Wenn man die Folie der antiken politischen Philosophie über den heutigen Zustand der politischen Bildung legt, dann ist eines auffällig: Gerade dort, wo politische Bildung ankommen sollte – bei den PolitikerInnen – ist sie kaum vorzufinden. Für Platon und Aristoteles war klar, dass die Regenten die höchste Ausbildung haben sollten – sie sollten möglichst viele Tugenden haben und versuchen Philosophen zu sein. Bildung und Erziehung sind daher die wichtigsten Instrumente für eine gedeihliche Demokratie, so könnte man schlussfolgern. Heute ist die „gesellschaftliche Weisheit" an die Universitäten ausgelagert, wohingegen die „demokratische Weisheit" an kommunale und nationale Parlamente delegiert ist. Die Vermittlung zwischen diesen unterschiedlichen „Weisheiten" leisten die Medien, allerdings auf eine widersprüchliche und indirekte Art und Weise – dies erschwert die unmittelbare, direkte Erfahrung von Demokratie.

Wo also bleibt die politische Bildung? Wo ist ein Transfer von Wissen und / oder Fähigkeiten zwischen den Systemen Politik, Bildung und Medien möglich? Vor diesem Hintergrund ergibt sich ein dramatisches Bild der konventionellen politischen Bildung. Es scheint, als wenn sie zwischen den Schnittstellen der Systeme fragmentiert und damit „ortlos" wird. Sie hat kein Zentrum in der Form einer gesellschaftlichen Instanz, welche systemübergreifend und vermittelnd fungieren würde. Ebenso auffällig ist das gesellschaftliche Defizit von effektiven Formen der Repolitisierung von allen Lebensbereichen. Denn diese würde eine synthetisierende Didaktik voraussetzen, die in der Lage ist, gesellschaftliche Widersprüche zu einem allgemein verfügbaren Entscheidungsprozess zu transformieren. Anders gesagt: Das Allgemeine und das Subjektive, das Öffentliche und das Private, das Theoretische und das Praktische müssten dergestalt miteinander vermittelt werden, sodass BürgerInnen in diesem Prozess reale Partizipationsmöglichkeiten wahrnehmen könnten. Es geht um kollektive Steuerungsmechanismen, die den Einzelnen aus seinem Individualismus-Zwang herausholen, und darüber hinaus um eine Organisationsform für das Prozessieren von gesellschaftlichen Widersprüchen. Insbesondere die (selbst-)bewusste Gestaltung von individuellen und kollektiven Grenzen, von gesellschaftlich-relevanten Entscheidungsprozessen und von neuen Modellen der Partizipation wären wichtige Bildungs- und Organisationsaufgaben einer neuen politischen Bildung. Erst in Erfüllung dieser Herausforderungen kann das „Gemeinwohl Gestalt annehmen"; die politische Bildung ist dann nicht nur ein grundlegendes, vorausgesetztes Prinzip aller Bildung, sondern hilft auch dabei, die „Politikimmanenz" aller Lebensbereiche einem kollektiv-verbindlichen Bildungsprozess zugänglich zu machen.

Teil II:
Fallstudie: Kunst der Politik – ein Fall von politischer Bildung

Vorbemerkung zur emanzipatorischen Bildung

Das Ziel ist Aufklärung: Was müssen Menschen, die politisch arbeiten wollen, die politisch handeln wollen, was müssen die können? Und die brauchen meiner Meinung nach viel Bewusstsein. (I 2, S. 5) Dieses Zitat aus einem Interview beschreibt das Vorhaben der vorliegenden empirischen Untersuchung: Wie soll politische, emanzipatorische (Erwachsenen-)Bildung didaktisch, organisatorisch und konzeptionell verfasst sein, damit die TeilnehmerInnen am Ende „aufgeklärte StaatsbürgerInnen" und somit auch potenziell gute PolitikerInnen sein können? Welche Fähigkeiten, Fertigkeiten und Kenntnisse sollen sie haben um erfolgreich politisch arbeiten zu können?

Diese Fragen lassen sich in eine sehr alte philosophische Tradition einordnen; bereits Aristoteles erhob in der *Nikomachischen Ethik* und im *Staat* den Anspruch, dass Staatsmänner die *politische Kunst* beherrschen sollen (vgl. Aristoteles 1993, 2003). Zwar sei der Mensch „von Natur aus" ein politisches Wesen, aber für die Ausübung einer politischen Funktion müsse er noch erzogen und gebildet werden. Aristoteles hat auch gezeigt, dass jegliches Nachdenken über das „Gute der Politik" die Frage nach einer guten Ausbildung mit einschließen muss. Daher ist dieses „Nachdenken" eine Form der *praktischen Philosophie*, die zugleich auch eine Form der Ausübung von politischer Bildung beschreibt. Ein Zitat aus der *Nikomachischen Ethik* könnte das Motto dieser Fallstudie sein: *Der Teil der Philosophie, mit dem wir es hier zu tun haben, ist nicht wie die anderen rein theoretisch – wir philosophieren nämlich nicht um zu erfahren, was ethische Werthaftigkeit sei, sondern um wertvolle Menschen zu werden. Sonst wäre dieses Philosophieren ja nutzlos. Daher müssen wir unser Augenmerk auf das Gebiet des Handelns richten, auf die Frage, wie wir die einzelnen Handlungen gestalten sollen, denn diese beeinflussen, wie wir gesagt haben, in entscheidender Weise das Wie der sich herausbildenden ethischen Grundhaltungen.* (Aristoteles 1983, S. 36).

Dieser praktisch-philosophische Zugang bildet für die vorliegende Untersuchung eine „erkenntnisleitende" Hintergrundfolie – das Augenmerk sei auf das *Gebiet des Handelns* zu richten, auf die Frage, *wie wir die einzelnen Handlungen gestalten sollen.* Dieser Weg führt in eine erfahrungsorientierte Richtung: Dieses *Wie* meint die Form der Vermittlung, die Didaktik und Methoden der politischen Bildung, sowie die Gestaltung von Handlungsfolgen. Es geht darum herauszufinden bzw. zu erforschen, wie politische Bildung als Qualifikation zum Handeln vermittelt werden kann (und somit einen emanzipatorischen Auftrag einlöst). Dieses „empirische Paradigma" setzt voraus, dass die politischen Handlungen als solche zum „Lerngegenstand" erklärt werden, dass die TeinehmerInnen (nicht SchülerInnen) den „Prozess der Politik" erleben bzw. aktiv gestalten, und dass sie dadurch lernen, sich „selbstbestimmt" zu organisieren. Es wird daher von „emanzipatorischer", „demokratischer" oder „aufgeklärter" politischer Bildung die Rede sein. (Was diese Attribute im Konkreten bezeichnen und was sie meinen, wird in den folgenden Kapiteln an Hand des empirischen Materials herausgearbeitet.)

Die Anwendung dieses empirisch-fundierten Politikbegriffs impliziert eine weitere erkenntnisleitende Vorstellung: Jede soziale Situation in der Praxis der TeilnehmerInnen kann als eine „politische Situation" aufgefasst werden – eine Vorstandssitzung, eine Gemeinderatssitzung, aber auch ein Projektteam oder eine Arbeitsgruppe, eine Podiumsdiskussion oder ein Radiointerview, in all diesen Situationen sind soziale, „politische" Gesetzmäßigkeiten wirksam. Das bedeutet für eine emanzipatorisch-orientierte politische Bildung, dass diese sozialen Erfahrungsbereiche die Grundlagen für die Bildung von politischen, „demokratischen" Kompetenzen bilden. Wenn Bildung aufklären soll, wenn sie von „Fremdbestimmung" befreien soll und wenn sie ihre „zu Bildenden" zu einem „höheren Bewusstsein" über sich selbst befähigen soll, um den Prozess von „Selbstbildung" in Gang zu setzen, dann kann die didaktische Ausgangssituation nur empirisch definiert sein. Eine von außen gesetzte „Theorie über die Praxis" ist für so einen „Selbstbildungsprozess" entbehrlich, wenn nicht sogar hinderlich, weil sie allzu leicht in die Funktion einer „wissenschaftlichen Fremdbestimmung" rücken kann.

1   Begleitforschung zur „Kunst der Politik"

1.1 „Grünes" Forschungsfeld

Die vorliegende Studie ist eine Annäherung an das, was „emanzipatorische", politische Bildung sein könnte. Für die Konzeption einer Begleitforschung diesbezüglich war es naheliegend eine Bildungsmaßnahme zu wählen, die einerseits so einen emanzipatorischen Bildungsanspruch verfolgt, und andrerseits als „interne Weiterbildung" durchgeführt wird (letzteres deswegen, weil hier das konkrete Anwendungsfeld – die eigene, politische Praxis – vorhanden ist).

Es handelt sich um eine Bildungsreihe der politischen Partei „Die Grünen Österreich" mit dem Titel „Kunst der Politik"[2] (abgekürzt KUPO; Pilotprojekt im Jahr 2000). In dieser Bildungsreihe, bestehend aus sieben Modulen, wurden die TeilnehmerInnen (ehrenamtliche MitarbeiterInnen, hauptamtliche MitarbeiterInnen, GemeinderätInnen, Mitglieder von Teilorganisationen) in sozialen, kommunikativen und gruppendynamischen Kompetenzen trainiert. Ihre Lernerfahrungen und die Lernerfahrungen der LeiterInnen dieser Bildungsreihe bilden die zentrale Erfahrungsebene, auf die sich der Forschungsfokus richtet. Interessant ist hier, welche Auswirkungen diese Art von politischer Bildung hat (ob die TeilnehmerInnen ihre „Handlungen" verändern bzw. verbessern), aber auch, welche Ambivalenzen in diesem Bildungsansatz immanent sind. Welche Widersprüche treten auf, wenn diese politische Bildung in der Praxis umgesetzt wird? Welche unterschiedlichen oder sogar sich widersprechenden „Handlungslogiken" geraten aneinander, und was bedeutet das für die politische Arbeit und für die politische Bildung?

Dies waren leitende Fragestellungen in dieser Begleitforschung, die den Forschungsfokus auf den Aspekt der „angewandten" politischen Bildung richtet; eine Bildung, die auf die Qualifizierung von potenziellen PolitikerInnen und ehrenamtlichen MitarbeiterInnen abzielt, mit der Absicht, dass ihre Lernerfahrungen für das „System Politik" „fruchtbar" gemacht werden können.

Wesentlich für die Auswahl von dieser Form von politischer Bildung war das didaktische Konzept: Es sollte eine Bildungsmaßnahme sein, die einerseits

---

2   Der Titel dieser Bildungsmaßnahme „Kunst der Politik" entstammt nicht etwa aus einer beabsichtigten oder bewussten Anlehnung an die *politische Kunst* bei den Griechen, sondern ist eher beiläufig aufgetreten (laut Auskunft der GesprächspartnerInnen). Interessanterweise lassen sich jedoch einige Ähnlichkeiten mit der griechischen *politischen Kunst* festmachen, insbesondere im Zusammenhang mit den Grundideen und bildungspolitischen Motiven von KUPO (vgl. dazu dritter Teil der Arbeit).

möglichst nahe am politischen System angesiedelt ist (ohne eine „Kaderschulung" zu sein) und andrerseits in ihrer Zieldefinition eine handlungsorientierte und dynamische Implikation von politischer Bildung verfolgt. Politische Bildung sollte also nicht den Stellenwert eines „fertigen Wissens" oder einer fundiert begründeten Ideologie haben, sondern die TeilnehmerInnen in ihrer Subjekthaftigkeit ernst nehmen bzw. als immer schon „politisches Subjekt" ansehen.

Das „engere Forschungsfeld" erstreckte sich auf die Bildungsmaßnahme KUPO, auf das Konzept (Zielformulierung, didaktisches Konzept), auf die organisatorisch-strukturelle Situation, sowie auf die Ebene der Lernerfahrungen aller Beteiligten. Hier ließen sich mehrere „Forschungssituationen" ausmachen; es gab verschiedene Möglichkeiten der Beobachtung bzw. „Intervention" ins Feld (ein Interview ist beispielsweise auch eine Intervention, ebenso die Rückkoppelungen der Forschungsergebnisse an die „Beforschten"). Der praktische Zugang zu diesen Forschungssituationen eröffnete sich im Rahmen der Begleitforschung zu dieser Seminarreihe, die ich (in Kooperation mit einem externen Mitarbeiter) im Auftrag der Leitung durchführte und ein Jahr nach Abschluss der Seminarreihe mit zusätzlichem Material (aus qualitativen Interviews) ergänzte (siehe zweites Kapitel in diesem Teil).

Ausgehend von den Erkenntnissen, die aus einer Fülle von empirischem Material abgeleitet werden, können (im dritten Kapitel) Schlussfolgerungen gezogen werden, wobei kein Anspruch auf Vollständigkeit erhoben werden kann. Dazu ist vorauszuschicken, dass die Unvergleichbarkeit des Forschungsfeldes bis zu einem gewissen Grad die Übertragbarkeit der hier gemachten Erfahrungen und Erkenntnisse in andere gesellschaftliche Felder erschweren könnte. Jedoch können aus der Begleitforschung – und das wird noch zu zeigen sein – einige „Richtlinien" abgeleitet werden, die für die Modellbildung und für die Konzeptentwicklung der emanzipatorischen politischen Bildung wesentlich erscheinen.

1.1.1 Beobachterposition und Differenzierung des Gegenstands

Ausgehend von einer philosophisch-praktischen und interdisziplinären Forschungsfolie für die Erschließung des „Untersuchungsgegenstands" ist zunächst festzuhalten, dass die „breite Begriffsverwendung" gleichzeitig einen immanenten Widerspruch der politischen Bildung aktiviert (egal ob „grün" oder einer anderen Partei verpflichtet): Einerseits stellt das Parteiprogramm (oder andere leitende Vorstellungen, die sich auf bestimmte Ideologien gründen) eine Orientierungsgrundlage für das politische Handeln dar. Das heißt, dass in einem verbindlichen politischen Programm ganz bestimmte Grund- und Wertentscheidungen vorweggenommen sind; es sind „grüne" (oder andere politisch gefärbte) Werte und sie wurden irgendwann nach ausführlichen Debatten demokratisch entschieden und haben bis zu einem gewissen Grad eine verbindliche Geltung. Bezogen auf den vorliegenden Fall könnte man sagen, dass der primäre „Organisationszweck" der Partei das „grün-politische Handeln" ist, das heißt die Realisierung einer einmal oder mehrmals entschiedene Parteiprogrammatik. Wer in diesem Sinn „gebildet" sein möchte, muss sich im Parteiprogramm auskennen und die dahinter stehenden Wertentscheidungen verstehen. (Diese Form der politischen Bildung ist nicht der Hauptgegenstand dieser Fallstudie.)

Auf der anderen Seite sind in der täglichen politischen Arbeit aber jeweils erneut politische Wertentscheidungen zu treffen, die sich an die konkreten Problemstellungen und an die beteiligten AkteurInnen richten muss. Das heißt, dass Wertentscheidungen aus einer konkreten „politischen" Situation heraus, unter möglichst großer Beteiligung zu treffen sind. In diesem Sinn bedeutet politische Bildung ein „Sich-Einlassen-Können" auf besondere und unvergleichbare Problemstellungen, die als solche nicht in einem Parteiprogramm abgebildet sind.

Diese strukturelle Differenz ist überall dort gegeben, wo sich konkretes Handeln nach übergeordneten Werten orientiert bzw. orientieren muss (das geschieht in fast jedem sozialen System – in Schulen, in Unternehmen, in Bildungseinrichtungen, in politischen Systemen etc.). Es kann daher davon ausgegangen werden, dass sich die Wirklichkeit der politischen Arbeit immer in einer strukturellen und institutionellen Differenz zu einer allgemein gültigen ideologischen Programmatik befindet. Für die Hypothesenbildung zur politischen Bildung, gerade wenn sie sich als eine „emanzipatorische" verstehen soll, ist diese grundsätzliche Differenz mitzudenken, weil sich an ihr unterschiedliche, „systemspezifische" „Widerspruchslinien" zeigen, an denen die emanzipatorische, demokratische politische Bildung ansetzen muss. In diesem Sinn würde politische Bildung zum Beispiel bedeuten, dass man in der Lage sein muss, einerseits die Parteiprogrammatik auf besondere Situationen anzuwenden und andrerseits den Prozess der politischen Entscheidungsfindung in der Weise zu steuern, dass er möglichst „demokratisch" abläuft – das „Wie" der Handlung soll auch die ihr „übergeordneten Werte" repräsentieren.

Das bedeutet für die methodische Herangehensweise im Rahmen des Forschungsvorhabens, dass die politische, emanzipatorische Bildung nicht entlang von naturwissenschaftlichen Prinzipien untersucht werden kann, sondern nur nach sozialwissenschaftlichen Prinzipien – das Forschungsfeld wird mittels qualitativer Annäherung erschlossen, denn dies entspricht am ehesten der „Natur des Gegenstandes". In dieser phänomenologischen Betrachtung zeigt sich jedoch alsbald, dass die Eingrenzung der „Beobachtungsobjekte" einige Probleme aufwirft. Dies deshalb, weil es einerseits hierzu bis dato wenige Forschungsergebnisse oder sonstige wissenschaftliche Überlegungen gibt. Die „Neuheit" des hier vorliegenden „Forschungsgegenstandes" erfordert daher auch einen möglichst offenen Forschungszugang, um nicht von vornherein wichtige Beobachtungsfelder zu übersehen. Andrerseits muss er eingegrenzt werden auf ein bestimmtes empirisches Feld, und dies verschärft die Frage nach der Übertragbarkeit der Forschungsergebnisse, weil die hier beschriebene politische Bildung sich als „grüne" politische Bildung versteht. Die Parteinähe konstituiert wesentlich auch die Begriffsbestimmung von *dieser* politischen Bildung und daher ist nicht davon auszugehen, dass diese Form der Bildung anderen Organisationen und anderen „Funktionslogiken" untergeordnet werden kann.

Das mag den/die Leser/in frustrieren, daher sei auf „sekundäre" Gewinne aus der Begleitforschung verwiesen: Die Erfahrungen mit dem Bildungsprogramm KUPO können als Beispiel dafür dienen, wie systembedingte Widersprüche für die Weiterentwicklung von kollektiven, demokratischen Bildungsprinzipien fruchtbar gemacht werden könnten; die Schlussfolgerungen aus der Begleitforschung bieten sich als Orientierung dafür an. Hier ist insofern sowohl eine theoretische, wie auch eine praktische Anschlussfähigkeit gegeben im Hinblick auf konzeptionelle Überlegungen, die in der weiteren Folge auch auf andere gesellschaftliche Systeme übertragbar wären. Der Gewinn aus der Begleitforschung ist hier also ein zweifacher: Einerseits können aus praktischen Erfahrungen neue Impulse für die Theoriebildung hervorgehen, andrerseits können diese empirischen Grundlagen ebenso die praktische Modellbildung, Anwendungsformen oder didaktische Konzepte weiterentwickeln helfen.

Für die Begriffsbildung der demokratischen oder emanzipatorischen Bildung bedeutet das weiterhin, dass der breite Politikbegriff nicht nur die politische Dimension jeder sozialen Situation umfasst, sondern dass hier vor allem der dynamische Charakter von emanzipatorischer Bildung angesprochen wird – sie entfaltet sich im Kontext einer sozialen Gegebenheit als Handlungsprinzip und nicht als politische Bildung als Akkumulation von Faktenwissen. Für die Programmatik dieser politischen Bildung kann das nur bedeuten, dass sowohl die direkte Thematisierung der konkreten strukturellen und sozialen Gegebenheiten, wie auch deren Hinterfragung und Veränderung ihr Bildungsziel darstellen müsste.

Wenn man diesen Gedanken weiterführt, dann drängt sich die Frage auf, wo der „politische Ort" sein könnte, an dem Selbstbildung, Aufklärung und Emanzipation gleichermaßen bzw. ko-evolutiv zur Geltung gebracht werden können. Allgemein gesprochen kann der politische Ort, die moderne *polis* überall dort sein, wo die eigenen „Machtverhältnisse" und Entscheidungsstrukturen einer

kollektiven Reflexion und Veränderbarkeit zugeführt werden. Im Besonderen –
und das ist der Gegenstand dieser Arbeit – muss dieses politische Handeln in
einen organisatorischen und „partei-kulturspezifischen" Kontext gestellt werden. Hier geht es um die Frage, wie auf einer kollektiven Ebene die jeweils
bestehenden Strukturen gewissermaßen demokratisch (partizipativ, selbstbestimmt, solidarisch, gewaltfrei etc.) hinterfragt und verändert werden können
bzw. was politische Bildung hier leisten kann. Wie können in real existierenden
Gremien, in Vorständen, in der „Öffentlichkeit", wie kann hier das „Handlungsprinzip" der emanzipatorischen Bildung verankert werden? Das führt schließlich
zur Frage, wie generell „mehr Demokratie" in einzelne (Sub)Systeme zu integrieren ist und welche Voraussetzungen hier berücksichtigt werden müssen (dieser Themenkomplex wird im dritten Teil dieser Arbeit behandelt).

1.2 Zugang und Konzept

1.2.1 Interventionsforschung als leitendes Forschungsparadigma

Die vorliegende qualitative Begleitforschung zur Seminarreihe KUPO orientiert
sich nach dem Wissenschaftsbegriff und den Forschungsprinzipien der *Gruppendynamik* bzw. der *Aktionsforschung* (vgl. Antons u.a. 2004, Bradford u.a.
1964, Heintel / Huber 1978, Heintel 1985a, Lippit 1984, Lapassade 1972, Pages
1974); weitere methodische Anleihen wurden aus der *mehrdimensionalen Ursa-
chenforschung* (vgl. Schwarz 1993) und der *Interventionsforschung* (vgl. Heintel 2005) entnommen. Deren Forschungsprinzipien beruhen auf der Annahme,
dass der „Forschungsgegenstand" nicht im Sinne der klassischen, naturwissenschaftlichen Methodologie erfasst werden kann, weil er kein „Gebenstand",
sondern ein „soziales Ganzes" ist, dessen Subjekthaftigkeit nicht im naturwissenschaftlichen Sinn „verobjektiviert" werden kann. Soziale Phänomene können
nicht „gemessen" werden, sondern bedürfen eines kommunikativen Zugangs
zum Forschungsfeld, welcher prozessorientiert angelegt werden muss.
　　Die *Aktionsforschung* ist gewissermaßen der „Prototyp" für die anwen-
dungs- und prozessorientierte Vorgehensweise im Rahmen dieses Forschungsvorhaben; sie versteht sich als eine erkennende Intervention in ein soziales Feld,
welches seinerseits auf die (vorläufigen) Forschungsergebnisse reagieren kann;
durch die im Forschungsprozess rückgekoppelten Ergebnisse an die Beforschten
verändern sich einerseits die Fragestellungen, andrerseits partizipieren sie an der
Generierung von „sozialen Wahrheiten" bzw. bestimmen diese mit; somit erfolgt die „Validierung" der Ergebnisse. *Als Aktionsforschung (auch Handlungs-*

forschung, Tatforschung, aktivierende Forschung genannt) wird allgemein gesprochen jene Forschung bezeichnet, die als handelnde Praxis immer zugleich auch schon Anwendung und Eingriff ihrer selbst im sozialen Feld bedeutet, diese Tatsachen nicht bloß kritisch reflektiert, sondern Forschungsergebnis- und anwendungskonstitutiv verwendet; sie kommt natürlich nur dort zur Geltung, wo der Forschungsgegenstand selbst aktiv auf Forschung reagieren kann und man ihn auch lässt. (Heintel, Jahr unbekannt, S. 10)

Dieser Forschungsansatz leitete eine paradigmatische Wende für die sozialwissenschaftliche Forschung ein, die zugleich mit einer Neuformulierung des sozialwissenschaftlichen Wissenschaftsbegriffs einher ging. *Gegenüber den so beschriebenen Einzelwissenschaften hat Aktionsforschung die Funktion einer Rückübersetzung der selbstverschuldeten Reduktions- und Abstraktionsprozesse, einer praktischen und theoretischen Sinngebung partieller Rationalisierungsformen unter gleichzeitiger Bearbeitung der Grenzen derselben* (Heintel / Huber 1978, S. 392). Ein wesentliches Merkmal dieses sozialwissenschaftlichen Paradigmenwechsels ist die *Aufhebung der Subjekt-Objekt-Trennung* (Schwarz 1993, S 79): Das „Forschungsobjekt" wird in seiner Lebendigkeit, Veränderbarkeit und „Nicht-Feststellbarkeit" anerkannt – es wird dadurch zu einem „Forschungssubjekt", welches wiederum an der Forschung selbst beteiligt wird. *Diese Rückbindung von Forschung an Motive und Bedürfnisse der Menschen mag einerseits vordergründige Gegenstands- und Systembezogenheit, vor allem die damit verbundene objektivistische Verkürzung überwinden, andrerseits Forschung wieder in die Bedürfnisse rückzubinden, die für Menschen überlebensnotwendig und wichtig sind. Der eigentliche ‚Forschungsgegenstand' wird somit wieder der Mensch, der sichtbar gemacht werden soll in all seinen Unternehmungen, Produkten, Forschungen etc.* (Heintel 1985a, S. 376) Wenn der „Forschungsgegenstand" also „Mensch" wird, dann impliziert diese Perspektive den Aspekt der Veränderung. So gesehen sind „Forschungsergebnisse" eine Momentaufnahme aus einem Forschungsprozess, der zugleich das „Mensch-Sein", die (kollektive) (Selbst-)Erkenntnis und die daraus resultierenden Veränderungsentscheidungen fördert.

Die Aktualität dieses Forschungsparadigmas ist evident; es repräsentiert zugleich ein „Gegenprogramm" zum gegenwärtigen naturwissenschaftlich-dominierten „Mainstream", wo „Verhalten" als Beobachtungsgegenstand meist durch methodisch begründete „Zwangsmaßnahmen" „verobjektiviert" und somit in seiner Lebendigkeit abgetötet wird. *Am einen Ende der Skala steht eine zwanghafte und manchmal fast irrational unbekümmerte Verleugnung des Charakters* sui generis (Hervorhebung durch den Autor) *des Lebens als eines besonderen Phänomens und des Menschen als einer einzigartigen Organisation des Lebens.* (Devereux 1984, S. 35 f.) Diese Verleugnungstendenz in den Verhaltenswissenschaften scheint sich bis heute fortgesetzt zu haben – selbst übliche qualitative Ansätze verzichten oft auf die fruchtbaren Forschungsergebnisse, die aus der reflexiven Steuerung von Veränderungen hervorgehen. *In Aktionsforschung und Gruppendynamik hingegen werden die zu erforschenden Personen als Experten für ihre eigene soziale Rolle angesehen und die besondere Leistung und Aufgabe der Aktionsforschung besteht darin, sie bei der Beforschung dieser sozialen Realität zu unterstützen, und zwar von vornherein mit dem Ziel der Veränderung dieser Realität.* (Antons u.a. 2004, S. 15) Dieser Zugang erfordert entsprechende methodische Verfahren um den Forschungskontext überhaupt erfassen zu können – Gruppendynamik muss den *Gegenstand erst herstellen, d. h. es muss zuerst etwas geschehen, erst dann kann über dieses Geschehen reflexiv etwas gelernt werden.* (ebd.) Diese „Wissenschaft über den Menschen" wird „mit den Menschen" gemacht; sie benötigt daher eine nichtdirektive Methodologie, die den subjektiven Besonderheiten der zu beforschenden Systeme oder Personen mit Offenheit begegnen kann.

Aus der Aktionsforschung entwickelte sich später die *Interventionsforschung*, die den Fokus mehr auf den „Systemcharakter" des Forschungsfeldes und auf die Intention der *Selbstaufklärung des Systems* (Heintel 2005, S. 45 f., 146 f.) richtet. Mittels entsprechendem Forschungsdesign für die Einbeziehung des Forschungsfeldes soll ein gemeinsamer Untersuchungs- und Lernprozess in Gang gesetzt werden, der schließlich mit der *Selbstaufklärung des Systems* einher gehen soll. Die „Intervention" der *Interventionsforschung* ist, wenn man so will, eine absichtsvolle Aktivierung von „Systemwidersprüchen", die miteinander ins Prozessieren gebracht werden. *Die Interventionsforschung versucht sich zu den Widersprüchen in ein anderes Verhältnis zu bringen; insofern wäre sie auch als ‚angewandte Dialektik' zu bezeichnen.* (Heintel 2005, S. 141)

Das Forschungsfeld wird also in seiner (Veränderungs-)Dynamik erfasst; es wird nicht als ein „objektiver Sachverhalt" angesehen, sondern er hat eine „soziale Natur". Daher unterscheidet sich diese Sozialforschung erheblich von den traditionellen naturwissenschaftlichen Forschungsparadigmen, die auf feststellbare, „verobjektivierbare" Sachverhalte abzielen. Wenn der „Untersuchungsgegenstand" ein lebendiger ist und seinerseits „Mitsprache" in Forschungsprozessen einfordert bzw. zugestanden bekommt, dann muss diese „subjektive Dimension" im Rahmen der Forschungsvorhaben integriert werden. Dies erfordert einen paradigmatischen Wechsel der Perspektive und des Zugangs: Es geht nicht um „objektive Wahrheiten", sondern um ein gemeinsam geschaffenes „Erfahrungs- und Reflexionswissen", von dem alle Beteiligten unmittelbar profitieren können.

Das bedeutet, dass gruppendynamische Soziaforschung immer auch eine Intervention in das soziale Feld setzt. Gruppendynamische Interventionen inten-

dieren die Bearbeitung von Spannungsfeldern im Rahmen des Forschungsprozesses (insbesondere die Spannungsverhältnisse zwischen Expertise und „Lai-
enhaftigkeit", zwischen ForscherInnen und Beforschten und zwischen Theorie
und Praxis). Die Reflexion und Bearbeitung dieser Spannungsverhältnisse ist
forschungskonstitutiv, weil durch die Generierung der Datengrundlagen mittels
aktiver Interaktion mit den Beforschten neue Erkenntnisse erzeugt werden, die
den weiteren Verlauf der Forschung und der konkreten Handlungspraxis beeinflussen. Durch die Zur-Verfügung-Stellung von „Zwischenergebnissen" werden
jene Veränderungen angeregt, deren bewusste Steuerung und Reflexion ebenso
wichtige Forschungsaufgaben darstellen.

In der hier untersuchten Bildungsmaßnahme machte sich der Aspekt der Intervention durch die Forschung bereits zum Zeitpunkt der Durchführung der
Interviews bemerkbar: sie lösten Denk- und Kommunikationsprozesse aus, die
wiederum zu weiterführenden Reflexionen führten, die ohne die Fragen in den
Interviews nicht stattgefunden hätten. Am deutlichsten war der Interventionscharakter im Rahmen einiger „Rückkoppelungsschleifen" beobachtbar, wo
kritische Reflexionen und Überlegungen zu konkreten Veränderungen von den
Beteiligten angeregt wurden und Fortsetzungen in weiteren konzeptiven und
programmatischen Überlegungen zur politischen Bildung fanden.

1.2.2   Theoretische Positionierung und Forschungsfragen

Bevor auf die nähere Beschreibung der „erkenntnisleitenden" Ausgangssituation
eingegangen wird, seien einige Bemerkungen zur „Beobachtungsbrille" der
Autorin vorausgeschickt: Neben dem Forschungsparadigma der Interventionsforschung, welches der Autorin auch in praktischer Weise zugänglich ist (mehrere Forschungsprojekte im Bereich der angewandten Sozialforschung) gibt es
weitere, erfahrungsbedingte Hintergründe, beispielsweise aus dem Bereich der
Schulentwicklung. Für die theoretische und methodisch-praktische Verortung
dieses Forschungsvorhabens sind zwar die eigenen Erfahrungen mit den Methoden, Lernformen und Forschungsparadigmen der Gruppendynamik und der
Interventionsforschung maßgeblich, dennoch werden diese Erfahrungen gegenüber jenen aus der Evaluationsforschung (vor allem aus dem Bereich der Schulentwicklung) abgegrenzt (die Schulentwicklungsforschung hat einen spezifischen Begriff von Aktionsforschung), weil hier der Aspekt der Veränderung
kaum berücksichtigt werden kann.

Meine mehrjährigen Tätigkeiten in der Evaluationsforschung haben unter
anderem interessante Erfahrungen über die Möglichkeiten und Grenzen von

Interventionen in Bildungseinrichtungen, insbesondere in der Schule gebracht. Mehrere Evaluationsprojekte (im Rahmen von Universitätslehrgängen am Institut für interdisziplinäre Forschung und Fortbildung) und eine Reihe von praktischen Erfahrungen mit der organisationalen Lernfähigkeit von Schulen haben gezeigt, dass Evaluationen (als besondere Form der Begleitforschung) nicht unbedingt wirkungsvolle Resultate bringen, wenn sie einerseits nicht prozessorientiert angelegt sind, und wenn andrerseits die gegebenen organisatorischen und strukturellen Voraussetzungen im Forschungsfeld nicht veränderbar sind. Zwar können eine Reihe von Konzepten zur (Selbst)Evaluation im Unterricht angewandt werden, aber eine allzu „strenge" methodische Ausrichtung verstellt hier oft den Blick auf die Prozesse, die mit Evaluationen oder ähnlichen Interventionen angeregt werden. Hier gibt es zwei unterschiedliche Standpunkte: Evaluation wird als Technik aufgefasst, die möglichst genau methodisch begründet sein muss (vgl. Altrichter / Posch 1998). Evaluation kann aber auch als Anregung zu einem Reflexionsprozess angesehen werden, wo es darum geht, dass die Beteiligten in einer direkten Kommunikation mit den Fragestellungen der Evaluation konfrontiert werden. Dieser zweite Standpunkt ist in der schulischen Evaluationsforschung weniger stark vertreten – er hat sich vielmehr in der gruppendynamischen Tradition der Aktionsforschung bzw. Interventionsforschung weiterentwickelt.

Diese zwei Standpunkte – der methodisch-pädagogisch-orientierte und der prozessorientierte – repräsentieren auch indirekt zwei Lernbegriffe. Im ersteren Fall dominiert ein technisch-rationaler Lernbegriff, der für das System Schule charakteristisch ist und sich ebenso dominant in der Konzeptentwicklung der schulischen Evaluationsforschung fortzusetzen scheint. *Technische Rationalität beruht auf der Grundannahme, dass es für praktische Probleme allgemeine Lösungen gebe, die aus theoretischen Vorgaben formuliert werden können. Wenn die Ziele und daraus abgeleitete Handlungsanleitungen in der Theorie klar und deutlich umrissen werden, ist die praktische Umsetzung – so meint man – nur mehr ein instrumentell-technisches Problem. Dementsprechend scheinen Wissenschaft und Praxis fein säuberlich getrennt. Zuerst kommt das spezialisierte, fest umgrenzte wissenschaftliche Wissen, dann erst die Erfahrung, Übung, Praxis, zuerst das methodisch-einwandfreie Denken und Theoretisieren, dann darauf aufbauend das Handeln.* (Krainz-Dürr 1999, S. 313) Wenn Evaluation oder Begleitforschung sich diesem Lernbegriff verpflichtet, dann richtet sich der forscherische Blick zunächst auf die Korrektheit der methodischen und evaluatorischen Vorgangsweise.

Demgegenüber gibt es einen sozialen Lernbegriff, der Lernen als reflexiven Prozess auf der Handlungsebene auffasst. Bei praktischen Problemen genügt technische Rationalität nicht mehr, sondern hier geht es um die Reflexion der

Handlungen und das erfordert weniger ein technisch-rational-fundiertes Wissen, sondern vielmehr so etwas wie *soziale Kompetenzen* oder *Prozesskompetenzen* (vgl. Heintel 1993, Königswieser 2006, Krainz 1998 und 2006, Lackner 2006, Wimmer 1993 und 2006, Schattenhofer 2004). Für dieses Lernen haben sich eine Reihe von Begriffen entwickelt, die auf unterschiedliche sozial-komplexe Anwendungsebenen ausgerichtet sind. Ob *soziodynamische Gestaltungskompetenz* (Lackner 2000, S. 70 ff.), *Selbststeuerung durch Reflexion* (Königswieser 2006, S. 69 ff.) oder *kollektive Intelligenz* (Wimmer 2006, S. 42 ff.), all diese Begriffe bezeichnen den wichtigsten „Gegenstand" des Lernens – den sozialen Prozess.

In diesem Zusammenhang ist der Begriff des *organisationalen Lernens* (Grossmann / Heintel 2000, S. 49 ff) relevant, weil die strukturelle Dimension von sozialen Prozessen mit angesprochen wird. Mit dem Konzept des *organisationalen Lernens* werden drei Lernebenen systematisch verknüpft: *Es braucht eine kognitive Landkarte für das Verstehen von Organisationen, es ist die affektive Beziehung zu Organisationen zu bearbeiten, und es ist die Handlungskompetenz zu entwickeln.* (ebd., S. 50 f.) Die hierfür nötigen Lernebenen lassen sich nicht mittels technisch-rationalen Lernkonzepten erschließen, sondern erfordern didaktische Situationen in denen das Spannungsfeld zwischen Individuum und Organisation bearbeitbar gemacht wird. *Organisationskompetenz im beschriebenen Sinn erwirbt man in erster Linie an seiner eigenen Organisation, durch Weiterbildungsprogramme, in denen sie Thema ist. In ihnen geht es weniger um Anpassungsprogramme zum besseren Funktionieren, sondern um eine spezifische reflexive Differenzsetzung. Organisationskompetenz beginnt mit der Kompetenz, sich mit anderen zusammen seiner Organisation gegenüber zu setzen, sie und sich in ihr zum Thema zu machen. Gestaltungsfähigkeit, Selbststeuerung, schließlich ,kollektive Autonomie' erreicht man nur über eine organisierte Selbstdifferenz.* (ebd., S. 60)

Für die Untersuchung der politischen Bildung am Beispiel des vorliegenden Falles ist der soziale Lernbegriff, insbesondere der des *organisationalen Lernens* relevant, weil die Bildungsmaßnahme auf der Handlungsebene der zu Bildenden ansetzt und sich auf die spezifischen organisationsinternen Kommunikationen und Steuerungsmechanismen bezieht (die *Wahrnehmung von Gruppen und Organisationsprozessen* (Folder 2000) ist ein ausdrückliches Lernziel der Bildungsreihe). In wie weit es gelungen ist, organisationale Kompetenzen bei den TeilnehmerInnen zu entwickeln und in die Organisation zu transferieren, ist hier die zentrale Forschungsfrage. Diese lässt sich wie folgt kategorisieren:

- In wie weit wird das Bildungskonzept KUPO von den TeilnehmerInnen angenommen? In wie weit können sie sich mit den Bildungszielen identifizieren?

- In wie weit wird das Bildungskonzept vom organisatorischen Handlungsumfeld angenommen?

- Was haben die TeilnehmerInnen gelernt und wie bewerten sie diese neuen Lernerfahrungen? Welche konkreten Qualifikationen können sie benennen bzw. anwenden und umsetzen?

- Entsprechen diese neuen Lernerfahrungen auch ihren Erwartungen und tragen sie dazu bei, dass sie ein neues, „professionelles Selbstbewusstsein" erreichen? Aus welchen eigenen Erfahrungen haben sie am meisten gelernt und wie gestalten sie „alternative Handlungskonzepte"?

- Wie bewerten die LeiterInnen von KUPO den Bildungserfolg? Woran erkennen sie, dass die Bildungsziele erreicht wurden und welche Auswirkungen hat das auf die gesamte Organisation der Grünen?

- Wie bewertet eine definierte interne Öffentlichkeit den „Mehrwert" von KUPO? Werden diese neuen Qualifikationen von wichtigen FunktionsträgerInnen anerkannt bzw. im Sinn von Organisationsentwicklung genutzt und gefördert? Welche strukturellen Rahmenbedingungen sind notwendig, damit KUPO implementiert und weiterentwickelt wird?

- Schließlich: Wie sind parteispezifische Wertvorstellungen und die Werte der Bildung vereinbar bzw. organisatorisch zu differenzieren? Welche Synergien könnte die Integration von emanzipatorischer, demokratischer Bildung in der Partei freisetzen? Welche systemimmanenten Widersprüche werden dabei aktiviert und welche Formen der „Widerspruchsbewältigung" können entwickelt werden?

1.3 Praktischer Zugang

1.3.1 Prozessorientierte Vorgangsweise und Methoden

Der Forschungsprozesses zur Bildungsreihe KUPO gliederte sich in eine „Vorerhebung" (1. Phase; beauftragte Evaluation) und in einen Prozess der qualitativen Begleitforschung (2. Phase). In der Vorerhebung wurden vorwiegend quantitative Elemente eingesetzt, die in der Pädagogik „formative" und „summative Evaluation" genannt werden; zunächst wurden mittels Fragebögen die einzelnen Module evaluiert, ausgewertet und an die AuftraggeberInnen rückgekoppelt; abschließend wurden diese Evaluationsergebnisse in einem Endbericht zusammengefasst und samt daraus abgeleiteten „Empfehlungen" wieder an die AuftraggeberInnen kommuniziert. Diese Datengrundlage war gemessen an ihrer empirischen Substanz für die gesamte Begleitforschung von KUPO kaum ergiebig, weil es sich zum einen um spezifische Informationen zum Seminarverlauf handelte, und zum anderen konnten mittels dieser Fragebögen wenig Informationen über persönliche Motive, Schwierigkeiten, Konflikte und andere „emotionale Daten" erhoben werden.

Relevant wurden diese Evaluationsergebnisse jedoch für die Gestaltung der weiteren Schritte, insbesondere für die Formulierung der Forschungsfragen und Interviewleitfäden, die in der zweiten und zentralen Forschungsphase verwendet wurden. Das wichtigste Erhebungsinstrument war hierfür das „offene, qualitative Interview", eine offene Gesprächsführung mit AbsolventInnen der Bildungsreihe etwa ein Jahr nach ihrem Abschluss.

In diesen Gesprächen konnte die Dimension des organisationalen Lernens indirekt und direkt angesprochen werden, es konnten Zusammenhänge und subjektive Meinungen zu Bildungsmotiven, politischen Motiven und politischem Handeln abgefragt werden, wobei hier auf die Bedeutung von Lernerfahrungen im Bereich der sozialen Kompetenzen für das zukünftige Handeln der AbsolventInnen fokussiert wurde. Daher ist die Auswertung und Interpretation der qualitativen Daten für die Erreichung einer „forscherischen Tiefe" interessanter, als die Teilergebnisse aus der „formativen" und „summativen" Evaluation.

Die qualitative Datenerhebung begann etwa ein Jahr nach Abschluss von „KUPO 2000"; mit ausgewählten AbsolventInnen und dem Leitungsteam wurden insgesamt zehn qualitative Interviews durchgeführt. Die Auswahl der InterviewpartnerInnen erfolgte unter dem Gesichtspunkt, dass einerseits die Leitungsebene herangezogen wurde, also jene, die diese Bildungsmaßnahme maßgeblich zu verantworten hatten (Mitglieder des Leitungsteams) – sie wurden nach den indirekten und direkten Auswirkungen von KUPO befragt, nach ihren

Erfahrungen mit dieser neuen Bildungsmaßnahme. Andrerseits wurde auch die Ebene der AbsolventInnen einbezogen mittels einer Auswahl von jenen, die am häufigsten bei den Modulen teilgenommen hatten (dieser Auswahl liegt die Annahme zu Grunde, dass hier am meisten „Material" über die Erfahrungen mit dieser Art von Bildung generiert werden kann).

Technik der offenen Gesprächsführung:

Die Grundhaltung in der Gesprächsführung orientierte sich nach den „Forschungsprinzipien" der angewandten Sozialforschung. Nach Froschauer / Lueger sind dies:

- *Offenheit: ‚Das Prinzip der Offenheit besagt, dass die theoretische Strukturierung des Forschungsgegenstandes zurückgestellt wird, bis sich die Strukturierung des Forschungsgegenstandes durch die Forschungssubjekte herausgebildet hat' (Hoffmann-Riem 1980) ...*
- *Kommunikation: ‚Das Prinzip der Kommunikation besagt, dass der Forscher den Zugang zu bedeutungsstrukturierenden Daten im allgemeinen nur gewinnt, wenn er eine Kommunikationsbeziehung mit dem Forschungssubjekt eingeht und dabei das kommunikative Regelsystem des Forschungssubjekts in Geltung lässt' (Hoffmann-Riem 1980) ...*
- *Der Prozesscharakter verweist einerseits auf die Bedeutung der Genese sozialer Phänomene und ihrer permanenten Veränderung im (Re)Produktionsprozess, andrerseits auf den Prozesscharakter der Forschung mit der Anforderung nach permanenten Modifikationen der Vorgangsweisen und Zielrichtungen entsprechend den Bedingungen des Forschungsfeldes. ...*
- *Reflexivität bezieht sich auf die permanente Überprüfung der Beziehung zwischen ForscherInnen und den untersuchten Personen ...*
- *Explikation versteht die Forderung nach Offenlegung der Vorgangsweise im Forschungsprozess.* (Froschauer / Lueger 1992, S. 18 ff.)

Die Interviewgespräche dauerten zwischen eineinhalb und drei Stunden und wurden mit einem so genannten „Interviewleitfaden" geführt und auf Band aufgezeichnet. Nach einer vorformulierten „Einstiegsfrage" wurden offene Fragen gestellt, welche sich an der Erzählung der interviewten Person weiter orientierten. *Das Grundprinzip besteht darin, Erzählungen über Erlebtes anzuregen und dadurch einen Zugang zu ansonsten nicht beobachtbaren Ereignissen und deren retrospektive Deutung zu schaffen.* (Froschauer / Lueger 1992, S. 43) Das

Prinzip der Offenheit ermöglichte tatsächlich einen teilweise äußerst lebendigen Gesprächsfluss in der „Haupterzählung", der mittels offener Fragehaltung gesteuert wurde.

Transkription der Tonbänder:

Nach der Durchführung der Interviews wurden sie unter Beibehaltung der sprachlichen Besonderheiten (Gesprächspausen, emotionale Äußerungen wie Lachen, auffällige Betonungen etc.) transkribiert und den jeweiligen Interviewpersonen „rückgekoppelt" mit der Aufforderung, etwaige Ergänzungen und Korrekturen anzubringen. Diese Rückmeldungen wurden in die Transkripte eingearbeitet und damit fertig gestellt.

Auswertung und Kategorienbildung:

Die Auswertung der Transkripte erfolgte nach bestimmten inhaltlichen Kategorien, die sich aus der interpretativen Bearbeitung der Texte herausbildeten. Dabei wurde die Methode der *Grobanalyse* angewandt: Im Gegensatz zur *Sequenzanalyse* kann die *Grobanalyse* auch von Einzelpersonen gemacht werden (Froschauer / Lueger 1992, S. 72). In der Analyse wurden (wie bei der „Sequenzanalyse") drei Ebenen der Interpretation beachtet:

-   Die Ebene der alltagskompetenten HörerInnen: faktische, explizite Informationen (Was wurde gesagt?).
-   Die Ebene der interviewten Person: implizite Informationen (Wie wurde es gesagt? Was sind dahinter stehende Motive, Emotionen, Befürchtungen, Interessen?).
-   Die Ebene der relationalen Interpretation: Verbindung der impliziten Informationen mit der Interpretation (Welche objektiven Bedeutungen liegen den Aussagen zu Grunde?).

Zwischenbericht und Rückkoppelung:

Nach der Analyse und Interpretation des Materials wurde ein Zwischenbericht verfasst, der einer internen Öffentlichkeit vorgestellt wurde mit der Aufforderung, Kommentare und Rückmeldungen zu formulieren, welche in einem weiteren Schritt in eine „Endfassung" eingearbeitet wurden.

1.3.2　Persönlicher Zugang: eigene Rollen im Forschungskontext

Eine Begleitforschung mit qualitativer Methodik erfordert die permanente Klärung bzw. Reflexion der eigenen Rolle im Forschungskontext. Im Sinn dieser Klärung ist festzuhalten, dass meine eigenen Rollen durch eine hohe „Verknüpfung mit dem System" gekennzeichnet waren. D.h. dass ich im Rahmen der Begleitforschung unterschiedliche Funktionen erfüllte und daher verschiedene Rollen inne hatte, durch die ich mehr oder weniger in „die Nähe des Systems" gelangte. Die Besonderheit in meiner Rollenvielfalt bestand darin, dass ich gleichzeitig eine „Innensicht" und eine „Außensicht" als Beobachtungsperspektiven beanspruchen konnte. Diese Parallelität brachte einige Vor- und Nachteile im Forschungsprozess zum Vorschein, die hier transparent gemacht werden sollen.

Vorausschickend ist festzuhalten, dass im Rahmen einer Begleitforschung nach dem Vorbild der angewandten Sozialforschung jeweils eine konstitutive Distanz zum beforschten System erhalten werden soll, die eine möglichst „sachliche" Position und eine distanzierte „Außenperspektive" gewährleistet. Zugleich muss Nähe hergestellt werden, um an die interessanten Daten heranzukommen. Es muss ein sozialer Kontakt zum „Forschungsgegenstand" aufgebaut werden, damit beispielsweise der Gesprächsfluss in den Interviews möglichst offen und „frei" ist. Für die Technik der Interviewführung ist es außerdem erforderlich, dass ein gewisses Maß an Vertrauen entstehen kann um eine möglichst große „Gesprächstiefe" zu erreichen. Aus dieser forschungskonstitutiven Interaktion mit den Beforschten resultiert eine emotionale Nähe zum beforschten System, was mitunter zu Problemen in der Rollenidentität führen kann. Um dieses „Nähe-Distanz-Paradox" für die Forschung nutzbar zu machen, ist die permanente Reflexion des Nähe-Distanz-Verhältnisses sich selbst und gegenüber den Beforschten notwendig („Validierung" der Ergebnisse mittels Rückkoppelungsschleifen, sowie „Distanzierungstechniken" (Gespräche mit „kritischen Freunden", Diskussionen im Doktorandenkolleg)). Dies wurde im Zuge der Begleitforschung durchgehend so gehandhabt und am Beginn dem jeweiligen Bezugssystem gegenüber (Leitung, interne Öffentlichkeit, TeilnehmerInnen) klar kommuniziert.

Rolle mit Innenperspektive: Training

Im Rahmen der Begleitforschung hatte ich Gelegenheit, das „Lernsystem KUPO" in der Rolle als Trainerin von zwei Modulen kennen zu lernen (jeweils gemeinsam mit einer/m Kollegin/en; Qualifizierung: Ausbildung zur Trainerin bei der österreichischen Gesellschaft für Gruppendynamik und Organisationsberatung). Im direkten Kontakt mit den TeilnehmerInnen wurden ihre individuell unterschiedlichen Bedarfslagen sowie die daraus resultierenden Fragestellungen im Rahmen des Seminarthemas bearbeitet (es ging um Teamentwicklung, Kommunikation, lernende Organisation). Meine Rollenfunktion intendierte hier die Vermittlung von sozialen Kompetenzen im Sinn der „Kunst der Politik", wobei sich die methodisch-didaktische Vorgangsweise am Konzept von KUPO orientierte (Lernen in Gruppen, Lernen über Feedback und über Fallarbeit, prozessorientierte und partizipative Vorgangsweise). Hier bot sich die Gelegenheit im direkten Kontakt mit den TeilnehmerInnen zu arbeiten und dadurch auch einen Einblick in ihre Praxis zu gewinnen bzw. zu bearbeiten

Rolle mit Außenperspektive: Begleitforschung

Zu Beginn der Seminarreihe wurde ich beauftragt, eine „summative und formative Evaluation" im Rahmen der internen Qualitätssicherung durchzuführen. Es handelte sich um eine Auftragsforschung für die Leitung von KUPO, für die ich einen Evaluationsbericht vorlegte, der auch für diese Arbeit genutzt wurde. Für eine Evaluationsfunktion ist es zweckmäßig, einen möglichst „neutralen", externen Standpunkt einzunehmen. Dies gelang vorwiegend durch den Einsatz von entsprechenden Methoden der Datenerhebung (anonyme Fragebögen, Rückkoppelungen an die Beforschten sowie Einarbeitung des Feedbacks) und durch die Beiziehung eines externen Mitarbeiters, der die Auswertung der Fragebögen vornahm und bei der Berichtserstellung mitwirkte. Dadurch wurde gewährleistet, dass die Funktion der Evaluation als „externe Perspektive" mit einer funktionalen Distanz zum System aufrechterhalten blieb. Nach Beendigung der Evaluationsphase wurden die Erhebungen mittels Interviews fortgeführt und als „Begleitforschung" tituliert (mit der Absicht, diese Dissertation daraus zu machen), ebenfalls mit mehreren Rückkoppelungsschleifen an die Beforschten. Die Bearbeitung des gesamten Materials aus der Begleitforschung erfolgte in zwei Schritten: zunächst wurde auf die Phänomene fokussiert – die Aussagen der Interviewten wurden zusammengefasst und strukturiert. In einem zweiten Prozess, dem „Interpretationsverfahren" wurden die in der qualitativen Sozialforschung üblichen Methoden eingesetzt. Schließlich wurden die vorläufigen Ergebnisse daraus wiederum einer Diskussion in einer internen Öffentlichkeit und im Zuge meiner Teilnahmen an DissertantInnenseminaren unterzogen und überarbeitet.

Rolle im praktischen Feld: Politikerin

Zu einem späteren Zeitpunkt in der Begleitforschung erlebte ich eine „Rollen-erweiterung": Im Jahr 2004 wurde ich selbst politische Mandatarin (grüne Land-tagsabgeordnete in Kärnten) und erlebte somit das System Politik aus „nächster Nähe". Diese „politische Rolle" war insofern interessant und sehr lehrreich für die Überlegungen zur politischen Bildung, als hier die Möglichkeiten und Defi-zite gewissermaßen am eigenen Leib erlebt wurden. Wie gut bin ich selbst poli-tisch gebildet? Wie geht man in der Praxis mit der Differenz zwischen „So soll es sein" und „So ist es" um? Und wie kann ich eigene Erfahrungen für die Theo-rieentwicklung von politischer Bildung nutzbar machen? Diese Fragen und Gedanken begleiten permanent das tägliche Arbeiten, wobei deren Bearbeitung auf einer anderen Ebene stattfindet – das „empirische Material" ergibt sich quasi aus dem Agieren in der politischen Praxis, die politische Theorie dazu resultiert aus Reflexionsprozessen (beispielsweise auch im Rahmen meiner Lehr- und Forschungstätigkeit an der Universität).

Vor- und Nachteile der Rollenvielfalt:

Durch diese Rollenvielfalt sind für das Forschungsvorhaben einige Vor- und Nachteile erwachsen. Die oft sehr große Nähe zum Forschungsfeld (besonders in der Trainingsfunktion) sowie die eigenen Erfahrungen als Politikerin bewirk-ten bisweilen gewisse Identifikationen mit dem jeweiligen System. Dieser Ten-denz wurde mit der Reflexion der Rollendifferenzen begegnet: Es ist zweckmä-ßig, die Ebenen der Aktion und der Reflexion zu trennen und beispielsweise das eigene „Beteiligtsein" als eine empirische Erfahrung zu nutzen. Die „Leitdiffe-renz" in der Rollenreflexion ist daher der Widerspruch zwischen „Aktion" und „Reflexion", wobei deren sinnvolle Verbindung für die vorliegende Arbeit ver-sucht wurde. Die Schwierigkeit bestand nicht darin, dass Theorie und Praxis auseinanderfallen könnten oder schwer zu verbinden wären, sondern im Gegen-teil: die jeweiligen „Metaebenen" zur Praxis waren und sind immer wieder her-zustellen. Insgesamt hat sich die Nähe zum beforschten System daher als Vorteil erwiesen, weil so eine große Fülle von Datenmaterial generiert wurde und da-durch große Einblicke in die Funktionsweisen, praktischen und theoretischen Schwierigkeiten, und in die Möglichkeiten einer emanzipatorischen politischen Bildung erschlossen wurden.

An dieser Stelle könnte man einwenden, dass die „Objektivität" der Ergeb-nisse leiden könnte, bedingt durch die Involviertheit durch unterschiedliche Rollen der Autorin. Dem kann entgegengehalten werden, dass ForscherInnen niemals „neutrale Forschungsapparate" sind, sondern mit Hintergrundtheorien und „kognitiven Landkarten" ihre „Forschungsgegenstände" beobachten und „verifizieren". Je mehr Beobachtungssituationen gegeben sind, umso mehr Informationen „aus dem System" können zusammengetragen werden. Außerdem ist der soziale Kontakt mit dem Forschungsfeld konstitutiv für jeden Forschungsprozess, der sich als Sozialforschung versteht. Forschung ist immer eine Intervention, es kommt nur darauf an, wie man die Beforschten in ein sinnvolles Verhältnis mit den „Ergebnissen über sie" bringt. Denn dies ist letztlich das Ziel der angewandten Forschung, dass aus dem Forschungsprozess konkrete, erkenntnisgeleitete Veränderungen resultieren. Forschungsvorhaben sollten daher immer von vornherein die möglichen Konsequenzen für die Praxis mitreflektieren und hierfür eigene Forschungs- und Entwicklungselemente mitentwickeln.

Für die prozessorientierte Vorgangsweise im Forschungsprozess (mit besonderer Berücksichtigung der Rollenvielfalt) gab es mehrere Gründe: Zum einen erforderte die Auftragsforschung „Evaluation" einen permanenten Kontakt mit dem Feld. Der wichtigere Grund war jedoch, dass qualitative Forschung nur im Dialog zwischen ForscherIn und Beforschten und in permanenter Rückkoppelung mit dem sozialen Feld stattfinden kann. Daher ist die direkte Kommunikation ein wesentliches Instrument in der Erschließung von forschungsgeleiteten Themenbereichen, von relevanten praktischen Problemlagen und von sozialen Zusammenhängen und „Sinnkonstruktionen". Mit anderen Worten: Die einfachste Möglichkeit, sich Zugang zu einem sozialen System zu verschaffen, ist Fragen zu stellen; also befragte ich die relevanten Bezugspersonen zu ihren Erfahrungen. Fragen sind das wichtigste Instrument für die Erschließung von „Sinnkonstruktionen" von sozialen Systemen. Froschauer und Lueger betonen, *dass sich soziale Systeme nur aus dem Prozess der Kommunikation heraus erschließen lassen und dieser daher ein zentraler Bezugspunkt der Analyse darstellen muss – egal, ob es sich um die Durchführung teilnehmender Beobachtung oder qualitativer Interviews handelt.* (Froschauer / Lueger 1992, S. 28)

Der zentrale Grund für die Vorgangsweise war jedoch die Möglichkeit der direkten Intervention ins Feld durch den organisierten Kontakt mit dem sozialen Feld; das ermöglichte zum einen ein „Clearing" der vorhandenen Daten, zum anderen wurden durch die Beteiligung der „Forschungsobjekte" an den Ergebnissen kritische Denkprozesse angeregt, die sowohl den Verlauf der Forschung wie auch die praktische Weiterentwicklung der Bildungsmaßnahme KUPO beeinflusste. Eine solche Intervention bedeutet eine „Differenzierung" zwischen der konkreten politischen Tätigkeit, die ihrerseits bestimmte Zweck- und Zielvorstellungen verfolgt, und zwischen der „Tätigkeit der Reflexion", die zunächst „außerhalb" des Systems bleibt, und bei entsprechender Steuerung „in das System" geführt werden kann. Das bedeutet, dass die Praxis für sich genommen nicht nur im Bereich des „Faktischen" zu sehen ist, sondern dass hier Metaebenen hergestellt werden können, auf der die Theoriebildung im Sinn einer „Theorie über sich selbst" stattfinden kann

2   „Kunst der Politik": ein „grünes" Bildungsprogramm

Vorbemerkung zur Fallrekonstruktion an Hand der Interviews

Der Ausgangspunkt für die Begleitforschung bildete eine beauftragte Evaluation des Lehrgangs KUPO. Aus der Auswertung und Rückkoppelung der Evaluationsergebnisse aus dieser Phase („formative" und „summative" Evaluation) gab es zweierlei Konsequenzen: Einerseits wurden einige „Empfehlungen" seitens des Evaluationsteams mit dem Leitungsteam diskutiert, was zu einigen Veränderungen insbesondere betreffend der Organisation von KUPO führte. Eine andere war, dass neue Fragestellungen betreffend Lernerfolge der TeilnehmerInnen weiter verfolgt werden sollten (mittels qualitativer Methoden). Die in der ersten Phase erhobenen Daten (Fragebogenerhebungen) lieferten gewissermaßen die „Folie" für die Gestaltung der „Interviewleitfäden" für die AbsolventInnen und LeiterInnen (zweite Phase). Da die quantitativen Daten aus der ersten Phase wenig aussagekräftig sind, werden für die Darstellung und Interpretation vorwiegend Daten aus der zweiten Forschungsphase herangezogen.

Diese Daten wurden aus „offenen Interviews mit Leitfaden" (mit AbsolventInnen und Mitglieder des Leitungsteams) generiert; ausgehend von unterschiedlichen Beobachtungssituationen (zwei Leiterinnen waren auch als Trainerinnen tätig) sollten sie aus ihrer Perspektive einschätzen, in wie weit KUPO den Bildungszielen entspricht und wie deren „Nachhaltigkeit in der Organisation" eingeschätzt wird. Diese Fragestellungen waren äußerst ertragreich – die Ergebnisse aus dieser Interviewserie wurden den AuftraggeberInnen wiederum präsentiert, im Rahmen einer eigenen Rückkoppelungsveranstaltung (Diskussionsergebnisse daraus wurden eingearbeitet und für dieses Buch verwendet).

Im folgenden Kapitel wird ein Überblick über die Gesamtergebnisse aus dieser qualitativen Datenerhebung gegeben (Interviews, Feldnotizen im Forschungstagebuch, Protokoll der Rückkoppelungsveranstaltung; Originalzitate sind *kursiv* gesetzt; die Kennzeichnung der Interviews entspricht einer fortlaufenden Nummerierung). In den nachfolgenden Kapiteln werden die empirischen Daten diskutiert und interpretiert; hier wird der Fokus auf den Zusammenhang zwischen Bildung und organisatorischen sowie methodischen Bedingungen eingegangen. In den Schlussfolgerungen werden diese Überlegungen weitergeführt, mit der Perspektive auf eine Neukonzeption der politischen, emanzipatorischen Bildung.

2.1 Ausgangssituation: Pilotprojekt „KUPO"

2.1.1 „Alternatives" Bildungskonzept

Politische Bildung und „alternative" politische Bildung – wo liegen die Unterschiede? Einer der größten Unterschiede – so die interviewten LeiterInnen – sei der Unterschied zur „herkömmlichen" politischen Bildung, wie sie etwa von der „Grünen Bildungswerkstatt" seit jeher gelebt wird. Hier wurde ein starkes Veränderungsmotiv deutlich: eine „alternative" politische Bildung soll nicht nur die zu bildenden Personen politisch handlungsfähiger machen, sondern die Organisation insgesamt sollte Veränderungen nicht einfach geschehen lassen, sondern bewusst anregen und steuern, sodass am Ende eine effiziente Organisation mit professionellen PolitikerInnen stehen. Das Umgehen mit Veränderungen mittel verschiedener Qualifikationen soll handlungsfähig(er) machen, sowohl auf politischer wie auch auf organisatorischer Ebene; mittel- und langfristig müsste für diese Aufgabe eine entsprechende Bildungsmaßnahme institutionalisiert werden – KUPO 2000 sollte als Pilotprojekt den Weg dorthin weisen.

Für die interviewten LeiterInnen war klar, dass sie mit einem neuen Bildungskonzept auf „alte Gewohnheiten" stoßen würden und dass es zu internen Friktionen im Bereich der Bildungskonzepte, „Bildungswerte" und der Durchführbarkeit kommen kann. KUPO repräsentiere einen neuen Bildungsansatz, der sich in vielen Dingen von dem unterschiede, was bisher als politische Bildung in der internen Kultur bekannt war. Dass es hier zu internen Reibungen kommen würde, würde auch damit zusammenhängen, dass das Pilotprojekt KUPO eine Veränderung für die Organisation bedeuten würde. Gleichzeitig wurden unterschiedliche „Mangelsituationen" formuliert, die entsprechende „bildungsmäßige" Antworten erfordern - *es mangelt ein bisschen an Bildung in allen Sparten* (I 1, S. 8).

Die subjektive, motivationelle Ausgangslage der GesprächspartnerInnen war geleitet von der Absicht, die „Welt zu verändern" und zwar durch eine Art von Bildung, die den RezipientInnen ermöglicht, sich in einer „selbstreflexiven" Art und Weise mit sich und ihrer organisatorischen und sozialen Umgebung auseinander zu setzen und zu steuern. Dies sei eine notwendige Voraussetzung für die operationale Wirksamkeit der gesamten Organisation. Erst dann, wenn etwa Konflikte erkannt werden, können sie einer Bearbeitung zugeführt werden.

Ein Interviewpartner meinte, die Funktion bzw. der Sinn von Politik liege darin, dass *die Welt verändert werden kann* (I 1, S. 8). Dazu bedürfe es bestimmter Voraussetzungen, wie etwa eine Bildung, die auf die (Weiter-)Entwicklung und Einübung von politischen Fähigkeiten mittels *sozialer Kompetenzen* ausgerichtet ist – genannt wurde beispielsweise der Bedarf an Professionalisierung von organisatorischen und sozialen Kompetenzen auf allen Ebenen der Organisation. Diese „Veränderungsabsicht" dürfte ein sehr starkes Motiv für die Initiierung und Durchführung von KUPO gewesen sein. Gekoppelt war dieses Motiv mit einem bestimmten Verständnis von politischer Bildung: sie sollte, *emanzipatorisch, aufklärerisch, selbstreflexiv* sein.

Der Zusammenhang zwischen „Bildungswerten" und „demokratischen Werten", sowie die damit verbundenen Veränderungspotentiale zogen sich wie ein roter Faden durch die Gespräche. Die Interviewten waren zum einen sehr überzeugt von ihrem Bildungsbegriff, zugleich formulierten sie die Notwendigkeit, dass Aufklärung auch eine Methode braucht, um sich verwirklichen zu lassen. Der Anspruch an Aufklärung wurde u.a. daran festgemacht, in wie weit einzelne bzw. einzelne in Gruppen und Gruppen selber in der Lage waren, zwischen persönlichen emotionalen Motiven und politischen Motiven zu unterscheiden. Letztlich sollte durch dieses Bewusstsein eine bessere politische Handlungsfähigkeit gewährleistet werden, wie folgender Gesprächsauszug zeigt:

Das ist mein Anspruch, und damit ist es ein Kupo-Anspruch... Ich will Bewusstsein darüber haben – weil Gefühle zu kriegen und reflexartig reagieren zu müssen, egal ob als Individuum, im Kollektiv oder in der Masse, sowie in der Landesversammlung oder im Bundeskongress und dann eben wählen... Was ich nicht will, ist, dass die Leute hilflos ihren Gefühlen ausgeliefert sind, weil es eben ein paar gibt, die gut Gefühle erzeugen können. Das ist der Anspruch an Aufklärung. ... Weil das mit dem Gefühle-Erzeugen und schon gar mit dem Schuldgefühle-Erzeugen funktioniert nicht mehr, wennst reflektierst. ... Das Ziel ist Aufklärung: Was müssen Menschen, die politisch arbeiten wollen, die politisch handeln wollen, was müssen die können? Und die brauchen meiner Meinung nach viel Bewusstsein. Also wo kriegen sie das her? ... Na ja, also zur Reflexion befähigen kann man ja einige. Nicht alle, aber viele. Und das ist eines der Ziele. (I 2, S. 5)

2.1.2 KUPO als Antwort auf organisatorische Veränderungen

Die AbsolventInnen dieser Bildung sollten aus der Sicht der LeiterInnen mehr *Bewusstsein* haben, jedoch sei das Bewusstsein kein Selbstzweck, sondern steht auch in einem „funktionalen Dienst" für die Organisation. Letztlich sollte dieses Bewusstsein dafür hinreichend sein, dass es sich bestenfalls als operative Handlungsfähigkeit verwirklichen lässt. Zum einen sollten hierdurch die Organisationsziele, mithin die politischen Ziele besser erreicht werden, zum anderen soll der individuelle „Leidensweg" abgekürzt werden; die Erfahrungen des Scheiterns sollten minimiert werden, und der persönliche oder gruppenbezogene Erfolg sollte durch Professionalisierung qualitativ gesichert werden. Dies war ebenfalls ein wichtiges Motiv für die Initiierung von KUPO, nämlich dass die Mitglieder der Organisation möglichst von emotionalen Belastungen befreit werden bzw. sich selbst durch Bildung, insbesondere durch *Reflexion* befreien.

In Wahrheit wirds effizienter, du kannst leichter arbeiten und worum's mir geht: die leiden vielleicht weniger drunter – ein Sitzungsmarathon, wo du diesen bewusstlosen Dynamiken ausgeliefert bist, weil nicht weißt warum jetzt jemand eine ewig lange Gegenrede gegen was überhaupt – ja – hält? Das kriegt man ein bisschen auf. Mein Ziel ist es auch, diese ganze Leiderei ein bisschen zu verkürzen. (I 2, S. 6)

Die Verankerung von Bildungsmaßnahmen in der Organisation schien eine Frage zu sein, die laut Aussagen seitens der Organisation noch nicht definitiv „beantwortet" wurde. Das hing sicher auch damit zusammen, dass KUPO ein Pilotprojekt war und in dieser Form noch nie durchgeführt wurde. Trotzdem war auffällig, dass in den Gesprächen immer wieder direkt oder indirekt die Frage bzw. deren Beantwortung eingeflossen ist: Was ist „grün" an dieser Bildung und wie kann man sie organisatorisch bestmöglich verankern, damit der Transfer in die Praxis gelingen kann? Und diese Beantwortungen waren „eingefärbt" von Organisationsanalysen, von Annahmen über Wertehintergründe von Bildung und von Politik, und von grundsätzlichen pädagogischen Schwierigkeiten in der Vermittlung von „Reflexionsfähigkeiten" und anderen „social skills".

Laut GesprächspartnerInnen gab es ganz bestimmte Defizite innerhalb der Organisation, die eine Weiterbildung in dieser Art notwendig machten. Als eine „Systemschwäche" der Grünen wurde beispielsweise die fehlenden Kompetenzen und Rahmenbedingungen im Bereich der Organisationsentwicklung angesehen. Die Grünen hätten sich als Gesamtsystem so entwickelt, dass alte oder bewährte Formen des Umgangs miteinander, der Kommunikation und der Entscheidungsstrukturen nicht immer hinreichend seien für die komplexen Aufgabenstellungen, die bewältigt werden müssten. Hier wurde so eine Art „Übergangssituation" beschreiben; die Grünen seien an einem Punkt in ihrer sozialorganisatorischen Entwicklung angelangt, der mehr als früher professionelle Managementaufgaben erfordert. Die Grünen hätten sich von einer Bewegung" zu einer Organisation weiterentwickelt, woraus ganz bestimmte „organisatorische und strukturelle Konsequenzen folgen sollten. Eine Konsequenz wäre – so die Interviewten – die Notwendigkeit, Strukturen und Arbeitsteilungen herzustellen.

Der Parlamentsklub hat einen Wachstumsschub gehabt, das waren einmal sieben Zwerge und jetzt sind sie 14. Also mit den zwei europäischen Abgeordneten sind sie 16, und jetzt haben sie noch einen Bundesrat. Jetzt ist der Klub doppelt so groß. Jetzt geht diese erlernte oder erworbene Methode der direkten Kommunikation überhaupt nicht mehr – wir sprechen uns jetzt alles ab und dann machen wir, und alle wissen – und das gibt's nicht mehr. Das braucht eine andere Form der Organisation. Und dieses Wachstum, diesen Schock zu verarbeiten, dass nicht alle gleich sein können, gleich informiert, alle gleich berühmt, alle gleich prominent, alle in der ersten Reihe... .(I 2, S. 3)

Laut Interviewte hätten sich die Anforderungen an die Organisation und die Mitglieder der Grünen insbesondere dahingehend verändert, dass die gegenwärtige Verfasstheit der Organisation dementsprechende Professionalitäten seitens der Mitglieder / MitarbeiterInnen erfordern würde. Diese Professionalität wurde in den Bereichen Kommunikation, Organisation, Konfliktmanagement, Gruppendynamik verortet. Eine wichtige Aufgabe sei laut Interviewte die Organisation von Arbeitsteilung und die Schaffung von Strukturen, welche optimale Kommunikationsflüsse entfalten können. Damit verbunden sei auch die Notwendigkeit der „Selbstreflexion" auf mehreren sozialen Ebenen – auf der individuellen ebenso wie auf der im kollektiven. Demnach sollten Gruppen etwa die Fähigkeit haben, ihre eigenen internen Machtkonflikte auf einer soliden Grundlage zu bearbeiten. Auch sollten sie in der Lage sein, sich als eine Einheit im Verhältnis zu anderen zu reflektieren, und sich gewissermaßen mittels kritischer Reflexion der Relationen zu wichtigen „Umwelten" begreifen lernen. Schließlich sollten Gruppen lernen, ihre eigene Autonomie politisch umzusetzen, was auch bedeute, dass sie organisationsfähig im Sinne einer professionellen Differenzierung zwischen Gruppenanforderungen und Organisationsanforderungen sein sollen. Laut Interviewte wäre daher auch wichtig, dass es in der Organisation eine effektive „Aufgabenverteilung" gibt. Hier gelte es eine Balance zwischen individuellen Interessen, Gruppeninteressen und Organisationsinteressen herzustellen.

2.2　Bildungsmotive der TeilnehmerInnen

Die interviewten AbsolventInnen waren über ihre Erwartungen an KUPO und ihre ursprünglichen Beweggründe, KUPO zu konsumieren, sehr auskunftsfreudig, und ihre Schilderung waren zum Teil „affektiv aufgeladen". Ihre motivationalen Ausgangssituationen waren sehr unterschiedlich: Die meisten AbsolventInnen formulierten einen sehr diffusen Bildungsbedarf, der zum Teil gekoppelt war an ihren unmittelbaren Tätigkeitsbereich, zum Teil verdankte er sich einem eher freischwebenden „Bildungshunger". Die AbsolventInnen hatten zuvor noch nie ein derartiges Angebot an Weiterbildung kennengelernt, und hatten daher dementsprechend wenig konkrete Vorstellungen, was sie erwarten würde und was sie selber erwarten könnten. In den Beschreibungen dieser Ausgangssituationen gibt es lediglich eine starke Tendenz: Weiterbildung soll in irgendeiner Form dazu dienen, die eigene Praxis – sei es jetzt die politische Praxis oder die operative – zielgerichtet zu verändern. Weiterbildung soll Orientierung und „Haltegriffe" für das Agieren in verschiedenen operativen und politischen Bereichen bringen. Entweder gab es in diesem Zusammenhang das Bedürfnis nach „Metatheorien" zur „Welterklärung", oder ein eher allgemeines Bedürfnis nach Professionalisierung am Arbeitsplatz, oder es gab ganz konkrete, spezielle Probleme, auf die sie sich Lösungen erwarteten. Solche Problemlagen konnten in den Interviews teilweise nur mehr fragmentarisch rekonstruiert werden bzw. wurden nur teilweise benannt.

Aber das intern-Energien-liegen-lassen für nichts, das war mein Fokus, von dem ich hergekommen bin in das Kupoding. Und da war es angenehm – also da war irgendwie so eine – ah, euch-geht's-auch-so-Erfahrung mit Leuten, die in ganz anderen Kontexten innerhalb der Grünen aber wirklich dieselben Muster spielen, wo klar gewesen ist, o. k. wenn man das einmal oder wenn sich das irgendwie herumspricht, dass das nicht so sein muss, dann kann das überall Verbesserungen herbeiführen. (I 3, S.1)

Ich habe keine Vorstellung gehabt, was das ist, ich habe die Erwartungen nicht gekannt, die an mich gerichtet werden, es war relativ unausgegoren, ich bin nur gefragt worden, möchtest du das machen oder nicht? Ich hab mir gedacht, nachdem ich von zwei oder drei Leuten gefragt worden bin, willst das machen? Nachdem die mich mit meiner Arbeit so weit kennen, was ich tue ... genau das Vertrauen haben. Und wenn die das in mich haben, dann sollte ich es für mich schon längst haben. Und auf Grund dessen habe ich zugesagt. Ich glaube, dass ich die Arbeit besser machen kann. Ich glaube, dass ich breiter auf

Leute zugehen kann als vorher. Ich kann weiter von mir selbst weggehen, als ich das vorher hätte können. (I 7, S. 9)

Das Bedürfnis nach Handlungsfähigkeit bei teils unklaren Problematiken hat bei den meisten GesprächspartnerInnen dazu geführt, etwas Unbestimmtes und zum Teil Unbestimmbares „zu wollen" – Bildung soll die verschiedenen Defizite im Alltag kompensieren; eines der wichtigsten Motive war ein erlebter Mangel an Gestaltungsmöglichkeiten von Kommunikationsprozessen.

2.3 Überdeterminierte Anfangssituation

Die befürchtete interne Irritation als Reaktion auf ein neues Bildungsprojekt ist laut Beschreibungen der LeiterInnen und der AbsolventInnen offenbar auch eingetreten. Auf der einen Seite gab es ein neues, alternatives Bildungskonzept, auf der anderen Seite gab es die TeilnehmerInnen, die wenig von diesen Neuerungen mitverfolgt hatten und ihrerseits unterschiedliche, oft diffuse Motive und Erwartungen an das Pilotprojekt knüpften.

In den Gesprächen mit den AbsolventInnen wurde deutlich, dass die Entstehungsgeschichte der Seminarreihe, insbesondere das Zustandekommen der TeilnehmerInnengruppe für sie einen sehr hohen Stellenwert hatte und gleichzeitig sehr ambivalent ausgedrückt wurde. Hier wurden mehrere Irritationen beschrieben, die im Vorfeld zu KUPO und am Beginn der Seminarreihe aufgetreten sind: viele berichteten von informellen Diskussionen, wo das Projekt sehr skeptisch betrachtet wurde, andrerseits gab es eine Reihe von Phantasien über das Zustandekommen des Projekt und der TeilnehmerInnengruppe sowie offenbar auch Enttäuschungen darüber, dass einige nicht aufgenommen wurden.

Es hat auch ein bisschen ein böses Blut gemacht durch das Auswahlverfahren. Der darf, die darf, der nicht und die nicht, warum nicht? Völlig unlogisch, oder? (I 4, S. 7)

In einem Auswahlverfahren wurden die TeilnehmerInnen nach bestimmten Kriterien ausgewählt (vierundzwanzig TeilnehmerInnen). Das erfolgte in einem Auswahlverfahren nach bestimmten Kriterien (möglichst hohe Heterogenität: Mann – Frau, Stadt – Land, alt – jung, ehrenamtlich – nicht ehrenamtlich, etc.); die TeilnehmerInnen wurden dann in der Reihenfolge der Anmeldungen ausgewählt.

Dieses Verfahren erzeugte offenbar sehr starke Wirkungen bzw. Zuschreibungen; seitens der TeilnehmerInnen entstanden verschiedene „Gerüchte" – wie wurde entschieden bzw. „gewählt", wer hat entschieden, wieso gerade jene und nicht andere, etc. Der Lehrgang hatte das Image der Exklusivität: seitens der GesprächspartnerInnen entstand der Eindruck, dass nur bestimmten Zielgruppen oder Personen der Zugang zu dieser Bildung ermöglicht wurde. Im Anmeldungsprozess gab es ein – für die späteren AbsolventInnen – zunächst nicht transparentes Auswahlverfahren: es wurde vermutet, dass es viel mehr Anmeldungen gab als Aufnahmekapazitäten. Da aber die Kriterien der „Aufnahmeentscheidungen" nicht direkt zugänglich waren, entstanden seitens der AbsolventInnen (und auch seitens derer, die nicht aufgenommen wurden, so einige AbsolventInnen) ein unbestimmtes Unbehagen gegenüber der Form der Inklusion bzw. Exklusion von potentiellen AbsolventInnen. Hier wurde offenbar eine „basisdemokratische Mitbestimmungsabsicht" aktiviert, die wiederum verbunden war mit ambivalenten Gefühlslagen: Einerseits war man froh, in den Genuss einer Weiterbildung zu kommen, andrerseits gab es mehr oder weniger schwere „Schuldgefühle" denen gegenüber, die ausgeschlossen wurden.

Da fällt mir eigentlich das Vorfeld ein, die Einladung bei uns. Es hat großen Unmut gegeben, auch meinerseits, weil von meiner Bezirksgruppe jemand abgewiesen worden ist und es war nicht ganz klar, warum. Weil die Bedingungen nicht festgelegt waren oder zumindest nicht veröffentlicht worden sind. ... Und das hat man erst hinterher transparent gemacht, weil – auch ich habe da großen Stunk gemacht und wenn man das gleich von vornherein gemacht hätte – aber man macht es in der Zwischenzeit. Man weiß, welche Bedingungen es gibt, dass es 20 Leute gibt und 10 waren damals für X (Ort) bestimmt und es gibt Auswahlkriterien. Das war halt sehr intransparent und in meiner Gruppen haben sie die, die Bezirksrätin geworden ist, abgewiesen. (I 5, S. 1)

Die LeiterInnen von KUPO schilderten ähnliche Eindrücke. Aus Erzählungen von TeilnehmerInnen wussten sie, dass es eine gewisse Konkurrenz um die Seminarplätze gab und sie deuteten dies einerseits als reale „Notsituation", aber auch als ein Phänomen eines Widerstands gegen ein neues Projekt. Die GesprächspartnerInnen vermuteten, dass die Seminarreihe KUPO innerhalb der „grünen" Organisationslandschaft Veränderungswiderstände auslösen würde. Diesbezüglich wurden verschiedene Phänomene beschrieben, wie etwa diese Anfangssituation.

Ich hab erst jetzt halbwegs verstanden, warum es eine Konkurrenz darum gibt. In dieser X (Ort) Auswahl – da hats Legenden und Märchen gegeben, wie

*da ausgewählt wird und wer darf wo dabei sein und wer nicht, wer wird ausge-
schlossen. Wenn das nicht sowieso erzählt würde, dann müssten wir es erfinden:
Weil alles, was nicht in Konkurrenz ist, will niemand. Das ist ein grünes Kul-
turmerkmal – es muss ein Schas sein, und keiner will es, und wenn es einer will
und was davon hat, wollens alle, viele – her damit, haben, und ich würde das
überhaupt nicht transparent machen mit dem Auswahlverfahren. Das haben wir
immer wieder transparent zu machen versucht und Stimmt nicht, und die Gruppen sollen heterogen sein, und Warum-Erklärungen. Trotzdem lebt's von dem
Märchen. (I 2, S. 1)*

*Also es ist schon – wir finden es schon super – und das ist auch der Wider-
spruch - alle schreien immer, sie wollen was weiß ich nicht alles, und das war ja
auch phänomenal, wie beleidigt die Leute waren, weil sie nicht reingekommen
sind, weil halt so viele Anmeldungen waren, ja? Und andrerseits nicht dafür
zahlen zu wollen, das darf dann nichts kosten, das sollen die Leute dann gratis
machen. Also das ist schon ein Widerspruch. ... Und das ist halt glaube ich auch
der übliche Widerstand, den du hast, wenn was Neues kommt. Wenn es etabliert
ist und halbwegs gut rennt, dann geht's eh. Aber der massive Widerstand war eigentlich eher innerhalb der Grübi (Grüne Bildungswerkstatt). (I 9, S. 6)*

Diese Anfangssituation war von mehreren Ambivalenzen begleitet und „emotional überdeterminiert". Verschiedene Erwartungshaltungen hatten sich „überlagert" und gleichzeitig gab es einen vermeintlichen Informationsmangel seitens
der TeilnehmerInnen, sowie die Forderung auf kostenlose Teilnahme. Hier stell-
te sich heraus, dass diese Erwartungshaltungen und Befürchtungen eher von
einer informellen Kommunikation getragen waren und verschiedene „Befindlichkeiten" auslöste. Die mangelnde Information war gekoppelt mit einer Fülle
von Erwartungen; auf der anderen Seite war man bemüht, ein möglichst transparentes Auswahlverfahren abzuwickeln – die LeiterInnen waren zunächst über-
rascht über dieses „emotionale Echo" in der Organisation. Erst später wurde
ihnen klar, dass das Projekt KUPO als Exklusivprodukt eine interne Konkurrenz
stimulieren würde, die sehr ambivalent aufgeladen sein kann: Einerseits erlebte
man verschiedene „Widerstände", auf der anderen Seite gab es viel mehr Anmeldungen zu KUPO, als Plätze zur Verfügung standen.

2.4 Bildungsziele und Lernerfahrungen

Trotz gewisser Anfangsschwierigkeiten zeigten sich die interviewten LeiterInnen und AbsolventInnen über den Erfolg von KUPO zufrieden. Die LeiterInnen sahen die Bildungsziele weitgehend verwirklicht; die AbsolventInnen waren mit ihren Lernerfahrungen auch weitgehend zufrieden.

2.4.1 Bildungsziele erreicht?: Bewertung der LeiterInnen

Für die LeiterInnen konnten die „Bildungsziele" von KUPO erreicht werden – sie bewerteten die Lernerfolge der AbsolventInnen positiv. Die Grundlagen der Bewertungen seitens der Befragten waren die Ergebnisse aus den Evaluierungs-Fragebögen, eigene Beobachtungen aus den Seminaren (die zwei Leiterinnen waren ebenso als Trainerinnen tätig), und auch eigene Beobachtungen in anderen Zusammenhängen, in denen es Kontakte zu den AbsolventInnen gab. Für die Bewertung der Lernerfolge waren unterschiedliche Aspekte interessant. Sehr wichtig war allen Interviewten, dass die AbsolventInnen ihre Handlungsspielräume mit sozialen Fähigkeiten, wie zum Beispiel *Organisationsfähigkeiten* bereicherten:

> *Die Bildungsziele – also Bildungsziel von Kupo von mir ist die Organisationsfähigkeit. Mit einem für mich wesentlichen Unterkapitel, das in letzter Zeit verloren gegangen ist, das heißt Regierungsfähigkeit. ... Das heißt, dass man das Dilemma der verschiedenen politischen Geschwindigkeiten und Zugänge – also Ehrenamt, hauptberuflich, Partei, Klub, also praktisch eine Gewaltentrennung ... praktisch die Grünen fähig machen, dass sie diese Widersprüche erarbeiten können und austragen können. Eine gewisse Form von aktivem Aushalten. ... Organisationsfähigkeit ist die Überschrift und was für mich auf jeden Fall dazu gehört, sind Bildungsziele die da heißen Reflexion, Reflexionsfähigkeit, Wahrnehmung der Grundprinzipien wie Menschengruppen und Organisationen funktionieren, Auseinandersetzung damit usw. (I 1, S. 12 f.)*

Eine andere Interviewperson sieht die Bildungsziele unter anderem auch darin verwirklicht, dass die *Reflexionsbereitschaft wächst*; die AbsolventInnen hätten mehr Möglichkeiten, auftretende Probleme in Gruppen anders zu benennen bzw. diese zu artikulieren.

Was mir auffällt – aber ich sehe alles nur aus meiner Perspektive – ist, dass so etwas wie Reflexionsbereitschaft wächst. Zumindest in den Kreisen, die bei Kupo basic und zum Teil auch bei dem Geschäftsführer-Kupo dabei sind, dass die Leute kommen und sagen: Wir haben ein Problem, wie tut man denn da? Diese Bereitschaft gibt es. Ich weiß nicht, ob es das vorher gegeben hat, oder ob das eh mit meinem Job zusammenhängt, diese Organisationsgeschichten. Auf jeden Fall hat das vorher keinen Ort gehabt. (I 2, S. 3)

Die Bewertung der Lernerfolge wurde vorwiegend an verändertem Verhalten seitens der AbsolventInnen festgemacht, wie etwa andere Formen der Problembewältigung oder auch an anderen „Fragestellungen", und schließlich an konkreten, beobachtbaren Veränderungen im jeweiligen Betätigungsfeld (z.B. veränderte Durchführung der Tagesordnungen in Sitzungen). Für eine Leiterin war ein Indiz des erfolgreichen Lernens z. B. auch die Fähigkeit, im sozialen und politischen Handeln unterschiedliche Handlungsebenen zu unterscheiden. Die so verstandene „Reflexionsfähigkeit" befähige die AkteurInnen dazu, Differenzierungen in ihren eigenen Motiven und Handlungsweisen vorzunehmen, sodass etwa unterschieden werden könne, in wie weit die Handlungsoptionen emotional oder strategisch ausgerichtet werden. Hier entstehe mehr Bewusstsein darüber, welche Rolle *Gefühlskomponenten* bei wichtigen politischen Entscheidungen spielen.

Das bemerkt man an den Fragestellungen von den Leuten, die dabei waren. An den weiterführenden Bedürfnissen, die sie haben und auch da wo sie merken, da hab ich ein Problem und das ist jetzt kein Naturgesetz mehr, sondern was bringt mein eigenes soziales Handeln und wieso? Und diese Fragestellungen kommen. Man kann auch über diese Gefühlskomponenten reden; da kommt dann eben eine Mandatarin, die sagt ich hasse meine Fraktion – das und das ist und so und so machen wirs und – ja? Und dann kann man sagen, ja, reflektieren wir, was ist da los? Hassen kannst sie trotzdem, aber was ist dein politisches Handeln, wie unterscheidet sich das – hasse bitte im Emotionalen und schade nicht im politischen Handeln. Und das kann man inzwischen trennen. Jetzt kann man mit vielen, die dabei waren, über verschiedene Ebenen reden, die vorher vermischt waren. (I 2, S. 5 f.)

In ihren Bewertungen zum Gesamtprojekt KUPO gab es zwei kritische Tendenzen, die mit den Grenzen und Möglichkeiten der emanzipatorisch-politischen Bildung zu tun hatten. Einerseits wurden die Bildungsziele erreicht, andrerseits gab es seitens der LeiterInnen aber Kritik an der inner-organisatorischen Positionierung des Pilots KUPO – es gab die Befürchtung, dass die Bedeutung von KUPO in der Organisation insgesamt wenig wahrgenommen wird.

Ja, ich bin zufrieden mit dem, was es bringt, was es einerseits an Aufklä-rung und Reflexion bringt, was wir inhaltlich wollen – und ich bin nicht zufrie-den damit, welchen Status das in der Organisation hat und ich bin nicht zufrie-den damit, wie das in der Organisation dasteht. Es hat einen hohen Status, es ist angesehen, es ist erfolgreich, aber kein Mensch weiß, was wir da inhaltlich machen und das interessiert niemanden und alle wollen immer nur wissen, wie viel das kostet. (ebd., S. 1)

Die so verstandene Art von Bildung – das Aneignen von *Organisationskompe-tenzen, Reflexionskompetenzen* und Handwerkszeugen – müsste letztlich einen organisatorischen „Ort" finden, um wirksam zu sein. Hier müsste noch ein in-nerorganisatorischer Lernprozess stattfinden, der transparent macht, wie *eman-zipatorische, aufklärerische* Bildung angelegt sein muss, wie diese Art von Bildung mit bestimmten Grundwerten korrespondieren sollte, und schließlich auch darüber, welche systemischen Auswirkungen sich daraus für die Grünen insgesamt ergeben könnten.

Die GesprächspartnerInnen formulierten auch „individuelle Grenzen" der emanzipatorischen Bildung – nicht jede/r sei gleichermaßen „lernfähig" wenn es um die Aneignung dieser sozialen Kompetenzen geht. Hier wurde gleichzeitig hinterfragt, in wie weit hier „messbare" Indikatoren für den Lernerfolg zu bestimmen wären. Wenn nämlich die Bewertungskriterien nur auf Qualitäten bezogen werden könnten, dann hieße das auch, dass die „Bildungserfolge" indi-viduell sehr unterschiedlich seien, so die Interviewten. Demnach seien die tat-sächlichen Auswirkungen von etwa „Reflexionskompetenzen" lediglich selektiv beobachtbar bzw. wurden individuell unterschiedlich eingeschätzt. Dazu eine Leiterin:

Du kannst Wissen abfragen und kannst dann sagen, ja haben wir erreicht, ja? Aber wenn du Bildung grundsätzlicher breiter definierst und nicht nur sagst, es geht nicht nur um das Wissen, Faktenwissen, sondern wie willst du Reflexi-onsfähigkeit messen, ja? (I 9, S. 22)

Laut Einschätzung der LeiterInnen gab es ein großes Spektrum von indivi-duellen „Bereitschaften" und Aufnahmefähigkeiten für diese Lernformen. Die einen AbsolventInnen seien mehr, die anderen weniger befähigt worden – so die Interviewten. Diese individuellen Dispositionen seien jedoch wenig aussagekräftig für die Bewertung der Qualität des Konzepts, weil – so die

GesprächspartnerInnen – die sozialen Kompetenzen als „Bildungsergebnis-se" qualitativ definiert würden.

Gerade in diesem Zusammenhang war mithin die Frage nach den Grenzen einer emanzipatorischen Bildung vordergründig; laut Interviewte gab es durchaus „Bildungsresistenzen", d.h. AbsolventInnen, die sich nach den Beobachtungen der Interviewten weniger als andere auf das Erlernen von sozialen Kompetenzen einlassen konnten.

Es gibt so etwas wie Bildungsresistenz. Das ist für mich schmerzlich, weil ich mir einmal eingebildet habe, wenn man es richtig macht, mit dem richtigen Konzept, dann kann man jedes Eichkatzl befähigen, ja? Das stimmt nicht, das geht nicht. Es gibt Resistenzen. (I 2, S. 7)

Eine grundsätzlichere Frage war die Frage nach den Möglichkeiten von Aufklärung überhaupt. Dieser Anspruch war seitens der Interviewten teilweise sehr stark ausgeprägt und nicht nur als Anspruch vorhanden, sondern auch in den Bildungszielen im Sinn der individuellen und kollektiven Reflexion verankert. Laut Ausführungen in den Gesprächen war diese „Grenzfrage" ein Element, welches im Konzept berücksichtigt wurde.

2.4.2   „Was haben wir mitgenommen?": Lernerfahrungen der AbsolventInnen

In den Interviews sollten die KUPO-AbsolventInnen ihre Lernerfahrungen priorisieren: welche Elemente in den Seminaren waren für sie „lerträchtiger": das Handwerkszeug, die soziale Kompetenz oder andere Elemente? Es gab einige Seminare mit stärkerer Vermittlung von Handwerkszeugen (Moderation und Kommunikation, Öffentlichkeitsarbeit) und einige Seminare mit überwiegenden Elementen im Bereich der sozialen Kompetenz (Verhaltenstraining, Selbsterfahrung, Lernen über Feedback). Es gab individuell unterschiedliche Gewichtungen in den Beschreibungen der Lernerfahrungen. Erst in diesen Beschreibungen wurde den Befragten zum Teil selber auch klarer, wo ihre Bedarfe in der „Heimatgruppe" bzw. ihre eigenen Lernfelder steckten.

Die Lernerfahrungen hatten jeweils einen direkten Zusammenhang mit Problemlagen, mit denen die AbsolventInnen in diese Weiterbildung gekommen sind. Aus diesen Zugängen heraus wurden die Lernerfahrungen unterschiedlich gewichtet; für die meisten waren jene Elemente bedeutsam, die ihnen halfen ihre eigene Praxis zu verändern bzw. zu verbessern. Das waren die einen oder anderen Handwerkszeuge, vor allem aber Kompetenzen zur Prozesssteuerung

(Projekt-, Konfliktmanagement, Strategieentwicklung, Programmentwicklung) und Kompetenzen im Umgang mit Gruppen (Arbeitsgruppen, Gremien, Bezirksgruppen, etc.).

Handwerkszeuge:

Unter „Handwerkszeuge" sind zum einen verschiedene Techniken und Arbeitsmethoden zu verstehen, die in der täglichen Praxis eingesetzt werden, wie etwa in der Presse- und Öffentlichkeitsarbeit, in der Gremienarbeit, in der FunktionärInnenarbeit, in der internen Prozessgestaltung (Strategie, Arbeitsteilung etc.). Zum anderen umfassen Handwerkszeuge aber auch soziale Techniken, wie etwa das Moderieren von verschiedenen Kommunikationssituationen, die Durchführung von Klausuren, die Gestaltung von Gremiensitzungen – allgemein gesagt die Methoden zur Herstellung von Bedingungen für Entscheidungen.

Eine interviewte Person stellt am Beginn des Interviews fest, dass für sie die Handwerkszeuge wichtiger waren, *weil das etwas klar Strukturiertes war, wo ich mir denk, das kann ich anwenden, ...das ist was Konkretes...* . Dieselbe Person redet dann im weiteren Verlauf des Gesprächs jedoch fast ausschließlich von der „gruppendynamischen" Praxis, von der *grünen Kultur* und von der Verfasstheit des Gesamtsystems; in diesen Bereichen sieht sie Handlungsmöglichkeiten bzw. Alternativen zu seinen bisherigen operativen Gewohnheiten:

Man muss aus den Leuten, die da sind das beste herausholen und das beste machen... Und ich versuche jetzt schon – etwas intensiver einerseits die Leute zu bewegen und selbst aktiv zu werden und zu sehen – ich habe jetzt angefangen Einzelgespräche einmal zu führen und die einfach einmal zu treffen und mit ihnen darüber zu reden und schauen, wie viel Zeit haben sie, die sie einsetzen können, und versuchen, ein gutes Team zusammenzubringen halt. Wo jeder nach seinen oder ihren Möglichkeiten da beiträgt. (I 8, S. 12)

Für einige GesprächspartnerInnen war wichtig, dass Handwerkszeuge in der Praxis häufig direkt umgesetzt werden könnten. Aber auch hier war für viele eine wichtige Bedingung für die Anwendung der Handwerkszeuge die Integration in die bestehende „Heimatgruppe". Eine Teilnehmerin antwortet auf die Frage, was für sie in KUPO wichtiger gewesen wäre – das Handwerkszeug oder die Reflexionskompetenzen:

Beides wie Wasser und Brot! Was hilft mir das eine ohne das andere? Für meine persönliche Entwicklung habe ich die Möglichkeit besser zu sehen wo ich bin, was ich tue, wo stehe ich ... Handwerkszeuge und Reflexion – Teile davon wende ich eher unbewusst an, viele Teile kann ich bewusst anwenden, und dann denke ich im nachhinein: gut gemacht! Z.B. die Pressearbeit, weil jetzt weiß ich warum und wieso etwas gut läuft oder nicht. Und das kann man auch in der Gruppe analysieren. (I 6, S. 4)

Einerseits Handwerkszeug, auch wissen wie kann ich das machen, wenn ich einen Plan machen will. Andrerseits ist das schon so was im Kopf, weil aufschreiben kann man das bald einmal, aber das im Kopf irgendwie mit der Zeit verankern können, dass es notwendig ist, diese Reflexionsphasen sich zu gönnen und nicht so zu tun, als wäre das verlorene Zeit... .(I 3, S. 4)

Im Spektrum der Anwendungsfelder waren unterschiedliche Bereiche interessant für die AbsolventInnen. Am häufigsten wurden genannt: Konfliktmanagement, Projektmanagement, Kommunikation, Gremienarbeit, Presse- und Öffentlichkeitsarbeit.

Sehr einprägsam war für mich ein Seminar, das mir sehr lange Zeit in Erinnerung geblieben ist, das war das Projektmanagement, weil es sehr anstrengend war, aber interessant – was sich in der Gruppe selber getan hat. (I 4, S. 1)

Medienarbeit, das Modul mit Medienarbeit, das interessiert mich selber nicht so, weil ich glaube nicht, dass ich mit Medien was zu tun haben werde und eigentlich das auch gar nicht machen will. ... Ja, das beste Modul war für mich das Projektmanagement, weil da habe ich also das meiste Konkrete mitnehmen können und mir ist es persönlich lieber, wenn ich was lerne, was Konkretes, etwas, das zum Angreifen ist, mitnehmen kann. (I 10, S. 2)

Soziale Kompetenzen:

Häufig deckte sich die Beschreibung der Lernerfahrungen mit persönlichen „Erfolgserlebnissen": Eine Lernerfahrung war dann gut, wenn sie ein „Aha-Erlebnis", eine neue Betrachtungsweise oder viele kleine „Tricks" gebracht haben, je nach dem, mit welchen alltäglichen „Schwierigkeiten" sie in Zusammenhang gebracht wurden. Die meisten dieser so beschriebenen Lernerfahrungen lassen sich unter dem Begriff „soziale Kompetenz" zusammenfassen:

Ja, Vorstands- und Gremienarbeit, das war das, ja. Und zwar war das das Spiel mit Gewinn soviel du kannst. Das war auch ganz ein prägendes Erlebnis für mich, dass es mit Kooperation besser funktioniert als mit Konkurrenz. (I 7, S. 2)

Und daher war für mich eher das andere wichtiger. Weil – wie gesagt – bei diesen Handwerkszeugen unter Anführungszeichen, das kenne ich schon. Daher – also für mich war das Gruppendynamische wesentlich wichtiger. Vor allem zum Teil auch beim Konfliktmanagement; wie löse ich einen Konflikt in meiner Gruppe oder wie schaue ich überhaupt, dass es in meiner Gruppe nicht zu einem Konflikt kommt oder schon im Vorfeld oder wenn es tatsächlich soweit ist, eine tragbare Lösung zu finden. Jetzt nicht irgendwas zudecken, sondern es sollte wirklich eine Lösung sein, die hält. (I 5, S. 4)

In den Seminaren gab es mehr oder weniger starke didaktische Elemente mit „reflexiven Selbstbezug". Ob Rollenspiele, Entscheidungs- und Kooperationsübungen, Mini-Planspielen – solcherlei Seminarelemente hatten offenbar immer auch „supervisorische Effekte". Viele AbsolventInnen schilderten, dass sie ihre sozialen Fähigkeiten quasi in der Selbstanwendung am besten gelernt hätten. Wichtige Qualifikationen in diesen Fähigkeiten erwarben sie sich durch die Kommunikationstrainings, Konflikttrainings, Feed-back-Übungen, Rollenspiele etc.

Was sehr stark hängen geblieben ist, war die Kommunikation. Was bedeutet Kommunikation? Wie schnell kann man Gesagtes interpretieren, dass man, frau da sehr aufpassen muss, das ist etwas unglaublich Wichtiges. ...zum Teil auch Kritikfähigkeit, also Kritik einmal ein bisschen anders sehen, sich ein bisschen näher heranwagen, Kritik anzunehmen, Kritik auszuteilen. (I 4, S. 1)

Da hat sich schon ein bisschen was geändert, doch an bestimmte Sachen anders heranzugehen, die Leitung der Gruppe, wenn es wirklich Konflikte gibt – also Konflikten bin ich immer aus dem Weg gegangen. (I 5, S. 5)

Also das Wichtigste ist mir vorgekommen, ist das Erlernen der sozialen Kompetenz. Das ist mir am allerwichtigsten erschienen, das ist das, was ich in alle Bereiche habe mitnehmen können ..., weil es möglicherweise ja unmittelbar mit einem selber zu tun hat. Das ist das, was ich am öftesten habe anwenden können. (I 7, S. 6)

Diese Interviewperson schilderte später im Gespräch, dass sich die Qualität von Wahrnehmung und Kommunikation im Alltag sehr verändert hätte. Diese „nachhaltigen Lernerfahrungen“ hatten vorwiegend mit *Selbsterkenntnis* zu tun:

> *Ich höre anders zu und merke, wann etwas auf der Sachebene daherkommt und wann das anfängt emotionell zu werden, wo die Aufforderung drinsteckt und wo die eigene Position drinsteckt. ... Ich beobachte mich selber auch stärker... dass ich dann merke, ich falle selber in ein Muster, jetzt verbaue ich mir selber einen Weg – das bemerke ich jetzt. Wo ich früher eigentlich völlig im Dunkeln getappt bin... Und das ist jetzt anders. Jetzt weiß ich, dass Kommunikation in der zwischenmenschlichen Zusammenarbeit alles ist.* (ebd., S. 13)

Persönlicher Gewinn und soziale Effekte:

Eine sehr wichtige Qualität der Seminarreihe war aus der Sicht der Interviewten in diesem Zusammenhang die erlebten Kooperationserfahrungen innerhalb der Lehrgangsgruppe. Viele bekräftigten, dass sie die Möglichkeiten des Erfahrungsaustausches als ganz wesentliche Lernerfahrung erlebt hätten und dass das „Teilen“ der eigenen Praxiserfahrungen sehr wertvoll sei. Offenbar hatte der Erfahrungsaustausch mehrere, für die seminaristischen Lernerfahrungen wichtige Funktionen: sie diente dem Beziehungsaufbau, hatte also eine wichtige soziale Funktion, nach dem Motto: Geteiltes Leid ist halbes Leid. Die Erfahrung, dass andere AbsolventInnen mit ähnlichen praktischen Problemen hier sind, hatte offenbar auch eine wichtige Entlastungsfunktion für die Bildung einer Lerngemeinschaft.

> *Ja, also ich halte es* (Kupo) *für sehr sinnvoll und für wichtig und bin auch der Meinung, das sollte immer wieder gemacht werden aus mehreren Gründen: erstens einmal das Handwerkszeug, zweitens einmal das Gruppendynamische und drittens, nachdem das für Leute aus ganz Österreich ist, lernt man von den anderen Bundesländern Leute kennen. Und das ist, finde ich sehr sehr wichtig. Leute von woanders, Leute aus Tirol kennen lernen.* (I 5, S. 4)

> *Man merkt ja – wichtig ist auch eines, das darf man nicht vergessen: man lernt bei Kupo einen Haufen anderer Leute kennen. Das ist ja nicht so schlecht, wenn man zum Beispiel irgendwo in Kärnten sitzt und wenn man halt auch noch weiß, wie die Leute aus Tirol, Salzburg und Oberösterreich so tun.* (I 10, S. 5)

Der kommunikative Austausch von Problemlagen und unterschiedlichen Ausgangssituationen in den jeweiligen politischen und organisatorischen „Herkünften" waren laut GesprächspartnerInnen wichtige Voraussetzungen für die Herstellung einer Distanz zum Alltag. Die interviewten AbsolventInnen würdigten durchgehend die Möglichkeit dieser Distanz zum Alltag – man könnte besser lernen, weil man nicht abgelenkt wird und weil man keine „politischen Konsequenzen" befürchten müsste.

Laut Beschreibungen der TeilnehmerInnen sei auch dies auch eine wichtige Voraussetzung für Selbstreflexion. Für die meisten AbsolventInnen war dieser Aspekt der Weiterbildung eine sehr wichtige persönliche Erfahrung.

Und so Selbsterkenntnis habe ich auch einiges mitgekriegt, weil – also ich bin von meiner Tätigkeit voher im X (Bundesland) Landesvorstand hingekommen mit einer hauptsächlich negativen Erfahrung ... wirklich grundlegende Vorstellungen von Umgang miteinander und ganz grundlegend – ausreden lassen, einmal zuhören können, sich einigen auf eine Struktur, also diese ganz basalen Sachen, wo noch keine Arbeit gemacht ist. Das war so eine Frustrationserfahrung und da habe ich bei Kupo schon gemerkt, einerseits geht's nicht nur mir so und andrerseits kann man dagegen auch tatsächlich was tun. ... Und die Selbsterkenntnis war vor allem mit diesen Appollo-13-Geschichten, weil aus diesen Erfahrungen, aus diesen Frusterfahrungen habe ich mich früher immer mehr zurückgezogen auf so ein Einzelkämpfertum... Und das war für mich so eine positive Erfahrung, wo ich gemerkt habe, o. k. wenn ich mich drauf einlasse, in einem arbeitsteiligen Prozess, in dem Fall Buntpapier zu schneiden, ... dann kommt etwas viel Gescheiteres heraus. (I 3, S. 1 f.)

Mit *Selbsterkenntnis* wurde oft eine breitere Wahrnehmungsfähigkeit für soziale Problemlagen angesprochen. Diese „soziale Wahrnehmung" umfasste für viele zum einen die Analyse der eigenen Rolle in ihrem Handlungsfeld, zum anderen zugleich auch die Identifizierung mit dem „System Grüne". Dabei entwickelte sich gewissermaßen als „Nebenprodukt" für viele mehr Selbstbewusstsein, quasi gespeist aus dem Wissen über die Organisation, über die Strukturen und Kulturen. Ein Wissen, welches innerhalb der KUPO-Gruppe generiert und geteilt wurde.

Auf die Frage, was ihm KUPO insgesamt gebracht hat, antwortet eine Person:

Ja, schon irgendwie das Größere zu sehen. Und mehr Selbstbewusstsein haben. (I 8, S. 3)

Im Gemeinderat bin ich jetzt schon viel fitter, dort haben die Fortbildungen sehr viel gebracht. Ich habe mehr Rückhalt, mehr Selbstbewusstsein wie ich Sachen angehe, wie ich sie durchziehen will, so dass sie erfolgreich sein können. (I 6, S. 2)

Bei diesen Themen gerieten einige InterviewpartnerInnen ins Schwärmen. Dieser Themenbereich eröffnete für sie eine schier unerschöpfliche Quelle von individuellen Bedeutungen, die der Weiterbildung im Zusammenhang mit der Partei zugeschrieben wurden. Die vielfältigen erworbenen Kompetenzen, der Erfahrungsaustausch und die intensive Auseinandersetzung mit dem organisatorischen und politischen System bewirkten eine hohe Identifikation mit dem Gesamtsystem; die „Grünen“ wurden ein sehr wichtiger Bezugshorizont für die eigene Rollenfindung und Selbstreflexion. Offenbar hat die Beschäftigung mit sich selbst „als Grüne(r)“ wichtige Motive für ihre politische Arbeit hervorgerufen und auf einen neuen Prüfstand gestellt. Die so angewandte Selbstreflexion hatte für die AbsolventInnen durchwegs auch kritische Aspekte; *ich bin Konflikten immer aus dem Weg gegangen* – diese Selbsterkenntnis war offenbar hinreichend dafür, die eigene Verhaltenskonzeption neu zu überdenken.

Störungen und Kritik:

Negative Kritik an der Seminarreihe wurde selten geäußert, und hier war sie fast ausschließlich bezogen auf Rahmenbedingungen, wie Seminarorte, Verpflegung, Unterkunft, aber auch die Fluktuation in der AbsolventInnengruppe. Diese Art von „Störungen“ hatten laut AbsolventInnen jedoch kaum Einfluss auf die Qualität der Seminare bzw. auf ihre Lernerfahrungen.

Für die AbsolventInnen gab es offenbar eine interessante Art von „Störung“, die sehr unterschiedlich bewertet wurde. Hier gab es einen deutlichen Widerspruch, der sich durch die Gespräche durchzieht. Er bezieht sich auf die soziale Struktur der Lehrgangsgruppe. Es gab einen relativ kontinuierlichen „Kern“ der Gruppe, und es gab fluktuierende AbsolventInnen, die ein oder mehrere Seminare aus der gesamten Reihe ausgewählt hatten. Tendenziell favorisierten die *Kern-AbsolventInnen* eher das Modell der Geschlossenheit von Gruppen, aber auch hier gab es unterschiedliche Meinungen. Die Fluktuierenden waren vermutlich naturgemäß zufrieden damit, dass sie gut aufgenommen wurden *(es haben sich keine Cliquen gebildet)*. Die Interviewten selber zählten zu den *Kern-AbsolventInnen*; jeder/e von ihnen hatte fast alle Seminare besucht.

Im Lauf des Kurses gab es immer eine Fluktuation; das finde ich nicht gut, dass viele nur einzelne Module machen. Es sollte so sein, dass die Gruppe konstant bleibt, das ist auch wichtig z. B. bei Projektarbeit und bei den Gruppengeschichten, da muss man die Leute kennen, weil man immer eine lange Anlaufzeit hat, bis man die Leute kennt. Das hat mir leid getan, und es hat mich auch behindert beim Lernen, weil man immer wieder neu aufbauen muss. (I 6, S. 4)

Ich empfand das (Fluktuation) *nicht als störend, weil es haben sich deswegen keine Cliquen gebildet, die dann immer wieder zusammengekommen sind. (I 4, S. 9)*

Weiterer Lernbedarf:

Die Beschreibungen des weiteren Lernbedarfs bzw. der weiteren Begleitung könnte man unter „Mehr desselben" zusammenfassen. Einige AbsolventInnen wünschten sich eine Weiterführung etwa im Sinne eines weiteren Moduls zur Vertiefung bestimmter Fertigkeiten (z.B. Öffentlichkeitsarbeit, Projektmanagement, Strategieentwicklung), andere wiederum wollten mehr im Bereich „Kommunikation", wobei hier viele Aspekte angesprochen wurden.

Auf die Frage, welche „Vertiefung" gewünscht wäre, antwortet eine Interviewperson:

Da fällt mich nichts konkretes ein, es sollte eher so auf der gesellschaftlichen Ebene angesiedelt sein, wo man lernt, Zusammenhänge besser zu erkennen, vielleicht auch ein wenig ins Psychologische hinein. Und weiterhin auch Teamarbeit, Zeitmanagement, vertiefend Projektmanagement und Gestaltung, Rhetorik, Stimme und Sprache, Kommunikation vertiefend genau so wie das zielführende Arbeiten in Gremien und Vorstand. (I 6, S. 4)

Ja, ich glaube Rhetorik wäre etwas, was ich brauchen könnte. Äh, Rhetorik, Kommunikation, Moderation, dieser Bereich. (I 8, S. 8)

Hier gab es eine Reihe von unterschiedlichen Bedarfslagen im Bereich der sozialen und organisationsbezogenen Kompetenzen - beispielsweise, dass Sitzungen optimiert werden sollen, oder auch die Steuerung von Programmprozessen, von Arbeitsgruppen, das *zielführende Arbeiten in Gremien und Vorstand* udgl.

Die Bezirksgruppe hat auch ein Ziel, ein bezirksgruppeninternes Ziel und ein grünes Ziel, das Oberziel. Und dieses punktuelle Vorgehen, ein worst-case-szenario entwickeln, all diese Dinge zu bedenken um wirklich gewappnet zu sein, das ist wahnsinnig spannend und interessant. Das ist sicher – was meine

Person angeht – sicher noch ausbaufähig, das ist etwas, da hätte ich noch gern ein Seminar in die Richtung. (I 4, S. 12)

Vielen AbsolventInnen war wichtig, dass sie aktiv gestaltend in ihre Praxis „eingreifen" können – dafür bräuchten sie aber noch das eine oder andere Modul. Besonders Führungsfragen, wie etwa die Erreichung von bestimmten Zielen, die Verbesserung der Teamarbeit, oder auch die Umsetzung von bestimmten Vorstellungen darüber, wie die Organisation der Grünen funktionieren müsste, interessierten die GesprächspartnerInnen.

In mehreren Gesprächen wurde ein Bedürfnis danach deutlich, zu lernen wie die politischen Werthaltungen, Einstellungen und Vorhaben mit der Organisation sinnvoll verbunden werden können. Der eine oder andere fragte sich, ob die Art und Weise, wie etwas organisiert wird, auch auf die Vermittlung bzw. die Inhalte Einfluss nimmt. Hier gab es zum Großteil auch Antworten, aber auch noch offene Fragen. Offenbar gibt es hier noch einen Bedarf an Weiterbildung, der unter dem Titel Organisationsentwicklung zusammengefasst werden könnte.

Einige AbsolventInnen definierten einen Weiterbildungsbedarf hinsichtlich bestimmter politischer Themen, die zusammengenommen der Wissensvermittlung in der Politischen Bildung in Schulen entsprechen könnten; beispielsweise *grundlegende Informationen* zum Thema Politik, wie man sie etwa in der *Staatsbürgerschaftskunde* hätte lernen wollen. Oder auch die Beschäftigung mit der „politischen Sprache" im Sinne einer ethischen Auseinandersetzung, einer *Sensibilisierung*:

Und so allgemein glaube ich, dass erstens einmal Sprache verdient thematisiert zu werden als Thema – ich weiß, dass man dann – aber nicht im Sinn einer Rhetorikausbildung und bitte gar nicht anstreifen mit NLP oder so, aber da hab ich eh keine Angst; aber im Sinne von dieser Sensibilisierung. (I 3, S. 13)

Keine(r) von den Interviewten hatte keinen Bedarf. Aus ihren Beschreibungen geht ein Selbstverständnis hervor, wonach sie sich als Lernende in einem unabgeschlossenen Lernprozess begreifen. Auch eine soziale Dimension kam hier implizit zum Ausdruck: Für die Interviewten war wichtig, dass sie in irgendeiner Form auch „lernend in Kontakt" bleiben mit dem System Grüne.

2.5 Von der Bildung zur Organisation

2.5.1 Transfer in die Organisation aus Sicht der AbsolventInnen

Auf die Frage, wie und wo sie ihre neu erworbenen Kompetenzen umsetzen könnten, antworteten die Interviewten recht unterschiedlich, zum Teil auch widersprüchlich. Ausgehend von der eigenen Praxis wurden unterschiedliche Möglichkeiten beschrieben - einige AbsolventInnen sahen hier mehr Möglichkeiten, andere weniger. Eine Reihe von Bedingungen war nach ihren Aussagen maßgeblich für den Erfolg der neuen Qualifikationen: die eigene Rolle und Akzeptanz in der Gruppe, eine entsprechende Funktion, der passende Arbeitsbereich, Bedarfslagen etc. In der Tendenz schien es viele Transfermöglichkeiten für die GesprächspartnerInnen zu geben.

Es (Konfliktmanagement) *hat mir natürlich auch in einigen anderen Sachen sehr geholfen, bei uns im Y.* (Ziffer) *Bezirk, und ich leite auch unsere internen Sitzungen und da hat mir das Seminar sehr viel geholfen.* (I 5, S. 3)

Für einige GesprächspartnerInnen war eine wichtige „Transfer-Referenz" die eigene Gruppe. Je besser sie funktioniert, desto besser gelingt die politische Arbeit, könnte eine Formel der AbsolventInnen lauten. Aber nicht nur die Ergebnisse der Arbeit, sondern auch die Frage der Gruppenleitung war sehr bedeutsam, wie folgendes Zitat zeigt:

Unsere Gruppe hat ein gutes Zusammengehörigkeitsgefühl, es gibt einen guten Umgang mit Widerständen, mit Machtfragen, das geht gut zu lösen. Ich bin Gemeinderätin, hab aber innerhalb der Gruppe aufgegeben, Leaderin zu sein. Wir haben uns verschiedene Funktionen aufgeteilt, es gibt einen Moderator, jemanden fürs Geld... . Das ist in der Gruppe deutlich aufgefallen, dass ich bei Kupo war, dass wir produktiver arbeiten können und Spaß haben! Ich habe mich anders verhalten nach Kupo – ich habe nicht versucht, in der Gruppe Spitzenpositionen einzunehmen. (I 6, S. 2 f.)

Als sehr wichtig wurde angesehen, dass KUPO einen hohen praktischen Charakter hatte, d. h. dass die Lernerfahrungen direkt erprobt werden konnten. Die GesprächspartnerInnen stellten einen Zusammenhang zwischen den Qualitäten in der Weiterbildung mit bestimmten Situationslagen in ihrer täglichen Praxis her. Sie wandten quasi das Erlernte bereits an; bestimmte reale Problemlagen wurden analysiert und bearbeitet – durch *Probehandeln* würden die neuen Fähigkeiten eingeübt.

Anwendungsschwierigkeiten:

In der eigenen Praxis gäbe es allerdings einige Schwierigkeiten, die die Anwendung der neuen Qualifikationen erschwere. Eine wichtige Rahmenbedingung in diesem Zusammenhang war für viele der „Zeitfaktor". Bei den meisten Interviewten war ein hoher zeitlicher Druck herauszuhören: sei es in der Durchführung von Sitzungen, deren Tagesordnungen *immer noch zu lange* sind, sei es der Alltagsstress, der wenige Zeitfenster übrig lässt. Folgende Interviewperson beschreibt das Dilemma des Alltags: einerseits gäbe es die Möglichkeiten der Umsetzung, zugleich aber auch *Stress, der einen überrollt*:

Also ich würde nicht sagen, dass ich mir so viel angeeignet habe, unterbewusst vielleicht hoffentlich doch, aber da war auch die Möglichkeit zu sehen, was gibt es alles und auch einfach zu wissen, aha ich kann dort nachschauen. ... Versucht schon, aber es ist meist dann der Alltag mit Stress, der einen überrollt und wo man irgendwie wieder vieles über den Haufen wirft. (I 8, S. 3)

Auf die Frage, was die Person bereits ausprobiert hätte:

Ja schon, Projektmanagement und der Bereich. Was ich schon anwenden konnte, waren auch so die Sachen in der Öffentlichkeitsarbeit... .(ebd., S. 3)

Eine andere Interviewperson sah für sich wenige Möglichkeiten der Umsetzung, weil auf Grund der eigenen Funktion keine dementsprechenden Aufgabenfelder vorhanden wären.

Ich tu mir schwer, weil ich habe im Prinzip nirgends eine Aufgabe, wo ich das machen kann. Ich habe es kurz einmal bei den XY Grünen – ganz am Anfang, war ja auch ein bisschen Teambildung, ja da haben wir das schon versucht. ... Ich meine wenn, dann würde ich am liebsten irgendeine Projektbetreuung machen, aber das geht nicht. (I 10, S. 4)

2.5.2   KUPO ist ein *Pflichtprogramm*

Mehrheitlich wurden in der Praxis eine Reihe von Anwendungsmöglichkeiten gesehen, die teilweise auch erst erschlossen werden müssten. Durchgängig gab es die Meinung, dass der „Bereich Kommunikation" am breitesten angewandt werden könnte – sowohl im Zusammenhang mit Führungsfragen und Konfliktmanagement, wie auch hinsichtlich der Anwendung von sozialen Techniken, wie Sitzungsgestaltung, Moderation etc.

In einigen Gesprächen wurde der Themenbereich Kommunikation und Führung teilweise widersprüchlich beschrieben: Einerseits sei die Kommunikationskompetenz eine neue Qualität in der Arbeit, auf der anderen Seite hänge es von den „relevanten Umwelten" ab, in wie weit diese Kompetenzen umsetzbar wären. Einige berichteten, dass zwar die Motivation und die Bereitschaft zur Verbesserung der Kommunikation in ihren jeweiligen Gremien / Arbeitsgruppen vorhanden wären, aber häufig fehle der „Ort", die Zeit, der Auftrag oder die „Verbindlichkeit". Die AbsolventInnen orteten in ihren unmittelbaren Arbeitsbereichen zum Teil starke Defizite in diesen Bereichen, etwa in der Bearbeitung von strategischen Fragen, in der Organisationsentwicklung, in der Nachwuchsentwicklung, im Konfliktmanagement.

Obwohl die AbsolventInnen laut ihren Schilderungen sehr unterschiedliches von dieser Bildungsmaßnahme „mitgenommen" haben und auch unterschiedliche Umsetzungsmöglichkeiten vorfinden, plädierten alle für die Weiterführung bzw. für den Ausbau von KUPO. Sowohl für sich wie auch für andere sollte es diese kontinuierliche Möglichkeit der Weiterbildung geben. Dort und da gab es starke Befürchtungen, ob und wie KUPO fortgesetzt wird – die internen Entscheidungen in den zuständigen Gremien waren wenig transparent bzw. nicht mitverfolgt worden. Zum Zeitpunkt der Interviews gab es sowohl aus der Sicht der AbsolventInnen wie auch aus der Sicht der LeiterInnen große Unsicherheiten über das Fortbestehen – umso mehr wurde die Notwendigkeit der parteiinternen politischen Bildung betont.

Ich bin sicherlich einer von den Verfechtern von Kupo, ich habe mich auch erkundigt, in wie weit man was tun kann, damit es weiterläuft, weil es einmal auf der Kippe gestanden ist. Ich bin sehr froh, dass das Ganze auch ausgeweitet worden ist auf andere Ebenen. Ja finde ich sehr gut. Wir haben damals auch den Eindruck gehabt, dass nicht unbedingt jemand, der im Parlament sitzt, über diese Kompetenz, über soziale Kompetenz verfügt. Ist uns plötzlich aufgefallen, dass einige Aktionen von Politikern unserer Coleur nicht dem Geist der Grünen entspricht. ... Und zwar auf Grund ihrer Verhaltensweisen in der Öffentlichkeit. (I 7, S. 8 f.)

Andere Parteimitglieder, besonders ParlamentarierInnen sollten ebenfalls diese Weiterbildung erfahren – sie sollen durch ihr Sozialverhalten ein bestimmtes „Niveau" der Grünen repräsentieren, eine *gewisse soziale Kompetenz*. Immerhin werden PolitikerInnen nicht als *Abgeordnete geboren*...

Sowas braucht man verstärkt – in den Ländern unbedingt! Es ist konzipiert für Menschen in Gemeinden, aber man kann das nicht so streng abgrenzen. Im Büro sind Leute, die mitmachen sollten. Ich denke, das wäre eine gute Möglichkeit, zu lernen die gleiche Sprache zu sprechen, z.B. im Projektmanagement: Zu wissen wo befindet sich das Projekt jetzt, was kann ich und andere machen. Und das soll es auch für potenzielle Abgeordnete geben, die werden ja nicht als Abgeordnete geboren und einige kommen als Quereinsteiger, die würden das brauchen. (I 6, S. 2)

Ja, der Output (von Kupo) *ist letztendlich die grüne Message unter die Leute zu bringen und grün wählen zu können. Das funktioniert in Summe wahrscheinlich mit Kupo besser, einfach weil interne Reibungsverluste verringert werden, weil die Leute wissen, wie sie intern miteinander umzugehen haben und zweitens glaube ich eine Form von Menschlichkeit, die den WählerInnen gegenüber gebracht wird, die ehrlich und sympathisch ist glaube ich, wenn man sich an Kupo hält. Ich glaub man repräsentiert eine gewisse soziale Kompetenz damit. Und das sind prinzipiell Eigenschaften meiner Meinung nach, die jemand haben sollte, der politisch in der Öffentlichkeit steht. (I 7, S. 16)*

KUPO soll ein *Pflichtprogramm* werden, das möglichst für alle Ebenen in der Organisation zugänglich sein soll; KUPO sei eine *Grundlage*, die man für die *alltägliche Politik* brauche:

Ich sehe es als Pflichtprogramm oder nicht als Pflichtprogramm – aber das, was man eigentlich machen sollte, weil man das alles nutzen kann und das einfach auch braucht. Das sollte jeder Politiker einmal gemacht haben und das können, das Handwerkszeug. ... Ich weiß nicht, wie oft es das noch geben muss, damit alle, zumindest alle MandatarInnen auf Gemeinde- und Bezirksebene da mitmachen. So was muss auf jeden Fall weitergehen, ausgebaut werden, ergänzt werden. (I 8, S. 6)

Vielen GesprächspartnerInnen war der Aspekt der „Basis" sehr wichtig: Es sollte an der Basis weitergebildet werden, d. h. bei GemeinderätInnen, ProjektmitarbeiterInnen, Angestellten. Diese Ausbildung sollte – so die Interviewten – auch dazu dienen, ihre operative Effizienz zu verbessern, indem Arbeitsabläufe wie etwa Projektmanagement professionalisiert werden sollten.

2.5.3   KUPO ist *maßgeschneidert*: Sicht der LeiterInnen

Ähnlich wie die AbsolventInnen bewerteten die LeiterInnen die Bedeutung von
KUPO für die Gesamtorganisation. Das KUPO-Konzept sei auf die Kultur, auf
die politische Grundhaltung und auf die organisatorischen Voraussetzungen der
Grünen abgestimmt. Die LeiterInnen meinten, dass politische Bildung, und vor
allem eine „grüne" politische Bildung darauf ausgerichtet sein sollte, indirekt
auch die Verwirklichung von Grundwerten (genannt wurden Attribute wie *e-
manzipatorisch, basisorientiert, aufklärerisch* oder *selbstbestimmt)* bestmöglich
zu gestalten. Daher muss diese Verwirklichung im Konzept, in den Inhalten und
besonders in der Didaktik grundgelegt sein. Das heißt: Wenn etwa im Parteiprogramm die Grundwerte *emanzipatorisch* oder *selbstbestimmt* festgeschrieben
sind, dann müsste jede Art von Bildung helfen diese Werte umzusetzen, indem
sie selbst in ihrer Verfasstheit (Ziele, Didaktik, Methodik) *emanzipatorisch* oder
selbstbestimmt angelegt ist.

Wie ein roter Faden zog sich dieser Konnex durch die Gespräche; die Interviewten zeigten sich hier besonders bemüht, ihr Bildungskonzept dahingehend
zu argumentieren, dass die politische Bildung von KUPO *grün* ist; sie sei insbesondere *emanzipatorisch, aufklärerisch.* Hier wurde eine deutliche Grenze zur
traditionellen politischen Bildung gezogen. Für die Interviewten bedeutete das
Konzept von „Kunst der Politik" nicht nur einen neuen Zugang zur Bildung,
sondern mehr als das: es schien für sie unerlässlich zu sein, dass die emanzipatorische Bildung immer vor dem Hintergrund von bestimmten Werten argumentiert und konzipiert wird.

*Ich glaube, dass in meinem und auch im allgemeinen Verständnis Bildung
ein sehr, sehr wesentliches Vehikel ist, und wir auch das Gefühl haben, dass wir
in unseren Ausdrucksweisen und von unserer Politik her ein gewisses Bildungs-
niveau ständig ansprechen und wollen das erreichen. Also Bildung ist ein hohes
Gut bei den Grünen, das ist überhaupt keine Frage. Insofern ist es ja eh erstaunlich, dass wir das ständig so sträflich vernachlässigt haben bis jetzt. ...
Selbstbestimmt ist eine der Säulen. Aber selbstbestimmt heißt in Wirklichkeit,
dass dir die Chance gegeben wird, dass du es kannst. (I 1, S. 11)*

Die individuelle und kollektive Anwendung dieser Grundwerte auf sich selbst
sei also unumgänglich, wollte man die Grundwerte ernsthaft politisch umsetzen.
Und dafür bräuchte man in erster Linie die Chance, um neue Methoden und
Vorgehensweisen zur Erreichung von demokratischer Selbstbestimmung zu
erproben. Man bräuchte dafür allerdings das nötige Wissen – kein *richtiges
Wissen,* sondern *Reflexionswissen*:

Es geht eigentlich der politischen Bildung nicht primär darum, dass du das richtige – unter Anführungszeichen – Wissen vermittelst, sonders dass du die Fähigkeiten der Leute stärkst, bzw. Räume schaffst, Zeit schaffst, um die Realität in der du agierst vor dem Hintergrund von Inputs zu reflektieren. ... Und dafür – also wir nennen das Reflexionswissen – und dafür ist die Reflexionsfähigkeit ein wichtiger Punkt und ich denke mir, dass Kupo so wie wir das jetzt vom inhaltlichen, pädagogischen, prozessmäßigen Ansatz konzipiert haben, einen wichtigen Beitrag zur Stärkung der Reflexionsfähigkeiten leistet, grundsätzlich und bezogen auf Organisationen, Strukturen in denen du agierst. (I 9, S. 12)

Politische Bildung im traditionellen Sinn (Vermittlung von Faktenwissen) sei für die politische Handlungsfähigkeit unzureichend (dies bestätigten auch die AbsolventInnen), außerdem würde ein bestimmtes, für das tägliche politischen Handeln notwendige Wissen seitens der MandatarInnen und MitarbeiterInnen ohnehin nicht in Weiterbildungsveranstaltungen erworben, sondern sei mehr „selbstorganisiert“. Schließlich hat man – so die Interviewten – keine guten Erfahrungen mit *Rufseminaren* (Seminare zu bestimmten aktuellen Themen) gemacht, weil solche auf Grund von mangelndem Interesse der potenziellen Zielgruppen kaum zu Stande gekommen waren.

Und ja, insofern hat das System Rufseminare nicht funktioniert, weil das in so einer Struktur schwer möglich ist. (I 9, S. 4)

Wichtig war den Interviewten ebenso, dass KUPO nicht als *Kaderschmiede* verstanden wird, sondern es sei eine *Basisgeschichte – KUPO sei basisorientiert* und daher als Bildung passend zur Organisation:

Nein, Kaderschmiede wäre die Leute herrichten für die Gremien, nein Kaderschmiede ist das keine. Es ist eine Basisgeschichte: es ist eine zur Struktur passende – es ist eine basisdemokratische Organisation, und der entsprechend muss man meiner Meinung nach auch die Bildung veranstalten, dass sie basisorientiert ist. (I 2, S. 8)

Laut Interviewte sei ein konstitutiver Zusammenhang zwischen Bildung, Reflexion und politischer Arbeit zwar individuell (seitens der AbsolventInnen) weitgehend gegeben, jedoch nicht auf den anderen Ebenen der sozialen Komplexität. Reflexionen im Sinn von Aufklärung von sich selbst (was etwa hieße: die eigenen Machtkonflikte aktiv ansprechen und bearbeiten) innerhalb von Gruppen oder größeren Einheiten seien bislang nicht unbedingt üblich gewesen, wurden im System auch nicht gelernt und müssten erst entwickelt werden.

Die GesprächspartnerInnen berichteten in diesem Zusammenhang über einige Schwierigkeiten in der Konzeption einer den Grünen angemessenen Bildung: Wenn das Ziel von politischer Bildung *Reflexionswissen* ist, dann ist noch nichts darüber gesagt, was reflektiert werden soll; und diese Offenheit wurde in den Gesprächen klar zum Ausdruck gebracht. Es gehe nicht nur darum, einen bestimmten Mangel durch ein bestimmtes Wissen zu ersetzen, sondern darum, *Räume* und *Zeit zu schaffen*, innerhalb derer die je zu bearbeitenden Themen von den AbsolventInnen selbst kommen sollten. Entscheidend dafür sei die Methodik der Durchführung von *Selbstbestimmung*, wenn man so will, weil *Selbstbestimmung* erst dann stattfindet, wenn diejenigen, die sich selbst bestimmen sollten, auch dazu in die Lage versetzt werden. In der Praxis sei das eine Frage der Bildung und der Organisation, besonders auch eine Frage der Umsetzung der politischen Programmatik auf die eigene Organisation.

Die Grünen stehen für diejenigen Inhalte, die aus meiner Sicht anstrebenswert sind, teilweise, und die müssten ja eigentlich den Willen zur Aufklärung haben und zur eigenen Selbstbefähigung. Programmatisch müsste das so sein. Und sie können gewinnen gegen die anderen und tatsächlich die Gesellschaft verändern und was umsetzen, wenn sie sich selbst dieser Prozedur unterziehen wollen. ... Sie tun's auch, weil immerhin investieren sie ja was, weil sie sagen: das ist gut, das brauchen wir. ... Das ist typisch grün, weil es maßgeschneidert ist. Also man könnte Kupo nicht dem Rennerinstitut verkaufen, einer völlig hierarchischen Institution, die wieder andere Probleme hat. Was nicht heißt, dass die Grünen nicht hierarchisch sind, aber die andere Strukturprobleme haben, da kann man nicht dasselbe als Lösung anbieten. Kupo ist maßgeschneidert grün. Auch durch diese ewigen Reflexionsschleifen und prozessorientierten Konzeptionen. Ja, da können wir relativ schnell und flexibel reagieren. Und sagen: was ist das Lernziel, was ist die Frage, was brauchen die? (I 2, S. 6)

KUPO sei *maßgeschneidert* – KUPO wurde gewissermaßen als Unterstützung für die politische und organisatorische Umsetzung der grünen Programmatik angesehen. Aus konzeptioneller Perspektive seien programmatische Entwicklungsprozesse mit einer entsprechenden organisatorischen Strukturentwicklung einher zu gehen. Es seien für eine erfolgreiche Organisationsentwicklung sowohl die „Inhalte" jeweils aus einem bestimmten Handlungsfeld heraus zu definieren, wie auch die Reflexionen methodisch zu gestalten, und dafür sei KUPO als Qualifikationsinstrument gedacht. Wenn z. B. Selbstbestimmung ein Grundwert ist, dann müsste die Fähigkeit der Selbstanwendung erst gelernt, gestärkt und weiterentwickelt werden. Eine besondere Herausforderung sahen die LeiterInnen im Bereich der *Basisdemokratie,* die zunächst ja am eigenen „Systemleib" verwirklicht werden sollte.

Also deshalb ist es für mich ganz essentielle politische Bildung, wenn ich sozusagen – was in diesen Institutionen und Gremien passiert, nicht reflektieren kann und wie da Leute versuchen zu tun – diese ganzen Phantasien, die wir uns immer vorhalten mit Basisdemokratie und wenn man dann schaut, wie kommen Entscheidungen wirklich zu Stande und so Dinge, ja, das finde ich einen ganz essentiellen Punkt, da Reflexionsfähigkeit und Reflexionswissen zu stärken, damit die Leute handlungsfähiger werden. Das ist ein ganz essenzieller Teil von politischer Bildung, weil ich kann die politische Bildung ja nicht nur auf den Inhalt reduzieren, sondern politische Bildung ist auch Prozesse verstehen, Organisationen verstehen und die Fähigkeiten stärken, um in diesen Organisationen und Prozessen besser agieren zu können. (I 9, S. 12)

Das übergeordnete Ziel von politischer Bildung – so die GesprächspartnerInnen – sei eine Veränderung des Systems durch die Möglichkeiten der professionellen Prozesssteuerung und der professionellen Organisation von politischen Entscheidungsprozessen. Insgesamt sollten die Grünen davon profitieren, dass es gut ausgebildete (haupt- und ehrenamtliche) MitarbeiterInnen und MandatarInnen gab, die eine professionelle Abwicklung der politischen Arbeits- und Entscheidungsprozesse gewährleisten sollten. Letztendlich soll die Organisation von Politik verbessert werden, die Partei soll noch „leistungsfähiger" werden.

2.5.4 Bildungslogik versus Parteilogik?

In den Gesprächen mit den AbsolventInnen und den LeiterInnen kam eine interessante Widerspruchslinie kontinuierlich zum Vorschein: „Bildungsarbeit" und „Parteiarbeit" seien unterschiedliche „Herausforderungen", die sich auch gegenseitig irritieren. Für die AbsolventInnen zeigte sich dies im den Umsetzungsbemühungen: Sie brachten gewissermaßen neue Erfahrungen in ein bestehendes System zurück, welches mehr oder weniger für neue Arbeitsweisen oder Kommunikationsformen nicht oder nur wenig vorbereitet war. Hier kamen einige Widersprüche zum Ausdruck, die sich als Widersprüche zwischen einer „Bildungslogik" und einer „Organisationslogik" herauskristallisierten.

Schärfer formuliert wurden diese Widersprüche von den LeiterInnen, bei gleichzeitigem Bemühen, diese Widersprüche durch „Bildungsantworten" aufzulösen bzw. in ein fruchtbares Verhältnis zu bringen. Emanzipatorische politische Bildung sollte zweierlei leisten: Einerseits müssten zunächst die Mitglieder einer Organisation in ihren sozialen Kompetenzen (Reflexionskompetenz, Konfliktkompetenz, Organisationskompetenz) trainiert werden, andrerseits soll durch deren Anwendung das Gesamtsystem sowohl strukturell wie auch im Sinn einer guten Politik weiterentwickelt werden. Aber hier, an dieser „Schnittstelle" der Umsetzung, geraten unterschiedliche Funktionsweisen und Handlungslogiken aneinander, wie z. B. Selbstbestimmung für alle (Basisdemokratie) als Grundwert auf der einen Seite und notwendige Entscheidungsstrukturen als operationale Notwendigkeit auf der anderen Seite.

Ein weiterer Widerspruch, der auch in den Gesprächen mit den AbsolventInnen indirekt zum Vorschein kam, war der Widerspruch zwischen unterschiedlichen sozialen Formationen – zwischen Gruppe und Organisation. Die LeiterInnen differenzierten hier zwischen direkter und indirekter Kommunikation, zwischen „Gruppenlogik" und „Organisationslogik" oder auch zwischen verschiedenen Ebenen innerhalb der gesamten Organisation. Hier seien jeweils unterschiedliche Handlungslogiken erforderlich und auch dies sei ein wesentlicher Erfolg von KUPO, dass es einen *bewussteren Umgang* mit strukturell bedingten Widersprüchen gäbe.

Durchschnittlich ist der Reflexionswert gestiegen, das ist keine Frage. ... Dadurch, dass praktisch doch jetzt einigen Menschen klar gemacht worden ist, man darf über sich selber nachdenken, man darf über Gruppen nachdenken, man darf darüber nachdenken, was da passiert – es steht ein System dahinter, wenn es in einer Organisation hin und wieder beutelt, dass man quasi die Erlaubnis dies alles zu tun und sich nicht selber für blöd erklären zu müssen, hat einfach dazu geführt, dass alles viel leichter geht in diese Richtung.. ... Ja, und das ist immer noch geprägt von dieser Geschichte: in Wirklichkeit wissen alle alles und wenn es nicht so ist, dann ist es ein Kommunikationsfehler. (I 1, S. 8 f.)

Solche *Kommunikationsfehler* könnten jetzt anders gedeutet werden, eben nicht als ein Versagen derjenigen, die an der Kommunikation teilnehmen würden, sondern die *Kommunikationsfehler* seien bedingt durch die Struktur, die solche Kommunikationen hervorbringen würde. Zwar sei das kein *spezifisch grünes Phänomen* – unterschiedliche Systemlogiken gäbe es in allen Organisationen –, jedoch seien solche strukturellen Rahmenbedingungen häufig durch „ideologische" Ansprüche überlagert. Hier gelte es zwischen organisatorischen Notwendigkeiten und den Notwendigkeiten des politischen Systems zu unterscheiden. Die Grünen seien in ihrer organisatorischen Entwicklung an einem Punkt angelangt, an dem die Organisation sich selbst zum Thema machen müsste. Systemimmanente Widersprüche müssten thematisiert werden, und dies würde immer besser gelingen.

Dass wir darüber (über spezifische kulturelle Merkmale) *reden dürfen, dass man jetzt darüber reden muss, ist ein kürzeres Wissen und dass es was Positives ist, daran zu arbeiten und sich das auch eingestehen darf, das ist im Prinzip das, was jetzt neu dazu kommt.* (ebd., S. 16).

In den Gesprächen gab es teilweise sehr ausführliche Organisationsanalysen und Analysen der „grünen Kommunikationskulturen". Daraus wurden die Begründungen dafür, warum eine politische Bildung eben so und nicht anders verfasst sein müsste, abgeleitet. Implizit und explizit wurde sehr klar ausgedrückt, dass Bildung nicht die Funktion hat, einer bestimmten Ideologie zu dienen, sondern dass Bildung die organisatorischen Funktionalitäten – wie etwa eine effektive Steuerung – verbessern soll. KUPO sei konzeptionell von ganz bestimmten Werten bzw. Annahmen (wie eben *Aufklärung* oder *Selbstbestimmung*) getragen, und gerade diese Werte würden eine Didaktik erfordern, die nicht-direktiv ist, sondern das vorhandene individuelle und kollektive Potential im Sinne einer „Selbstbefähigung" (zur *Selbstbestimmung, Emanzipation, Aufklärung* etc.) nutzt.

Du kannst es leichter organisieren. Du bleibst nicht stecken in diesen diffusen, auch strukturbedingten Konflikten, sondern du kannst reden darüber und kannst Lösungen probieren. Es ist lustiger, du kannst lachen darüber wenn du scheiterst, ja auch. Du glaubst nicht, dass du persönlich eine komplette Luschn bist, weil du langsam erkennen kannst, was dein Anteil ist, was die Struktur ist, wie die anderen – dass das auch nicht lauter Idioten sind, sondern dass auch die ihre strukturellen Konflikte haben, auch ihre persönlichen und dass die Welt halt einfach kompliziert ist und dass man trotzdem Ziele erreichen kann. (I 2, S. 6)

Mit anderen Worten: Der Gewinn an Aufklärung bedeutet eine höhere Funktionalität im Sinne der Zielerreichung. Bildung soll also keinen „humanistischen Selbstzweck" haben, sondern eine effektive, nachhaltige Umsetzung von politischen Zielen fördern. Für die Interviewten gab es sichtbare und benennbare Ereignisse, die zeigten, dass KUPO ganz bestimmte Wirkungen im Sinne der „organisatorischen Selbstbestimmung" zeitigte. Interessant war in diesem Zusammenhang, dass hier Differenzierungen bzw. Zusammenhänge zwischen Organisation von Politik und politischer Willensbildung angesprochen wurden. Die Art und Weise, wie Entscheidungsprozesse organisiert und gesteuert würden, hätte einen Einfluss auf die Ergebnisse dieser Prozesse. Das war für die InterviewpartnerInnen evident, und darüber hinaus wurden hier auch Widersprüche zwischen der organisatorischen und der politischen Handlungslogik beschrieben.

2.6 Zusammenfassung und Datenmaterial

Es ist offenbar gut gelungen, durch den Lehrgang KUPO die „Kunst der Politik" zu vermitteln. Anders gesagt: Es ist gelungen, ein Bündel von Kompetenzen zu vermitteln, mit dem die AbsolventInnen in ihren politischen Funktionen in unterschiedlichen Anwendungsfeldern mehr oder weniger erfolgreich sein können. Viele Lernerfahrungen waren wichtig, unter anderem die Erfahrung, dass sie mit „anderen Wahrnehmungsbrillen" auf den „Prozess der Politik" blicken und dadurch auch andere, „alternative" Handlungsmuster verfolgen können. Die Umsetzung dieser neuen Kompetenzen in die Praxis konnte laut GesprächspartnerInnen dort gelingen, wo es günstige Rahmenbedingungen dafür gab.

Der größte Profit war wohl das „Erfahrungslernen" und der Erwerb von sozial-kommunikativen Kompetenzen. Diese Kompetenzen lassen sich mit folgenden „Lerndimensionen" zusammenfassen:

Soziale Kompetenz:

Der hohe Anteil von prozessorientierten didaktischen Elementen (Übungen, Rollenspiele, strukturiertes Feedback, Planspiele) in den Modulen intendierten auch den „Nebeneffekt" einer funktionalen und persönlichen Selbstreflexion bzw. die Reflexion der eigenen Rolle innerhalb der „grünen Organisation". Die eigene Standortbestimmung, verknüpft mit der Weiterentwicklung von sozial-kommunikativen Fähigkeiten hatte für die TeilnehmerInnen bzw. AbsolventInnen einen großen Stellenwert. Dies schätzten sie als eine zentrale Qualität von KUPO, weil dadurch eine gewisse Distanz zum Alltagsgeschäft erreicht wurde; sie konnten – befreit von Konkurrenzdenken und Konflikten – neue Verhaltens- und Handlungsmöglichkeiten ausprobieren.

Prozesskompetenz und Gestaltung von Gruppenprozessen:

Diese Fähigkeiten waren für die AbsolventInnen die wichtigsten im Sinn der Erweitung ihrer sozialen Kompetenzen. Als Grundlage für den Umgang mit sozialen Situationen wären sie wichtig, um sich zunächst jeweils ein adäquates Problembewusstsein zu verschaffen und entsprechend darauf zu reagieren. In diesem Zusammenhang gab es ausreichende Erprobungsmöglichkeiten in der

Praxis, so die AbsolventInnen – wie z. B. die Gestaltung von Gremiensitzungen, das bewusste Steuern von Entscheidungsprozessen, die Initiierung und Durchführung von politischen Projekten oder die Einführung von Teamklausuren.

Tools für die politische Arbeit (Handwerkszeuge):

Im Zusammenhang mit der Professionalisierung der täglichen politischen Arbeit wurde der Erwerb von verschiedenen „Tools" gewürdigt, wobei die AbsolventInnen unterschiedliche Bedarfslagen formulierten. Einige AbsolventInnen hatten derlei Kompetenzen bereits „mitgebracht", andere hatten nicht die entsprechenden politischen Funktionen, wo sie diese Kompetenzen anwenden konnten. Für andere waren sie jedoch wichtige Instrumente im Sinn der politischen Kommunikation nach außen und für die Positionierung in der Öffentlichkeit. Dennoch wurde diesen Lernerfahrungen durchgehend eine hohe Tauglichkeit für die Praxis beigemessen – sei es das Verfassen von Presseaussendungen, die Durchführung von Kampagnen und andere Maßnahmen im Bereich der Öffentlichkeitsarbeit.

Neben den individuell unterschiedlichen Lernerfahrungen formulierten die interviewten AbsolventInnen die zentrale Erkenntnis, dass die „Politisierung" der eigenen politischen Praxis einige wesentliche Differenzierungen erfordere, wie z. B. die Unterscheidung zwischen politischer und organisatorischer Funktionslogik, die Bedeutung von Gruppenprozessen für das Zustandekommen von Entscheidungen oder die Notwendigkeit von Organisationsentwicklung für das Wachstum der gesamten Partei. Ein „Nebenprodukt" dieser Lernerfahrungen, das für die meisten AbsolventInnen eine hohe persönliche Bedeutung hatte, waren „Selbstreflexion" und Persönlichkeitsentwicklung. Diese Qualifikationen waren laut ihren Schilderungen insofern auch funktional, als dies ihre Identifikation mit der inhaltlichen „grünen" Programmatik verstärkte. Durchgehend wurde der Anspruch erhoben und auch eingelöst, dass KUPO ein *typisch grünes* Bildungsprogramm sei und dass *grüne Grundwerte* auch in der Didaktik und in den Inhalten wieder zu finden seien.

Im Zusammenhang mit der Frage, ob die Bildungsziele von KUPO erreicht wurden, gab es im Vergleich zwischen AbsolventInnen und LeiterInnen sehr ähnliche Einschätzungen. Die Erreichung dieser Ziele wurde seitens der AbsolventInnen an Hand ihrer persönlichen Lernerfahrungen bewertet – die LeiterInnen bewerteten auf der Grundlage von Beobachtungen über individuelle Entwicklungsgeschichten den Erfolg von KUPO sehr positiv. Nicht so positiv wurde allerdings die Stellung von KUPO als „Basisprogramm" der politischen Bildung innerhalb der Organisation angesehen: Aus den Interviews mit den LeiterInnen ging hervor, dass seitens der Organisation die Bedeutung und der „Mehrwert" nicht ausreichend anerkannt werden würde. Diese Befürchtung löste sich jedoch auf: bei der „Rückkoppelung" der Evaluationsergebnisse an eine interne Öffentlichkeit gab es sehr eine sehr positive Zustimmung. Zu diesem Zeitpunkt hatte sich KUPO bereits als ein wesentliches Bildungsangebot an die MitarbeiterInnen „an der Basis" etabliert, und darüber hinaus gab es eine Weiterentwicklung von KUPO (ähnliche Seminarreihe, die für die Führungsebenen angeboten wurde, sowie einzelne Module im Bereich des Erfahrungslernens für unterschiedliche Zielgruppen).

Die von den AbsolventInnen geäußerten Bewertungen hinsichtlich der „Effektivität" von KUPO wurden von den LeiterInnen bestätigt bzw. verstärkt, denn hier war der Anspruch auf eine *demokratische Bildung* noch sehr viel höher. Die „Kunst der Politik" sollte die Organisation „durchdringen" und für alle Beteiligen entsprechende „Selbstbestimmungs- und Freiheitseffekte" bewirken. *Grünes Handeln* wäre nicht nur politisch, sondern auch organisatorisch bzw. strukturell umzusetzen. Eine solche *politische Organisationsentwicklung* setze jedoch einen Lernprozess der Organisation voraus, der als solcher jeweils organisiert und strukturiert werden müsste – hier seien erste Schritte gesetzt worden.

Dass die „Kunst der Politik" in der Organisation einen eigenen „Platz" gefunden hatte, kam auch dadurch zum Ausdruck, dass seit KUPO 2000 einige interne Veränderungen dazu geführt hatten, dass für die Funktion der internen Organisationsentwicklung eigene Strukturen eingerichtet wurden. Das Vorhaben der politischen Bildung im Sin eines Lernprozesses für die gesamte Organisation wurde somit als eine wichtige Funktion im Bereich der Führungsebene verankert.

Datenmaterial
Die Begleitforschung basiert auf folgendem Datenmaterial:

1. Erhebungen, Interviews:
- Formative und summative Evaluation: Evaluationsbögen der TeilnehmerInnen (15 – 25 je Modul; anonyme Fragebögen), Seminarprotokolle der TrainerInnen, flip-chart-Protokolle, Dokumentation „Evaluationsworkshop" im Rahmen eines Moduls, Modulberichte (zusammengefasste Fragebögen), Endbericht (summative Evaluation)
- 10 offene, qualitative Interviews mit Leitfaden, geführt zwischen Juli 2002 und Februar 2003; Dauer zwischen eineinhalb und drei Stunden
- Protokoll Rückkoppelungsveranstaltung

2. Dokumente
- Lehrgangsbezogene Materialien (Aussendungen, Infomails, Folder)

3. Feldnotizen im Forschungstagebuch

3 Schlussfolgerungen: Emanzipatorische Bildung als Alternative?

Vorbemerkungen

In den vorigen Kapiteln wurden die Ergebnisse der Begleitforschung zur Bildungsreihe „Kunst der Politik 2000" (durchgeführt von den österreichischen Grünen) dargestellt. In diesem Kapitel werden die Erfahrungen aus der Begleitforschung diskutiert, wobei auch ein kritischer Blick auf allgemeine Problemlagen der emanzipatorischen oder demokratischen politischen Bildung geworfen wird. Kann dieses Modell eine „Alternative" sein? Welche Schwierigkeiten treten hier auf und wie können sie bewältigt werden?

Für solche Schlussfolgerungen kann nicht vorausgesetzt werden, dass die Begriffe „demokratisch", „aufgeklärt" oder „emanzipatorisch" streng getrennt werden; sie werden zunächst synonym verwendet. Damit wird der „Empirie" insofern entsprochen, als hier die Zielrichtung klar zum Vorschein kommt – das Ziel ist Aufklärung, sagte eine interviewte Person. In den Erzählungen der Interviewten wurden diese Begriffe gleichbedeutend verwendet bzw. in einem jeweiligen Kontext konkretisiert. Damit ist zwar die Zielrichtung klar, ob aber eine alternative Bildung dann wirklich demokratisch (oder emanzipatorisch oder aufgeklärt) ist, kann erst von deren „Impacts" abgeleitet werden. Im untersuchten Pilotprojekt KUPO wurde daher das Augenmerk auf die Handlungsebene gerichtet, die von den Besonderheiten und kulturellen Merkmalen der „Organisation Die Grünen" geprägt waren. Somit wird jedoch die Verallgemeinerung schwierig, weil aufgeklärte Bildung immer definieren muss, wen oder was sie „aufklären" will und welche „Freiheitsgrade" dadurch zu erwarten sind. Sie muss sich auf das „Objekt der Aufklärung" beziehen, was naturgemäß einen starken Kontakt zur Praxis des politischen Handelns mit sich bringt.

Dennoch können die für die Untersuchung relevanten Fragestellungen zugleich als allgemeine Fragestellungen für jede Form von politischer Bildung gelten: Wie wird ein Individuum handlungs- und praxisorientiert gebildet? Mit welchen Fähigkeiten soll es ausgestattet werden? Diese Fragen sind sehr alt; bereits die Griechen haben dazu Ideen und „Modelle" entwickelt (ausführlich dazu der dritte Teil dieser Arbeit). Gleichzeitig sind sie äußerst aktuell, weil sich wenige didaktische Konzepte für die Praxis der emanzipatorischen oder demokratischen politischen Bildung und ihr entsprechende Organisationsformen entwickelt haben, die als Referenz dienen könnten. Die Grundidee der demokratischen Bildung wurde zwar indirekt in der Gruppendynamik methodisch-didaktisch und theoretisch entwickelt (siehe auch dazu den dritten Teil in diesem Buch), jedoch wurde noch kaum der Versuch unternommen, diese Grundidee als Ausgangspunkt für eine neue Form der „innerbetrieblichen" politischen Bildung zu verwenden.

Aus diesem Grund ist diese Fallstudie besonders aufschlussreich, weil hier zwei sehr ähnliche „sozialpolitische" Ansprüche aufeinander treffen - ein Bildungsanspruch und ein politischer Anspruch. Damit diese Verquickung nicht methodisch „wegerklärt" wird, wurde ein besonderes Augenmerk auf die Angemessenheit der Untersuchungsmethoden gelegt. Um also eine dem „Untersuchungsgegenstand" weitgehend angemessene Methode zu verwenden, wurde der qualitative Forschungszugang gewählt; am zweckmäßigsten erschien das Instrument der Frage: Was ist die „Kunst der Politik?", welche politische Bildung ist dafür nötig und welche Erfahrungen gibt es mit dem Modellprojekt KUPO? Das wurden diejenigen gefragt, die diese Bildung konsumierten und diejenigen, die diese Bildung ermöglichten. Dabei wurde unterstellt (und später durch die Untersuchung bestätigt), dass Bildung nicht nur als punktuelles „Seminarereignis" stattfindet, sondern vor allem auch dort, wo die TeilnehmerInnen tätig sind. Diese Sichtweise wird von einem breiten Politikbegriff hergeleitet; Politik findet überall dort statt, wo kollektive Entscheidungen getroffen werden müssen, wo sich eine bestimmte Gemeinschaft „demokratisch organisiert". Die dafür nötigen „demokratischen" Fähigkeiten sind wiederum Gegenstand einer Bildungsüberlegung – in diesem Fall die Überlegung zu KUPO.

Von Beginn an und während der Begleitforschung hat sich eine „systemimmanente" Schwierigkeit bemerkbar gemacht, die man als zweifache Anforderung beschreiben könnte: Erstens konstituierte die „Bildungsinnovation KUPO" eine deutliche Differenz zum gewohnten Bildungsverständnis, und zweitens etablierte diese Bildungsinnovation in ihrer Organisationsform als „Projekt" eine organisatorische Differenz zur Struktur der Gesamtorganisation. Diese Anforderungen bzw. deren Analyse dürfte dazu beitragen, dass allgemeine, wenn auch nicht vollständige Konsequenzen für die emanzipatorische politische Bildung abgeleitet werden können (Kapitel 3.2 und folgende).

3.1 Ausgangspunkt und Veränderungswiderstand

Eine neue Form der Bildung, projektförmig strukturiert, anwendungsorientiert und gekoppelt mit einem emanzipatorischen Anspruch, sollte eingeführt werden; das bedeutet eine Veränderung im bestehenden Leben der Organisation, weil etwas Neues dazukommt. Ausgehend von der Grundannahme, dass sich Organisationen qua Struktur „auf Dauer stellen", sind verschiedene Möglichkeiten der Veränderung nicht gerade apriorisch vorhanden. Auf Neues, Ungewohntes, Unbekanntes reagieren Organisationen meistens mit Veränderungswiderständen und mit verschiedenen Manövern der *Systemabwehr* (vgl. Heintel / Krainz 1990, 1994 & 1998, Krainz 1995, Luhmann 1995). Ein Projekt ist per Definitionem eine „Neuheit", weil hier neue, von der Linienorganisation (noch) nicht wahrgenommene Aufgaben entwickelt und umgesetzt werden müssen. Projekte sind ihrerseits nicht auf Dauer gestellt, sondern zeitlich begrenzt und meist „außerhalb" der Linie organisiert. Die Motive für Projektmanagement können unterschiedlich sein – als Entwicklungsprojekte für notwendige Organisationsveränderungen, aber auch zur Entwicklung von Innovationen oder Einführung von speziellen Aufgaben (vgl. Heintel / Krainz 1994).

Das Pilotprojekt KUPO hatte alle Charakteristika eines Projekts und kann unter dem Aspekt einer Bildungsinnovation betrachtet werden – welche Phänomene des Veränderungswiderstands haben sich hier gezeigt und wie haben sie sich auf die Projektdurchführung und auf die relevanten organisatorischen Bezugsbereiche ausgewirkt? KUPO wird in diesem Kontext als eine bestimmte Differenzsetzung zur bestehenden (Bildungs-)Organisation gesehen, und zwar als eine Form der „Organisation von Reflexion". Für dieses Bildungsverständnis gibt es reichliche empirische Anhaltspunkte, die mit der Folie des Veränderungswiderstands in einer ersten Annäherung beschrieben werden können.

Wenn wie gesagt Organisationen aus eigener Kraft kaum aus ihrem Selbstlauf aussteigen können, wenn auch nur temporär, dann ist die wichtigste und wirksamste Differenzsetzung die Organisation von Reflexion. Was heißt das? Damit über etwas ein Bewusstsein entsteht, muss irgend etwas ‚anders' sein. (Krainz 1995, S. 6) Dieses „Andere" ist der Vergleichmaßstab, an dem die Bildungsinnovation KUPO bzw. jede andere demokratische Bildung zu messen ist, wobei die strukturellen und organisatorischen Bedingungen in den konkreten Handlungsfeldern der politischen Arbeit die relevante Bezugsgröße ist. Aus solchen Schlussfolgerungen wird man jedoch kein „Idealmodell" von demokratischer Bildung ableiten können, sehr wohl aber Richtlinien für Bedingungen und Voraussetzungen für die Integration von demokratischer Bildung in ein bestehendes System.

Der Pilotversuch „Kunst der Politik" war zu Beginn etwas „Anderes" als das, was die Organisation bis dahin als „Bildung" gekannt hatte. Mit KUPO sind eine Reihe von Veränderungen ausgelöst worden, die wieder zu neuen Überlegungen (bei den AbsolventInnen und bei den LeiterInnen) geführt haben, die man unter dem Titel Organisationsentwicklung zusammenfassen könnte. Dieser „Bildungsversuch" kann als gelungen angesehen werden; KUPO hat sich in der Zwischenzeit weiterentwickelt und organisatorisch als kontinuierliche Maßnahme etabliert. Das zeigt einerseits, dass kontextbezogene, organisationsinterne emanzipatorische Bildung möglich ist, und andererseits weist dies den

Weg der demokratischen, aufgeklärten oder emanzipatorischen Bildung in eine verallgemeinerbare Richtung – zu einer echten Alternative zur traditionellen politischen Bildung.

3.1.1 Zum Begriff der *Systemabwehr*

Veränderungen können zu Irritationen führen – das haben die Interviewten sehr anschaulich beschrieben. Wie wird der Begriff der „Veränderung" hier aufgefasst?: Veränderungen geschehen über die „Bewältigung von Differenzen", wobei diese Bewältigung zugleich agierend, wie auch aus einer Distanz heraus „gemanagt" werden müssen – das beschreibt das Prinzip der *reflexiven Steuerung* (vgl. Königswieser 2006, S. 69 ff.; vgl. auch Krainz 1998, S. 326 ff.; Krainz 1994, S. 206 ff.; Krainz 1995, S. 3 f.). „Reflexion" meint hier nicht nur einen „Denkakt", sondern zugleich eine Intervention ins jeweilige Geschehen – *tatsächlich ist Reflexion ‚eingreifendes Denken', das letztlich einzige Mittel bewusster Organisationsveränderungen* (Krainz 1995, S. 5). Das bedeutet, dass Veränderungspotenziale sich nur über „organisierte Reflexion" erschließen lassen, und zwar mit der Beteiligung derjenigen, die von diesen Veränderungen betroffen sind. Mit anderen Worten: Reflexion ist – bezogen auf konkrete organisatorische Ausgangslagen und Veränderungsnotwendigkeiten – jenes Steuerungsinstrument, das am ehesten auch einer „demokratischen Vorgangsweise" entspricht, weil hier verschiedene system- und kulturbedingte Widersprüche integriert werden können.

Die gruppendynamische Forschung hat für diese Sprachverwendung den Begriff der *Systemabwehr* hervorgebracht, um Phänomene zu erklären, die zunächst „irrational", widersprüchlich oder „systemfremd" erscheinen (vgl. Heintel / Krainz 1990, 1994, 1998; Krainz 1995). Auf „Eingriffe" reagieren Organisationen mit unterschiedlichen Formen des Widerstands, aber sie reagieren nicht *‚technoid' – man kann nicht ein paar Leute wie Module austauschen, ohne dass dies sozial-emotinale und prozessuale Konsequenzen hätte. Die bedeutsamen Fragen, die von unserem Theorem der ‚Systemabwehr' betroffen werden, sind daher, welche Prozesse, Kräfte, Mechanismen, Physikalismen, Biologismen sozialen Systemen allgemein zu eigen sind. Und im Gegensatz dazu lässt sich fragen, was einem System ‚normalerweise' ‚fehlt'. Welche Konsequenzen schließlich haben das Vorhandensein bestimmter Eigenschaften und das Fehlen anderer für die Systemsteuerung? Wodurch kommt es zu Entwicklung, wodurch schließlich zu beabsichtigter Veränderung, zu ‚geplantem Wandel'?* (Heintel / Krainz 1994, S. 164)

Diese Fragestellungen setzen voraus, dass sich Organisationen nicht „rational" verhalten (wie uns die Organisationsmodelle in den Betriebswirtschaften nahe legen), sondern dass sie soziale Systeme sind und daher „soziale Gesetzmäßigkeiten" das „Wesen der Organisation" beschreiben. *Mit System meint man ein mehr oder weniger in sich geschlossenes Ganzes, dessen Teile in einem vernetzten Wirkungszusammenhang stehen und in bestimmter systemeigentümlicher Weise strukturiert sind.* (Heintel / Krainz 1990, S. 141) Eine Gesetzmäßigkeit ist, dass sich Organisationen „ungern" verändern – sie tendieren eher zu Dauerhaftigkeit. *Soziale Systeme haben im allgemeinen einen bestimmten ‚Konservativismus', eine Art von Veränderungsresistenz. Organisationen sind tendenziell für die Ewigkeit gebaut, entwickeln ein eigenes Leben, eine Kultur, eine Individualität, Erscheinungsformen, denen sie einen beträchtlichen Teil ihres Energieeinsatzes (die Schätzungen gehen bis zu 60 %) widmen.* (ebd., S. 3).

Die hier angesprochenen kulturellen Merkmale haben unterschiedliche Funktionen für die Aufrechterhaltung von Identität, sie verweisen aber auch auf „unbewusste" Manöver der Organisation, auf die Phänomene der Systemabwehr. Heintel und Krainz gehen davon aus, dass hier eine kollektive Emotionalität oder ein kollektives Unbewusstes wirksam wird: *Das kollektiv Unbewusste reagiert sensibel auf kleinste Veränderungen in Unternehmen, und zwar abwehrend. ... Die Systemabwehr ist mehr als nur eine (noch ziemlich rationale) Skepsis gegenüber einer undurchschaubaren Neuerung, sie ist eine gebündelte, emotionale, ‚instinktive' Reaktion der Organisation, geäußert durch bestimmte – einen oder mehrere – ihrer Teile, gleichzeitig oder im Prozess eines Projekts nacheinander; sie kann die wunderlichsten Gestalten annehmen.* (ebd., S. 4)

Die Analyse dieser *wunderlichen Gestalten* kann immer unter dem Aspekt der *Abwehr* betrachtet werden, wobei hier einige konstituierende Elemente zum Tragen kommen und von einer *Dialektik der Abwehr* (Heintel / Krainz 1994, S. 171) ausgegangen wird. Demnach haben Abwehrrektionen ganz bestimmte Funktionen für die Aufrechterhaltung der Identität. *1. Ziel der Abwehr ist generell die Sicherstellung von Identität und Integrität... 2. Die Abwehr ist unbewusst, das heißt, sie geschieht im Sinne einer Reaktionsautomatik, unreflektiert und blind. ... 3. Die Abwehr ist „dynamisch", das heißt, sie wird dort aufgeboten, wo es um besonders starke Emotionen geht, die das Ich zu überschwemmen drohen. Abwehr ist daher immer Angstabwehr... 4. Die Abwehr ist unterschiedlich „reif", es gibt entwicklungsphasenabhängige Charakteristika der Abwehr...* .(ebd., S. 171 f.)

Die unbewusste Ebene ist jedoch – sowohl individuell wie auch kollektiv – nicht unmittelbar und direkt zugänglich. Was jedoch beobachtbar ist, sind unterschiedliche Erscheinungsformen, die Heintel und Krainz als *Manöver der Systemabwehr* bezeichnen. Solche Manöver bringen einige typische Muster von

Abwehr in Organisationen zu Ausdruck. Heintel und Krainz unterscheiden vier Erscheinungsformen: *die Verleugnung, die Suche nach Schuldigen, die Berufung auf Schicksal und Aktionismus. Die hauptsächliche Gemeinsamkeit dieser vier Erscheinungsformen von Systemabwehr besteht darin, dass auf der Basis inadäquater Problemwahrnehmungen inadäquate Lösungen produziert werden. Da Systemabwehr jedoch ein dialektischer Vorgang ist, erhalten sich die abwehrenden Systeme damit auch – zwar suboptimal, aber immerhin – ihre Handlungsfähigkeit* (ebd., S. 173).

3.1.2 Manöver der Systemabwehr in KUPO

Der Begriff der *Systemabwehr* kann auf alle sozialen Systeme angewandt werden, wenn er entlang dieser Fragestellungen diskutiert wird: Was ist die Ausgangslage, was ist die Veränderung und wie wird diese Veränderung vom System angenommen bzw. abgewehrt? Unter diesem Aspekt gibt es eine Reihe von Phänomenen, die bei der Durchführung von KUPO zu beobachten waren. Auch hier gab es laut GesprächspartnerInnen *irrationale Geschichten*, besonders im Vorfeld und zu Beginn der Seminarreihe. Verschiedene „Turbulenzen" in dieser Phase deuten auf Abwehrreaktionen innerhalb der Organisation hin. Am deutlichsten war hier die Tendenz zu einer „partiellen Verleugnung" zu erkennen, die als Reaktion auf die „Neuheit" KUPO zum Vorschein kam.

... der ursprüngliche Streit über Kupo war dadurch motiviert, dass nicht alle reingekommen sind. Wären alle reingekommen, hätts nie einen Streit in Wien über Kupo gegeben ... Also ein bisschen ist es auch ein echtes Huhn-Ei-Problem, weil das, dass Kupo überhaupt möglich war, war schon der Beginn von einem Prozess, den Kupo aber selber sicher verstärkt, indem man jetzt z.B. mehr Statuten in Wien diskutiert. Das ist über weite Strecken eine Diskussion, die hätte es vor fünf Jahren in der Art und Weise so nicht gegeben. (I 1, S. 5)

KUPO hat offenbar Friktionen auf verschiedenen Ebenen der Organisation ausgelöst, was im Wesentlichen auf zwei Gründe zurückzuführen ist: KUPO repräsentierte als Projekt auch eine spezielle Organisationsform, die es in dieser Formation noch nicht gegeben hat. KUPO repräsentierte darüber hinaus auch ein neues Bildungskonzept, das es ebenfalls so noch nicht gab. Das bedeutet, dass KUPO als Pilotversuch eine organisatorisch-soziale Intervention in die bestehende Struktur war (bzw. ist), wobei damit ganz bestimmte Reaktionen ausgelöst wurden, die hochgradig emotional besetzt waren.

Natürlich gibt es Widerstände und einen Konservativismus – das haben wir immer so gemacht, das machen wir weiter so – das hat ja auch irgendwelche Gründe, warum man es so tut. Es gibt natürlich auch diese Abwehr, wo Organisationen sich dagegen wehren, dass sich was ändert, weil sonst ändert sich alles so schnell, ja? Meiner Meinung nach ist das (Neue) *trotzdem wirksam.* (I 2, S. 5)

Besonders die Anfangssituation war „emotional überdeterminiert", was als solches schon ein Indiz für eine Abwehrreaktion ist. In diesem Zusammenhang wurde von sehr unterschiedlichen, ja ambivalenten Gefühlslagen berichtet. Positive und negative Zuschreibungen hielten sich die Waage: Einerseits wurde KUPO äußerst kritisch beäugt, andrerseits gab es ein „überbordendes" Bedürfnis, an dieser Bildungsreihe teilzunehmen. Große Irritationen hat die Tatsache ausgelöst, dass es ein Auswahlverfahren und eine begrenzte TeilnehmerInnenzahl gab. Hier gab es etliche „Konkurrenzphantasien" und Zuschreibungen von „Manipulationsabsichten", die indirekt häufig auch sehr entwertende Haltungen gegenüber KUPO deutlich machten. TeilnehmerInnenseitig wurde etwa die Phantasie geäußert, dass die Entscheidung über die Teilnahmen nicht „basisdemokratisch" erfolgt sein könnte – das würde als ein „Tabubruch" in der grünen Kultur gelten; dies würden sie selber ja nicht glauben, sie hätten das von den anderen im Bezirk oder bei Gesprächen so gehört. Und dass es hier *Feindschaften* geben könnte, allein auf Grund der Begrenzung der TeilnehmerInnenzahl, vermutete ein Mitglied aus dem Leitungsteam:

Das hat sehr viel Unruhe geschafft und ursprünglich wären mehr Plätze frei gewesen und dann doch nicht und so weiter, das ist noch dazugekommen. Aber das gehört auf jeden Fall vorher festgelegt, wenn feststeht, wer die Seminare macht. ... Sonst schaffst dir vielleicht auf Grund der Teilnahme der Seminare Feindschaften. Neid spielt da mit. Es gibt gerade in XY (Ort), *die sehr ehrgeizig sind, sogenannte Trittbrettfahrer – aber die, die wirklich für die XY* (wie oben) *arbeiten wollen, sollte man auch teilhaben lassen am Lernen, das ist ganz wichtig.* (I 4, S. 7)

Hier wird das Problem angesprochen, dass es eine Grenze in der TeilnehmerInnenzahl gibt, zugleich konnte aber nicht von vornherein bestimmt werden, *wer* konkret hier teilnimmt. Die Frage, wer jetzt aus einer Bezirksgruppe oder aus einem Vorstand udgl. teilnehmen sollte, löste offenbar eine interne Dynamik aus, die als Reaktionsform auf solche „Zumutungen von außen" sonst vermutlich auch aufgeboten wird. Seitens der LeiterInnen gab es die Befürchtung, dass diese interne Dynamik so stark ist, dass dann nicht danach gefragt wird, wer etwas lernen soll, sondern danach, wer etwas kriegt oder nicht. Hierin ist auch eine Form der Abwehr zu erkennen: Anstatt danach zu fragen, was es bedeutet, wenn neue Kompetenzen und neues Wissen vorhanden sind, wurde danach gefragt, wer jetzt die *Günstlinge* sind.

Solche Phantasiebildungen sind auch auf Informationsdefizite zurückzuführen. Das „Nicht-Wissen" über das Auswahlverfahren hat seitens der damaligen TeilnehmerInnen Vorurteile und Verzerrungen begünstigt, wodurch die „Anfangssituation" – der Beginn der Seminarreihe – von derlei Gefühlslagen überdeterminiert war.

Die organisationsinternen Reaktionen auf KUPO im Sinn des Veränderungswiderstands wurden in den Gesprächen teilweise explizit benannt. Die Interviewten berichten über Beobachtungen von internen *Veränderungswiderständen*, die wiederum an der Anfangssituation festgemacht wurden, sowie an verschiedenen weiteren, internen Reaktionen (in Bezirksgruppen, Gremien). Zum Ärgernis der befragten LeiterInnen wurde der „Bildungswert" von KUPO intern mit der Kostenfrage gleichgesetzt: Zwar wollten es alle haben, aber es dürfte nichts kosten. Mit diesem Postulat sahen sich die InitiatorInnen von KUPO konfrontiert und bedauerten gleichzeitig, dass diese Diskussion den Blick auf die konzeptionelle und inhaltliche Positionierung von KUPO verstellen würde.

Das war dann eher eine Frage die Leute zu überzeugen, dass das (Kupo) *gut ist, dass das aber auch was kostet, weil es kostet eh nicht viel. ... Natürlich kriegt eine TrainerIn einen Tagsatz von XY, das erscheint natürlich in der grünen Neidgesellschaft relativ viel. ... Aber das sind halt so die irrationalen Geschichten, die da abrennen, wo dann halt kommt – ja so teuer und so viel, nicht? Das war auf der Parteiseite, wie es ums Budget gegangen ist, dass die Partei da mitfinanziert – in dem Gremium, das das zu beschließen gehabt hat, war das eher der Widerstand. (I 9, S. 6)*

Weil alles bei den Grünen – weil die Logik ist: Es kann nur einer siegen. Eine große Geschichte ist diese Listenwahllogik, wo man ständig drum kämpft und intrigiert. Das wird oft mit politischem Handeln verwechselt, diese innenpolitische Mehrheit-Finden. Und etwas zu kriegen, das wer anderer nicht kriegt, ist hoch attraktiv. Und wenn es eine begrenzte Teilnehmerzahl gibt, kannst auch Gurkenscheiben verkaufen, du musst nur die Teilnehmerzahl begrenzen. Und damit machst es zum Luxusgut und das will jeder. (I 2, S. 1 f.)

Der „Wert" der Bildung wurde in der internen Meinungsbildung – so die Interviewten – quasi naturgemäß mit ganz bestimmten kulturell „eingefärbten" und politisch gelernten Bewertungskriterien beurteilt. Anders gesagt: Das Produkt

„Bildung" wurde mit politischen „Produktbewertungskriterien" bemessen. Diese Verkürzung der internen Diskussion auf die Kostenfrage lässt eine Verleugnung insofern erkennen, als hier der monetäre Maßstab als primäre Bewertungskategorie verwendet wurde. Dadurch wurde der qualitative Wert von KUPO bzw. eine Diskussion dazu unterdrückt. Gleichzeitig gab es auf der anderen Seite einen „idealistisch-verklärten Blick" auf KUPO, der auf eine „Überbewertung" hindeutet und ebenfalls die Möglichkeiten einer realistischen Sichtweise verminderten. KUPO wurde als *Luxusgut* angesehen, welches nur „ausgewählten Mitgliedern" zukommt; diesem Luxusgut wurde daher von vornherein mit den offenbar kulturspezifischen Reaktionen begegnet.

Die beschriebenen Irritationen sind auch darin begründet, dass unterschiedliche „Handlungslogiken" kollidierten: Ein neues Projekt mit neuen Selektionsmechanismen (Auswahlverfahren) trifft auf gewohnte, interne Muster von „systemspezifischen" Auswahlverfahren (*Listenwahlen*). Diese Kollision löste eine Reihe von Phantasien aus, die für die befragten AbsolventInnen am Beginn ihre Skepsis verursachten: Wer hat eine wichtige Funktion und soll sich professionalisieren? Wer hat keine wichtige Funktion und soll sich trotzdem weiterbilden? Wer hat genügend Akzeptanz und Bedeutung in der Gruppe, sodass der Transfer in die Gruppe gewährleistet ist? Wer wird auf Grund der AbsolventInnenselektion „hervorgehoben" und was bedeutet das für die „Nicht-Hervorgehobenen"? Jegliches Bemühen auf der Seite der LeiterInnen, so berichteten sie, hier Transparenz zu schaffen, funktionierte nicht:

Das haben wir immer wieder transparent zu machen versucht und – stimmt nicht, und die Gruppen sollen heterogen sein, und Warumerklärungen – trotzdem lebts von dem Märchen... .(I 2, S. 1)

Ein weiteres Informationsdefizit, welches viel zur anfänglichen Irritation und zur Kompensation mit Phantasien beigetragen haben dürfte, war das neue Bildungskonzept an sich: Die damaligen TeilnehmerInnen wussten wenig über die Ziele und Methoden der „Kunst der Politik" – ihre Erwartungen waren häufig diffus und ihre Motive oft unklar. Veränderungswiderstände waren dadurch bedingt, dass ein derartig neues Bildungskonzept bestimmte bestehende Auffassungen von politischer Bildung mehr oder weniger „konterkarieret" hatte. Außerdem konstituierte die Art der Auswahl der AbsolventInnen eine Unterscheidung von eben solchen, die teilnehmen und denen, die nicht teilnehmen, und dies erzeugte eine „phantasierte" Ungleichheit. Insbesondere gegen den Reflexionsanspruch der emanzipatorischen politischen Bildung gibt es ein *gesundes* Abwehrverhalten gegen alles, was an der *Oberfläche auch nur kratzt*. Mit dieser

Oberfläche wird ein eingespielter, organisatorischer Zustand beschrieben, der die Leute *bildungsresistent* macht.

> *Es ist auch so die Geschichte: es geht in diese Geschichte hinein, wo man dann die eigenen Motivationen, warum man eigentlich da ist, auf den Tisch legen müsste. Wo es darum geht, dass man nicht nur für das Wahre, Gute und Schöne auf der Welt kämpft und die Welt verändern will, sondern dass es um persönliche Macht, Einfluss und weiß der Teufel was geht, und dass man eventuell, wenn's ganz hart geht, eigentlich keine andere Familie hat als die Grünen und das ist irgendwie eine Katastrophe für die Leute ... Da gibt es einfach glaube ich ein gesundes Abwehrverhalten gegen alles, was da an der Oberfläche auch nur ankratzt. Wenn man sich nur vorstellt, was die, die 86 in aller Brutalität alle miteinander angefangen haben, Politik für die Grünen zu betreiben, wenn die jetzt auf einmal alle reflektieren lernen, also die lassen ja ... da haben wir tendenziell Leute zusammengesammelt, die bildungsresistent sind. (I 1, S. 3)*

Ein weiteres Indiz für eine Form von Systemabwehr lässt sich an einem Widerspruch erkennen, der in den Gesprächen mehrmals angesprochen wurde: Zwar sei KUPO ein begehrtes Gut, aber dennoch hätte diese Bildungsmaßnahme keinen entsprechend abgesicherten und finanzierten, „organisatorischen Ort", keine strukturelle Verankerung, weil die Organisation keinen *Ort der Reflexion* geschaffen hätte.

> *Es gibt in der Organisation keinen Ort der Reflexion. Es gibt so was – in XX (Ort) z. B., die haben neue Teambildungen gemacht in der Landesorganisation, und da gibt's einen Ort der Reflexion. ... Da ist ein Ort geschaffen worden. Das ist meines Wissens nach der einzige. Es kann mehrere geben, nur weiß ich nichts davon. (I 2, S. 11)*

Zusammenfassend lässt sich sagen, dass die Durchführung des Pilotprojekts KUPO eine Intervention in bestehende Handlungsmuster und in bestehende „kulturelle Bedeutungskonstruktionen" war; eine Bildungsinnovation trifft auf grün-spezifische „Konservativismen" und dieser Konflikt aktiviert unterschiedliche Abwehrreaktionen, die sich im Bereich der Verleugnung diagnostizieren lassen. Die schärfste Abwehr, wenn man so will, wäre eine durchgängige „Bildungsresistenz". Wenn die Grünen als Organisation aber tatsächlich völlig bildungsresistent wären, dann hätte KUPO nicht funktionieren können. Bildungsresistent bedeutet „organisatorisch übersetzt" „veränderungsresistent". Wenn es so wäre, dass es eine massive Veränderungsresistenz gegeben hätte, dann hätte das gleichzeitig vermutlich eine totale Abspaltung des Projekts bewirkt. Im vorliegenden Fall dürfte aber die Handlungsfähigkeit des „Projektsystems" aufrecht erhalten worden sein, gerade was die Integration des Projekts in die Organisation betrifft. Die „realistischen" Elemente waren wohl stärker als die Elemente der Systemabwehr.

3.2 Bildung als Veränderungsinstrument

Wenn Veränderungswiderstände auftreten, kann man danach fragen, was diesen Widerständen voraus geht. Was ist es, das Widerstände auslöst? Die Abwehr lässt sich im „Abgewehrten" erkennen, das heißt, dass zugleich sichtbar wird, was die „Substanz" der Abwehr ist. Im vorliegenden Fall ist der „Hauptgegenstand" der Abwehr das neue Bildungskonzept an sich, und ganz besonders jene Elemente darin, die eine hohe Kraft der „Infragestellung des Bestehenden" beinhalten.

Es gibt – positiv gesehen – immer auch eine „gesunde" Abwehr von Zumutungen von außen; für traditionelle Organisationsformen, die Hierarchien, ist ein „Denkverbot" strukturell „geregelt". *Eine der unangenehmen Eigenheiten der Hierarchie ist ja das von oben nach unten durchgesetzte ‚Denkverbot', bzw. weniger streng gesagt die ‚eingeschränkte Denkzuständigkeit', die sich in allen möglichen Tabuisierungen und Sprechverboten ausdrückt. Das erklärt die vielfach beobachtbaren (zuerst) Hemmungen und (später) Turbulenzen.* (Krainz 1995, S. 7) Nun kann diese These nur beschränkt auf die Organisationsform der Grünen übertragen werden, weil es sich nicht um eine „reine Hierarchie" handelt – das Kommunikationsprinzip von „oben nach unten" und das Einzelentscheidungsprinzip ist zwar teilweise im operativen Bereich vorhanden (dort, wo es um „Vorgesetzte-MitarbeiterInnen-Verhältnisse" geht), nicht aber im Bereich der „politischen Kommunikation" - politische Entscheidungen werden in Gremien, also in Gruppen bzw. Großgruppen getroffen (betreffen aber immer auch die Organisation als solche, weil hier die Entscheidungen umgesetzt werden müssen). Dennoch gibt es in den Gesprächen viele Verweise darauf, dass das „kollektive Denken" schwer stattfinden kann, weil *der Stress des Alltags, zu wenig Zeit* oder *zu lange Tagesordnungen* eine organisationsbezogene Reflexion verhindern würde.

Ja, wobei die inhaltlichen Diskussionen eigentlich zu kurz kommen. Wäre gut, wenn man über die inhaltlichen Sachen länger diskutiert, wir sitzen von halb acht bis halb zehn, elf, und schaffen es gerade unsere Pflichtpunkte abzuarbeiten und noch ein paar Sachen zu besprechen. (I 8, S. 4)

Die „Eigenlogik" des Systems – der tägliche Aktionismus und der Zwang, schnell, viel und möglichst demokratisch zu entscheiden, sorgt offenbar für eine sehr hohe „Geschwindigkeit" im Arbeitsrhythmus, sodass eine Unterbrechung im Sinne des „eingreifenden Denkens", an dem alle die es betrifft beteiligt sind, sehr schwierig wird. Hier drängt sich die Frage auf, ob in einem politischen System Denken überhaupt möglich ist. Hier ist es nicht die Hierarchie, die das „Denken verbietet", sondern der „parteipolitische Sachzwang". Das ist jetzt sehr streng formuliert und trifft in dieser Schärfe auf den untersuchten Fall nicht zu, trotzdem sollten systemimmanente Funktionslogiken als potenzielle Zeitbeschleuniger gesehen werden.

Ja, ich glaube überall, auf allen Ebenen wäre sie (die Reflexion) *gut. Weil in diesem System bist du von sehr starken äußeren Bedingungen abhängig – eh klar, nicht? Was sollst sonst politisch sein. Und das zwingt dich zu sehr raschen Handlungsabfolgen und das heißt immer wieder agieren, agieren, agieren, und wenn du dann nicht bewusst sagst: Stopp! Was ist das jetzt? Und wenn du keine Reflexionsschleifen drin hast, dann kommst in einen Strudel der Agitation, das kann man nicht mehr planen. Das ist auch nicht bewusst steuerbar, wenn man es nicht reflektiert. Ich glaube es finden individuelle Reflexionen ja eh statt, aber in der Organisation verortet sind sie eben nicht. Ja, aber dass es institutionalisiert ist, das weiß ich nur von XY (Ort). Denen haben wir gesagt, wenn ihr diese Organisationsreform machts, ihr würfelt die Leute nicht mehr hierarchisch, sondern in Teams zusammen ... Sie sind immer zu mir gekommen und haben gesagt, das und das haben wir probiert und das und das ist nicht gegangen. Und dann eines Tages ging es. Und dann haben sie gesagt: heute war es. Das sind Sternstunden der Menschheit, wenn das geht.* (I 2, S. 12)

In diesem Gesprächsausschnitt wird die Struktur eines Problemlösungsprozesses beschrieben: zunächst gibt es eine problematische, organisatorische Situation (*rasche Handlungsabfolgen ... agieren, agieren, agieren*), auf mit einer Unterbrechung zu reagieren ist (*Stopp!*). Mittels *Reflexionsschleife* kommt man aus dem *Strudel der Agitation*, analysiert die Situation und entwirft neue Möglichkeiten der Organisationsveränderung. Die „organisatorische Antwort" auf die hohe Geschwindigkeit ist also nicht die „Verzögerung" eines Prozesses, sondern die „Unterbrechung". Als Instrumente für diese Art von „Eingriff" werden prozessorientierte Vorgangsweisen (*Reflexionsschleifen*) genannt und dass man die *Leute in Teams zusammensetzt.*

In den Gesprächen (mit den AbsolventInnen und LeiterInnen) wurden häufig solche Prozesse beschrieben und darüber nachgedacht, wie im Sinn der Anwendung der Lernerfahrungen aus KUPO geplante Veränderungen stattfinden können bzw. wie eine Organisationsreform aussehen müsste. Diese Überlegungen können als eine Form der „Systemreflexion" interpretiert werden. Ein interessantes Merkmal in diesen Überlegungen war die Vielfalt von „systemimmanenten" Differenzen und Widersprüchen, die direkt oder indirekt ausgedrückt wurden. Zugleich beinhalteten diese Überlegungen auch Vorschläge, wie mit diesen Widersprüchen umzugehen sei. Der Stellenwert von KUPO wurde so aufgefasst, dass diese Bildungsmaßnahme als Qualifizierung für die Anforderungen zu derartigen Systemreformen gewährleistet. Dieser Anspruch dürfte weitgehend eingelöst worden sein. Auch teilnehmerInnenseitig gab es diese Überlegungen, aber auch konkrete Erfahrungen in der Umsetzungen der Lernerfahrungen im Sinn der Organisationsveränderung.

3.2.1   Emanzipatorische Bildung bedeutet Differenzsetzung

Unter dem Aspekt der Systemabwehr kann man sagen, dass tendenziell alles abgewehrt wird, was eine Differenz zum Bestehenden darstellt. Entweder werden „fremde Elemente" dadurch „neutralisiert", dass sie „abgespalten" oder vereinnahmt werden. Eine reifere Form (die auch in KUPO beobachtet wurde) ist die „Integration" von „fremden Elementen", die immer auch von Friktionen und vom „Prozessieren von Widersprüchen" begleitet sind. Die im Fall KUPO sichtbaren Differenzen und Widersprüche bezeichnen einerseits unterschiedliche „Mangelsituationen" in der Organisation und gleichzeitig wurden sie andrerseits als Bewältigung der Mängel herangezogen. Hier kann eine „erweiterte" Funktion von KUPO abgeleitet werden: Die „Kunst der Politik" hat nicht nur eine „reine Bildungsfunktion", sondern auch eine Funktion der Organisationsentwicklung. KUPO steht gewissermaßen als Projekt im Widerspruch zur Organisation und ist zugleich die Bewältigung dieses Widerspruchs, weil in dessen Rahmen bildungs- und systemimmanente Widersprüche bearbeitet wurden, die dann wiederum in die jeweiligen Arbeitsbereiche „zurückwirkten".

In allen Gesprächen gab es häufige Bezugnahmen zu dem, was jetzt „anders" ist im Vergleich zu vorher; diese lassen sich nach formalen, individuellen und kollektiven „Bezugspunkten" kategorisieren. Sie machen deutlich, dass sich jede Art von emanzipatorischer Bildung auf die systemspezifischen Widersprüche und Differenzen einzulassen hat. Das „Wesen" der emanzipatorischen Bildung kann darin gesehen werden, dass sie immer bestimmte „Differenzsetzungen" bewirkt – zum vorhergegangenen Bildungsverständnis, zu sich, zur Gruppe, zur Organisation, zu den systemspezifischen Werten und Kulturen etc.

Vor dem Hintergrund der These, dass emanzipatorische politische Bildung immer auch eine besondere Auseinandersetzung mit dem Umgang mit Widersprüchen erfordert, stellt sich das „Transferproblem" folgendermaßen dar: Wie kann man die Erfahrungen aus dem Bildungsprojekt „Kunst der Politik" auf andere „Anwendungsfelder" der emanzipatorischen Bildung übertragen? Diese Fragestellung kann im Sinn einer „Transferüberlegung" dahingehend präzisiert werden, dass man danach fragt, wie überhaupt eine bestimmte Differenz in einer Organisation so platziert werden kann, dass daraus eine konstruktive, möglichst gewollte Veränderung resultiert. Dahinter steht – abgeleitet von den Erkenntnissen aus der Begleitforschung zu KUPO – die Frage, wie Emanzipation, Selbstbestimmung, Autonomie, Aufklärung oder Demokratie so verankert werden könne, dass sie letztlich als Prinzipien von politischer Bildung dauerhaft wirksam sein können. Eine Interviewperson formuliert diese Frage so:

... das ist glaub ich nicht spezifisch grün, ich glaube das ist diese Verkennung der Macht: etwas abkriegen und wer anderer hats nicht. Ich glaube nicht, dass das spezifisch grün ist. Bei den Grünen ist es eh noch halbwegs basisorientiert, weil immerhin Basis – aber: die Macht besteht doch darin, Gefühle zu erzeugen. Auch Gefühle zu erzeugen, wen wollen wir, wen wollen wir nicht und wen wählen wir. Und Emanzipation besteht für mich darin, Gefühle zwar zu kriegen, aber nicht abhängig davon handeln zu müssen. Eben über die Kurve mit dem Bewusstsein. Und das ist schwer hinein zu kriegen, ja. (I 2, S. 5)

Die *Kurve mit dem Bewusstsein ist schwer hineinzukriegen* – das kann als Motto für die Umsetzung von emanzipatorischer Bildung gelten, insbesondere dort, wo bewusstseinsorientierte Grundwerte nicht als „Leitbild" einer Organisation vorkommen. Im Sinne dieser Forderungen können aus den Erfahrungen mit KUPO einige „Richtlinien" abgeleitet werden, die eine solche Umsetzung eines emanzipatorischen Bildungskonzepts begünstigen würden:

Emanzipatorische politische Bildung setzt eine Differenz...

...zum traditionellen Bildungsbegriff:

Vielen Interviewten war wichtig, dass die Art der politischen Bildung in KUPO von dem, was man sonst unter politischer Bildung versteht, unterschieden wird. Sie differenzierten zwischen politischer Bildung mit dem Fokus auf soziale Kompetenzen und Handwerkszeugen, und zwischen der politischen Bildung als

Vermittlung von instrumentellem Wissen, eher gemäß des Konzeptes der schulischen politischen Bildung (LeiterInnen und AbsolventInnen hatten diesbezüglich übereinstimmende Auffassungen).

In der emanzipatorischen Bildung geht es nicht um das *richtige Wissen*, sondern um *Reflexionswissen*. Und dafür ist *Reflexionsfähigkeit ein wichtiger Punkt* (I 9, S. 12, siehe auch 2. Kapitel). Seitens der AbsolventInnen gab es ähnliche Überlegungen, jedoch mit einem stärkeren Bezug auf die eigenen Lernerfahrungen, besonders im Bereich der sozialen Fähigkeiten bzw. Reflexionsfähigkeiten. Die folgende Interviewperson hat an anderer Stelle das Thema *Pluralität* und *gelebte Differenz* behandelt. In diesem Statement widmet sie sich dem „integrativen" Bildungskonzept von KUPO und ortet hier die Funktion der *Reflexion der Grünen* – dies sei die *philosophische Grundlage*. Diese *Reflexion der Grünen* war nicht nur eine „individuelle Erfahrung", sondern eine soziale Erfahrung – die Interviewperson schildert gewissermaßen die „Praxis der Reflexion" als einen zentralen Lerneffekt aus der Seminarreihe.

Ich schätze, dass Kupo sich als Struktur- und Begriffe zur Verfügung stellende Bildungssache irgendwie begreift und genau nicht als Feuerwehr oder so. ...Also so ein – Integrativ ist ein Wort, das ich überhaupt nicht mag – aber eine Sichtweise auf das, dass so Fertigkeiten und Fähigkeiten, mit Strukturen umzugehen, mit Gremien umzugehen und so, dass das alles eben genau nicht Technologie ist, sondern dass das ganz viel damit zu tun hat, ...man hat dann sehr philosophische Grundlagen, wie Reflexion der Grünen. (I 3, S. 5 - 10)

...zu sich selbst:

Ähnliche Beschreibungen wie oben gab es in fast jedem Interview. Das „neue Selbstbewusstsein" war für die AbsolventInnen offenbar ein ganz wichtiger „emotionaler Effekt" aus KUPO. Besonders die Reflexionsfähigkeit wurde mit einem persönlichen Gewinn verbunden. Deutliche Auswirkungen dieser Lernerfahrungen seien in verschiedenen Situationen beobachtbar – es hätten sich neue „Qualitäten" gezeigt, wie z.B. die Frage nach Unterstützung in Führungsangelegenheiten, generell andere Qualitäten in den Fragestellungen seitens der AbsolventInnen, und auch konkrete veränderte Handlungsmuster (in der Sitzungsführung, in der Organisation von Versammlungen, im Projektmanagement, in der Arbeit an Strukturen etc.).

Wenn ich jetzt ein anderes Bewusstsein – jetzt muss man das nicht unbedingt, vielleicht muss man das nicht mit höher oder niedriger bezeichnen – das würde mir auch besser gefallen mit anderem, höheren Bewusstsein. Also ein Stück weit die Welt und die Orte und die Institutionen und Gruppen, in denen du dich bewegst, ein Stück weit mehr und besser verstehen zu können und dadurch auch handlungsfähiger zu sein. (I 9, S. 23)

Bewusstsein wäre nicht messbar, aber die Wirkungen eines veränderten Bewusstseins ließen sich beobachten, zum Beispiel *indem die Dinge anders angesprochen, anders vorgeschlagen werden.* Die Durchführung von KUPO war für die Interviewten in diesem Sinn erfolgreich, wenn auch mit Einschränkungen. Es sei vorauszusetzen, dass mit emanzipatorischer Bildung *die Welt nicht besser wird, ein bisschen vielleicht,* wie die folgende Leitungsperson ausführt:

Und diesen Anspruch habe ich an die Kupo-Reihe nicht mit diesen sieben Seminaren, dass dadurch die Welt besser wird, ein bisschen vielleicht, ja. Zwangserhellen kannst damit nicht. Meiner Meinung nach geht das bei überraschend vielen, aber nicht bei allen. Man kann nicht alle befähigen. Und zum zweiten: einer kommt befähigt in sein Kollektiv zurück, egal was, es verändert ja ein System trotzdem (I 2, S. 7).

Hier werden zwei Wirkungsweisen von „Bewusstsein" beschrieben, eine unmittelbare (individuelle Befähigung) und eine mittelbare (Rückkoppelung zum System). Die Interviewten demonstrierten quasi nicht nur eine Differenz zu sich selbst, sondern auch Differenzen bzw. Widersprüche zur Organisation, zur Partei und zum „Fremdbild" der Grüne. Daraus kann folgendes abgeleitet werden: Emanzipatorische Bildung bewirkt eine Differenzsetzung, die in erster Linie in Individuum ansetzt und sich als „Differenzschema" ins jeweilige Bezugssystem „übersetzt".

...zur Organisation:

Solche „Bezugnahmen" auf das eigene Umfeld in der Organisation gab es durchgängig im Zusammenhang mit der Umsetzungsfrage. Diese Verbindungen zwischen Lernerfahrungen und Transfer in die Organisation ließen einen hohen Grad an Identifikation mit den Grünen erkennen, wobei diese Identifizierung indirekt über die Formulierung von unterschiedlichen Widersprüchen ausgedrückt wurde. Man könnte sagen, dass KUPO einen Bildungsprozess angeregt hat, der mit einer Analyse bzw. Kritik der eigenen Organisation einherging. In den Gesprächen gab es teilweise sehr ausführliche Erzählungen über interne *grüne, systemimmanente Widersprüche* bzw. deren Handlungskonsequenzen. Im Folgenden sollen einige markante Widersprüche dargestellt werden, die für die emanzipatorische politische Bildung interessant erscheinen – einerseits deswegen, weil diese (Selbst)Bildung als eine Form der „Systemreflexion" nicht nur die Auseinandersetzung mit Widersprüchen anregt, sondern vor allem deswegen, weil sie auf eine prinzipielle Form des „Umgangs" mit Widersprüchen verweist. Schematisch gesagt können Widersprüche ausgeschlossen werden (das würde einer technischnaturwissenschaftlichen, „betriebswirtschaftlichen" Logik entsprechen) oder sie können integriert werden, und zwar als „konstitutive Differenz" zum System.

Aus den Interviews geht hervor, dass KUPO eine mehr oder weniger starke „Intervention" in die jeweiligen Bezugssysteme bedeutete, und dass dadurch immanente Widersprüche in der Partei aktiviert wurden. Hier wurden grüne, „systemspezifische Widersprüche" und „organisationsbedingte Widersprüche" deutlich, wobei es hier *Überlappungen* gibt, und das ist *ein Problem, ein Systemproblem*, welches unter anderem mit KUPO bewältigt werden soll.

Da ist ein Unterschied: bei den Grünen ist die politische Ebene basisdemokratisch. Die Organisation ist hierarchisch. Ist eine ganz normale hierarchische Organisation, informell. Es passiert die Verwechslung des politischen Systems mit der Organisationslogik, dass also das politische System andauernd in organisatorischen Belangen politisch entscheidet. Und das ist etwas, was schwierig ist. Das ist auch etwas, das für die Organisation nicht gscheit ist. Wenn ich Organisationsfragen nicht mit Organisationslogik bearbeite, sondern mit politischer Logik, wo ich vielleicht eine einfache Mehrheitsentscheidung herstelle, wo mir die Basis meiner Entscheidung nicht klar ist, weil nicht alle gleich viel wissen und so, nicht? So gehören politische Fragen entschieden, aber nicht organisatorische. Und da gibt's Überlappungen. Das ist nicht getrennt, das ist ein Problem, ein Systemproblem. Und das kann man unter Umständen ins Bewusstsein holen, aber lösen wird man es nicht können. Jede andere Organisation bündelt sich um ein Ziel und erzeugen Produkte. Wir erzeugen Mandate. Eine politische Organisation erzeugt Mandate, auf denen Männer und Frauen sitzen. Und also – bei uns tun die dann in der Organisation entscheiden. Das heißt, das Produkt entscheidet die Organisationslogik. Das ist so wie – wenn du in der Automobilindustrie, wenn dann der Mercedes mitentscheidet, ob es einen neuen Mercedes geben wird, und wie und welchen. Und das ist ein Problem für die Organisationslogik – wie organisiert man das Ganze und was brauche ich – das vermischt sich. Das ist unentflechtbar zusammengepickt im Moment, wird auch so bleiben. (I 2, S. 13)

In der Differenzsetzung zur Organisation kann zwischen „zwei Arten" von Widersprüchen unterschieden werden: funktionsbedingte und strukturell bedingte Widersprüche. Sie stehen zwar unmittelbar im Zusammenhang mit der Organisation, haben aber unterschiedliche Funktionen und Wirkungsweisen. In den folgenden zwei Kapiteln werden sie – ohne Anspruch auf Vollständigkeit – dargestellt.

3.2.2 Funktionsbedingte Widersprüche

In den vorangegangenen und folgenden Gesprächsauszügen werden einige spezifische, funktionsbedingte Widersprüche behandelt, die sich unter dem Begriff der *Zweckrationalität* (vgl. Simon 2007) schematisch wie folgt zusammenfassen lassen:

funktionale Orientierung versus Wertorientierung
Organisationslogik / Parteilogik
Strukturelle „Fremdbestimmung" / kollektive Selbstbestimmung
Tagespolitik / programmatische Politik
hohe Geschwindigkeit / niedrige Geschwindigkeit
WählerInnenstimmenmaximierung / „Ideologiepflege"
Aussenorientierung / Innenorientierung
Einzelentscheidung / Kollektiventscheidung
individuelle Autonomie / Gruppenautonomie
instrumentell / emanzipatorisch
Wertentscheidungen / Prozessentscheidungen
Sachzwang / Utopismus
Bildung / Politik

In den Gesprächen mit den AbsolventInnen und LeiterInnen wurde unter anderem der Anspruch erhoben, diese *grüne Kultur* und ihre Widersprüche einerseits zu verstehen, und andererseits sie miteinander zu „vermitteln". Beispiele dazu:

Das wäre so der Link, der wahnsinnige Link zwischen Programmdiskussion und Kupo. ... Aber den Link sind wir immer noch nicht angegangen. ... Das ist natürlich eine wahnsinnige Debatte, aber ich glaube, dass wenn man Grün-Politik so entwerfen will als was, was sich nicht zwischen Sachzwang und Utopismus verliert. Wenn man das angehen will, dann muss man sich mit diesem philosophischen Kleinkram befassen. ... was ist Politik, was ist Politik aus grü-

ner Sicht, was ist Bildung, was ist Bildung aus grüner Sicht, und das sind schwierige Diskurse. Aber ich glaube, dass wir irgendwie gewonnen hätten, quasi für unseren politischen Prozess und weiteren Fortgang, wenn uns bewusst wäre – jetzt die Organisation hat wieder keine Bewusstsein ... Raum und Zeit braucht und immer wieder angegangen werden muss. (I 3, S. 11)

Na ja, die X (Gruppe) hauptsächlich, die immer noch im Clinch mit einem Y (übergeordnete Gruppe) liegen ohne zu akzeptieren, dass Autonomie nicht heißt, dass ich zu jedem politischen Punkt auf dieser Welt meine eigene Meinung habe – also, die werde ich schon haben, aber das ist eine individuelle Autonomie und keine Bezirksgruppenautonomie; sondern dass eine Bezirksgruppe einen Zuständigkeitsbereich hat, in dem sie autonom ist, und dass sie nicht die persönlichen Beraterinnen vom Sascha van der Bellen sind; sondern dass es in einer Organisation eine Aufgabenteilung gibt. Das ist eines von den unakzeptiertesten Dingen im Unterbewussten, im Verhalten der Menschen. Auch dieser Aufreger, dass nicht alle Informationen ständig bei allen ist, ist ja auch im Prinzip daher motiviert, dass sie immer und überall mitreden wollen, was hochsympathisch ist, aber organisationstechnisch eine Katastrophe eigentlich. Weil du kannst ja nie irgendwas entscheiden genau genommen, bei einer Organisation, die 700 Mitglieder hat in X (Ort) und irgendwie 200 FunktionärInnen und so in diese Richtung ... und mit denen müsste ich mit allen gleichzeitig reden streng genommen, also vom inneren Anspruch der Leute. (I 1, S. 4)

Diese Person (mit Leitungsfunktion) beschreibt sehr anschaulich, wie sich „demokratische" und „organisationstechnische" Handlungslogiken überkreuzen und was das für die Steuerung bedeutet. Wenn der basisdemokratische Anspruch quasi auf die Organisation übersetzt wird, dann bedeutet das etwa, dass eben dieser bestimmte Entscheidungsmodus in den eigenen Strukturen verwirklicht werden muss. Der systemimmanente Widerspruch besteht zwischen einer emotionalen Logik und einer organisatorischen Entscheidungs- und Strukturierungsnotwendigkeit; diese sei aber *unakzeptiert* – sie widerspricht den emotionalen Bedürfnissen der Basis, weil hier „Selbstbestimmung" als „Mitsprache immer und überall" aufgefasst wird. Das bewirkt auf der anderen Seite eine Lähmung der organisatorischen Entscheidungsfähigkeit.

Die Integration von demokratischen und organisatorischen Handlungslogiken (und das gilt für andere Widersprüche auch) muss von der Organisation erst gelernt werden, lautet eine Schlussfolgerung.

Häufig wurden Vorhaben dieser Art beschrieben; folgende Interviewperson ließ in diesem Zusammenhang die speziellen Schwierigkeiten im *Umgehen mit Egomanen* einfließen:

Was immer ein bisschen heikel ist, ist das Umgehen mit Egomanen. Das scheint ein ganz zentrales Problem in nicht-hierarchischen Organisationen wie den Grünen zu sein, weil sie da die Leute viel leichter festsetzen können, die Egomanen sind.... Und ich sehe das einfach – und das tut mir so weh – fähige Leute daneben stehen und möglicherweise wegsterben unter Anführungszeichen, nicht mitarbeiten wollen, weil sei mit diesen Egomanen nicht wollen. ... Deswegen ist es erforderlich, eine demokratische, eine funktionierende arbeitsfähige Gruppe herzustellen, damit so eine Situation nicht mehr eintritt. ... Ich denke, bei uns in der Landesorganisation wird das nicht mehr passieren. (I 7, S. 11)

Demokratische und *funktionierende arbeitsfähige Gruppe* werden hier gleichgesetzt und als Lösung dem Problem der individuellen Dominanz gegenübergestellt. Der emanzipatorisch-politische Anspruch wird mit einer „organisationsentwicklerischen" Überlegung begründet. Auch aus anderen Gesprächen geht diese Verknüpfung hervor, dass bestimmte, „grüne" Werthaltungen für ihre Realisierung entsprechende organisatorische Begleitmaßnahmen benötigen. Schließlich sei die grün-spezifische *Differenzkultur* permanent zu pflegen, meint ein/e AbsolventIn:

Also ich finde es super, dass die Grünen irgendwie meistens sich, egal auf welcher Ebene und zu welchem Ding, zu einer Affinität zur Differenz bekennen; jetzt nicht nur programmatisch, sondern auch in dem, dass die Grünen sich selber nicht als homogene Partei begreifen. ... Ich glaube, dass es auch darum geht, so was wie eine performative Einlösung dessen zusammen zu bringen, was man programmatisch fordert. ... Weil ich verstehe jetzt einen grünen Zugang zum Phänomen Differenz, auch wenn man jetzt sagt kulturelle Differenz oder pluralistische Gesellschaft. ... Also man kann mit so dichotomen Sachen nicht mehr arbeiten, man kann nicht mehr sagen, Toleranz ist super und alles andere ist pfui, sonders es geht um ein Umgehen mit Differenz und dann eben auch innerparteilich.... (I 3, S. 6 f.)

3.2.3 Strukturell-organisatorisch bedingte Widersprüche

Neben den „grün-gefärbten", funktionalen Widerspruchslinien können weitere strukturell und organisatorisch bedingte Widersprüche festgehalten werden, die der *Systemrationalität* (vgl. Simon 2007) zugeordnet werden können:

Individuum versus Gruppe
Einzelentscheidung / Gruppenentscheidung
Gruppe / Organisation
Kooperation / Konkurrenz
Struktur / Basisdemokratie
Indirekte Kommunikation / direkte Kommunikation

Diese Widersprüche und ihr im Zusammenhang mit grün-kulturspezifischen Widersprüchen wurden in den Gesprächen ebenfalls ausführlich behandelt – dazu folgende Beispiele (siehe auch die Gesprächsauszüge im Kapitel 2.5.4 *Bildungslogik* versus *Parteilogik?*):

...das ist ein gutes Beispiel: Landeskonferenz und Resolutionen. Früher hat der Anspruch bestanden, dass eine Landeskonferenz eine Resolution hexen muss bis auf den letzten Beistrich. Diesen Anspruch gibt es nicht mehr. Das ist der Teil, wo ich sage, da ist ein Stück Reflexion – und was ist eigentlich eine Landeskonferenz und was ist ein Entscheidungsgremium, und da ist schon was passiert. Nichts desto trotz herrscht immer noch der Anspruch, dass die Landeskonferenz den Inhalt erarbeitet, nicht textet, aber immer noch erarbeitet. ... die aus dem Rathausklub sollen dann gefälligst mit einem Papier erscheinen, das die Landeskonferenz zerpflückt, und dann sollen sie im Sinne der Landeskonferenz texten und es soll als Resolution hinausgehen. Das ist der derzeitige Anspruch. Das ist aber schon ein Vorteil gegenüber früher. (I 1, S. 9)

Folgende/r AbsolventIn „hadert" damit, dass die „Parteilogik" eine bestimmte organisatorische Funktion, die *Kooperation*, konterkariert:

Na gut, das sind Konkurrenzen, das war auch Thema bei Kupo, wie geht man damit um, weil Gruppen dann doch ein Eigenleben entwickeln, das sieht anders aus als das der anderen. Und das ist immer diese Spannung zwischen Konkurrenz und Kooperation. Natürlich, du hast dauernd irgendwelche Wahlen, wo es darum geht, wer der Erste wird. Und das ist eine Kultur, die Konkurrenz provoziert und da wäre halt die Frage, wie kann man Koppelungen und Kommunikatio-

nen, Vernetzungen so gestalten, dass doch auch eine Kooperation möglich ist. (I 8, S. 10)

> *Da bin ich ein bisschen beeinflusst durch meinen Job als XY* (Leitungsfunktion), *wo es mir hauptsächlich darum geht, die Grünen zu einer Organisation zu machen und da fallen mir hauptsächlich Sachen auf, wo sie meiner Meinung nach überhaupt nicht begriffen haben, was Organisation heißt; von ganz unten anfangen, was so der Widerspruch zwischen Gruppen und Organisationen heißt, über Zeit nehmen für Organisation, über die Frage wer lernt, wenn die Organisation lernt. Und dass praktisch Zeit für Reflexion in der Organisation auch quasi geschaffen werden muss. Und wenn das die Leute nicht umsetzen – das sind die Punkte, die mir am allermeisten auffallen.* (I 1, S. 4)

Sowohl die LeiterInnen wie auch die AbsolventInnen hielten die Integration dieser Widersprüche im Sinn von bewussten und beabsichtigten Zielen zwar schwierig, aber prinzipiell möglich. Die Lernform, die eine solche Integration leistet, und die auch in KUPO vermittelt wurde, wurde als eine bestimmte Form der sozialen Kompetenz beschreiben. Demnach seien die Bildungsziele erreicht worden.

> *Die Bildungsziele – also Bildungsziel von Kupo von mir ist die Organisationsfähigkeit. ... Das heißt, dass man das Dilemma der verschiedenen politischen Geschwindigkeiten und Zugänge – also Ehrenamt, hauptberuflich, Partei, Klub, also praktisch eine Gewaltentrennung ... praktisch die Grünen fähig machen, dass sie diese Widersprüche erarbeiten können und austragen können. Eine gewisse Form von aktivem Aushalten. Organisationsfähigkeit ist die Überschrift und was für mich auf jeden Fall dazu gehört, sind Bildungsziele die da heißen Reflexion, Reflexionsfähigkeit, Wahrnehmung der Grundprinzipien wie Menschengruppen und Organisationen funktionieren, Auseinandersetzung damit usw.* (I 1, S. 12 f.)

3.2.4 Emanzipatorische Bildung stiftet neue Identität

Solche und weitere Widersprüche sind auch im Zusammenhang mit den Beschreibungen der Lernerfahrungen und der Transfer-Erfahrungen seitens der AbsolventInnen deutlich geworden. Zugleich ist auffällig, dass hier ein sehr hoher Identifikationsgrad mit den Grünen insgesamt ausgedrückt wurde. Eine besondere Situation aus der Sicht der AbsolventInnen war, dass sie als „Lerngruppe" über ihre oft schwierigen Alltagserfahrungen austauschen konnten. Die Gruppe hatte offenbar eine hohe „identifikatorische Funktion", die zugleich sehr viele Informationen über das System „Grüne" und viele Diskussionsmöglichkeiten mit sich brachte. Man könnte es so sagen: Die Vielfalt der Unterschiede bzw. ihre kommunikative Verarbeitung in KUPO im Rahmen der einzelnen Module erzeugte zunehmend ein „gemeinsames Gesamtbild".

Und das bringt auch den einzelnen AbsolventInnen in den verschiedenen Bundesländern andere Perspektiven, wie z. B. in Tirol – wie muss eine Frau dort kämpfen. Die hat ganz andere – unter Anführungszeichen – Feinde, ja, als in einer Bezirksgruppe. (...) Politische Erfahrungen austauschen: Dadurch, dass nicht nur Bezirksgruppenleute bei Kupo waren, sondern auch Leute, die höhere Positionen haben, dass das schön gemischt war, das finde ich sehr gut, sehr interessant, weil man eben voneinander lernen kann. Also Probleme in der sogenannten Basis, Bezirksgruppen, Probleme in der Organisation angefangen, über Inhalte, über wie teilen wir das zeitmäßig ein, das Zeitmanagement, bis hinauf zu Leuten, die im Gemeinderat sitzen. Das war sicherlich sehr lehrreich, weil du auch grünintern ein bisschen was mitbekommst. (I 4, S. 3)

Das war schon ein angenehmes Merkmal, ein paar Tage oder Wochenende nur eine Sache, und wo man auch Kontakte finden konnte zu anderen Grünen. Und wo man besprechen konnte, was haben die für Probleme und Ansichten und wo man sieht, wie groß sind eigentlich die Grünen. Politisch gesehen, da sind die Grünen auch groß, aber auch vom politischen Denken sind die XY (Ort) Grünen eher am linken Rand angesiedelt, und wo man auch sieht, es gibt auch andere Grüne, die vielleicht nicht ganz so links sind, aber genauso grün sind. ... Es gibt noch die anderen Bundesländer, die auch alle von den Bundesgrünen vertreten werden müssen oder sollen, und daher kann nicht alles so sein, wie es XY gefällt. Und das, das habe ich vielleicht durch Kupo gesehen oder gelernt. (I 8, S. 1 f.)

Der Erfahrungsaustausch, das „voneinander Lernen" ermöglichte eine „Kollektivierung" von gemeinsamen Defiziten; diese Art von Gemeinsamkeit bildete offensichtlich eine wichtige soziale Voraussetzung für das „Lernen über sich selbst". Außerdem wurden durch die Bearbeitung der eigenen Praxis die Gemeinsamkeiten und Unterschiede der politischen Projekte sichtbar. Für viele AbsolventInnen war das „Kennenlernen" der anderen ein wesentlicher Beitrag für die Weiterentwicklung ihrer eigenen „grün-funktionalen" Identität. Der Überblick über die grüne Organisation verschaffte ihnen gewissermaßen eine „organisationale Selbstvergewisserung", ein Gefühl dafür, wer und was die

Grünen – außer ihnen selbst – alles sind. Das dürfte eine wichtige identitätsstiftende Funktion gehabt haben.

3.3 Resümee: Emanzipatorische Bildung gelingt, wenn...

Ausgehend von der Auffassung, dass emanzipatorische, demokratische oder aufgeklärte politische Bildung immer als ein Prinzip der Systemreflexion gedacht wird, kann nun festgehalten werden, dass diese Form der Bildung dann gelingt, wenn die Systemreflexion als ein permanentes Steuerungsinstrument institutionalisiert wird. Dazu gibt es eine Reihe von Erfahrungen aus der Begleitforschung zu KUPO, die zeigen, dass hier entsprechende Rahmenbedingungen hergestellt werden müssen, die im Wesentlichen auf zwei Ebenen miteinander korrespondieren. Zum einen ist es günstig, dass es möglichst qualitative Lernmöglichkeiten für die TeilnehmerInnen gibt, die hier qualifiziert werden sollen. Hier sind eine Reihe von organisatorischen Rahmenbedingungen zu berücksichtigen (Projektmanagement, Auswahlverfahren, zeitliche und räumliche Organisation der einzelnen Module, didaktische Prinzipien, TrainerInnenauswahl, Qualitätssicherung, Finanzierung etc.).

Zum anderen sind aber auch seitens der Organisation interne Möglichkeiten zu schaffen, die einen gelingenden Transfer von bestimmten Kompetenzen ermöglichen. Davon hängt ab, ob und wie sich beispielsweise „Selbstbestimmung" oder „Emanzipation" strukturell umsetzen lassen. Die Struktur, von der ein solches Bildungsprogramm ausgeht, sollte daher innerhalb der gesamten Organisation einen bedeutenden Status haben (ausgewiesene Zuständigkeiten und Verbindlichkeiten). Man könnte also sagen, dass emanzipatorische Bildung dann gelingen kann, wenn dafür günstige individuelle und kollektive Lernmöglichkeiten geschaffen werden – **wenn...**

... individuelle und soziale Lernmöglichkeiten eingerichtet werden.

Soziale Kompetenz muss man lernen – das war ein Resümee sowohl der AbsolventInnen wie auch der LeiterInnen. Erstere würdigten die Lernmöglichkeiten in KUPO – man sei vom Alltag „befreit" und könne in einem *geschützten Raum* lernen (siehe dazu auch Kapitel 2.4).

Das ist auch wichtig, klar. Weil man dort lernen kann und sich drauf einlassen kann, in einer Gruppe zu tun ohne den Druck der alltagspolitischen Situation zu haben. Weil normalerweise, wenn man mit Grünen arbeitet, arbeitet man für irgendwas. Und man kann sich nie so drauf einlassen. Wenn bei Kupo, wenn es einen Eklat gibt in der Gruppe, dann ist das im schlechtesten Fall eine gute Gelegenheit, etwas zu lernen, und es passiert nichts. Das ist so ein geschützter Raum, wo man probehandeln kann und insofern ist es sehr gut dafür. (I 3, S. 8)

Neue Erfahrungen im Bereich der sozialen Befähigung können zweifelsohne nicht ohne die Möglichkeit der unmittelbaren Erprobung gemacht werden. Daher ist es zweckmäßig, dass sich emanzipatorische Bildung als eine Art von „Begleitung" versteht, die dazu dient, dass durch Analyse und Reflexion diese Praxis weiterentwickelt werden kann. Das bedeutet, dass im didaktischen Konzept das „Erfahrungslernen" einen zentralen Stellenwert beanspruchen müsste.

...„organisationales Lernen" ermöglicht wird.

Eine wichtige Voraussetzung für die Initiierung von organisationalen Lernprozessen ist die Herstellung bzw. die Bearbeitung von „affektiven Beziehungen" zur Organisation. Dadurch wird eine spezifische, auf die eigene Praxis „maßgeschneiderte" Handlungskompetenz erworben. Zugleich ist es aber notwenig, dass solche Prozesse institutionalisiert werden, sodass sie in weiterer Folge als permanente „Organisationsentwicklung" Bestand haben.

Gruppenlernen:

Ein ganz wesentlicher Bezugspunkt ist in diesem Zusammenhang die Verankerung von Lernprozessen in der eigenen Gruppe. Anders formuliert: Die Gruppe ist der wichtigste „Lerngegenstand" für die Institutionalisierung von „gelebter Systemdifferenz". Hier sind „gruppenspezifische Eigenheiten" zu berücksichtigen.

Es sind ja nicht alle Gruppen gleich. ... Es kommt darauf an, wie offen sie sind und wie die Gruppe vorher war und mit welchem Gefühl du aus der Gruppe zum Seminar gehst. Wenn sie dich gern gehen lassen und sagen, o. k. bei dir macht das einen Sinn, weil – das ist eine gute Voraussetzung, das gibt der Gruppe Chancen. Umso besser ist der Empfang beim Zurückkommen und die Bereitschaft, sich das Gelernte anzuhören und sich damit auseinanderzusetzen. ... Zu fragen ist, wenn nicht jemand, der nicht der sogenannte Chef ist von einer

Bezirksgruppe, von einem Seminar zurückkommt und das weitergeben möchte, wird das überhaupt so anerkannt? Weil das kommt dann nur von einem normalen – sag ich einmal – Mitglied der Gruppe. Das ist bei uns sicher schief gelaufen oder nicht gut gelaufen, sagen wir mal so, dass von vornherein klar war, dass X, Y, Z an Seminaren teilnehmen – wunderbar, wir legen schon jetzt das Procedere fest, wie gehen wir es an, dass auch die Gruppe was davon hat, etc. ... Das hätten wir ausmachen sollen. (I 4, S. 6 - 7)

Eine wesentliche Voraussetzung für den Transfer von Lernerfahrungen ist die Aufnahmebereitschaft für neue Vorgangsweisen (im Bereich der Kommunikation, Führung, Strategieentwicklung, Konfliktmanagement etc.). Anders formuliert: Eine Gruppe muss ein Interesse an Veränderungen haben, ansonsten besteht die Gefahr, dass der Status quo aufrecht erhalten wird. In diesem Zusammenhang geben Erscheinungsformen von Systemabwehr meistens Auskunft über die Veränderungsbereitschaft der Gruppe.

Institutionalisierte Reflexion:

Die im Zusammenhang mit der institutionalisierten Reflexion erwähnten Steuerungsformen (*integrative, prozessorientierte Steuerung, Reflexionsschleifen, Lernen über Feedback, Reflexionskompetenz*) sind nicht nur gruppenspezifisch, sondern auch für die Organisation im Gesamten heranzuziehen. Eine deutliche Aussage war, dass für diese Bildungsprozesse jeweils entsprechende Organisationsformen zu entwickeln sind bzw. entwickelt wurden, die nach und nach auf verschiedene Ebenen der Organisation übertragbar sind. Allgemein kann also festgehalten werden, dass emanzipatorische Bildung immer eine ihr entsprechende Organisationsform entwickeln muss, damit die Integration der Differenz, die diese Bildung darstellt, gewährleistet wird.
Reflexionsmöglichkeiten dieser Art können ganz unterschiedliche inhaltliche Richtungen verfolgen, je nach dem, welche systemspezifischen Widersprüche auftreten und welche Bedeutung ihnen beigemessen wird. Das heißt, dass Reflexion grundsätzlich frei ist. „Vordefinierte" Themenbereiche können hier lediglich eine unverbindliche Grenze darstellen, was aber dabei herauskommt, wenn ein kollektives „Nachdenken über sich selbst" veranstaltet wird, kann nicht vorher vorausgesagt werden. Deswegen ist es zweckmäßig, dass solche Prozesse sorgfältig und professionell begleitet werden. Als besonders günstig hat sich erwiesen, dass diese Aufgabe – die Systemreflexion – ihrerseits einen eigenen „organisatorischen Ort" hat. Naheliegenderweise sollte dieser Ort im Bereich der Organisationsentwicklung verankert sein.

In der Bildungsreihe KUPO gab es seitens der Befragten eine Reihe von Themen, die im Sinn der Organisationsentwicklung permanent behandelt werden sollten. Hier zeigte sich eine gemeinsame Tendenz: es sollten Organisationswidersprüche bearbeitet werden und daraus sollten wiederum neue Strukturen hervorgehen, um verschiedene Veränderungsprozesse handhaben zu können. Im Fall von KUPO war beispielsweise der Widerspruch zwischen „Organisationslogik" und „Parteilogik" eine permanente Differenz, deren Bearbeitung für die Beteiligten äußerst bedeutsam erschien.

Wie soll das „System Grüne" funktionieren, so dass sich darin grüne Grundwerte verwirklichen lassen? Auf diese Frage können zwei Antworten gegeben werden, eine *organisatorische* und eine *politische*: *Wenn ich Organisationsfragen nicht mit Organisationslogik bearbeite, sondern mit politischer Logik, wo ich vielleicht eine einfache Mehrheitsentscheidung herstelle, wo mir die Basis meiner Entscheidung nicht klar ist, weil nicht alle gleich viel wissen und so, nicht? So gehören politische Fragen entschieden, aber nicht organisatorische.* (I 2, S. 13) Hier würde es Überlappungen geben, welche als solche transparent gemacht werden sollen. *Das ist nicht getrennt, das ist ein Problem, ein Systemproblem. Und das kann man unter Umständen ins Bewusstsein holen, aber lösen wird man es nicht können.* (ebd.)

Teil III:
Alte und neue Perspektiven für die politische Bildung

Vorbemerkungen

Steckt die heutige politische Bildung in einer Sackgasse? Läuft sie Gefahr, bedeutungslos zu werden? Im ersten Teil dieser Arbeit wurden die „modernen" Schwierigkeiten der politischen Bildung dargestellt – der Befund lautet, einfach gesagt, dass die politische Bildung ihr institutionelles Überleben als spezialisierter Randbereich findet. Gleichzeitig gibt es Bemühungen und Versuche, diesen typischen Schwierigkeiten mit neuen Ansätzen und Modellen von Bildung zu begegnen – der zweite Teil dieser Arbeit beschreibt einen praktischen Versuch, politische Bildung als emanzipatorische oder demokratische Bildung zu verstehen und auch umzusetzen. An diesem Beispiel wurde unter anderem deutlich, dass politische Bildung etwas ganz anderes sein kann, als das, was in der Schule unter politischer Bildung verstanden wird.

Was dieses „Andere" aber ist, und welche Begrifflichkeit hier zu verwenden ist, kann zwar modellhaft aus der Begleitforschung abgeleitet werden, jedoch entbehrt die Neu-Dimensionierung der politischen Bildung einer „wissenschaftstheoretischen" Begründung. Um also aus diesem Modellversuch der politischen Bildung Konsequenzen zu ziehen, die für eine Neu-Dimensionierung fruchtbar gemacht werden könnten, ist ein Blick auf „alte" und „neue" Perspektiven zweckmäßig. Dieser dritte Teil widmet sich solchen Perspektiven, wobei jene philosophischen und sozialwissenschaftlichen Aspekte herausgearbeitet werden, die für diese „emanzipatorische Zielrichtung" einiges an Überlegungen und praktischen Vorschlägen bereits hervorgebracht haben.

Im ersten Kapitel wird der Blick auf ursprüngliche Denker des Politischen gerichtet, auf Sokrates und Aristoteles. Wie haben sie Politik definiert? Wo sind Hinweise auf politische Bildung zu finden? Hinter diesen Fragen steht die Annahme, dass, wenn der Fokus auf die Ursprünge der politischen Philosophie gerichtet wird, sich dann womöglich besser verstehen lässt, wie es in den gegenwärtigen Politikwissenschaften zu einer „Pluralität konkurrierender Bestimmungen des Politischen" gekommen ist. In dieser Pluralität gibt es – so scheint es – lediglich einen verbindlichen Anhaltspunkt, der an der politischen Philosophie der Griechen festgemacht wird: *Erwähnenswert ist indes, dass die Wörter ,politisch' oder ,Politik' geschichtliche Ableitungen vom griechischen ,Polis' sind, womit nicht nur die Herkunft des* Wortes, *sondern auch der* Sache *bezeichnet wäre* (Berg-Schlosser 1995, S. 2). Diese Sache bezeichnet den Ort: das Zentrum der Stadt, des sozialen Lebens. Die Art und Weise, wie die Griechen die Verwirklichung der politischen Kunst gesehen haben, und wie eine Gemeinschaft, die „Polis" dazu gebildet werden muss, kann heute unter dem Gesichtspunkt einer „Repolitisierung" neu gelesen werden. Die „Polis" bezeichnet nicht nur die ursprüngliche politische Handlung, sondern vor allem den sozialen, organisatorischen und politisch-dikdaktischen Rahmen, in dem diese Handlungen stattfinden. Diese griechische „Gleichursprünglichkeit" von Politik und Bildung eröffnet zugleich eine neu zu interpretierende Perspektive, weil sehr vieles von der „Ganzheitlichkeit" des griechischen Politikbegriffs die heutige Pluralität der konkurrierenden Politikbegriffe vorwegnehmen würde.

Der immense Wert der politischen Philosophie liegt darin, dass hier ein Grundmuster für eine spezifische Vermittlung zwischen Handeln und Erkennen, zwischen „sittlichem Verhalten" und wissenschaftlicher Rationalität entworfen wird. Der Rahmen, in dem sich diese Vermittlung ereignet, ist ein politisch-sozialer – die „Gemeinschaft". Sie ist die Voraussetzung und das Ziel des „sittlichen Handelns". Dieses Grundmuster der politischen Philosophie, die immer auch eine *praktische Philosophie* ist, kann heute dazu dienen die politische Bildung in ihrer methodischen und didaktischen Verfasstheit zu hinterfragen und neu zu konzeptionalisieren.

Damit wir heute von der *praktischen Philosophie* der Griechen etwas lernen können, ist einerseits eine begriffliche Transformation notwendig, andrerseits aber auch eine inhaltlich-methodische Übersetzung, die im Stande ist, das Wirkungsfeld der politischen, emanzipatorischen Bildung zu erfassen. Anders gesagt: Moderne Ausprägungen der „praktischen Philosophie" wären dahingehend zu prüfen, ob sie die griechischen Ideen weiterentwickelt und vor allem methodisch-didaktisch zu transformieren im Stande sind. Diejenige Form der praktischen Philosophie, die eine solche Praxisorientierung erreicht, ist beispielsweise die Gruppendynamik; kaum eine andere sozialwissenschaftliche Orientierung fokussiert paradigmatisch und methodisch Ziele wie Aufklärung, Emanzipation oder kollektive Reflexion. Hier ist ein reichhaltiges Potenzial für die (Neu)Formulierung von politischer Bildung zu finden (siehe zweites Kapitel in diesem Teil). Gerade hinsichtlich der bestehenden „Entfremdung" der politischen Bildung könnte die Gruppendynamik sowohl theoretische, wie auch „praktische" Antworten geben und dabei helfen, die Forderungen nach einer „demokratischer Bildung" einzulösen.

Aus den „alten" und „neuen" Perspektiven werden also Konsequenzen für die Neu-Dimensionierung der politischen Bildung gezogen (drittes Kapitel). Besonders beachtet werden dabei die „politischen Implikationen" eines neuen Bildungsbegriffs. Eine „Neu-Dimensionierung" erscheint letztlich auch deshalb notwendig, weil „gerechte Verhältnisse", „gelingendes Leben", aufgeklärte und kritische BürgerInnen und ihre Teilhabe an der kollektiven Macht heute unumgänglich sind.

1 Zur Gleichursprünglichkeit von Politik und Bildung

Der Blick auf die griechische Philosophie ist von einer mehrfachen Herausforderung begleitet: Es ist zunächst gewöhnungsbedürftig, dass geführte Dialoge (zwischen Sokrates und seinen Gesprächspartnern) wie wissenschaftliche Texte gelesen werden muss; schließlich sollen neue Einsichten oder sogar Erkenntnisse formuliert werden können. Im Unterschied zur heutigen „wissenschaftlichen Lesart" bleiben aber konkrete, faktische Ergebnisse meistens aus; übrig bleibt ein Verständnis für die dialogische Methodik und für das „Wesen" der praktischen Philosophie. Daher ist es sinnvoll, Zusammenhänge und dialektische Argumentationsmuster darzustellen, um die philosophischen Überlegungen nachvollziehbar zu machen. Zu diesem Zweck wurden einige philosophische Texte herangezogen und hinsichtlich ihres Gehalts zur Frage der politischen Bildung interpretiert. Der sozial-wissenschaftlich-orientierte Fokus auf die politische Bildung ist hier ein durchaus „experimentelles" Unterfangen, zumal die Auslegung der *praktischen Philosophie* eine neue, anwendungsorientierte und gruppendynamische Dimension beschreitet (daher wird auf die Ausführlichkeit des griechischen Materials nicht verzichtet).

Die Interpretation der „politischen Kunst" erfordert eine Sprache, die für das heutige Verständnis von Bildung bzw. Politik „anschlussfähig" erscheint. Die begriffliche Schärfe ist dabei wenig ausschlaggebend; es wird nicht das Ziel verfolgt, eindeutige Begriffe zu entwickeln, sondern mehr die Auslotung der begrifflichen Möglichkeiten zu erforschen und „Anwendungen" zu versuchen. Die „Lesebrille", die dabei aufgesetzt wurde, ist eine sozialwissenschaftliche und praxisorientierte. Sie schärft den Blick für den politisch-sozialen und bildungsorientierten Gehalt in den philosophischen Texten, die heute äußerst relevant erscheinen.

Unter diesem Gesichtspunkt werden „alte" und „neue" Begriffe ineinander geführt und diskutiert (Originalzitate und originale Begriffe sind kursiv gesetzt).

Zur Orientierung durch die philosophischen Texte sei hier auf die Original-texte verwiesen:

Euthydemos, In: Platon: Sämtliche Werke, Rowohlt Taschenbuch Verlag, Hamburg 1994, Bd. 1, S. 541 – 588.

Politikos, In: Platon: Sämtliche Werke, Rowohlt Taschenbuch Verlag, Hamburg 2004, Bd. 3, 34. Aufl., S. 337 – 418.

Platon: *Der Staat*. Phaidon Verlag, Kettwig 1992, Bd. 5.

Aristoteles: *Politik*. Deutscher Taschenbuch Verlag, München 2003, 9. Aufl.

Aristoteles: *Nikomachische Ethik*. Reclam, Stuttgart 1983, ergänzte Aufl.

1.1   Politik im dialektischen Prozess: Sokrates (Platon)

In den Dialogen *Euthydemos* und *Politikos* sowie im *Staat* werden die Möglich-keiten der politischen Kunst diskutiert, beispielsweise entlang der Frage, ob die Tugend lehrbar sei oder nicht. Die typischen sokratischen Paradoxien sind im Vergleich zur heutigen Lesbarkeit von wissenschaftlichen Texten eine Heraus-forderung in der Art, als hier ein weiter Interpretationsrahmen eröffnet wird. In diesem Rahmen müssen freilich verschiedene Schwerpunkte gesetzt werden, die jedoch aufgrund der dialektischen Auseinandersetzung mit den Themen der politischen Philosophie einiges an Hingabe abverlangt. Für die moderne Aufbe-reitung der *politischen Philosophie* im Sinn der politischen Bildung liefern diese Texte allerdings den Grundriss für eine wissenschaftliche Strukturierung und praktische Anwendungsformen.

Durch seine interaktive Methode demonstriert Sokrates die Methodik der „politischen Kunst" - den Prozess des Generierens von unterschiedlichen Hypo-thesen, Weltanschauungen, Auffassungen von *Gerechtigkeit*, *Tugend* etc. Das empirische Material gewinnt er aus seinen Gesprächspartnern, die sich bereit-willig und geduldig in einen dialektischen Prozess hineinziehen lassen, um verwirrt daraus hervorzugehen. So scheint es auf den ersten Blick. Was Sokrates dabei praktisch „unter der Hand" gelingt, ist nicht nur eine „Politisierung des Gegenstandes", sondern mitunter auch eine massive „Intervention" in die philo-sophische Haltung und politische Weltanschauung der jeweiligen Gesprächs-partner.

Die Kritik Sokrates' an den bestehenden Verhältnissen lassen ihn offenbar nicht nur zweifeln, er entwickelt hierdurch auch eine philosophische Reflexion von Politik, die er *politische Kunst, Staatskunst* oder *königliche Kunst*[3] nennt. Eine wichtige Kategorie in diesem Zusammenhang ist die *Tugend*, deren Konzept auf der Widersprüchlichkeit in den menschlichen Affekten aufbaut. Diese Widersprüchichkeit erstreckt sich weiter in alle soziale Formen des Zusammenlebens, wobei die Aufgabe der *politischen Kunst* darin besteht, diese notwendigen Widersprüche zum Wohle aller zu „pflegen". Durch diese „dialektische Kunst" kann gezeigt werden, *wie* Politik betrieben werden soll, nämlich durch strukturierte und systematische Reflexion.

1.1.1 Affekte, Tugend und richtiger Gebrauch: Politische Kunst im „Euthydemos"

Im Dialog „Euthydemos" wird die Auffassung vertreten, dass die *Staatskunst* oder *politische Kunst glückselig* macht, weil sie auf *Erkenntnis* beruht; sie soll den *Staatsmann* und die Bürger *tugendhaft* machen, und aus ihr sollte auch eine kollektive *Glückseligkeit* hervorgehen. (Platon 1994, S. 546 – 572). In diesem Dialog geht es auch um die gegenseitige Vorführung der *sophistischen Streitkunst*, die sich Sokrates mit den *Sophisten* liefert. Inhaltlich geht es um die *Lehre der Tugend*, darum, ob man sie lehren und lernen kann, ob *Weisheit* auch glücklich macht, und um die Notwendigkeit nach Erkenntnisinteresse für den praktischen Gebrauch.

Im Unterschied zu den *Sophisten*, die sich „nur" in Rhetorik, in der *Kunst der Rede* üben würden, geht es Sokrates um die Dialektik. Das Ergebnis ist: die Tugend sei lehrbar, und sie sei nicht lehrbar – ein für Sokrates typisches Paradoxon. Später stellt sich heraus, dass sowohl die *Dummen*, als auch die *Klugen* lernen können – man lernt, was man weiß und man lernt, was man nicht weiß. Sokrates kann dieses Dilemma auflösen, indem er einen Zusammenhang zwischen *Weisheit* und *Glück* herstellt, um zu zeigen, dass *Weisheit* und *Wissen* als *das Gute* an sich anzusehen sind. Und insofern auch die *Tugend* wie die *Weisheit glückselig* machen, seien sie mithin wichtige Fähigkeiten für die Ausübung der politischen Kunst.

Interessant ist im Dialog, dass an den Beginn der politischen Lehre der *Leib* und die menschlichen *Affekte* gestellt werden. Am Ende steht das *Glück*, das durch die *Weisheit* begründet ist – *die Weisheit ist ja eben gutes Glück* und *die*

---

3 Der Begriff *politische Kunst* wird in der Originalliteratur nicht durchgängig verwendet. Die Begriffe *politische Kunst, Staatskunst, königliche Kunst* und *Herrscherwissenschaft* meinen dasselbe (siehe auch *Euthydemos* 291d – 292c oder *Politikos* 284a).

Weisheit also macht, dass die Menschen in allen Dingen Glück haben.[4] Die *Weisheit* ist jenes Instrument, das die *Affekte* „umgänglich" macht indem sie ein soziales und politisches Ordnungsprinzip einführt – als Wissenschaft, als Handlungsprinzip, als soziale Methode und als „politische Kunst mit Erziehungsauftrag". Dieser Weisheitsbegriff ist sehr breit; er umfasst alles das, was wir heute mit „Wissen", (soziale, politische, persönliche) „Fähigkeit" oder „Kompetenz" etc. beschreiben würden.

Später im Gespräch kommt Sokrates darauf zurück, ob die *Staatskunst oder die königliche Kunst den rechten Gebrauch von allem leiten und die Glückseligkeit bewirken* kann (ebd., S. 569). Er untersucht die Auswirkungen der *königlichen Kunst* auf die Verfassung der Gemeinschaft und auf die „individuelle Verfassung"[5]. Diese ist nach Sokrates eine doppelte: eine *nutzschaffende* und eine *glückselig machende*. Die Staatsbürger sollten durch die Staatskunst nicht nur *reich und frei und ruhig* werden – heute könnte man sagen, sie sollten eine „gesicherte Existenz" haben. Zudem sollte die politische Kunst mehr sein; sie soll die Bürger *weise machen* und *Erkenntnis mitteilen*. Dieses Motiv geht über die „Existenzsicherung" hinaus; die Staatskunst sollte durch Weisheit und Erkenntnis letztlich auch einen kollektiven und intersubjektiven, individuellen Idealzustand (*Glückseligkeit*) ermöglichen.

---

4   *Wollen wohl wir Menschen alle uns wohl befinden? ... Denn unverständig ist es ja wohl, dergleichen auch nur zu fragen; denn welcher Mensch wollte sich nicht wohl befinden? – Gewiß keiner, antwortet Kleinias. – Gut sprach ich. Nun aber weiter, da wir uns also wohl befinden wollen, wie können wir es denn? Etwa wenn wir viel Gutes hätten? Oder ist dies noch einfältiger als jenes? ... Denn jeder würde uns wohl sagen, reich sein wäre gut. Nicht wahr? Nicht auch gesund sein und schön sein und das übrige, was den Leib betrifft, in gutem Stande haben? ... Aber ausgezeichnete Geburt und Macht und Ansehen in seinem Vaterlande ist doch offenbar auch was Gutes? ... Denn was ist wohl besonnen sein und gerecht sein und tapfer? ... Wohl, sprach ich, und die Weisheit, in welche Reihe wollen wir die stellen? Unter das Gute, oder wie meinst du? ... Da besann ich mich und sprach: Beim Zeus, hätten wir doch bald das größte unter allen Gütern ausgelassen. – Welches doch? Fragte er (Kleinias). – Das gute Glück, o Kleinias, welches alle, auch die ganz Schlechten, für das größte unter allem Guten halten. ... Die Weisheit ist ja eben gutes Glück, das kann ja jedes Kind einsehen. ... Die Weisheit also macht, dass die Menschen in allen Dingen Glück haben. Denn nie wird die Weisheit etwas verfehlen, sondern immer richtig handeln und es erlangen. Denn sonst wäre es ja keine Weisheit mehr.* (Platon 1994, S.553 f.)

5   *Eine und dieselbe schienen diese beiden uns zu sein, die Staatskunst und die königliche Kunst. ... Wohlan, diese beherrschende königliche Kunst, was für ein Werk bewirkt sie uns denn? ... Wie also die königliche Kunst? Wenn sie alles regiert, worüber sie zu regieren hat, was bewirkt sie? ... Also muss sie uns doch etwas Gutes verschaffen? ... Und nicht wahr, alles andere, was man als Werke der Staatskunst nennen könnte, und deren wären nun viele, als die Bürger reich zu machen und frei und ruhig, alles dieses hatte sich gezeigt als weder gut noch böse. Weise aber musste sie uns machen und Erkenntnis mitteilen, wenn sie die nutzschaffende (Kunst) sein soll und die glückselig machende.* (ebd., S. 569 f.)

Interessant ist an dieser Stelle ein deutlicher „politisierender Unterton". Es gibt eine sehr starke „sozialpolitische" Ausrichtung des Sokrates; er wünscht allen Bürgern den Zugang zu Weisheit und Erkenntnis. Die Staatskunst möge als „Rahmenbedingung" für die Möglichkeiten zur Weisheit und Erkenntnis dienen. Hier fällt das soziale Motiv mit einem Aufklärungsmotiv zusammen: Nach Sokrates führen Weisheit und Erkenntnis zu *Glückseligkeit* bzw. werden von ihnen bedingt. Die Ermöglichung dessen soll aber nicht nur Staatsmännern zukommen, also jenen, die sich in der *königlichen Kunst üben*. Auch die Bürger der *Polis* (das waren wenigstens jene, die mit diesem Status ausgezeichnet waren) sollten von der *Glückseligkeit* profitieren können mittels *Weisheit und Erkenntnis*.

Diese sozialpolitische Haltung bringt damit ein sehr modernes Menschenbild zum Ausdruck. Für die heutige Interpretation ist diese „Hinwendung zur Basis" besonders interessant, weil hier Wissenschaftlichkeit mit einem demokratischen Anspruch verknüpft wird. Sokrates hat noch nicht im Detail überlegt, wie er die „Vermittlung von Weisheit und Erkenntnis" einer größeren Masse gegenüber organisatorisch und methodisch bewerkstelligen könnte. Er ist davon ausgegangen, dass die Absicht zur Aufklärung der Bürger auch von den Bürgern selbst ausgehen sollte – die Bürger wären lediglich *aufzumuntern*. Hier wird ein wesentliches pädagogisch-didaktisches Moment angesprochen. Sokrates entwirft zwar keine Programmatik für diese „Bildungsmaßnahme" für alle, jedoch formuliert er Voraussetzungen für die Ermöglichung von *Weisheit und Erkenntnis*. Die Bürger sollten als „aufgeklärte Bürger" von einem existenzsichernden und Glück ermöglichenden Staat profitieren. Erst dann wäre die *königliche Kunst* eine *nutzschaffende* und *glückselig machende*.

1.1.2   Politische Kunst durch Teilhabe der Bürger und der *Affekte*

Die wichtigste Bedingung zur Erreichung der *königlichen Kunst* sei der gut funktionierende Staat, der von *tugendhaften Staatsmännern* so geführt wird, dass auch die Bürger an der *Glückseligkeit* teilhaben können. In diesem „gesellschaftspolitischen Entwicklungsplan" wird die „affektive Ebene" berücksichtigt – *wollen wohl wir Menschen uns alle wohl befinden?,* fragt er im *Euthydemos* (siehe oben, Fußnote). Bevor dieser „Entwicklungsplan" erfolgreich sein kann, sollten die Grundbedürfnisse befriedigt werden – so könnte man heute schlussfolgern. Damit werden sowohl die Voraussetzungen, wie auch die Ziele der Vermittlung von *Weisheit und Erkenntnis* beschrieben. Diese Ziele sind einerseits *staatliche Ziele* (heute würde man von gesellschaftspolitischen Zielen sprechen), andrerseits auch individuelle Ziele. *Weisheit, Erkenntnis und Glück-seligkeit* sind für jeden Menschen (insofern er Bürger der *Polis* ist) zugänglich, aber nicht zwingend. Die notwendige individuelle Grundvoraussetzung ist die *Fähigkeit zur Tugend* (diese These wird auch in den Dialogen *Euthydemos, Protagoras, Gorgias, Politikos* diskutiert).

Das *Größte unter allem Guten* ist nach Sokrates das *Glück;* es rangiert in dieser „Hierarchie der Güter" an letzter bzw. oberster Stelle. Selbst die *ganz Schlechten* streben danach; damit benennt er den kleinsten gemeinsamen „sozialen" Nenner, auf den es in der *königlichen Kunst* ankommt. *Glück* ist nach dieser Auffassung das einfachste und schwierigste zugleich, weil zuvor die Reihe der anderen *Güter* „erfüllt" werden muss, damit schließlich *Weisheit* und *Glück* am Ende ineinander aufgehen können[6].

Dieser Glücksbegriff impliziert die „demokratische" Partizipation der Affekte. Ihre Teilhabe an der *politischen Kunst* ist der Garant dafür, dass diese politische Philosophie nicht an den Menschen vorbei geht, sondern sie zu einem dynamischen, „politischen" Gegenstandsfeld werden lässt. Das Glück, eine menschliche Empfindung, ist das affektive „Material", das die politische Erfahrung primär subjektiv verankert. Die leibliche Wirklichkeit gewinnt eine „transzendentale Funktion" in der politischen Praxis. An der eigenen, subjektiven Befindlichkeit kann gemessen werden, ob eine politische Erfahrung „glücklich" ist oder nicht. Damit ist *Glück* einerseits eine intersubjektive, zugleich aber auch eine allgemein-kollektive Erfahrung, der als Maßstab für den Erfolg von Politik angenommen werden.

Für das moderne Verständnis von politischer Kunst bzw. politischer Bildung ist es einigermaßen ungewöhnlich, dass die affektive Ebene mit der Konnotation zu Glück immer mitgedacht wird. Für Sokrates sind die menschlichen Affekte jenes empirische Material, aus dem die politische Kunst hervorgehen und zugleich darauf reagieren sollte. Insbesondere im Begriff des Glücks drückt sich diese Besonderheit aus; einerseits ist Glück als Begriff inhaltsleer (formaler Begriff), zugleich ist er andrerseits höchst „affektiv aufgeladen" (empirischer Begriff), weil jeder Mensch ein individuelles Verständnis von Glück hat. Eine zureichende moderne Übersetzung des sokratischen Glücksbegriffs scheint unmöglich zu sein. Dennoch ist bemerkenswert, dass für Sokrates Weisheit und Glück so eng miteinander verknüpft sind. Diese Relation impliziert, dass es sehr wesentlich um *menschliche Affekte*, um Gefühle, Bedürfnisse, um den *Leib* und das *Wohlergehen* geht.

---

6   *Die Weisheit also macht, dass die Menschen in allen Dingen Glück haben. Denn nie wird die Weisheit etwas verfehlen, sondern immer richtig handeln und es erlangen. Denn sonst wäre es ja keine Weisheit mehr.* (ebd., S. 555)

1.1.3 Das Wissen vom richtigen Gebrauch oder die dritte Erkenntnisart

Nach Sokrates benötigt jeder Staatsmann, aber auch jeder Bürger *Einsicht und Weisheit* für den *richtigen Gebrauch* der verschiedenen Güter und Tugenden. Daher können *Einsicht, Weisheit, Erkenntnis* und *Vernunft* als jene *Güter* verstanden werden, durch die die anderen *Güter* erst erreicht werden können; sie haben gewissermaßen eine „Vermittlungsqualität"[7], denn ohne eine den Gütern angemessene Anwendung und Praktizierung sind sie bedeutungslos. Es kommt ganz wesentlich darauf an, *wie* der Gebrauch der Güter gelebt wird. Diese antike Forderung spitzt sich heute in der Methodenfrage zu: Sind die wissenschaftlichen und angewandten Methoden dazu tauglich, die gesellschaftlichen Entwicklungen zu verbessern? Der *richtige Gebrauch* fragt nach Didaktik, (Organisations-)Form, Methoden, nach Vermittlungsinstrumenten der *politischen Kunst* bzw. der politischen Bildung.

Die Qualität der Güter, aber auch das Wissen vom *richtigen Gebrauch* sind untrennbar mit *Einsicht und Weisheit* verbunden. Diese Tugenden stehen jedoch nicht für sich, sondern sind erst in Relation mit den anderen Tugenden wirksam. Sokrates schreibt der *Einsicht* und der *Weisheit* einen Nutzen zu, sofern sie andere Güter wie *Besitz* oder *Tapferkeit* transzendieren. Daher zieht Sokrates die Schlussfolgerung, dass jeder Mensch nach Vernunft streben soll, damit die anderen Güter im Sinne der Staatskunst erreicht werden können[8]. Diese Feststellung mag zunächst pädagogisch klingen, sie ist jedoch in ihrer konsequenten Weiterführung dialektisch angelegt: der *Gebrauch der Dinge* macht *glücklich*; die *Richtigkeit des Gebrauchs* und das *glückliche Gelingen* sichern Erkenntnis, daher sollten alle Menschen *so weise als möglich* werden.

Später in diesem Gespräch kommt Sokrates darauf zurück, wie der *richtige Gebrauch der Güter* methodisch angelegt sein sollte. Es käme darauf an, dass in der *nötigen Erkenntnis* unterschieden wird, dass es unterschiedliche Güter gibt.

---

7 *Also auch wohl, sprach ich (Sokrates), im Gebrauch der zuerst angeführten Güter, des Reichtums, der Gesundheit und Schönheit, war es das Wissen, was zum richtigen Gebrauch aller dieser Dinge die Behandlung derselben anführt und leitet, oder etwas anderes? – Das Wissen, sagte er (Kleinias). – Nicht nur Glück also, sondern auch gut Geschäft, wie es scheint, gewährt Erkenntnis dem Menschen bei jedem Besitz und Betrieb. ... Ist also wohl, beim Zeus, sprach ich, irgendein anderer Besitz etwas nutz ohne Einsicht und Weisheit? Würde wohl ein Mensch Vorteile haben, wenn er auch noch so viel besäße und täte, der keine Vernunft hat, oder mehr, wenn er weniges besitzt, aber Vernunft hat? (ebd., S. 556 f.)*

8 *So lass uns, sagte ich, nun auch das übrige betrachten. Da wir nämlich glückselig zu sein alle streben und sich gezeigt hat, dass wir dies werden durch den Gebrauch der Dinge, und zwar den richtigen Gebrauch, diese Richtigkeit aber und das glückliche Gelingen uns die Erkenntnis zusichert: so muss demnach, wie man sieht, auf jede Weise ein jeder Mensch dafür sorgen, dass er so weise werde als möglich. (ebd., S. 557)*

Einerseits soll Erkenntnis dazu dienen, etwas Gutes hervorzubringen, andrerseits soll Erkenntnis den *richtigen Gebrauch* des *Hervorgebrachten* ermöglichen. Schließlich resümiert Sokrates, dass es eine Erkenntnis geben sollte, die sowohl das *Hervorbringen* wie auch das *Hervorgebrachte* mittels einer eigenen Wissensqualität ineinander integrieren sollte[9]. Diese Forderung betont die Notwendigkeit der Integration von unterschiedlichen Arten von *Erkenntnis* (die sich bis heute zu verschiedenen Wissenschaftsdisziplinen weiter entwickelt haben). Einerseits gibt es die Art der Erkenntnis, die *hervorbringt*: wissenschaftliche Kreativität, Forschung, Theoriebildung etc. Andrerseits entspricht das *Gebrauchenwissen des Hervorgebrachten* eher der heutigen anwendungsorientierten Wissenschaft, dem „Nutzwissen", „Anwendungswissen" etc. Für Sokrates sind das zwei unterschiedliche Disziplinen, die erst dann *glückselig* machen, wenn sie miteinander in eine fruchtbare, „politische" Verbindung gebracht werden können. Er plädiert für eine „dritte Art von Erkenntnis", die eine Synthese von Hervorbringung und Anwendung leistet.

Für diese „dritte Art der Erkenntnis" werden einige Beispiele angeführt, unter anderem die *Kunst, Reden zu machen*[10]. Denn es gäbe *Redenmacher*, die ihre Reden nicht zu gebrauchen wissen, und umgekehrt jene, die zwar reden können, *selbst aber ihrerseits des Redenmachens unkundig sind*. An dieser Stelle verfährt Sokrates nicht gerade sanft mit den *Redenmachern*; er beschimpft sie als *Beschwörungskünstler*, die nichts anderes im Sinn hätten, als die Massen zu beeinflussen, denn die Anwendung der *Redekunst* diene der *Besänftigung von Gemeindemännern und andere Versammlungen*. (ebd., S. 567) Zweifellos sind jene *Redenschreiber*[11] heute in vielfältigen Ausprägungen zu finden: als WissenschafterInnen, WissenschaftsjournalistInnen, JournalistInnen im allgemeinen, „Spin-Doktoren", Polit-BeraterInnen etc.

Offen bleibt hier noch die Frage nach jener Kunst, die *glückselig* im Sinne einer „transzendierenden Erkenntnis" machen soll. Diese Frage beginnt ursprünglich damit, dass der *richtige und gelingende Gebrauch der Dinge* mit einer dritten Art von Erkenntnis, mit einer synthetisierenden und transzendierenden Erkenntnis einhergehen müsste. Übergangslos führt Sokrates den *richti-*

---

9   *Einer solchen Erkenntnis also bedürfen wir, schöner Knabe, sprach ich, in welcher das Hervorbringen und das Gebrauchenwissen des Hervorgebrachten beides zusammenfällt.* (ebd., S. 566)

10   *Offenbar also ist auch bei den Reden die Kunst des Verfertigens abgesondert von der des Gebrauchs.* (ebd., S. 567)

11   *Denn die Männer selbst, die Redenschreiber, o Kleinias, wenn ich unter ihnen bin, dünken mich immer gar weise, und ihre Kunst eine gar göttliche und erhabene. Und das ist auch kein Wunder; denn sie ist ein Teil der Beschwörungskunst, nur um ein weniges beschränkter als jene. Denn die Beschwörungskunst ist eine Besänftigung der Schlangen, Spinnen, Skorpione und andere Tiere und Übel, jene aber ist für Richter und Gemeindemänner und andere Versammlungen die Besänftigung und Besprechung. Oder, sprach ich, dünkt es dich anders?* (ebd., S. 567)

gen Gebrauch der Kriegskunst[12] an, der in diesem Sinne von Erkenntnis *glücklich* machen soll. Diese Überlegung endet damit, dass *Dialektiker* und *Staatsmänner* in eine Reihe gestellt werden. Diese Thematik löst sich in eine typische sokratische Paradoxie auf. Auf der einen Seite gibt es die *Dialektiker*; ihnen wird der *richtige Gebrauch der Erkenntnis* zugeordnet. Zugleich gibt es die *Staatsmänner*, denen der *richtige Gebrauch der Kriegskunst* zugeordnet wird. Beiden gemeinsam ist, dass sie nicht selbst *hervorbringen*, sondern über jenes *Gebrauchenwissen* verfügen (sollen), mit dem sie das *Hervorgebrachte* gebrauchen. *Dialektiker* und *Staatsmänner*[13] sind ausführende Organe im Dienst einer synthetisierenden Vernunft, welche schließlich wiederum in den Dienst einer kollektiven *Glückseligkeit* gestellt werden.

Demnach soll sowohl Wissenschaft wie auch Politik die ihnen eigentümlichen und eigengesetzlichen Ausprägungen und Charakteristika reflektieren, und zwar in der Art und Weise, dass „Theorie" und „Praxis" in eine maßvolle Interaktion gebracht werden. Die „dritte Erkenntnis" ist eine eigenständige Disziplin, eine „Vermittlungsform" zwischen Theorie und Praxis. Man könnte es auch so formulieren: Diese „dritte Erkenntnis" hat eine „Brückenfunktion" für Denken und Handeln und stellt daher eine zentrale Qualität der politischen Kunst dar. Die Bezeichnung als *Kriegskunst* erscheint für eine „Übersetzung" in die Gegenwart ungeeignet zu sein; das darin enthaltene „dialektische Prinzip" konstituiert allerdings ein Paradigma (das Sokrates etwas umständlich vorbereitet) für die Neuformulierung der politischen Bildung. Demzufolge würde politische Bildung bedeuten, dass die Widersprüche zwischen „Denken und Handeln" durch eine (heute noch zu entwickelnde) „politische Kunst" integriert werden. Bildung hätte also die Funktion, hier Vermittlungsformen und Organisationsformen bereit zu stellen, die eine solche Integration gewährleisten könnten. Mit Recht wäre dann hier von einer „Kunst" die Rede: es ist eine „Kunst", Theorie und Praxis als zwei notwendige Aspekte der Politik zu einem „Lerngegenstand" werden zu lassen, der zugleich die gegenwärtige Trennung von Bildung und Politik aufhebt.

---

12   *Wohin also, sprach ich, können wir uns noch wenden, zu welcher Kunst? – Ich weiß keinen Rat, sagte er. – Aber ich, sprach ich, glaube sie gefunden zu haben. – Was für eine? fragte Kleinias. – Die Kriegskunst nämlich dünkt mich vor jeder anderen die zu sein, deren Besitz glückselig macht.* (ebd., S. 567)

13   *So übergeben sie (Jäger), so viele ihrer nicht ganz unverständig sind, ihre Erfindungen den Dialektikern, um Gebrauch davon zu machen. ... Freilich, und die Heerführer, wenn sie eine Stadt erjagt haben oder ein Heer, übergeben es ja auf dieselbe Weise den Staatsmännern.* (ebd., S. 568)

1.2 Dialektische Staatswissenschaft: Politische Kunst im „Staat"

Im „Staat" wird vorausgesetzt, dass die *Polis* einer *Besserung* bedarf; sie sollte daher nicht nur die *gerechten Herrscher* akzeptieren, sondern die *Gerechten* müssten *regieren*. Philosophen wären für das *politische Leben untauglich*[14]. Diese Auffassung untermauert Sokrates im *sechsten Buch* mit dem *Gleichnis vom verkannten Steuermann* (Platon 1992, S. 272 ff.): Der Schiffsherr wird vom Schiffsvolk als *unbrauchbar* bezeichnet – ebenso sei das Verhältnis zwischen Staat und Philosoph geartet. Nach Sokrates ist es verwunderlich, wenn die Philosophen beim Volk *in Achtung ständen*, denn ein Führer bittet seine Untertanen nicht um die Führung, sondern er übernimmt sie[15].

Die Dynamik von Führen und Geführt-werden wird als zentraler Fokus der politischen Kunst beschreiben. Zugleich wird Führung als *Tugend* vorgestellt, zu der man hinreichend ausgebildet werden muss – durch *gute Erziehung und Anlagen* sollten sich jene Staatsmänner der *Philosophen-Natur* annähern, um folgende Eigenschaften zu erreichen: *Gelehrigkeit, Gedächtnisstärke, Tapferkeit, Hochherzigkeit.* (ebd., S. 279 f.)

Dieses Konzept ist jedoch selbst für Sokrates insofern fragwürdig, als es in der politischen „Erziehungspraxis" dazu kommen kann, dass die *edlen Seelen* an die *schlechten Erzieher* geraten könnten. Die *schlechten Erzieher* sind für *Sokrates* die *Sophisten*[16]; sie werden beschrieben als eine Art Populisten, als solche,

---

14   *Und wie kann man dann mit gutem Grunde behaupten, dass die Staaten sich nicht eher von Missständen freimachen können, ehe nicht die Philosophen in ihnen die Herrschaft erlangt haben; dabei sind wir uns doch einig, dass sie für das politische Leben untauglich seien.* (Platon 1992, S. 272)

15   Sokrates erklärt dem *Adeimantos* das Prinzip einer „bedarfsorientierten Führung": *Auch, dass du recht hast mit der Behauptung, die Tüchtigsten aus der Philosophie seien in den Augen der Masse des Volkes unbrauchbare Leute. Verantwortlich für die Unbrauchbarkeit aber mache die, die keine Notiz (von ihnen) nehmen, aber nicht die trefflichsten selbst! Denn es ist doch nicht normal, dass ein Kapitän seine Matrosen bitten muss, sich von ihm leiten zu lassen ... Jeder, der der Führung bedarf, muss an die Tür dessen gehen, der sich aufs Regieren versteht. Der Regent braucht die Untertanen nicht zu bitten, sich von ihm regieren zu lassen, sofern er einen wirklichen Nutzen stiften kann.* (ebd., S. 274 f.)

16   *Ich meine also: Wenn die Natur des Philosophen, wie wir sie schilderten, die ihr gebührende Ausbildung erhält, dann wird sie unaufhaltsam wachsen und den Weg zu jener Tugend finden. Darf sie aber als junge Saat und Pflanze nicht in ihrem richtigen Boden gedeihen, dann wird sie sich auch wiederum ins völlige Gegenteil entwickeln, wenn ihr nicht eine von den Gottheiten beisteht. Oder bist du auch wie die große Menge der Meinung, dass es der Rede wert sei, dass gewisse junge Leute von den Sophisten verdorben worden seien, und dass es gewisse Sophisten sind, deren Treiben kaum der Rede wert ist, die sie verderben? Sind nicht im Gegenteil die, die so reden, selbst die größten Sophisten? Verstehen sie es nicht meisterhaft, die Menschen abzurichten und dazu zu bringen, wozu sie wollen: jüngere und ältere, Männlein und Weiblein?* (ebd., S. 279)

die sich für *Gelehrte, Dozenten,* als akademische Philosophen ausgeben, aber nichts von den wirklichen *Affekten* der *großen Menge* verstehen. *Sophisten können schnell die Natur des Philosophen verderben,* etwa durch *Einzelunterricht,* denn sie *verstehen es meisterhaft, die Menschen abzurichten* (ebd. 492b, S. 279), aber auch durch die Hinwendung und „Manipulation" der Massen[17].

An dieser Stelle wird eine unüberwindliche Grenze im Zusammenhang mit der Diskussion um die *beste Erziehung* deutlich: Im Umgang mit der *großen Menge* unterscheiden sich die *Sophisten* von jenen, die sich der *Natur der Philosophen* annähern könnten. Erst dann, *wenn die Natur des Philosophen die ihr gebührende Ausbildung erhält,* wird sie wachsen und *den Weg zu jener Tugend finden,* sofern sie (die Tugend) *als junge Saat oder Pflanze am richtigen Boden gedeihen kann* (ebd., S. 279).

1.2.1 Führung des Staates und *Affekte der Massen*

Diese Darstellung der Dynamik in Massen kann wie eine „Massentheorie" gelesen werden: Die Masse ist etwas „Großes" und „Lautes", etwas das *tadelt* und *lobt* und diejenigen zu beeinflussen vermag, die die Masse steuern wollen[18]. Sie ist ein gefährliches, unberechenbares und vernichtendes Tier, eine *Bestie* mit *Wutanfällen und Begierden.* Der *Sophist* trachte nun danach, diese Begierden insofern für sich zu nutzen, als er hernach die Beeinflussung der Masse als *Weisheit* darstellt und sich selber als *Lehrer* der Masse inszeniert[19]. Wenn er die Funktionsweise der Masse also studiert hat, wird er sie als *wissenschaftliche Disziplin vorschützen* und damit versuchen, Macht zu seinen Gunsten auszuüben. Von den wirklichen *Affekten* dieser Massendynamik verstehe aber der *Sophist* nichts; nur so viel, als sie für die Manipulation und Bestätigung seiner

---

17   *Wenn sich die großen Massen zur Volksversammlung niederlassen, zu Gerichtssitzungen oder Theaterdarstellungen, in Kriegslagern oder an irgendeinem anderen Massen-Veranstaltungsort.* (ebd., S. 279)

18   *Wird er (der Gelehrte) nicht zu den gleichen Begriffen von schön und hässlich finden, und auf das Gleiche aus sein wie diese (Masse), und werden wie sie?* (ebd., S. 279 f.)

19   *Dies ist so, wie wenn man eine große und starke Bestie aufzieht und ihre Wutanfälle und Begierden kennenlernt: wie man sich ihr nähern und anfassen darf, wann sie besonders wütend und wann besonders zahm ist und aus welchen Gründen, unter welchen Umständen sie gewöhnlich Töne von sich gibt und auf welche Töne eines anderen sie wiederum sanft oder wild reagiert. Hat er dies alles im Umgang mit ihr und im Lauf der Zeit kennen gelernt, wird er es wohl Wissen nennen, eine wissenschaftliche Disziplin vorschützen und sich als ihr Lehrer aufwerfen.* (ebd., S. 281 f.)

eigenen „wissenschaftlichen Disziplin" verwenden kann. Die wirklichen affektiven Beweggründe von Massen bleiben den *Sophisten* verborgen[20].

Ein der Masse immanenter Zwang ist die unvermeidliche Tendenz von Führern (Erziehungskünstler und sophistische Lehrer), sich von der Masse völlig vereinnahmen zu lassen, selbst wenn sie die beste Ausbildung haben. Von der Masse geht eine unüberwindliche Zwangsläufigkeit21 aus, die mit vernichtenden Sanktionen verbunden ist. Die unüberwindliche Zwangsläufigkeit impliziert die Konsequenz der totalen sozialen Ausgrenzung bei Nicht-Anpassung der Führer an das Volk. Nach Sokrates ist kein *Sophist* und auch keine andere *individuelle Rede* geeignet, um sich dieser *unüberwindlichen Zwangsläufigkeit* – dem *diomedischen Muß*[22] – zu entziehen.

Die *Sophisten* und bezahlten *Schulmeister* (Lehrer) kommen denkbar schlecht weg. Die schlimmste Bewertung erfahren sie darin, dass sie nicht nur mit Massen nichts anfangen können, sondern dass sie – so Sokrates – sich quasi willenlos dem „Wahn der Massen" unterwerfen. Die Masse wird als *starke Bestie* dargestellt, die jede Art von Tugend oder Gelehrigkeit vernichtet. Die *Sophisten* haben dabei bestenfalls die Funktion, die *Vorurteile der großen Masse*[23] zu bestätigen. Auf der anderen Seite „verhält" sich die Masse impulsiv, emotional und nicht „vernünftig" – sie sei nicht in der Lage einen Gedanken (des *Schönen*) in ihren *vielen Teilen* zu akzeptieren und an sie zu glauben. Daher

---

20   *Dabei versteht er (der Sophist) von diesen Regungen und Begierden in Wirklichkeit nichts: ob sie schön oder hässlich, gut oder schlecht, gerecht oder ungerecht sind. Er wird alle diese Namen im Hinblick auf die Launen seiner Bestie gebrauchen: was ihr angenehm ist, wird er gut nennen, was sie ärgert, schlecht; einen anderen vernünftigen Grund dafür hat er nicht. Die natürlichen Erfordernisse nenne er gerecht und schön; doch das wahre Wesen des Naturnotwendigen und Guten – ihre eigentlichen großen Unterschiede – hat er nie erfasst, und kann sie daher auch einem anderen nicht erklären. Meinst du nicht auch, beim Zeus, ein solcher ist ein sonderbarer Lehrer? (ebd., S. 281 f)*

21   *Und doch haben wir von der unüberwindlichen Zwangsläufigkeit noch nicht gesprochen. ... Jener Zwangsläufigkeit, die jene durch ihr Tun herbeiführen, wenn ihre Worte nichts fruchten, jene Erziehungskünstler und sophistische Lehrer. Oder weißt du nicht, dass sie (die Masse) mit Ehrabschneiden, Vermögensverlust und Tod abstrafen, wer nicht auf sie hören mag? (ebd., S. 280)*

22   *Denn wenn man sich mit dieser Menge abgibt ... und dabei die Menge über das notwendige Maß hinaus zum Herren über sich macht, so gebietet ihm das sprichwörtliche ‚Diomedische Muß' 22, nur noch zu tun, was die Menge billigt. Hast du aber je beweisen hören, ohne dass es zum Lachen gewesen ist, dass all diese Dinge tatsächlich mit dem Guten und Schönen übereinstimmen? (ebd., S. 282)*

23   *Ein jeder der gegen Entgelt lehrenden Privatlehrer, die man Sophisten nennt und nicht zum Handwerkerstand zählt, lehrt nichts anderes als diese Vorurteile der großen Masse; über sie salbadern sie, wenn sie versammelt sind, und nennen sie dann Weisheit. (ebd., S. 281)*

könne die Masse nicht philosophieren und der wahre Philosoph kann von der Masse nicht angenommen werden[24].

Das *diomedische Muß* bezeichnet eine unerbittliche Form von sozialem Zwang, der jeder unterlegen ist, der von der Dynamik von Führen und Geführt-Werden erfasst wird. Dieser Zwang geht von der Masse selbst aus und ist zugleich eine Bedingung der Möglichkeit von Führung. Sokrates sieht aus diesem Dilemma keinen *Rettungsweg* für eine *philosophische Natur*. Selbst jene Philosophen, die mit *körperlichen und geistigen Vorzügen* ausgestattet sind, und über die Merkmale *Gelehrigkeit, Erinnerungsvermögen, Mannhaftigkeit, hoher und edelmütiger Sinn* verfügen, sind dieser zwangsläufigen Instrumentalisierung der Masse ausgeliefert. Denn ein solcher wird *dem Wahn verfallen, er habe das Zeug, Hellenen und Barbaren zu beherrschen* und schließlich wird er sich dem öffentlichen Druck und den *Überredungskünstlern* beugen, weil sie ihm sonst *im Privatleben nachstellen und ihn öffentlich vor Gericht bringen* (ebd., S. 283 f.). Das *wahre Wesen des Naturnotwendigen und Guten* kann daher ein *Gelehrter* innerhalb und gegenüber der Masse nicht erfassen. Er verbleibt gewissermaßen in einer zwar herausragenden Position, schafft jedoch keine erkenntnisgewinnende Distanz zu dieser unüberwindlichen Massendynamik. Der Massenführer kennt keinen Unterschied zwischen den *Vorurteilen der Masse* und der *Weisheit*. Daher ist für Sokrates *Philosophie und Masse* unvereinbar.

Der wahre Philosoph ist hingegen einer, der sich von den Niederungen der Politik fern hält, und sich nicht von der Masse, dieser *großen Bestie* beeinflussen lässt. Zwar sei für die wahren Philosophen diese Abstinenz nicht gerade gesund, weil die körperliche Verfassungen von der *Natur stiefmütterlich behandelt sind*, aber wenigstens wird das *glänzende Ansehen*[25] aufrecht erhalten. Die Existenzweise der wahren Philosophen kann sich nur in ganz bestimmten sozialen Formationen entfalten. Die große Masse ist dafür nicht geeignet – überlebensnotwendig sind für Sokrates soziale Nischen, die eine dauerhafte Distanz zum politischen Leben gewährleisten[26].

---

24 *Dann kann also der große Haufe unmöglich einen Sinn für Philosophie haben?' – ,Unmöglich!' ,Und wer philosophiert, den trifft unausweichlich ihr Tadel?' – ,Unausweichlich!'* (ebd., S. 282)

25 *Denn mag es auch mit der Philosophie so schlecht bestellt sein, so bleibt ihr doch im Vergleich zu den übrigen Berufen wenigstens das glänzende Ansehen. Denn viele gelüstet es nach ihr, auch wenn sie von der Natur stiefmütterlich behandelt sind; ihre Körper sind von Beruf und Arbeit physisch so verkrüppelt wie seelisch von stumpfsinniger Arbeit geschrumpft und vertrocknet – ist das nicht unabwendbar?* (ebd., S. 285 f).

26 *Da bleibt ja wohl nur eine ganz kleine Gemeinde derer übrig, Adeimantos', sagte ich, ,die ebenbürtig mit der Philosophie eine Verbindung eingehen können: edle und wohlgebildete Charaktere, die die Verbannung ereilte, weil sie ihrer Natur gemäß der Philosophie treu blieben, während keine Verführer da waren. Oder es sind Geistesgrößen, die in einem kleinen Staat geboren wurden; von politischer Tätigkeit wollen sie nichts wissen, sie blicken höher.'* (ebd., S. 286)

Die „echten", die *treuen* Philosophen *blicken höher* und brauchen daher Distanzierungstechniken, welche mitunter körperlich bestimmt werden[27]. So zahlt jeder seinen Preis: Der wahre Philosoph hat einen *kranken Körper* oder hört Stimmen, und dem Staatsmann ist der *gesunde Menschenverstand* abhanden gekommen. Im Unterschied zum Staatsmann hat aber der wahre Philosoph keine unmittelbare gesellschaftliche Funktion – er ist ja für das Kollektiv *unbrauchbar*. Die Existenzberechtigung des wahren Philosophen liegt ausschließlich in einer individuellen Funktion, welche lediglich in einer kleinen Gemeinschaft, in einer Gruppe etabliert werden kann[28].

Eine Möglichkeit lässt Sokrates für das Gelingen der Führung eines Staates allerdings offen: das *Schicksal* oder die *göttliche Fügung*[29] entscheiden darüber. Zwar werden die Philosophen von jeglichem Unheil heimgesucht, wenn sie sich politisch betätigen und dem Druck der Masse beugen; sie sind dann der Philosophie *untreu* geworden und führen *kein ihrer Veranlagung würdiges und wahres Leben*, dennoch kann die Führung des Staates gelingen oder auch nicht[30]. Schließlich: Ob man nun der *großen Bestie* – der Masse – anheim fällt oder auch nicht: Weder der wahre Philosoph noch der Staatsmann vermögen eine Verbesserung der staatlichen Verhältnisse zu leisten. Am Ende resümiert Sokrates, dass es für die Verwirklichung der wahren Philosophie als Staatskunst der *richtigen* Voraussetzungen bedarf[31].

---

27 *Aber die Pflege seines kranken Körpers hält ihn von der Politik fern und erhält ihn. Meine eigene Situation ist erst gar nicht der Rede wert; ich meine mein Daimonion – die göttliche Stimme in mir.* (ebd., S. 287)

28 *Wer nun Mitglied dieser kleinen Gemeinde wurde und gekostet hat, wie süß und beglückend der Besitz (der Philosophie) ist, und wer wiederum zur Genüge die Verblendung der Menge erkannt hat, - nicht einer betreibt sozusagen mit gesundem Menschenverstand Staatsangelegenheiten; ... man kommt sich vor wie ein Mensch, der unter die wilden Tiere gefallen ist: man will es ihnen nicht gleichtun, vermag aber auch den Bestien als einzelner nicht zu trotzen und geht deshalb zugrunde, noch ehe er dem Staat und den Freunden nutzen konnte; man hat also weder für sich noch für die anderen etwas erreicht.* (ebd., S. 287)

29 Die Macht der Masse überwindet die *beste Erziehung* und vernichtet jede *Tugend*, außer die Masse erfährt eine *göttliche Fügung. Die Einstellung des Menschen zur Tugend könne sich in der notwendigen Weise in diesen staatlichen Verhältnissen nur durch die göttliche Fügung entwickeln. Denn es gibt, gab und wird keine andere Einstellung des Menschen zur Tugend geben als die Erziehung, die diese (schlimmen) Schulmeister einpflanzen, mein Lieber, ausgenommen die göttliche, wie es im Sprichwort heißt. Denn man muss wissen: sollte sich überhaupt noch einer retten und unter solchen staatlichen Verhältnissen in der notwendigen Weise entwickeln können, hättest du durchaus recht, wenn du von göttlicher Fügung und Rettung sprächest.* (ebd., S. 280)

30 *Aus solchen Naturen entwickeln sich dann Leute, die Staaten wie Privatleuten das größte Unheil bringen, oder auch das Heil, wenn das Schicksal sie in diese Bahn geraten läßt.* (ebd., S. 285)

31 *Der wahre Philosoph leistet für die Gemeinschaft nichts Geringes, aber auch nichts Großes; und das deshalb, da er eine mustergültige Verfassung nicht finden konnte. Denn nur in einer*

1.2.2 Demokratische Kompetenz oder die Fähigkeit, *gerechte Verhältnisse* herzustellen

Nun gibt es aber in der Realität keine *göttliche Verfassung*[32], wie Sokrates einräumt. Daher sei auch die Frage danach obsolet. Die Frage müsste umgedreht werden; nicht: wie es gelingen kann, dass ein Philosoph sich dem Staat annähern kann, sondern wie ein Staat für sich die *Natur des Philosophen* zu eigen machen könnte. Für Sokrates läuft es auf die Frage hinaus, *auf welche Weise ein Staat mit der Philosophie umgehen muss, ohne sie zu vernichten* (ebd., S. 289).

Diese Haltung radikalisiert Sokrates in der Forderung, dass es die *gerechte Polis* nur dann geben kann, wenn sie sich eingehend der Philosophie widmet[33]. Denn die *wahre Staatskunst* braucht die *Dialektik* – selbst unter den Philosophen ist nur ein kleiner Teil dazu befähigt. Daher brauchen die potentiellen philosophischen Staatsmänner eine entsprechende Ausbildung: in der Jugend sollten sie sich *körperlich ertüchtigen* und philosophieren lernen, aber nicht anwenden. Erst wenn sie ins Alter gekommen sind und die *physische Kraft* ihnen das politische Leben verunmöglicht, *dann endlich sollen sie frei auf der (philosophischen) Weide laufen...* (ebd., S. 290).

Die Schlussfolgerung des Sokrates lautet: Weil weder ein Staat, noch eine Verfassung, noch ein menschliches Individuum jemals völlig vollkommen werden könne, muss man alles daran setzen und sich bemühen, die wahren Philosophen, diese wenigen Philosophen mit den Staatsgeschäften zu betrauen, ob sie wollen oder nicht[34.] Die in der politischen Kunst gebildeten Philosophen sollen also den Staat führen, denn sie verfügen über eine hinreichende Kenntnis der menschlichen Affektivität und den menschlichen Fähigkeiten zum Gebrauch der Erkenntnis; denn das angeboren Gerechte und jenes, was durch *menschliches*

---

mustergültigen Verfassung wird er Bedeutenderes leisten und zugleich mit seinen persönlichen die öffentlich-staatlichen Interessen wahren können. (ebd., S. 288)

32 *,Keine einzige!' rief ich. ,Das ist ja mein Vorwurf, dass es unter den heutigen Verfassungen auch nicht eine gibt, die eines philosophischen Kopfes würdig wäre.'* (ebd., S. 288)

33 *Ganz in entgegengesetzter Weise als heutzutage üblich muss sich der Staat mit diesem philosophischen Studium befassen.* (ebd., S.289)

34 *,Eben deshalb', sagte ich, ,weil wir dies voraussahen, stellten wir vorhin nicht ohne Bedenken, aber von der Wahrheit gezwungen, den Satz auf, dass weder ein Staat noch eine Verfassung noch ein menschliches Individuum jemals völlig vollkommen werden könne. Dies gilt solange, bis diese wenigen Philosophen, die man jetzt zwar nicht gerade als nichtswürdig, aber doch als nichtsnutzig verschreit, ein gütiges Geschick unausweichlich in die Notwendigkeit versetzt – sie mögen wollen oder nicht – sich des Staates anzunehmen und diesem dienstbar zu werden.'* (ebd., S. 291 f.)

Zutun Geltung erlangt hat, wird in eine Synthese gebracht mit dem *Göttlichen,* das *im Wesen der Menschen liege*[35].

Hier entwirft Sokrates ein Idealbild eines Staates, dessen oberste Führungsinstanz von Philosophen wahrgenommen wird. Der Staat müsste dann die beste aller Verfassungen haben, eine Verfassung, die der *philosophischen Natur* entspricht; erst dann kann die Philosophie zur *herrschend Staatsgöttin* werden[36]. Wenn dieser Idealzustand eingetreten sein wird, wird selbst die *große Masse* eine solche Verfassung akzeptieren[37]. Wenn eine solche Verfassung gelingen mag, dann wäre es nach Sokrates auch wahrscheinlich, dass sie sich gesellschaftlich durchsetzt[38].

Im *siebten Buch* des *Staates* wird – teilweise wiederholend – die Frage nach der Ausbildung zum guten Staatsmann weitergeführt. Er möge sich vorwiegend in der *dialektischen Kunst*[39] üben, um ein *gerechter Regent* zu werden. Der Gebrauch der Vernunft – das *höchste und unbedingt notwendige Wissen* sollte generell nicht nur dem privaten Gebrauch dienen, sondern öffentlich stattfinden.

---

35 *Sodann, denke ich, gehen sie (Philosophen) an die Ausarbeitung (der Verfassung): sie blicken dabei häufig hinüber und herüber, bald auf das angeboren Gerechte, Schöne, Besonnene und so weiter, bald wiederum auf jenes, was durch menschliches Zutun Geltung erlangt hat. Beides vermischen und vermengen sie und lassen so aus ihren philosophischen Bemühungen ein Bild vom Menschen entstehen. Dabei berufen sie sich auf das, was schon Homer als etwas Göttliches und Göttergleiches bezeichnet hat (vgl. Homer, Ilias I,31 u.ö.) und im Wesen der Menschen liege.* (ebd., S. 294)

36 *Wenn also Leute von hoher philosophischer Begabung in der Unendlichkeit der Vergangenheit um die Notwendigkeit herumkommen, sich um den Staat zu kümmern, ... dann ist der Augenblick da, mit Gründen für diese (Behauptung) zu kämpfen, dass die von uns beschriebene Verfassung wirklich bestanden hat, noch besteht und bestehen wird, wenn erst die Philosophie zur herrschenden Staatsgöttin geworden ist. Denn im Bereich des Möglichen liegt diese Verfassung, und was wir behaupten, ebenfalls; dass es damit seine Schwierigkeit hat, sei zugegeben.* (ebd., S. 292)

37 Sokrates meint, dass *für die ärgerliche Stimmung der Masse gegen die Philosophie die Leute verantwortlich sind, die sich von außen her ohne Befugnis eingeschleust haben* (ebd., S. 293). *Sophisten* und *Gelehrte* sind damit gemeint; sie werden dafür verantwortlich gemacht, dass das Ansehen der wahren Philosophie in der Gesellschaft schlecht gemacht wird. Wahre Philosophen hingegen können sowohl *Göttliches* wie auch *Menschliches* im Entwurf einer Verfassung integrieren.

38 *Denn wenn ein Regent', sagte ich, ,die von uns beschriebenen Gesetze und Beschäftigungspflichten vorschreibt, liegt es doch durchaus im Bereich des Möglichen, dass die Bürger danach handeln.'* (ebd., S. 297)

39 In seinen Ausführungen verwendet Sokrates häufig Bilder und Metaphern. Die *dialektische Kunst* wird mit Licht, *erleuchtet sein* und *lichtvoller Umgebung* in Zusammenhang gebracht. Der Weg zur Erkenntnis führt aus der Dunkelheit ins Licht (Höhlengleichnis, ebd., S. 315 - 361). Die Seele muss *den Blick ins Seiende und ins Licht der wahren Welt aushalten,* die Fähigkeit der Dialektik hat selbst einen *göttlichen Ursprung. Die Fähigkeit intellektuellen Denkens hat offenbar einen unvergleichlich höheren – gewissermaßen göttlichen – Ursprung.* (ebd., S. 322)

Wer privat und öffentlich vernünftig leben will, muss sie (die Vernunft) *im Auge zu behalten lernen.* (ebd., S 319)

Denn es ist die *Staatskunst,* die ein ausgewogenes Verhältnis der *beiden Seelenteile* – der notwendigen intersubjektiven und somit kollektiven Widersprüche – gewährleisten kann. Für diese hohe Kunst sollen die *besten Talente* ausgesucht werden, denn weder *die Ungebildeten und der Wahrheit Unkundigen jemals einen Staat ordentlich verwalten können, noch jene, die man endlos im Reiche der Bildung verweilen lässt* (ebd., S 322 f.). Diese Talente sollten nicht mehr zu *jenen Gefesselten* (die *Ungebildeten*) hinabsteigen und ihr Leid teilen, sondern dafür sogen, dass dieses Leid der Finsternis (*Unwissenheit*) gemildert wird[40]. Der *gerechte Staatsmann* soll die sozialen Verhältnisse nach den Aspekten der sozialen Gerechtigkeit ordnen und er soll demzufolge „demokratisch-pädagogische Fähigkeiten" aufweisen (in der *Gesetzgebung*[41] das *Wohlergehen* im Staat anstreben).

Der wissenschaftliche und politische Weg zur *politischen Kunst* ist der *dialektische Weg*[42], der zunächst „nach unten" führt, in die Schattenbilder des Daseins, in die „finstere Empirie". Aus der Dunkelheit des „Nicht-Wissens" in die Helligkeit der Erkenntnis wieder hinaufsteigend werden jene „empirischen" Erkenntnisse zuteil, die eine neue Wissenschaft der politischen Kunst konstituieren soll.

---

40 *Euch dagegen haben wir zu euerem eigenen und des Staates Besten wie im Bienenstock zu Führern und Herrschern heranwachsen lassen: gründlicher und vollkommener ausgebildet als jene und besser in der Lage, euch in beiden Gebieten zu betätigen. Hinabsteigen muss also der Reihe nach abwechselnd ein jeder zu den Wohnstätten der anderen und sich daran gewöhnen, ins Dunkle zu schauen. Denn habt ihr euch erst an das Dunkel gewöhnt, werdet ihr tausendmal besser sehen als die da unten. All die Schattenbilder, ihr Wesen und ihre Urbilder, könnt ihr erkennen. Denn ihr habt doch die wahre Wirklichkeit im Reich des Schönen, Rechten und Guten aus eigener Anschauung. So wird der Staat für uns und für euch aufgeweckt verwaltet werden, nicht wie jetzt im Schlaftaumel.* (ebd., S. 324 f)

41 *Sie (die Gesetzgebung) bildet diese Leute nicht aus, damit dann jeder macht, was er will, sondern benutzt sie als einigenden Zusammenhalt des Staates.* (ebd., S. 324)

42 *„Also ist der dialektische Weg", sagte ich, „der mit dieser unbewiesenen Annahme aufräumt, der einzig begehbare zum Urgrund selbst hin, um diesen unerschütterlich zu festigen. In der Tat zieht sie (dialektische Kunst) das seelische Auge, sozusagen aus dem Schlamm der Barbarei, das dort vergraben liegt, allmählich heraus und führt es nach oben. Als Mitarbeiter und Diener benutzt sie das schon besprochene Können. Wir haben es schon häufig gewohnheitsmäßig ,Wissenschaft' genannt. Angebracht wäre ein anderer Name, der etwas klareres ausdrückt als ,Meinung' und etwas Dunkleres als ,Wissenschaft' – wir haben sie ja vorhin irgendwo als ,Denktätigkeit' vage umrissen."* (ebd., S. 348)

1.3   Staatskunst und Erkenntnis: „Politikos"

Die spätere Schrift „Politikos" fasst sämtliche Überlegungen zum besten Staat, zur besten Verfassung und zur wahren Erkenntnis zusammen. Die wissenschaftstheoretische Ausrichtung ist im Hinblick auf die Konzeption der politischen Kunst insofern interessant, als das *Prinzip der Dialektik* als Grundprinzip oder Grundhaltung für das „Wissenschaftssystem" und das „politische System" gelten sollte.

1.3.1   Dialektische, politische Wissenschaft: *Herrscherwissenschaft*

Im „Politikos" wird die *Dialektik* als *oberstes Prinzip* beschrieben, dessen *Kunst* darin besteht, das *richtige Maß* zu finden. Dem *obersten Prinzip* solle man sich annähern, insbesondere durch die *Untersuchung der Staatskunst*, denn diese sei die *Herrscherwissenschaft*, welche durch die Fähigkeit der *Dialektik* anzustreben sei (Platon 2004, S. 366 – 398). Solche dialektischen Fähigkeiten werden hier beschrieben als *Messkunst*, die auf die *Herstellung von Verhältnissen* abzielt[43]. Es geht um eine „quantitative und qualitative Gerechtigkeit", die jeweils aus einem politischen Prozess im Sinn der „Systemreflexion" hervorgehen sollte. Schließlich soll über *alles Begriffsmäßige*, seien es wissenschaftliche Begriffe oder politische Aussagen *Rechenschaft gegeben* und *gefordert* werden können – von den Bürgern, die letztlich die Begünstigten einer dialektischen Staatkunst sein sollten.

Der sokratische Erkenntnisbegriff wird im Politikos entlang der Vorstellung etabliert, dass das Herrscherwissen zugleich die politische Legitimation eines Staatsmannes sein soll. Erkenntnis ist hier nicht nur eine theoretische Kategorie im Sinn von Einsicht, sondern auch eine methodische, praktische und anwendungsorientierte. Die praktischen Auswirkungen der politischen Handlung sollen auf *Erkenntnis*[44] beruhen, und gleichzeitig soll Erkenntnis das Resultat eines gerechten Staates, einer gerechten Staatsführung sein.

---

43   Nicht nur das Verhältnis zwischen *Größerem und Kleinerem* sollte gemessen werden, sondern die *richtige Mitte* sollte auch ein Verhältnis *zu dem zu erzielenden rechten Maß* ausweisen. Das *Gute* ist demnach sowohl quantitativ, wie auch qualitativ bestimmbar; diese Bestimmungen sollten jedoch nach Sokrates mittels *Dialektik* miteinander vermittelt werden.

44   *Wo findet nun aber wohl einer den Pfad der Staatskunst? Denn wir müssen ihn finden und ihm dann ausgesondert von den übrigen (Erkenntnissen) eine eigne Idee einprägen, und die übrigen Ausgänge auch mit einem andern Begriff bezeichnend bewirken, dass unsere Seele sich alle Erkenntnis in zwei Arten denke. ... Auf diese Art also teile uns sämtliche Erkenntnisse, und nenne die eine handelnd, die andere lediglich einsehend.* (Platon 2004, S.342 f.)

Aus der Differenzierung zwischen *handelnd* und *einsehend* werden weitere Unterscheidungen von *Erkenntnisarten* der Staatskunst abgeleitet. Dieser Erkenntnisbegriff wird dynamisch aufgefasst – er ist hier kein ontologischer, sondern ein relationaler: Erkenntnis wird als Verhältnismäßigkeit zwischen *Staatsverfassung* und *Staatsmann*, zwischen *Regenten* und *die zu Regierenden*, zwischen *Baumeister* und *Tischler*, zwischen *handelnd* und *einsehend* etc. beschrieben. Interessant ist einerseits die Gleichsetzung von *Herrscherkunst* und *Erkenntnis* und andrerseits die dynamische Definition dieser Bestimmungen. Denn die *politische Kunst* bestehe zunächst darin, die Gesellschaft „erkennend" zu strukturieren, um schließlich den besten Staat hervorzubringen. Dessen „Herrschaftsverhältnisse" bestimmen die soziale, gesellschaftliche und politische Struktur: die apriorische übergeordnete Instanz (*Vernunft, Gesetz, Staatsmann*) „herrscht" über / „erkennt" die andere Instanz, die „gehorchende" (*Bürger, Sklaven, Affekte*). Die Hierarchie in den Erkenntnisarten soll der Hierarchie der politischen Ordnung entsprechen, wobei diese Übereinstimmung zugleich jene Voraussetzung sein soll, die das *Gelingen* des *gerechten Staates* garantieren soll[45].

1.3.2 Lebendiges erkennen oder die Wissenschaft der Gemeinzucht der Menschen

Die politische Kunst differenziert sich innerhalb der *gesamten einsichtigen Erkenntnis* wiederum in zwei Funktionsweisen: die *beurteilende* und die *gebietende* Erkenntnis[46]. Der Staatsmann soll nicht nur „erkennend" staatliche Hierar-

---

45 Für die Erklärungen der Beziehungsdynamik von „Führen" und „Geführtwerden" werden Vergleiche mit sehr einfachen „Herrschaftsverhältnissen" angeführt – z.B. zwischen *Baumeister* und *Arbeiter*. Das Vorbild für die didaktische Funktionsweise in der Staatsführung ist ein „Chef-Mitarbeiter-Verhältnis". Diese „Arbeitsteilung im Geiste" bewirkt das hierarchische Verhältnis zwischen *denkend* und *arbeitend*. Die Kategorien für die Bestimmung dieser „funktionalen Hierarchien" sind zugleich erkenntnistheoretische – weil er *doch seine Einsicht hergibt, nicht seiner Hände Arbeit* (ebd., S.345). Aus der „höheren" Erkenntnis geht also auch die „höhere" Stellung in der politischen Ordnung hervor.

46 Die Funktionsweisen der *Herrscherwissenschaft* konstituieren sich jeweils im Verhältnis zu dem zu erkennenden Gegenstand. Die *gebietende Erkenntnis* trägt die Sorge um das *Unbeseelte* und das *Beseelte* in sich: Weil sich der Staatsmann um das Beseelte zu kümmern hat – er soll über das *Lebendige gebieten* – , soll ihm die *selbstgebietende Erkenntnis* als königliche Kunst zuteil werden: *Denn die königliche Kunst hat ja nicht etwa Unbeseeltes anzuordnen wie die Baukunst: sondern sie ist edlerer Art und besitzt an dem Lebendigen und über dieses immer ihre Macht. ... Und die Entstehung und Ernährung des Lebendigen könnte man ansehen teils als*

chien entwickeln, sondern auch bewusst in das soziale und politische Leben steuernd eingreifen, daher sei die *gebietende Erkenntnis* die *königliche Kunst*. Davon ist wiederum ein spezieller Teil der *königliche*, nämlich die *selbstgebietende Kunst*. Da ein Herrscher nicht durch eine göttliche Vorsehung über andere herrscht, sondern auf der Grundlage von Erkenntnis, ist dieses Herrschen gewissermaßen ein „sozialintegratives" Verhalten. Der Herrscher muss die Dynamik zwischen staatlicher Bestimmung (*Verfassung, Gesetze*) und dem Volk, die *Eigengebietenden*[47] steuern[48].

Die Staatskunst wird definiert als die *Wissenschaft der Gemeinzucht der Menschen* (ebd., S. 357). Für diese Wissenschaft wird ein Rückgriff auf alte Erzählungen gemacht – die Herrschaft des *Artreus* und des *Kronos* dienen hier beispielsweise als „Prototypen" für die Begriffsbildung der Wissenschaft der *Gemeinzucht der Menschen*. In diese gegenwärtige Ordnung (Gottesvorstellungen) mischen sich aber die *Erdgeborenen* ein; somit nimmt diese göttliche Herrschaftsvorstellung eine spezifische Eigenlogik des Lebendigen an. Diese Eigenlogik ist in ihrem Wesen widersprüchlich, veränderbar, affektiv, aber auch *selbstgebietend* und autonom. Hier werden zwei sich widersprechende Erkenntnisprinzipien und zugleich Prinzipen von Prozess- bzw. Machtlogik gegenübergestellt: das Prinzip der Einheit (*göttliches Prinzip*) und das Prinzip des Widerspruchs (*körperliche Natur, Affekte, Veränderbares*)[49]. Beide Prinzipien konsti-

---

vereinzelte, teil als gemeinschaftlich über das in Herden lebende Vieh sich erstreckende Sorgfalt. (ebd., S. 347 f.)

47 In der Begriffsbestimmung der Herrscherkunst werden Abgrenzungen zu anderen Künsten gemacht, wie zur *dolmetschenden, Befehle ausrufenden, oder mit der Wahrsagekunst und Heroldkunst und vielen anderen verwandten Künsten, denen ebenfalls ein Gebieten zukommt. Eine neuer Name bezeichnet schließlich die gebietende Herrscherkunst: Oder sollten wir dem, womit wir die Sache eben verglichen, auch den Namen nachbilden, da ohnedies fast unbenannt ist die Gattung der Eigengebietenden, und also auf diese Weise teilen, dass wir das ganze Geschlecht der Könige in die selbstgebietende Kunst stellen...?* (ebd. 260 – 261, S. 345 ff.)

48 Der Begriff des *Lebendigen* wird hier noch mit Metaphern aus der agraischen Kultur in Verbindung gebracht – sie sollte wohl auf die eigentliche *Herdenzucht* oder *Gemeinzucht* vorbereiten. Die Vorstellung von einer sozialen Komplexität wird daran geknüpft, dass die *Auferziehung der Menschen* eine eigene Betrachtung verlangt (ebd., S.356 f.). Mit der darauffolgenden, sehr ausführlichen Beschreibung der tierischen *Herdenzucht* wird das Verhältnis zwischen *Teil* und *Ganzes* erklärt. Verschiedene Teile fügen sich in ein geordnetes Ganzes, indem unterschiedliche Untergruppen (von Tieren: *Schwimmtiere / Landtiere, geflügelte / zu Fuß gehende Tiere* etc.) eine sinnvolle Struktur für eine *große Menge* ergeben (ebd., S. 350 ff.). Schließlich wird davon *die Staatskunst abgesondert – Nicht wahr, unter vielen hütenden Künsten, die sich uns eben gezeigt hatten, war eine die Staatskunst für eine gewisse Herde?* (ebd., S. 356)

49 *Sich immer einerlei und auf gleiche Weise zu verhalten und dasselbe zu sein, das kommt nur dem Göttlichen unter allem allein zu; körperliche Natur aber steht nicht in dieser Ordnung. Was wir nun Himmel und Welt genannt haben, hat freilich Vieles und Herrliches von seinem Erzeuger empfangen; indes ist es auch des Körpers teilhaftig geworden, daher ihm denn aller Veränderung schlechthin entledigt zu sein unmöglich scheint.* (ebd. , S. 359 f.)

tuieren ein soziales (politisches, gesellschaftliches) Eigenleben, das der Steuerung eines ausgebildeten Staatsmannes bedarf. Implizit wird hiermit ein „Autonomiebegriff" vorausgesetzt, der die Selbsterhaltung und -steuerung des „Lebendigen" beschreibt. Diese „Autonomie des Lebendigen" berücksichtigt, dass das Lebendige Veränderungen unterliegt. Jedes Leben ist ein Prozessieren von Widersprüchen und dieses Leben „aus sich heraus" ist für Sokrates *wunderbar*[50.]

Die *königliche, selbstgebietende Kunst* ist demnach eine komplexe Antwort auf eine komplexe soziale Gemengelage, die aus der „Selbstbewegung" von Lebendigem resultiert. Das „Gegenüber" der Herrscherkunst ist keine amorphe soziale Masse, sondern ein apriorisch sozial strukturiertes Feld mit spezifischen Funktionen in der politischen Kooperation bzw. in der Rolle als *Untergeordnetes*. Zu schaffen seien Strukturen, die einerseits aus dem Lebendigen selbst entstehen, andrerseits der Verfassung, den Gesetzen etc. dienen. Die Kunst des Staatsmanns als eine *freiwillige Herdenwartung über freiwillige Menschen*[51] soll sich auf die gesamte soziale Komplexität erstrecken: auf die Strukturen der individuellen und der kollektiven Lebensorganisation, mit der *Sorgfalt für vereinzeltes und Gemeinschaftliches* (ebd., S. 367 ff.).

Der Begriff der *Staatskunst* erscheint zunächst in sich widersprüchlich. Einerseits meint „beherrschen" ein geplantes Kontrollieren, einschränken, sanktionieren; es bezeichnet ein gewaltbereites Verhalten von Übergeordneten, sei es in der *Hauswirtschaft*, in der *Handwerkskunst* oder in der *Staatskunst*. Andrerseits sollte das *Untergeordnete genährt* und gebildet werden – nicht nur dessen Grundbedürfnisse sollen befriedigt werden, die Bürger sollten auch durch einen gerechten Staat ein *edles Leben* ermöglicht bekommen. Weil die *Gemeinzucht der Menschen* das Veränderbare in sich trägt und zugleich *selbstgebietend* über sich herrscht (bzw. beherrscht wird), muss die *Staatskunst* also eine sein, die dieser besonderen Widersprüchlichkeit entsprechen kann. (Für die heutige Interpretation ist es notwendig, diese sozial-dynamische Implikation der Staatskunst in eine heutige Sprache zu „übersetzen". Auffällig ist dabei, dass erst im 20. Jahrhundert die Führungstheorien eine „sozial-wissenschaftliche Wende" erfahren haben. Gefragt wurde nicht nach Eigenschaften eines Führers (ontolo-

---

50 *Die Ursache des Wunderbaren hat diesen Grund: Dass nämlich die Bewegung des Ganzen bisweilen nach der Seite, wohin es sich jetzt dreht, sich bewegt, bisweilen nach der entgegengesetzten.* (ebd., S. 360)

51 *Die wir die selbstgebietende Kunst über Lebendige genannt haben, und zwar nicht über einzelne, sondern die eine gemeinsame Sorgfalt ausübt über viele, und die wir doch auch dort gleich die Herdenzucht nannten. ... dass jeder seine Herde aufzieht und ernährt, dies kommt wohl allen anderen Hütern zu, dem Staatsmann gerade aber kommt es nicht zu, und doch haben wir eben davon den Namen hergenommen, obwohl wir ihn von etwas allen insgesamt Gemeinschaftlichem hergenommen haben sollten.* (ebd., S. 367)

gische Frage: Frage nach dem Sein), sondern nach den Bedingungen der Möglichkeiten einer guten Führung (relationale Frage: Frage nach der Relation.)

Die *selbstgebietende Erkenntnis* meint eine partizipative, „prozessorientierte" Form von „Selbststeuerung" bzw. „Selbstbestimmung": sich in und durch gemeinschaftliche (Selbst)Erkenntnis eine Zweck- und Sinnsetzung geben. Das Ziel ist die Ordnung und Regelung einer autonomen Gemeinschaft. Als Voraussetzung für diese „Prozessordnung" wird die Universalität der Erkenntnis grundgelegt – Subjekthaftigkeit und Begrifflichkeit der Erkenntnis sollen ineinander integriert werden. Methodisch und politisch-didaktisch kann die Integration der Erkenntnis- und Herrschaftsprinzipien („Prinzip der Identität" und „Prinzip des Widerspruchs") jeweils mehr oder weniger gut „gelingen". Je nach Regierungsform (*Monarchie: Tyrannis* oder *Königtum; Wenige herrschen: Aristokratie* oder *Oligarchie; Herrschaft der Vielen: Demokratie*) kann die Erkenntnis sich entweder entfalten als *wahrhafte* Staatskunst oder bei ihrer Entfaltung behindert werden. Anzustreben sei jedenfalls eine auf Erkenntnis beruhende Regierung[52]. *Die königliche Regierung, sagten wir, sei eine Erkenntnis.* (ebd., S. 391)

Herrscherkunst oder *politische Kunst* könnte aus heutiger Sicht als „Organisation von gesellschaftlichen Gegensätzen" gesehen werden. Die dafür notwendige Qualifikation des *Staatsmanns* soll die *Erkenntnis* sein – eine Erkenntnis, die möglichst aus der Analyse, Bewertung und Beeinflussung von sozialen Prozessen resultiert.

1.4 Wissenschaft und politische Kunst bei Aristoteles

Die „Ansätze" von Platon / Sokrates für die Interpretation der politischen Kunst im Bezug auf die aktuelle Konzeptentwicklung der heutigen politischen Bildung lassen sich mit Aristoteles weiterführen bzw. ergänzen. Zwar gibt es einige Unterschiede in der Auffassung von Ursprung, Zweck und Verfasstheit des Staates zwischen Platon und Aristoteles, diese sind jedoch für diese Untersuchung wenig erheblich. Wesentlich ist vielmehr der Fokus auf die implizit und explizit formulierten Voraussetzungen, Ziele und Methoden der *politischen Kunst*. Daraus lassen sich durchaus verwertbare Denkmuster und vor allem

---

52 *Notwendig ist also auch unter den Staatsverfassungen, wie es scheint, diejenige die richtige vor allen anderen und allein eine Staatsverfassung, in welcher man bei den Regierenden wahrhafte und nicht nur eingebildete Erkenntnis findet, mögen sie nun nach Gesetzen oder ohne Gesetze regieren und über Gutwillige oder Gezwungene und arm sein oder reich: denn hiervon ist gar nichts jemals irgendwie für die Richtigkeit mit in Anschlag zu bringen.* (ebd., S. 392 f.)

methodische Grundlagen für die politische Bildung im Allgemeinen ableiten. Daher ist die Auseinandersetzung mit dem als *politische Kunst* gemeinten „Kompetenzbündel" sehr ertragreich im didaktisch-methodischen Sinn. Der prozessual aufzufassende Begriff des „Politischen" ist der eigentliche Gegenstand einer „philosophischen Praxis" im aristotelischen Sinn. *Ethik* und *Politik* werden als Absicht und zugleich Zweck der praktischen Philosophie begründet: Für Aristoteles steht die Philosophie im Auftrag der Praxis, ist zugleich durch sie bedingt und ihr verpflichtet (vgl. Höffe 1979, S. 38 – 84).

Die Besonderheit sowohl bei Platon wie auch bei Aristoteles ist, dass die *politische Kunst* nicht als eine abgegrenzte Disziplin exemplarisch diskutiert wird, sondern dass sie jeweils mit konkretem Bezug auf die Lebenswelt und politische Praxis gleichzeitig methodisch begründet wird. Der zentrale Ausgangspunkt für diese Überlegungen ist jeweils die Praxis der Politik und die ihr entsprechende Bildung. Besonders in der *Nikomachischen Ethik* wird dieser Bezug „zum Leben" herausgearbeitet. Es geht nicht um eine formale Begründung der politischen Bildung, sondern darum, wie vernunftgemäßes, *sittliches* Handeln im Hinblick auf praktische Handlungen möglich sein kann. Hier ist wissenschaftliche Rationalität und sittliches Handeln miteinander (noch) vermittelt. Das – wissenschaftshistorisch erst später aufgekommene - „Theorie-Praxis-Problem" ist in diesem Konzept der *politischen Kunst* als Form der philosophischen Praxis völlig unbekannt.

Das entscheidende Bindeglied zwischen „Theorie" und „Praxis" ist die Fähigkeit zu deren reflexiver Vermittlung. Wissen und Handeln sollen in der Weise miteinander integriert werden, dass am Ende ein möglichst guter Zustand erreicht wird. Didaktik und Erziehungsformen sind daher die wesentlichen Gestaltungsinstrumente. Der Begriff *Tugend* gewinnt in diesem Zusammenhang eine weit reichende Bedeutung. Wie auch bei Platon / Sokrates wird *Tugend* implizit und explizit als eine „politisch-soziale" Fähigkeit beschrieben. Sie wird als *Vermögen* aufgefasst, d. h. sie ist keine Eigenschaft, sondern könnte übersetzt werden mit (persönlicher, sozialer, kommunikativer) „Kompetenz", „dialektischer Kompetenz", „Reflexionskompetenz", „Prozesskompetenz"; diese Kompetenzen oder Fähigkeiten sollen sowohl den BürgerInnen wie auch den Staatsmännern zuteil werden[53].

---

53 *Da wir aber drei richtige Verfassungen genannt haben und von ihnen jene die beste ist, die von den Besten verwaltet wird, also diejenige, in der Einer unter allen oder ein ganzes Geschlecht oder eine Menge sich an Tugend auszeichnet, so dass die einen sich regieren lassen, und die anderen im Hinblick auf die wünschenswerteste Lebensform regieren, und da am Anfang gezeigt wurde, dass die Tugend des Menschen und diejenige des Bürgers im vollkommenen Staate dieselbe ist, so ist es klar, dass auf dieselbe Weise und aus denselben Gründen ein einzelner Mann tüchtig wird und einen entsprechenden Staat, eine Aristokratie oder ein Königtum einrichten könnte. Es*

1.4.1   Der Staat als soziale Gemeinschaft: „Politik"

Das erste Buch der „Politik" beginnt mit der Klärung des *Wesens des Staates*. Der Staat wird als komplexe Gemeinschaft, als soziales Konglomerat von Beziehungsstrukturen aufgefasst. Dieser Begriff von Gemeinschaft ist kein „technischer" – viele *zusammengesetzte Teile* ergeben noch kein sinnerfülltes Ganzes, keinen Staat. Erst eine kollektive ethische Orientierung – die Verfolgung eines Zieles (*das Gute* als höchstem Ziel im Staat) orientiert die Massen und gewährt Gemeinschaftsbildung[54]. Die zentrale Absicht der politischen Philosophie ist die Begründung der *staatlichen Gemeinschaft* mittels Untersuchung der *Verhältnisse*[55], die einen Staat bestimmen bzw. die von ihm bestimmt werden.

Der erste Schritt ist die Untersuchung der *Teile*, aus denen der Staat zusammengesetzt ist, um daraus die Analyse der „Verhältnisqualität" zwischen einzelnen staatskonstitutiven Elementen abzuleiten. An Hand dieser Qualitäten ist schließlich das *Gute der staatlichen Gemeinschaft* bestimmbar. Somit wird der Blick auf das Wesen des Staates, auf seine innere strukturelle und relationale Verfasstheit gelenkt, auf Unterschiede, auf Prozesse und auf Methoden der politischen Kunst. Nicht zufällig nähert sich Aristoteles an das Wesen des Staates über die Differenzierung der sozialen Komplexität an. Die *ersten und kleinsten Teile* sind Individuen (*Männer und Frauen, Regierende und Regierte, Herren und Sklaven*), die in bestimmten Verhältnismäßigkeiten zuerst das Haus, dann das *Dorf* bzw. die *Gemeinschaft der Dörfer* und schließlich den *Staat* bilden (ebd., S. 48 f.). Aus Individuen, die in Beziehung treten, wird eine geformte Gemeinschaft geschaffen, die wiederum mit anderen „Gemeinschaften" spezifische Verhältnisse bilden. Auf diese Weise wird der Staat als ein System von Beziehungen zwischen staatskonstitutiven Elementen bestimmt. Die Voraussetzung für das Funktionieren dieses Systems ist die Fähigkeit zur *Autarkie*[56]

---

wird also so ziemlich dieselbe Erziehung und dieselbe Gewöhnung sein, die einen tüchtigen Mann und einen guten Staatsmann und König heranbildet. (Aristoteles 2003, S. 135)

54   *Da wir sehen, dass jeder Staat eine Gemeinschaft ist und jede Gemeinschaft um eines Gutes willen besteht (denn alle Wesen tun alles um dessentwillen, was sie für gut halten), so ist klar, dass zwar alle Gemeinschaften auf irgendein Gut zielen, am meisten aber und auf das unter allen bedeutendste Gut jene, die von allen Gemeinschaften die bedeutendste ist und alle übrigen in sich umschließt. Diese ist der so genannte Staat und die staatliche Gemeinschaft.* (ebd., S. 47)

55   *Wie man nämlich auch anderswo das Zusammengesetzte bis zu den nicht mehr zusammengesetzten Teilen zerlegen muss (und diese sind die kleinsten Teile des Ganzen), so müssen wir auch beim Staat erkennen, woraus er zusammengesetzt ist, und werden besser begreifen, worin sich jene Verhältnisse voneinander unterscheiden und ob sich über jedes einzelne etwas wissenschaftlich Brauchbares feststellen lässt.* (ebd., S. 47)

56   *Außerdem ist der Zweck und das Ziel das Beste. Die Autarkie ist aber das Ziel und das Beste. Daraus ergibt sich, dass der Staat zu den naturgemäßen Gebilden gehört und dass der Mensch von Natur ein staatenbildendes Lebewesen ist.* (ebd., S. 49)

– der Mensch ist individuell vernunftbegabt (er *besitzt Sprache*[57]) und somit fähig zu einer sozial verbindlichen Selbstbestimmung: Er kann *sittlich handeln* indem er das *Gute* erkennt und anstrebt.

Die *Wahrnehmung des Gerechten und Ungerechten* ist ein konstitutiver erkennender Akt im Sinne der wissenschaftlichen Theoriebildung, und zugleich – und das ist der Kern der politischen Philosophie des Aristoteles – wird hier ein praktisches Interesse markiert. Diese *Wahrnehmung* geht einher mit *philosophischer Erkenntnis* und *ethischem Handeln*. Die Voraussetzungen dafür sind jedoch immer schon politisch, historisch und sozio-strukturell präformiert, daher ist der Staat auch *ursprünglicher*[58] als seine sozialen Konfigurationen (Individuum, Haus, Dorf etc.).

„Wahr-Nehmung" ist in diesem Zusammenhang also eine aktive Tätigkeit, die auf die Herstellung von gerechten Verhältnissen ausgerichtet ist. Auf diese Weise soll die Gemeinschaft „gebildet" werden – durch *sittliches Handeln*: Diese Handlungsform wird als immanentes Prinzip von Gemeinschaftsbildung aufgefasst; sie ist quasi die Grundform der „staatlichen Handlung", die allgemein als *politische Kunst* gilt.

1.4.2   Kategorien der politischen Kunst: Gerechtigkeit, Freundschaft, Tätigkeit der Glückseligkeit

I. Kategorie der politischen Kunst: Gerechtigkeit

Das Handlungsprinzip für die Bildung der staatlichen Gemeinschaft wird auch als *Gerechtigkeit*[59] bezeichnet: Es geht um Vermittlung und Ausgleich zwischen politischen, sozialen und anthropologischen Unterschieden, aber auch um die Vermittlung von *Erkennen* und *Handeln*. Am Ende des *ersten Buches* schließt sich der Kreis im Sinn der Klärung des Wesens des Staates: die *Wahrnehmung des Gerechten und Ungerechten*, das sittliche Handeln in wissenschaftlicher und

---

57   *Die Sprache dagegen dient dazu, das Nützliche und Schädliche mitzuteilen und so auch das Gerechte und Ungerechte. Dies ist nämlich im Gegensatz zu den anderen Lebewesen dem Menschen eigentümlich, dass er allein die Wahrnehmung des Guten und Schlechten, des Gerechten und Ungerechten und so weiter besitzt. Die Gemeinschaft in diesen Dingen schafft das Haus und den Staat.* (ebd., S. 49)

58   *Der Staat ist denn auch von Natur ursprünglicher als das Haus oder jeder Einzelne von uns. Denn das Ganze muss ursprünglicher sein als der Teil.* (ebd., S. 49)

59   *Die Gerechtigkeit dagegen ist der staatlichen Gemeinschaft eigen. Denn das Recht ist die Ordnung der staatlichen Gemeinschaft, und die Gerechtigkeit urteilt darüber, was gerecht ist.* (ebd., S. 50)

politischer Absicht benötigt eine ihre entsprechende Qualifikation: die *Tugend*. Insofern die (staats-)strukturbedingte Funktionalität der unterschiedlichen Teile des Staates nur der Möglichkeit nach gerecht sind, nicht aber faktisch, werden diese Handlungsmöglichkeiten als *Tugenden* formuliert. Sie sind vor allem deshalb unbedingt notwendig, weil die *Gerechtigkeit* der Gemeinschaft erst hergestellt werden muss; sie muss erst durch *Erziehung* eingeübt und erprobt werden. Vor diesem Hintergrund kann das Ende des *ersten Buches* als Grundriss zu einem Konzept der politischen Bildung gelesen werden. Am Ende sollen freie BürgerInnen stehen, sowohl Frauen wie Männer, die ihre politische Freiheit durch ihre politische *Tüchtigkeit*[60] einlösen.

Der relationale Charakter des „Gerechtigkeitsbegriffs" wird in den folgenden Büchern noch deutlicher: Gerechtigkeit ist etwas, das aus einer sozialen Dynamik resultiert und der grundsätzlich gerechten Verfasstheit des Staates vorausgeht. Gerechtigkeit stellt in ihrem Wesen eine Beziehung dar, womit sowohl soziale wie auch sachliche und politische Beziehungen gemeint sind[61]. Bedingt durch die gesellschaftliche Hierarchie gibt es nun Gleichheit und Ungleichheit – diese Asymmetrien können in sich und im Bezug auf andere sowohl gerecht, wie auch ungerecht sein. (Un-)Gerechtigkeit entsteht nach Aristoteles erst dann, wenn ein edles und glückseliges Leben organisiert werden soll. Wenn man aber nicht bloß um des Lebens, sondern um des edlen Lebens willen beisammen ist, dann ergeben sich auf Grund der Gestaltung von unterschiedlichen Gemeinschaften auch unterschiedliche individuelle Positionen (ebd., S. 116). Die Möglichkeit zur Fähigkeit zum glückseligen Leben wird intersubjektiv und sozial konstituiert.

Solange es nur um die bloße Existenz geht und den Menschen der gleiche Besitz zukommt, solange gibt es keinen Anlass für Ungerechtigkeit. Wenn aber das höchste Ziel des Staates, das *Gute* angestrebt wird und daher unterschiedliche Grade der Zielerreichung möglich sind, erst dann können (politische und soziale) Zustände und Verhältnisse gerecht sein, oder eben nicht. Denn die *Tap-*

---

60 *Denn jedes Haus ist ein Teil des Staates, und jene Verhältnisse sind ein Teil des Hauses, und die Tugend des Teils muss man im Hinblick auf diejenige des Ganzen bestimmen. So ist es notwendig, die Kinder und die Frauen im Hinblick auf die Staatsverfassung zu erziehen, sofern es für die Tüchtigkeit des Staates etwas ausmacht, dass auch die Kinder und die Frauen tüchtig seien. Es muss in der Tat etwas ausmachen. Denn die Frauen sind die Hälfte der Freien, und die Kinder sind die künftigen Teilhaber an der Staatsverwaltung. (ebd., S. 66)*

61 *Da also Gerechtigkeit ihrem Wesen nach eine Beziehung darstellt, und zwar in derselben Weise eine Beziehung auf Sachen und auf Menschen, wie früher in der Ethik gesagt wurde, so geben die Leute zwar die Gleichheit in den Sachen zu, streiten aber hinsichtlich der Menschen, vor allem aus dem eben genannten Grunde, weil sie über sich selbst falsch urteilen, und dann, weil beide Parteien bis zu einem gewissen Grade falsch urteilen, weil beide Parteien bis zu einem gewissen Grade recht haben und darum glauben, sie verträten die Gerechtigkeit überhaupt. (ebd., S. 116)*

ferkeit und ihr Gegenteil, die *Besonnenheit,* sind beide *gut;* ebenso erstrebenswert sind individueller *Reichtum, Gesundheit* und *Schönheit.* Jedoch: Da *der
Mensch aber seelischen Affekten unterliege,* ist es besser das Gesetz regieren zu
lassen (ebd., S. 119).

Daher soll sich der Staat – so Aristoteles – um die *Tugenden* kümmern, weil
allein die Ausübung der *politischen Kunst* die Voraussetzungen für den individuellen und kollektiven Interessensausgleich gewährleisten kann[62]. Weil aber
der Staat keine „einfache" Gemeinschaft ist, sondern eine soziale Gemeinschaft,
deren Zusammenhalt sich aus den Interaktionen von „kleineren Gemeinschaften" (*Familie, Haus, Dorf*) generiert, muss jede politische Handlung um des
selbständigen Lebens willen[63] erfolgen. Die zentrale Funktion des Staates liegt in
der Organisation, Aufrechterhaltung und Weiterentwicklung von allen sozialen
„Systemen" innerhalb des Staates bzw. (mit aristotelischen Worten) in der *Sorge
um das Wohlergehen der Gemeinschaft.* Ob in der Gesetzeswerdung oder in der
Führung des Hauses: oberstes Ziel ist die Erreichung des *edlen Lebens* unter
besonderer Berücksichtung der *seelischen Affekte* der Menschen. Mit anderen
Worten: Die *politische Kunst* soll eine sinnvolle Intervention in die Interdependenz von formalen Strukturen (Gesetze, Verfassung) und menschlichen Affekten sein.

II. Kategorie der politischen Kunst: Freundschaft

Das „Bindemittel" für das soziale Gerüst ist ein Begriff, den wir heute als individuellen Begriff auffassen würden: die *Freundschaft.* Im Kontext des aristotelischen Gemeinschaftsbegriffs ist *Freundschaft* jedoch ein sozialer Begriff, der
immer als Relation auf eine Gemeinschaft reflektiert wird. *Freundschaf* soll ein
soziales Aggregat gemeinschaftsfähig machen, durch Beziehungen, durch Erziehung, durch Reflexion, kurz gesagt: durch Stiftung von Identität. *Freundschaft* bezeichnet *den Willen zur Gemeinschaft*[64,] die in der aristotelischen Defi-

---

62 *An die politische Tugend und Schlechtigkeit denken nur jene, die sich um gute Gesetze küm-
    mern. Und in der Tat muss ein Staat, der in Wahrheit und nicht bloß dem Namen nach ein
    Staat ist, sich um die Tugend kümmern.* (ebd., S. 118)
63 *Offensichtlich ist also der Staat nicht bloß eine Gemeinschaft des Ortes und um einander nicht
    zu schädigen und um des Handels willen. Sondern dies sind nur notwendige Voraussetzungen,
    wenn es einen Staat geben soll; aber auch wenn all das vorhanden ist, ist noch kein Staat vor-
    handen, sondern dieser beruht auf Gemeinschaft des edlen Lebens in Häusern und Familien
    um eines vollkommenen und selbständigen Lebens willen.* (ebd., S. 117 f.)
64 *Und so gibt es in den Staaten Verschwägerungen und Brüderschaften und Opferfeste und
    Formen des geselligen Lebens. Das ist das Werk der Freundschaft. Denn der Wille, zusam-
    menzuleben, ist Freundschaft. Ziel des Staates ist also das edle Leben, und jenes andere ist um
    dieses Zieles willen da. Und der Staat ist die Gemeinschaft der Geschlechter und Dorfgemein-
    den um des vollkommenen und selbständigen Lebens willen. Dieses endlich ist, wie wir beto-*

nition dadurch zu einer politischen Gemeinschaft wird. Heute würde man sagen, dass dieser Begriff der Freundschaft am ehesten dem des „sozialen Konsenses" nahe kommt.

Die *Freundschaft* erstreckt sich nicht nur auf die intersubjektive Erfahrung im Rahmen der Gemeinschaftsbildung, sondern beschreibt auch einen kollektiven Ordnungsbegriff. Indem jedes Handeln auf das *glückselige und edle Leben* ausgerichtet ist, wird dieses Streben jeweils in ihrer sozialen Vermittlung wirksam[65]. Das ist nicht naturgegeben, sondern dazu sind individuelle Beiträge, *Tugenden* nötig. Hier kommt eine weitere Dimension dieses Freundschaftsbegriffs hinzu: Er beinhaltet nicht nur den „Willen zur Gemeinschaft", sondern auch einen „Willen zur Bildung". Politischer Auftrag und Bildungsauftrag werden ineinander integriert, denn der *eigentliche Gegenstand der Untersuchung* sei die Frage nach den Voraussetzungen für das Gelingen des Staates und des *glückseligen Lebens* – dies sei die *Aufgabe des politischen Denkens und Forschens* (ebd., S. 220).

III. Kategorie der Politischen Kunst: Tätigkeit der Glückseligkeit

Der primäre Fokus des *politischen Denkens und Forschens* richtet sich auf das praktische Leben, das aus sich heraus die ihr immanente Erkenntnis generieren soll – mittels Methoden der „Selbstbestimmung". Das *praktische Leben* erfordert nach Aristoteles einen spezifischen, ihm gerechten Umgang; *politische Kunst* soll nicht nur erkennen, sondern auch verändern. Der „Wille zur Gemeinschaft", der auch als *Glückseligkeit* bezeichnet wird, ist eine zu erlernende, einzuübende Tätigkeit zum Zweck der individuellen und kollektiven Selbstbestimmung[66].

Die *Glückseligkeit* ist demnach nur im praktischen Leben realisierbar, daher wird das philosophische Erkenntnisinteresse auf das individuelle und kollektive „Leben" gerichtet – genauer formuliert: auf die *aus dem Handeln sich ergeben-*

---

nen, das glückselige und edle Leben. Man muss also die politischen Gemeinschaften auf die edlen Handlungen hin einrichten und nicht bloß auf das Beisammenleben. (ebd., S. 118)

65 *Das politische Gute ist das Gerechte, und dies ist das, was der Allgemeinheit zuträglich ist.* (ebd., S. 121)

66 *Wenn nun dies richtig ist und man die Glückseligkeit als ein gutes Verhalten bestimmen muss, so dürfte wohl das praktische Leben gemeinsam für den ganzen Staat wie auch für den Einzelnen das beste sein. Indessen braucht sich das praktische Leben nicht nur auf andere zu richten, wie einige meinen, und es sind durchaus nicht nur jene Gedanken praktisch, die um der aus dem Handeln sich ergebenden Zwecke willen geschehen, sondern vielmehr die selbstzwecklichen und die Betrachtungen und Überlegungen, die um ihrer selbst willen erfolgen. Denn das Wohlergehen ist das Ziel, und darum ist es auch ein Handeln.* (ebd., S. 224)

den Zwecke. Die *selbstzweckliche Handlung* ist eine, die ihren Zweck aus sich heraus generiert; ihre „praktische Vernunft" wird quasi in der Anwendung bzw. in der Handlung selbst legitimiert und soll als „Handlungstheorie" dienen. Daher benötigt die *Tätigkeit der Glückseligkeit Betrachtungen und Überlegungen, die um ihrer selbst willen erfolgen* – also Überlegungen auf einer Metaebene, als „transzendente Reflexion" der möglichen und faktischen politischen Realität.

Das entsprechende „Bildungsprogramm" muss den Widerspruch zwischen Theorie und Praxis bewältigen, und zwar durch *gemeinsame Einübung*[67], und schließlich muss sowohl für das Handeln *(praktisches, politisches Leben)* wie auch für die Reflexion *(philosophisches Leben)* der Staat die Voraussetzungen schaffen.

1.5 Polisfreundschaft: *Politische Kunst in der „Nikomachischen Ethik"*

Die „Nikomachische Ethik" kann gelesen werden als Begründung der politischen Kunst in der *praktischen Philosophie.* Diese Philosophie steht im Dienst des praktischen Lebens, sowohl auf individueller, wie auch auf kollektiver Ebene. Das Erkenntnisinteresse der Philosophie richtet sich daher auf das *richtige Handeln* und auf die *gerechte* politische Ordnung, und verbindet sich mit dem Anspruch nach einer sozialen, politischen und normativ-kritischen Kompetenz (diese These wird auch in der „Politik" vertreten).

1.5.1 Dialektischer Wissenschaftsbegriff der praktischen Philosophie

Die „Nikomachische Ethik" beschreibt darüber hinaus eine spezifische Rationalität im Zusammenhang mit dem Wissenschaftsbegriff, die dazu geeignet ist, ein *sittliches Handeln* im Hinblick auf die Praxis zu entwerfen – und zu leben. Dieser universelle politisch-philosophische Anspruch soll alle Lebensbereiche erfassen und dahingehend „politisieren", dass aus diesem Prozess eine in und mit ihr entschiedene *Ethik* zum *höchsten Ziel des Staates* führe (vgl. Aristoteles

---

67 *Und da das Ziel jedes Staates eines ist, so muss auch die Erziehung für alle eine und dieselbe sein; die Fürsorge dafür muss staatlich und nicht privat geregelt werden und nicht so wie jetzt, wo ein jeder privat sich um seine Kinder kümmert und ihnen privat eben das beibringt, was ihm gerade gut erscheint. Denn gemeinsame Tätigkeiten sollen auch gemeinsam eingeübt werden.* (ebd., S. 250)

1983). Das explizite Ziel ist nicht die Bestimmung einer materialen Wertethik *(ethische Werthaftigkeit)*, sondern dass wir durch *philosophieren wertvolle Menschen*[68] werden. Aristoteles entwirft ein Konzept einer formalen Wertethik, die sich nach ganz bestimmen wissenschaftlichen Paradigmen orientieren soll, und daher „Prozesskategorien" wie *Tugend, sittliches Handeln* oder *Polisfreundschaft* vorschlägt. Diese Kategorien können jedoch immer nur im Prozess ihrer Realisierung „gelebt", bewertet und „transzendiert" werden.

Dabei sollte die Art und Weise der Untersuchung des Erkenntnisgegenstandes sorgfältig auf die Eigenarten des Gegenstandes abgestimmt sein. Für die Methode der *politischen Kunst* heißt das auch, dass die Veränderbarkeit und Nicht-Bestimmbarkeit der menschlichen Affekte eine ganz bestimmte Form der wissenschaftlichen Intervention erfordert. Denn die „Handlungen der Methode" machen jedenfalls etwas mit ihrem Gegenstand – nach Aristoteles sollten sie ihn *besser machen*. Naturgemäß beeinflussen Handlungen ihre Ethik durch ihr Agieren; und durch die absichtsvolle Reflexion sollten sie über sich selber ein Bewusstsein schaffen – die *Handlungen*[69] sollen dadurch *besser* werden. Demnach sollten Methoden in der *praktischen Philosophie* bzw. in der *politischen Kunst* eine normativ-kritische und reflexive Funktion haben. Diese Art von Wissenschaftlichkeit der *praktischen Philosophie* sollte von *wissenschaftlicher Strenge* verschont bleiben, muss sie doch ihrem *Erkenntnisgegenstand entsprechen* (ebd., S. 36).

---

68   *Der Teil der Philosophie, mit dem wir es hier zu tun haben, ist nicht wie die anderen rein theoretisch – wir philosophieren nämlich nicht, um zu erfahren, was ethische Werthaftigkeit sei, sondern um wertvolle Menschen zu werden. Sonst wäre dieses Philosophieren ja nutzlos. Daher müssen wir unser Augenmerk auf das Gebiet des Handelns richten, auf die Frage, wie wir die einzelnen Handlungen gestalten sollen, denn diese beeinflussen, wie wir gesagt haben, in entscheidender Weise das Wie der sich herausbildenden ethischen Grundhaltungen.* (Aristoteles 1983, S. 36)

69   *Über das eine möge hierbei im vorhinein Übereinstimmung festgestellt sein, dass von einer Untersuchung über ethische Fragen nur umrisshafte Gedankenführung, nicht aber wissenschaftliche Strenge gefordert werden darf. Wir haben ja schon eingangs ausgesprochen, dass die Form der Untersuchung, die wir verlangen dürfen, dem Erkenntnisgegenstand entsprechen muss. Im Bereich des Handelns aber und der Nützlichkeiten gibt es keine eigentliche Stabilität – übrigens auch nicht in Fragen der Gesundheit. Wenn dies aber schon bei übergreifenden Aussagen (in der Ethik zutrifft), so kann Exaktheit noch viel weniger bei der Darstellung von Einzelfällen des Handelns vorhanden sein: diese fallen weder unter eine bestimmte ‚Technik' noch Fachtradition. Der Handelnde ist im Gegenteil jeweils auf sich selbst gestellt und muss sich nach den Erfordernissen des Augenblicks richten, man denke nur an die Kunst des Arztes oder Steuermanns.* (ebd., S. 36)

1.5.2 Kategorien der praktischen Philosophie: Wissenschaft vom Staat, Autarkie, abwägende Reflexion, Polisfreundschaft

I. Kategorie der praktischen Philosophie: Wissenschaft vom Staat

Der *Staatskunst* sind alle anderen Künste (z. B. *Kriegs-, Haushalts- und Rede-kunst*) untergeordnet (und dienen als Mittel und Instrumente). Sie selbst sollte ausschließlich ihren Selbstzweck verfolgen: sich als politische Gemeinschaft etablieren mittels gelebter „Transzendenz". Aus der aktiven und reflexiven Beschäftigung mit der jeweiligen Gemeinschaft und mit der Gesamtheit der Gemeinschaften sollte eine individuelle und kollektive Wertbestimmung erfolgen. Im aristotelischen Konzept der *Staatskunst* gehören Staat und Individuum zusammen im Sinn des gemeinsamen, praktischen Philosophierens. Aristoteles nennt den *gelingenden Selbstzweck* das *Gute* und er fasst den Selbstzweck als eine Tätigkeit auf, als *Tätigkeit der Glückseligkeit*. Das sich je zu realisierende *Gemeinwohl* meint in diesem Sinn nicht nur eine funktionale Vermittlung des Staates, sondern eine gelebte Selbstkonfrontation des Staates mit sich selbst.

Die *Wissenschaft vom Staate*[70] ist einer leitenden Forschungsfrage verpflichtet, die Aristoteles (wie Platon) nicht ontologisch, sondern relational auffasst. *Was ist das Ziel der Staatskunst und welches das höchste Gut von allen Gütern, die man durch Handeln erreichen kann?*, heißt es im *ersten Buch* (ebd., S. 8). Es ist das *Glück*, das für alle Menschen möglich sein soll. Empirische Bestimmungen des *höchsten Gutes* sind für Aristoteles jedoch unzureichend, weil *Glück* individuell bestimmt wird: *Aber was das Wesen des Glückes sei, darüber ist man sich unsicher, und die Antwort der Menge lautet anders als die des Denkers* (ebd.). Aristoteles teilt die Frage nach dem *Glück* in unterschiedliche Dimensionen. Die individuelle Dimension unterscheidet wiederum zwischen verschiedenen *Lebensformen* – das *Leben des Genusses*, das *Leben im Dienst des Staates* und das *Leben als Hingabe an die Philosophie* (ebd.).

Für die kollektive Dimension des *Glücks* wird ein Allgemeinbegriff beschrieben, der mittels unterschiedlicher Kategorien *(Substanz, Qualität, Quantität, Maß, Relation, Nützliches, Zeit, Ort) das Gute*[71] ausdrücken kann. *Es wird*

---

70   *Wenn auch somit das Ziel für den einzelnen und für das Gemeinwesen identisch ist, so tritt es doch am Gemeinwesen bedeutender und vollständiger in Erscheinung: im Moment des Erreichens sowohl wie bei seiner Sicherung. Es ist gewiss nicht wenig, wenn der einzelne für sich es erreicht; schöner noch und erhabener ist es, wenn Völkerschaften oder Polis-Gemeinden so weit kommen. Das also ist der Gegenstand unserer wissenschaftlichen Untersuchung. Wir sind damit, wenn man so will, in dem Bereich der Wissenschaft vom Staate.* (ebd., S. 6)

71   Er meint damit nicht die *Idee des Guten*. Seine Argumentation ist an dieser Stelle „antimetaphysisch": er wehrt sich gegen die Behauptung, dass es eine übergeordnete *Idee* gibt. Die Untersuchung des *Guten* als *Idee* sei eine *peinliche Aufgabe, weil es Freunde von uns waren, wel-*

vielmehr zweckdienlich sein, das oberste Gut, sofern es als allgemeine Wesenheit gedacht wird, zu betrachten und zu zergliedern, wie das gemeint sei (ebd., S. 11). Aber Gemeinschaften seien instabil, daher müsste auch die Philosophie das Veränderliche und Prozesshafte in ihr wissenschaftliches Selbstverständnis integrieren. Hier wird ein dialektischer Wissenschaftsbegriff deutlich von einem naturwissenschaftlichen Ansatz abgegrenzt (formale Philosophie wird von Aristoteles explitzit abgelehnt): *'Das Gut' als etwas Gemeinsames im Sinne einer einzigen 'Idee' gibt es also nicht.* (ebd.)). Eine reine formale Theorie des Guten wie die *Ideenlehre*[72] schließt ihr Motiv aus, das *menschliche Handeln.* Dieses ist es aber, weshalb philosophische Untersuchungen erst angestrengt werden sollen, damit es zu einem *sittlichen Handeln* werden kann.

Die *Wissenschaft vom Staate* sollte sich vielmehr eines Begriffs bedienen, der die Möglichkeiten und Bedingungen von „Handeln zum Guten" erfassen kann. Es geht um die Erforschung der Verhältnisse zwischen Theorie und Handeln, zwischen den (politischen) Gegebenheiten und ihren Veränderungsbedingungen, und um die konkreten Konsequenzen daraus für die staatliche Gemeinschaft. Diese Art von Staatswissenschaft hat mithin den Charakter einer „angewandten Sozialwissenschaft" mit philosophischen Hintergründen. Denn der wichtigste Kontext für diese Theorie ist die *Gemeinschaft,* eine soziale Größe mit spezifischen Gesetzmäßigkeiten. Dieser Zugang zu einer „sozialen" Staatswissenschaft führt zunächst über einen formalen Begriff, dem *Glück*[73]: Dieses erscheint immer als ein Moment innerhalb einer sozialen Beziehung, und kann daher für größere soziale Zusammenhänge (staatliche Gemeinschaft) ebenso gelten. Das *höchste Gut* wird mit *Glück* gleichgesetzt und es wird an die Handlung geknüpft; es bezeichnet einen Zustand des Lebens. Wirksam wird das *Gute* also innerhalb eines sozialen Kontextes.

---

che die *'Ideen'* eingeführt haben (ebd.). Daher wird klargestellt, wohin diese Untersuchung führen soll: nicht in eine formale Abhandlung über den Begriff, sondern in einen praktikablen, politischen Umgang mit dem Begriff des Guten als erkenntnisleitende Differenz.

72   *Das gilt auch für das Thema 'Ideenlehre'. Denn, selbst wenn es 'das Gut' gäbe, das eines ist und in übergreifender Weise ausgesagt wird oder das getrennt und an sich existierte, so ist doch klar, dass ein solches 'Gut' durch menschliches Handeln nicht verwirklicht und auch nicht erreicht werden könnte. Nun ist es aber gerade ein solches Gut, das wir suchen.* (ebd., S. 13)

73   *Als solches Gut gilt in hervorragendem Sinne das Glück. Denn das Glück erwählen wir uns stets um seiner selbst willen und niemals zu einem darüber hinausliegenden Zweck. ... Zu demselben Ergebnis aber führt offenbar auch der Begriff der Autarkie. Denn bekanntlich genügt das oberste Gut für sich allein. Den Begriff 'für sich allein genügend' wenden wir aber nicht an auf das von allen Bindungen gelöste Ich, auf das Ich-beschränkte Leben, sondern auf das Leben in der Verflochtenheit mit Eltern, Kindern, der Frau, überhaupt den Freunden und Mitbürgern; denn der Mensch ist von Natur bestimmt für die Gemeinschaft.* (ebd., S. 15)

II. Kategorie der praktischen Philosophie: Autarkie

In diesem Zusammenhang gewinnt der Begriff der Autarkie eine besondere „sozial-affine" Bedeutung: er sei auf das *Leben in der Verflochtenheit* anzuwenden. Die Substanz des Gemeinschaftlichen sind deren *Verflochtenheiten*, heute würde man sagen: Beziehungen, Strukturen, (Macht)Verhältnisse oder Relationen im allgemeinen Sinn. Die Aufgabe der praktischen Philosophie bzw. einer allgemeinen Ethik bestehe darin, eine „kollektive Autonomie" zu erreichen. Das *Gute* soll aus dem *Leben in der Verflochtenheit* hervorgehen und eine reflexive Selbstkonfrontation auslösen; es geht darum, permanent das (politische) „Selbstverhältnis" zu thematisieren. Die empirische Grundlage dafür ist das soziale, politische Leben selbst. Aristoteles beschreibt es als autonome Gestalt, die sich aus sich heraus begründen und erhalten kann. Selbsterhaltende und – reproduzierende Prinzipien sind dem Leben immanent (nicht aber selbstreflexive, „transzendente" Prinzipien)[74].

Dem wird folgende Grundannahme zugrunde gelegt: Der Mensch ist ein *politisches Tier*, ein *Gemeinschaftswesen*, er handelt immer unmittelbar konkret-affektiv und zugleich nach den Prinzipien des *rationalen Seelenteils*. Er wird – ebenso wie die *Gemeinschaft* – „verdoppelt": Er wird bestimmt als empirisches und zugleich „transzendentes" Wesen[75]. Die *Tüchtigkeit der Seele* und ihre verstandesgemäßen und charakterlichen Vorzüge seien aber keineswegs naturgegeben[76]. Vielmehr werden sie im Sinn von Sozialisation und Erziehung entwickelt, *veredelt*.

Die allgemeine und konkrete Funktion des *sittliche Handelns* wird in der Bestimmung des *Maßes* gesehen, insbesondere in der Anwendung auf ein soziales oder politisches Geschehen. Die Bestimmung des Maßes bringt gesellschaftliche Gegensätze hervor, die einen bewussten Umgang erfordern (*ethisches* oder *sittliches Handelns* ist immer an eine Gemeinschaft – an „Gruppenprinzipien" – gebunden). Hier kommt ein qualitativer Unterschied zum Ausdruck: Mit *Ge-*

---

74 *Da aber auch dieses (auf dem rationalen Seelenteil beruhende) Leben in doppeltem Sinn zu verstehen ist, so müssen wir uns dafür entscheiden, dass das Leben als eigenständiges Tätigsein gemeint ist, denn dies trifft offenbar den Sinn des Begriffs ,Leben' schärfer.* (ebd., S. 17)

75 Das „transzendente Organ" ist die *Seele*: sie leistet die individuelle und transzendentale (Selbst)Reflexion. *Wir haben es (das Glück) ja bezeichnet als eine genau charakterisierte ,Tätigkeit der Seele im Sinne der ihr wesenhaften Tüchtigkeit'* (ebd., S. 23). *Diese Tüchtigkeit hat demgemäss eine zweifache Funktion: die Vorzüge des Verstandes (dianoethische) und die Vorzüge des Charakters (ethische).* (ebd., S 32)

76 *Die Tüchtigkeit ist also zweifach: es gibt Vorzüge des Verstandes (dianoethische) und Vorzüge des Charakters (ethische). Die ersteren nun gewinnen Ursprung und Wachstum vorwiegend durch Lehre, weshalb sie Erfahrung und Zeit brauchen, die letzteren sind das Ergebnis von Gewöhnung. ... Somit ist auch klar, dass keiner der Charaktervorzüge uns von Natur eingeboren ist.* (ebd., S. 34)

wöhnung an die *Sittlichkeit* einer Gemeinschaft ist weniger eine Art von Anpassung oder Sozialisation gemeint, sondern das Anwenden einer normativ-kritischen Kompetenz.

Daher ist der Begriff der Gemeinschaftlichkeit ein kollektiver: Die *Autarkie* – das „Für-Sich-Allein-Genügend" – kann auch als ein Auftrag zur kollektiven und intersubjektiven „Selbstaufklärung" verstanden werden. Die jeweilige Bestimmung des *rechten Maßes* innerhalb einer Gemeinschaft bezeichnet hierbei eine soziale Vereinbarung, eine Entscheidung über die jeweiligen *sittlichen Werte*. Schließlich sollte die *Sittlichkeit* im Sinn von Ausübung von praktischer Philosophie / Staatskunst auch noch ganz konkrete Voraussetzungen berücksichtigen, die aus dem Leben selbst entstehen: emotionale und affektive Phänomene[77].

Anthropologische und historisch-politische Voraussetzungen sind in dieser „ethischen Handlungstheorie" die unumkehrbaren, empirischen Voraussetzungen, verknüpft mit dem Anspruch auf ein besseres Leben. Wie in der *Politik* wird auch hier die Problematik der grundsätzlichen Differenz zwischen Normativität und Veränderbarkeit im Hinblick auf die gesellschaftlichen Sozialdynamiken diskutiert. Wie soll ein allgemein-verbindliches Ordnungssystem zu Stande kommen, wenn doch die menschlichen Affekte die letzten Gradmesser von Gerechtigkeit sind? Für Aristoteles ist klar: Wissenschaft und Politik sollen sich damit auseinandersetzen[78].

III. Kategorie der praktischen Philosophie: abwägende Reflexion

Später, im *sechsten Buch*, wird näher auf die Erfordernisse einer kritisch-reflexiven Kompetenz eingegangen. Die *Seele* beinhaltet nach Aristoteles zwei Elemente: *ein rationales und ein irrationales*. Beim *rationalen Element* seien wiederum zwei Wirkungsweisen zu unterscheiden: *Ein Teil, mit dem wir jene Formen des Seienden betrachten, deren Seinsgrund Veränderungen nicht zulässt, und ein Teil, mit dem wir veränderliches Sein betrachten* (ebd., S. 154). Damit wird festgehalten, dass die wissenschaftliche Erfassung von Veränderung ein eigenes „Organ", besser gesagt eine eigene Qualifikation benötigt – *nach-*

---

77 *Sittliche Tüchtigkeit hat es mit Taten und Affekten zu tun: jedem Affekt aber und jeder Tat folgt Lust und Unlust.* (ebd., S. 38)
78 *Also auch deshalb ist dies das ganze Anliegen sowohl der Ethik als auch der Staatskunst: Lust und Unlust. Und weiter: (a) sittliche Trefflichkeit entfaltet sich im Bereich von Lust und Unlust. (b) Sie wird durch dieselben Akte, aus denen sie entsteht, auch gemehrt und – wenn diese Akte sich nicht in derselben Weise wiederholen – auch zerstört. (c) Sie verwirklicht sich in demselben Umkreis, aus dem sie ihren Ursprung gewonnen hat.* (ebd., S. 39 f.)

dem die Ansicht gilt, dass der Erkenntnisvorgang in diesen Seelenteilen sich auf Grund einer gewissen Ähnlichkeit und Verwandtschaft mit dem Erkenntnisgegenstand vollzieht (ebd.).

Diese spezielle Fähigkeit wird mit *sich zu Rate gehen* oder *abwägend reflektierend*[79] genannt. Diese Form der Reflexion soll von einem veränderbaren Zustand ausgehen und die weiteren Handlungen als gewollte und bewusste Veränderung (vor-)entscheiden. Letztlich geht es um eine *Reflexion, die den Zweck aufzeigt*[80].

Diese Art von Reflexion – die *Beratung*[81] – kann als zentrales politisches und soziales Steuerungselement verstanden werden. Es geht darum, dass Entscheidungen gut überlegt und sozial abgestimmt sind, und mehr noch: Die Reflexion, *die den Zweck aufzeigt*, sei der Ursprung der Entscheidung. Das heißt, dass der Entscheidungsprozess immer eine begleitende Reflexion braucht, und dass die Akteure selbst von Reflexion begleitet werden, sofern sie die Fähigkeit dazu haben[82].

Das *sechste Buch* gibt viele Hinweise auf eine „Theorie der Beratung". Die Kategorien der praktischen Philosophie geben in dieser Hinsicht für eine heutige Interpretation viele Anhaltspunkte, weil Beratung hier weniger als „individuelle Selbsterhellung" aufgefasst wird, sondern auf das politisch-ethische Handeln bezogen wird. (Das ist eine deutliche Abgrenzung zu einer betriebswirtschaftlichen oder technisch aufgefassten Beratung. Nicht „Fachberatung", sondern „Beratung als Intervention im Sinn des ethischen Handelns" ist gemeint, so könnte man es heute formulieren. Diese „Beratungsthese" ist auch anders als der

---

79 *Denn ‚mit sich zu Rate gehen' und ‚abwägende Reflexion' sind identisch: niemand geht mit sich zu Rate über das, was keine Veränderung zulässt.* (ebd., S. 154)

80 *Der Ursprung des Handelns – die bewegende, nicht die Zweckursache – ist die Entscheidung (zwischen mehreren Möglichkeiten). Der Ursprung der Entscheidung ist das Streben und eine Reflexion, die den Zweck aufzeigt. Daher gibt es keine Entscheidung ohne Verstand und Denken auf der einen Seite, ohne feste charakterliche Grundhaltung auf der anderen Seite.* (ebd., S. 155)

81 Die Anwendung von (Selbst)Reflexion kann auch als „politische Fähigkeit" gesehen werden. Die ihr *übergeordnete Wissenschaft* sei die Staatskunst, allerdings seien die einzelnen Disziplinen der Staatskunst begrifflich zu differenzieren: *Es ist aber Einsicht in Dingen der Staatsführung und die sittliche Einsicht ein und dieselbe Grundhaltung, die begriffliche Fassung der beiden ist jedoch nicht identisch* (ebd., S. 164). Die *Einsicht in Dingen des Gemeinwesens* wird unterschieden in die *Einsicht in Dingen der Gesetzgebung* und die *Einsicht in Dingen der Staatsführung.* Letztere ist *als in den Einzelfällen klar sehend zu betrachten und deren Wesen ist Handeln und Beraten* (ebd.). Damit wird die Vermittlungsform der Reflexion angesprochen: die Beratung. Aristoteles macht hier eine interessante Unterscheidung: er meint, dass die individuelle Reflexion Einsicht genannt wird, wohingegen das *Wesen* der „kollektiven" Einsicht *teils Beratung, teils Rechtspflege* sei.

82 *Das Prädikat des klug Mit-sich-zu-Rate-gehens aber gebührt ohne Einschränkung dem, der wesenhaft nach dem obersten menschlichen Ziel strebt, das durch Handeln erreicht werden kann, indem er sich eben durch die abwägende Reflexion leiten lässt.* (ebd., S. 163)

Luhmannsche Begriff der „Autopoiesis", weil „autopoietische Handlungen" einen immanenten Ursprung beanspruchen und daher ihren Zweck in sich haben. Die „aristotelische Beratungstheorie" meint hingegen nicht die „immanente Handlung", sondern die „transzendente Handlung".)

Die *Autarkie* ist zugleich eine Form von politischer kollektiver Selbstbestimmung – sie formuliert gewissermaßen das Ziel der *praktischen Philosophie*. Die Handlungsstruktur dieser „Beratungshandlung" wird von Aristoteles relativ genau beschrieben: Sie ist weder eine *wissenschaftliche Erkenntnis* („theoretische Vernunft"), noch eine *richtige Meinung* („praktische Vernunft"), sondern die *Richtigkeit der Denkbewegung* („praktische Weisheit oder Verständigkeit").

Die hierfür erforderliche „Beratungs-Grundkompetenz" wird mit *Verständigkeit*[83] bezeichnet. Sie ist die Fähigkeit für das Verstehen und Anwenden von *Erkenntnisfähigkeit* auf ethisches Handeln. *Verständigkeit* hat somit einen Interventionscharakter, denn eine bestimmte, absichtsvolle „Beratungshandlung" intendiert die Generierung des *Guten* der Gemeinschaft. Dieses *Gute* muss erst aus der Gemeinschaft „herausgeholt" und ihr zu Bewusstsein gebracht werden. Letztlich soll die Gemeinschaft (genauer: die Menschen in der Gemeinschaft) eine für sie „gute Entscheidung" treffen. Das geschieht nicht von selbst, sondern muss initiiert und gesteuert werden.

IV. Kategorie der praktischen Philosophie: Polisfreundschaft

Im *siebten Buch* wird geklärt, wie Charaktereigenschaften *ihrem Wesen nach* sind und in welchem Maß sie gut oder schlecht wirken, und wie mit *Lust und Unlust* umzugehen sei. Die individuellen Voraussetzungen im Bereich des *sittlichen Handelns* werden hiermit abgehandelt. Mit dem Überbegriff der *Freundschaft* vervollständigt Aristoteles seine „kritische Sozialtheorie", die heute auch als „politische Theorie" gelten kann.

Im Rahmen dieser Sozialtheorie beginnt die „soziale Komplexität" beim Individuum (*siebtes Buch*) und schreitet fort zu größeren sozialen Einheiten, zur *Gemeinschaft,* die im *Haus* beginnt, sich in der *Polis* weiterentwickelt und schließlich im *Staat* vollendet werden soll (*achtes* bis *zehntes Buch*). Der „Überbegriff" in dieser „Sozialtheorie" ist die *Freundschaft*. Dieser Begriff be-

---

83 *Und es ist die Verständigkeit weder der Besitz noch der Erwerb sittlicher Einsicht. Sondern so wie man das Lernen als ein Verstehen bezeichnet, wenn es den Gebrauch der Erkenntnisfähigkeit bedeutet, so ist der Begriff ‚Verständigkeit' am Platz, wenn man bei ethischen Forderungen, die ein anderer ausspricht, die Fähigkeit der Meinungsbildung gebraucht, um über sie ein Urteil zu gewinnen, selbstverständlich ein zutreffendes Urteil, denn ‚gut' und ‚zutreffend' urteilen bedeutet das gleiche. (ebd., S. 168 f.)*

zeichnet vielfältige Funktionen für die Verbindungen zwischen Menschen, zwischen Menschen und *Polis* und zwischen *Gesetzgeber* und *Polis*[84].

In diesem Buch wird eine „politische Gesellschaftstheorie" entworfen, die ihre praktischen Konsequenzen mitdenkt – es wird eine Art „Gesellschaftsvertrag" formuliert[85]. *Freundschaft*[86] wird in diesem Kontext als zentrale soziale Kategorie diskutiert. Neben der vertraglichen Regelung von Gemeinschaften ist offenbar die soziale Regelung die wichtigere. Es geht um das *Zusammengehörigkeitsgefühl,* welches die affektive Grundlage sowohl für einen verbindlichen Gesellschaftsvertrag wie auch für die aktive Gestaltung des *glückseligen Lebens* in jeder sozialen Formation bildet. Diese „Beziehungsqualität" geht über die individuelle Wahrnehmung hinaus; sie meint so etwas wie „Freundschaft in kollektiven Rahmen". Dieser Freundschaftsbegriff bewegt sich stets in der Nähe des sozialen Konsenses (*Eintracht*[87]) und hat zu tun mit der *Tätigkeit* der Gemeinschaftlichkeit – mit der Bildung von kollektiver Identität und autonomer Selbststeuerung. Darüber hinaus wird die Dialektik zwischen übergeordneten Normen (Gesetzen) und *feindlichen Elementen,* die den Menschen naturgemäß anhaften (*Affekte*), hervorgehoben.

Freundschaft setzt Gemeinschaft voraus[88] und ist daher ein allgemeiner Begriff, der imstande ist, soziale Gesetzmäßigkeiten bzw. ihre politischen Implikationen zu erfassen. In diesem Rahmen kann er auch als breit gefasster, „politischer Begriff" aufgefasst werden: Es geht um die Regelung des Zusammenle-

---

84 *In organischer Folge wird nun von der Freundschaft zu sprechen sein, denn sie ist irgendwie eine Trefflichkeit menschlichen Wesens oder eng mit ihr verbunden. Und weiter: sie ist in Hinsicht auf das Leben (in der Gemeinschaft) höchst notwendig.* (ebd., S. 213)

85 *Freundschaft ist Hilfe: den Jüngling bewahrt sie vor Irrtum, dem Alter bietet sie Pflege und Ersatz für die aus Schwäche abnehmende Leistung, den Mann auf der Höhe des Lebens spornt sie zu edlen Taten.* (ebd., S. 213.)

86 *Es wächst eben organisch mit der Freundschaft auch die Verbindlichkeit des Rechts: Freundschaft und Recht bestehen im selben Personenkreis und haben die gleiche Ausdehnung. Die Gemeinschaftsformen aller Art sind nichts anderes als Teile der (großen) Polisgemeinschaft. Denn die Partner ziehen ein gemeinsames Unternehmung aus, indem sie einen bestimmten Nutzen rechnen, und um Güter des täglichen Bedarfs zu besorgen. Und so hat sich um des Nutzens willen bekanntlich einst auch die Gemeinschaft der Polis zusammengeschlossen und bleibt als solche bestehen. Dies ist ja auch das Ziel der Gesetzgebung, und als Recht wird das bezeichnet, was das Gemeinwohl fördert.* (ebd., S. 229)

87 *Die Erfahrung lehrt auch, dass Freundschaft die Polisgemeinden zusammenhält und die Gesetzgeber sich mehr um sie als um die Gerechtigkeit bemühen, denn die Eintracht hat offenbar eine gewisse Ähnlichkeit mit der Freundschaft.* (ebd., S. 214)

88 *Die Erfahrung lehrt, wie eingangs gesagt, dass sich Freundschaft und Recht auf demselben Gebiet und unter denselben Personen entfalten, denn in jeder Gemeinschaft gibt es, so nimmt man an, ein Recht und auch Freundschaft. ... Und soweit Gemeinschaft ist, soweit ist Freundschaft, denn soweit ist auch Recht. Und das Sprichwort: ‚Freundesgut, gemeinsam Gut' ist richtig. Denn Freundschaft setzt Gemeinschaft voraus.* (ebd., S. 228 f.)

bens und um die gemeinsame Lösung von Problemen auf allen gesellschaftlichen Ebenen.

Im *neunten Buch* wird die soziale Dimension des Freundschaftsbegriffs präzisiert. Die wesentlichste Funktion der *Freundschaft* ist die Ermöglichung eines sozialen Konsenses, der nicht nur die Existenz, sondern vor allem *das glückselige Leben* des Staates garantieren soll. *Polisfreundschaft*[89] wird die Form der kollektiven (Selbst)Bildung genannt und meint mehrerlei: Zum einen könnte sie übersetzt werden mit der modern verstandenen „Solidarität" (sozialpolitischer Ausgleich; Beseitigung von gesellschaftlichen Diskriminierungen etc.), zum anderen bedeutet *Polisfreundschaft* aber auch die Fähigkeit zum unmittelbaren, konkreten Ausgleich von Interessen und Bedürfnissen mittels unterschiedlicher Vermittlungsformen (Umgang mit *Zwietracht*, Konfliktmanagement, Mediation, Moderation etc.). Diese Form von *Freundschaft* ist jedenfalls von einem „demokratischen Anspruch" getragen, denn sie soll als Verhaltens- und Handlungsprinzip einen politischen Imperativ einlösen. Am Ende soll das *Gemeinwohl* erreicht sein, in der Paarbeziehung, im Haus (Familie), im Dorf, in der Polisgemeinschaft und im Staat[90]. *Polisfreundschaft* bezeichnet also gleichzeitig ein „demokratisches Verhaltensprinzip", welches weniger eine individuelle Freiheit, sondern vielmehr eine politische Freiheit meint; sie ist ein Konzept zur Teilhabe an der kollektiven Macht.

Das Konzept zur Teilhabe an kollektiver Macht ist umfassend. Es beinhaltet die Voraussetzungen, die konkreten politischen Gegebenheiten, die Reflexion der politischen Motive und auch die Möglichkeiten der Umsetzung einer „politischen Ethik". Demgemäß ist die *Nikomachische Ethik* strukturiert: Am Ende, im *zehnten Buch*, wird die Realisierung dieser umfassenden *Staatskunst* untersucht. Diese Untersuchung setzt an bei den unumgänglichen menschlichen Eigenhei-

---

89 *Die Eintracht ist die der Polis eigentümliche Freundschaftsform... sondern man sagt: in Polisgemeinden ist Eintracht, wenn die Bürger über die gemeinsamen Interessen eines Sinnes sind, wenn sie sich zu einmütigem Handeln einschließen und die gemeinsamen Beschlüsse durchführen. Es sind also Dinge der politischen Praxis, auf die sich die Eintracht bezieht, und zwar Probleme von großer Tragweite, die außerdem eine Lösung zulassen, die beide (Parteien) oder alle Bürger befriedigt. ... Wie man sieht, ist also die Eintracht die der Polis eigentümliche Freundschaftsform – im Sinne von ‚Polis-Freundschaft' wird das Wort auch gebraucht –, denn sie bezieht sich auf das öffentliche Wohl und die Dinge, welche sich auf die Gestaltung des Lebens auswirken.* (ebd., S. 255)

90 *Denn Freundschaft ist Gemeinschaft. Und wie jemand zu sich selbst steht, so steht er auch zu seinem Freunde. Nun ist aber das Bewusstsein des eigenen Daseins für uns wertvoll und somit auch das Bewusstsein des Daseins unserer Freunde. Lebendige Wirklichkeit aber wird dieses Bewusstsein durch das Zusammenleben. Und so ist es ganz natürlich, dass sie darnach streben. Und was für den einzelnen den Sinn des Lebens darstellt oder den Grund, weshalb ihm ein Leben wert ist, damit wollen sie, in der Gesellschaft ihrer Freunde, das Leben verbringen.* (ebd., S. 269)

ten, den Bedürfnissen, Affekten und Begierden. Aristoteles entwirft eine „Psychologie der Lust"[91] und stellt sie an den Anfang der Systematik der politischen Bildung. Das *Stellungnehmen* zur Lust ist mehr als eine notwendige „Begleiterscheinung" des Lebens – die Immanenz von Lust und Unlust erfordert jeweils eine aktive, reflektierte Auseinandersetzung mit ihr. Die Form der Auseinandersetzung soll ethische Implikationen beinhalten – es soll eine *am Tätig-sein sich entwickelnde Vollendung*[92] stattfinden, die diesen Affekten zur ihrer Transzendenz verhelfen.

Aristoteles beleuchtet die Wesensvorzüge des Menschen, ferner Freundschaft und Lust und kommt zum Schluss, dass beim menschlichen Handeln das Ziel nicht darin besteht, die einzelnen Dinge zu betrachten und zu erkennen, sondern vielmehr sie handelnd zu verwirklichen (ebd., S. 295). Weil aber Lust und Unlust den Menschen notwendig anhaftet, und sie mit dialektischen Argumenten allein noch nicht zum Handeln befähigt werden, wie könnten sie dann treffliche Menschen werden? Wie können sie in ein Tätigsein im Sinn der Staatskunst versetzt werden? Welche Argumentation (über Ethik) aber könnte solche Menschen umformen? (ebd., S. 296). Die Antwort liegt in der politischen Bildung, in der ethischen Tüchtigkeit: Wie man zu einem wertvollen Menschen wird, dafür gibt es drei Ansichten: durch Naturanlage, durch Gewöhnung oder durch Belehrung (ebd.).

Durch die *richtige Erziehung und Gewöhnung* soll sich der Mensch *zur Trefflichkeit entfalten* und dies ist nur möglich, wenn es förderliche staatliche Strukturen gibt und entsprechende Gesetzte förderliche Voraussetzungen schaffen, denn Gesetze seien ein Werk der Staatskunst. Was aber genau die Kriterien für die Trefflichkeit der politischen Bildung sind, wie sie verfasst, organisiert und didaktisch auszurichten ist, wird weitgehend formal argumentiert. Das wichtigste Paradigma für die Politische Bildung ist das *sittliche Handeln*. Diese Handlungsform soll ein umfassendes, immanentes Prinzip jeder Art von politischer Handlung sein, auch der „Handlung der Bildung". Man könnte sagen, dass

---

91 *Darauf folgt organisch eine Untersuchung über die Lust. Denn von ihr gilt, dass sie mit unserer Menschennatur durch ein ganz besonders inniges Band der Zugehörigkeit verknüpft ist. Dies ist der Grund, weshalb die Erziehung der Kinder durch Lust- und Unlustempfindungen gesteuert wird. Auch wird es als sehr wichtig für die Vollendung des Charakters angesehen, Freude und Ablehnung da zu zeigen, wo es am Platze ist. Denn dieses Stellungnehmen zieht sich durch das ganze Leben hindurch: es hat Gewicht und Einfluss auf die Charakterbildung und das Glück, da ja der Mensch das Lustvolle will und das Unangenehme meidet. Ein so bedeutender Gegenstand aber verdient es am allerwenigsten, beiseite gelassen zu werden, noch dazu, wo er so viele ungelöste Fragen enthält. (ebd., S. 271)*

92 *Die Lust erhebt das Tätig-sein zu einem vollkommen Akt nicht so, wie die zu ihm gehörende immanente Grundverfassung, sondern als eine am Tätig-sein sich entwickelnde Vollendung, so wie in der Blüte der Jahre sich die Schönheit einstellt. (ebd., S. 280)*

diese Auffassung von Politik die ihr vorausgesetzte Bildung mit einbezieht. In der *Trefflichkeit* sind Politik und Bildung begrifflich nicht mehr unterscheidbar – sie unterliegen einem dialektischen Prozess, in dem Bildung und Politik sich gegenseitig bedingen.

Hier bleiben viele Fragen offen und das Ende des *zehnten* und letzten *Buches* zeigt in die Richtung, in die diese Diskussion weitergehen soll: Zwar steht fest, dass die *Tugend* und die Praxis (Berufserfahrung von Politikern) nicht reichen, um *Trefflichkeit* zu erreichen[93]. Aber auch die *theoretische Einsicht*, vertreten durch die *Sophisten* (heute: PolitikwissenschafterInnen, Spin-DoktorInnen, Politik-BeraterInnen etc.), ist ebenfalls zu wenig[94]. Denn sie wissen weder, wie die Staatskunst funktioniert, noch *welcher Art ihre Gegenstände sind.* Vielmehr muss eine Wissenschaft bzw. ein Handlungskonzept der politischen Kunst erst erarbeitet werden. Die gegenwärtige Wissenschaft soll ergänzt werden durch die Erforschung der *Fragen der Gesetzgebung* und daher wäre es *am zweckmäßigsten, wenn wir selbst sie genauer ins Auge fassen und uns mit dem Problem der Polisverfassung in seinem ganzen Umfang beschäftigen, um so nach unseren besten Kräften die Wissenschaft vom menschlichen Leben abzurunden* (ebd., S. 302).

Das ist eine deutliche Forderung nach einem Paradigmenwechsel der Wissenschaften. Begrifflich und methodisch sollen sie „dialektisch" verfasst sein, und zwar so, dass sie ihren „Widerspruch", der aus dem Leben selbst entsteht, in einer dynamischen Synthese mit der „politischen Erkenntnis" integrieren. Insofern ist das Konzept der *politischen Kunst* auch eine massive Kritik am (noch heute) herrschenden Wissenschaftsbegriff. Die aristotelische Erforschung der Politik (durch die Anwendung der praktischen Philosophie) kommt zum Ergebnis, dass das *Problem der Polisverfassungen in seinem ganzen Umfang* eine *Wissenschaft vom menschlichen Leben* benötigt. In einen modernen Sprachgebrauch übersetzt würde das heißen: Wir brauchen eine interdisziplinäre, sozialwissenschaftliche, anwendungsorientierte (Verhaltens-)Wissenschaft oder „Interventionswissenschaft", die dem Gegenstand der Politik, welcher ein lebendiger, dynamischer Gegenstand ist, angemessen ist. Das muss zugleich eine Wissenschaft sein, die sich ihres „Interventionscharakters" bewusst ist, denn die Praxis ist einerseits die gegenständliche Voraussetzung und andrerseits das

---

93 *Bei der Staatskunst aber ist es anders: da kündigen die Sophisten an, sie zu lehren, aber im öffentlichen Leben wirkt keiner von ihnen. Das ist den (berufsmäßigen) Politikern überlassen, die dies anscheinend auf Grund eines sozusagen natürlichen Könnens tun und sich mehr die Erfahrung als durch theoretische Einsicht bestimmen lassen.* (ebd., S. 300)

94 *Die Sophisten aber, soweit sie ihre Lehrgänge ankündigen, sind, wie sich zeigt, weit davon entfernt, (wirkliche) Lehrer zu sein. Denn man kann rundheraus sagen: sie wissen gar nicht, welche Art von Ding die Staatskunst ist, noch welcher Art ihre Gegenstände sind.* (ebd., S. 300 f.)

„Anwendungsfeld" von politischer Kunst. Das *Problem der Polisverfassung* kann daher primär als „Problem der Gemeinschaft" interpretiert werden.

Mit dieser Feststellung, nämlich dass vorwiegend *Erziehung, Einübung* und Bildung die politische Kunst ermöglichen können, endet die *Nikomachische Ethik.* Hier schließt sich der Kreis zur *Politik,* die genau dort ansetzt, wo die *Nikomachische Ethik* aufhört: bei den Grundlagen einer *Wissenschaft vom menschlichen Leben,* das sich immer in einer bestimmten Form von sozialer Komplexität (*Gemeinschaft*) ereignet.

1.6 Resümee: Politische Kunst als altes, neues Bildungskonzept?

Die Texte von Platon und Aristoteles beinhalten eine Vielzahl von teilweise sehr genauen Vorstellungen über die – heute würde man sagen – politische Bildung. Ganz anders als heute wird sie als ein durchgängiges Prinzip angesehen (nicht als Fach für den „Einzelunterricht" – das wird ausdrücklich abgelehnt), das notwendig an die Bildung von sozialen Beziehungen geknüpft sind. Somit ist Bildung für die Griechen von vornherein politisch, weil es immer darum geht, dass Entscheidungen – möglichst gerechte Entscheidungen – getroffen werden. Man könnte einwenden, dass die Griechen damals bei weitem noch nicht den modernen Wissenschaftsbegriff hatten, wie wir ihn heute kennen. Das mag stimmen; sie hatten einen anderen Wissenschaftsbegriff, der zwar formal die Begriffe Bildung und Politik differenziert, aber in der Anwendung einen dialektischen Prozess anstrebt, der sich mitunter einer „naturwissenschaftlichen" Beschreibung entzieht. Dieser „Prozessbegriff" ist nahezu vergessen worden zu Gunsten eines naturwissenschaftlich-orientierten Wissenschaftsbegriff, der auf der methodisch einwandfreie „Beweisführung" gründet, darauf, dass Wahrheit „festgestellt" wird.

Für die Griechen ist die „Wahrheitsinstanz" eine dynamische; sie wird an die konkrete, politische Gemeinschaft gebunden. Sie bezeichnet eine je herzustellende soziale Qualität, die daran gemessen werden kann, ob die politischen / sozialen „Verhältnismäßigkeiten" als gerecht oder nicht gerecht angesehen werden. Die Begriffe *Gemeinwohl* oder *Polisfreundschaft* drücken diese Qualitäten aus.

Besonders Sokrates demonstriert die dialektische Methode durch die unablässige Befragung seiner Mitbürger – diese Gespräche liefern das empirische Material. Die „Resultate" daraus sind weniger die theoretischen Einsichten und Erkenntnisse, sondern neue Fragestellungen bzw. Paradoxien. Widersprüche werden nicht „wegargumentiert", sondern haben eine Berechtigung, gerade im

Hinblick auf politische Fragen, z. B. ob die „Tugend" lehrbar sei oder nicht. Wie können aber heute solche Widersprüche wissenschaftlich be- und ausgewertet werden? Diese Frage war für die Griechen offenbar nicht sehr wichtig; es ging ihnen nicht um die wissenschaftliche „Richtigkeit" eines Denkprozesses, sondern um die soziale Verträglichkeit, um die *Verständigkeit* und darum, dass für jeden ein *edles Leben* möglich wird.

Die Art und Weise der platonischen Theorie- und Methodenbildung ist davon gekennzeichnet, dass durch die Gespräche ein politisches Wissen aus den Beteiligten „herausgeholt" wird, wobei sie zugleich politisch gebildet werden. Die Gleichursprünglichkeit von Politik und Bildung bei den Griechen ist daher auch paradigmatisch für ihren dialektischen Wissenschaftsbegriff. Diese Art von „Wissenschaft über Demokratie" ist für heutige Verhältnisse höchst ungewöhnlich. Wissenschaftliche und politische Erkenntnisse wurden aus Dialogen gewonnen, nicht aus einsamen Denkanstrengungen. Erst die aktive „Bemühung des Widerspruchs" im Gesprächspartner generiert ein gemeinsames, „soziales" Resultat (welches bei den sokratischen Dialogen jedoch oft offen bleibt; der Prozess der politischen und wissenschaftlichen Wahrheitsfindung ist hier ein grundsätzlich unabgeschlossener).

Eine wichtige Qualität in den sokratischen Gesprächen ist die Berücksichtigung der konkreten sozialen Voraussetzungen, der realen Lebensumstände und sozialen Nöte in der *polis*. Hieraus wurden mithin auch brauchbare Konsequenzen für die Frage der „Lernfähigkeit" der *polis* gezogen – heute würde man von der Lernfähigkeit von sozialen System sprechen. Der politische Mensch (*zoon politikon*), ein politisches Wesen a priori, benötigt ganz bestimmte Fähigkeiten, damit er ein „ideales" staatenbildendes Wesen sein kann. Platon geht davon aus, dass die Staatskunst jene Methode ist, mit der *gerechte Verhältnisse* hergestellt werden können. Die *politische Kunst* ist identisch ist mit der *politischen Tugend* und dem *politischen Wissen*, wobei es letztlich um die *Besserung des Ganzen* geht und darum, dass *wir Bürger immer besser werden*.

Sokrates hat hiermit wesentliche Paradigmen für diese Wissenschaft formuliert, beispielsweise in der späten Schrift *Politikos*: Er argumentiert, dass die *Dialektik* das *oberste Prinzip* in der politischen Wissenschaft sein muss; man könne sich ihr insbesondere durch die *Untersuchung der Staatskunst* nähern. Das gilt nicht nur für den Philosophen, sondern vor allem für den *Staatsmann* (der aber zugleich ein Philosoph sein sollte), der bestrebt sein muss, *gerechte Verhältnisse* herzustellen. Über Erkenntnis könne er zur *Staatskunst* oder *Herrscherwissenschaft* gelangen. Dieses *Herrscherwissen* benötige er nämlich für die Ausübung der *politischen Kunst*. Es geht darum, *Lebendiges zu erkennen und darüber zu herrschen*, wobei ihm und der Gemeinschaft die *selbstgebietende Erkenntnis* zuteil werden muss. Durch Selbstreflexion soll das soziale Gefüge der Gemeinschaft (des Staates) regierbar gemacht werden. Sokrates hebt dabei den sozialen Charakter des Staates hervor: *Staatskunst* oder *politische Kunst* wird mit der *Wissenschaft der Gemeinzucht der Menschen* gleichgesetzt (siehe Kapitel 1.1.3).

Die wesentlichste Methode bei diesem Vorhaben war die „sokratische" Methode der Gesprächsführung (und zwar meist das Gespräch mit mehreren Beteiligten). Die Gespräche liefern uns nicht nur wichtige „Erkenntnisse" über Tugend, Tapferkeit, Weisheit etc., sondern können auch als Anleitung für die politische Bildung im heute verstandenen Sinn dienen. Heute würden diese Methoden unter den Sammelbegriff „Kommunikation" zusammenfallen. Die spezifische „sokratische Kommunikation" ist aber eine politische und dialektische; es geht nicht um „gewaltfrei Kommunikation" oder „ideale Gesprächsführung" (wie etwa bei einem „Rhetoriktraining", dem die *Sophisten* so gerne frönten), sondern um das „Prinzip des Widerspruchs", aus dem jeweils neue „demokratische Wahrheiten" hervorgehen.

Aristoteles hat diese Zeitkritik systematisiert und zu einer politischen Philosophie erhoben – er nannte sie die *Königswissenschaft*, die neben der *Ethik* und der *Ökonomik* zur *praktischen Philosophie* gehört. Diese politische, philosophische Praxis hat noch keine Spaltung (im naturwissenschaftlichen Sinn) zwischen Theorie und Praxis bzw. zwischen Subjekt und Objekt gekannt – ob *praktische Philosophie* oder *philosophische Praxis* – beides bezeichnet die zeitgenössische Herrschaftskritik (siehe Kapitel 1.2).

Aus heutiger Sicht könnte man sagen, dass die Griechen den Politikbegriff immer auch als einen sozialen Begriff aufgefasst haben. Im Wesen des Menschen, im *zoon politikon* sind die staatsbildenden Fähigkeiten grundgelegt; der Mensch wird als potenziell lernfähig aufgefasst, aber in einem höchst politischen Sinn: Er ist mit seinesgleichen immer staatenbildend, d. h. die soziale Gemeinschaft ist die Voraussetzung für das Politisch-Sein der Menschen. Die Griechen haben damit den Begriff des Politischen „sozialisiert", und zwar von vornherein. Nicht zufällig werden Dialoge geführt, also Gespräche zwischen zwei oder mehreren Gesprächspartnern, die alle als „politische Subjekte" auftreten. Somit gewinnt die soziale Formation eine erhebliche Bedeutung für das „Praktisch-Werden" der Philosophie. Diese *philosophische Praxis* ist zugleich die Begründung der politischen, dialektischen Wissenschaft, der *epistéme politiké*.

Diese prinzipielle Verfasstheit der Sozialdynamik, ihre Veränderbarkeit, ihre spezifische Eigenlogik und die Formen der Selbsterhaltung sind mit dem heutigen wissenschaftlichen Sprachrepertoire schwer zu beschreiben. Der systemtheoretische Begriff der „Autopoiesis" kann nicht annähernd diese soziale Morphologie beschreiben, geschweige denn eine ihr angemessene Wissenschaftlichkeit entwickeln. Die aristotelische „Sozialtheorie" vermag den Anspruch auf Ethik ins Handeln zu übersetzen, und dabei eine „Prozessethik" bzw. praktische Philosophie zu entwickeln, die heute noch ihresgleichen sucht. Die je eigengesetzliche Sozialgestalt wird für den praktischen und wissenschaftlichen Umgang in der Weise berücksichtigt, dass der „Eigenwert" einer Sozialformation nicht geleugnet werden muss. Im Gegenteil: Affekte und alle Unwägbarkeiten von Beziehungen sind die Substanz der praktischen Philosophie bzw. der politischen Kunst. Ferner: Wenn der Eigenwert des Lebendigen anerkannt wird, dann könne man mit „normativen Vorgaben von Außen" keine *Ethik*, kein *sittliches Handeln* erreichen. Die „ethische Wahrheit" muss jeweils aus dem System selbst generiert werden.

Dazu bedarf es wiederum politisch-sozialer Fähigkeiten, die erst gelernt werden müssen. Der handelnde Mensch sollte in einer *ganz bestimmten Verfassung* sein – heute würde man von „Qualifikation" oder „Kompetenz" sprechen: Er muss das nötige Wissen haben (das sei eher unwichtig), er muss die nötige politische und soziale Kompetenz haben, und er soll ein Bewusstsein über seine eigenen Motive und Absichten haben[95]. Diese Qualifikationen sind jene Bedingungen, die das sittliche Handeln verwirklichen können.

Daraus können wir für die heutigen Überlegungen folgendes ableiten: Wissenschaftliche Wahrheit, wenn man so will, ist nicht im Wissen, sondern in der Handlung begründet – dieser Perspektivenwechsel hätte dann folgenreiche Konsequenzen für die politische Bildung, denn die Wissenschaft soll sich um das „Wesen des Menschen" kümmern. Dieses Wesen wird bei den Griechen sozial bestimmt – der Mensch sei ein „Gemeinschaftswesen". Das bedeutet für die politische Bildung, dass diese soziale Implikation permanent berücksichtigt werden muss. Wenn etwa die zu Bildenden „vereinzelt" werden (durch Frontalunterricht, durch Fächerkanon, durch Notengebung), dann wird damit von vornherein politische Bildung verunmöglicht. Das bedeutet weiter, dass politische Bildung primär an der sozialen Formation anzusetzen hat, nicht am Individuum. Und an dieser Stelle vollziehen die Griechen eine höchst bemerkenswerte Wendung: sie beschreiben das Gegenüber der politischen Bildung als Masse. Die Masse ist jene Gemeinschaft, die dazu gebracht werden soll, gerechte Regierungs- und Staatsformen anzunehmen. Die Masse ist aber unbelehrbar, sie ist dominiert von ihrer Affektivität. Wie ist Bildung also überhaupt möglich?

Ein Idealzustand von politischer Bildung kann niemals erreicht, aber angestrebt werden, denn die Massen lassen sich nicht aufklären. Diese Einsicht könnte für die heutige Neuorientierung der politischen Bildung ein wichtiger

---

95 *Er muss erstens wissentlich, zweitens auf Grund einer klaren Willensentscheidung handeln, einer Entscheidung, die um der Sache selbst willen gefällt ist, und drittens muss er mit fester und unerschütterlicher Sicherheit handeln.* (ebd., S. 40)

Perspektivenwechsel sein. Es ist gerade die Massendynamik, die auf der anderen Seite eine kritische Kompetenz erfordert, die den Widerspruch zur Masse „pflegt". Das bedeutet auch, dass zunächst das spezifische Eigenleben der Masse untersucht und erforscht werden müsste (die Massenpsychologie ist heute jedoch eher ein „Randbereich" im psychologischen Fächerkanon). Aus dem Spannungsverhältnis zwischen Massendynamik und die sie strukturierenden Elemente (Verfassung, Gesetze, „sittliches Handeln") müsste die politische Bildung ihre zentrale Anwendung ableiten. Historisch gesehen gibt es nicht viele Bereiche, die diese Wendung für sich vollzogen hatten und heute dementsprechende „wissenschaftliche Antworten" geben könnten. Ein „modernes" Beispiel, die Gruppendynamik, soll im folgenden Kapitel exemplarisch dahingehend untersucht werden, ob hier weitere und neue Perspektiven für die politische Bildung auftauchen und inwiefern sie eine „Bildungsinnovation" darstellen könnten.

2   Zum Potenzial der Gruppendynamik

2.1 Emanzipatorischer Bildungsauftrag

Die Entwicklung der Gruppendynamik in der zweiten Hälfte des 20. Jahrhunderts hat es mit sich gebracht, dass sie sich als ein Anwendungsbereich einer „alternativen" politischen Bildung mit emanzipatorischen Implikationen innerhalb der angewandten Sozialwissenschaften etabliert hat. Die gruppendynamische Theorie- und Methodenentwicklung ist von je her von einem sozialphilosophischen und emanzipatorischen Anspruch geprägt, der auf die „direkte Politisierung" der sozialen Situation abzielt (vgl. Heintel 1977a, 1977b, 1985, 2006; Bradford u.a. 1964; Lapassade 1970, 1972; Pages 1974; Schwarz 1983, 2000; Krainz 2006; Lackner 2000, 2006). Das, was die Soziologie mit „Herrschaftsverhältnis" bezeichnet, ist für die Gruppendynamik als „soziale Situation" (die immer auch eine Struktur hat) der konkrete Ausgangspunkt, nicht nur für eine Theorie „über" die Situation, sondern vor allem für die Anwendung der Theorie in und mit der Praxis.

Der zentrale „Forschungs- und Handlungsgegenstand" ist immer die Situation selbst, in der sich die handelnden Personen befinden. Jede Handlung, die in eine Entscheidung mündet, kann daher auch als „politische Handlung" aufgefasst werden, wobei die Art und Weise des Prozesses der Entscheidungsfindung mehr oder weniger „demokratisch" gestaltet werden kann. Jedenfalls erfordert die konkrete Mitbestimmung von Mitgliedern eines sozialen Systems an ihrer „Führung" zweierlei: einerseits die „Fähigkeit zur Mitbestimmung" seitens der Mitglieder, andrerseits aber auch die sorgfältige Steuerung von Entscheidungsprozessen, damit sich solche Fähigkeiten überhaupt erst entfalten können. Die Gruppendynamik erfasst diese Interdependenz von individueller Handlung und kollektivem Resultat und kann dazu „methodische Antworten" geben.

Das bedeutet, dass Gruppendynamik immer „bildet", und insofern auch einen verhaltensorientierten Lernbegriff voraussetzt. Sie grenzt sich von der traditionellen politischen Bildung (mit dem primären Ziel der Wissensvermittlung) erheblich ab, weil der „Lerngegenstand Verhalten" andere Didaktiken, Lehr- und Lernformen und einen anderen, prozezessorientierten Wissenschaftsbegriff benötigt. Der Erkenntnisprozess wird quasi „vom Kopf auf die Füße gestellt"; der Ausgangspunkt der Erkenntnis ist nicht das „theoretische Wissen", sondern eine dynamische Praxis, die ihr nötiges Wissen aus sich selbst heraus generiert. „Erkenne dich selbst" ist ein leitendes Motiv, das die Wurzeln der Gruppendynamik in den Geisteswissenschaften, vor allem in der politischen Philosophie und Sozialphilosophie erkennen lässt. Im Unterschied zu den theoretisch aufgefassten „Gesellschaftskritiken" ist für die Gruppendynamik jedoch das „Selbst der Erkenntnis" immer im Hier und Jetzt grundgelegt – es geht „nur" darum, dem jeweiligen „Selbst" zu einem Bewusstsein zu verhelfen.

Die konkrete soziale Situation ist die wichtigste Voraussetzung; in ihrer direkten Konkretisierung werden unweigerlich soziale Gesetzmäßigkeiten hervorgerufen. Diese zu erkennen und zu reflektieren ist das „pädagogische Ziel" der Gruppendynamik. *Man könnte es so sagen: Ohne Selbstbeobachtung, Selbstbeschreibung, Selbstthematisierung keine Selbsterforschung, ohne Selbsterforschung keine Selbsterkenntnis und kein Selbstbewusstsein, ohne Selbstbewusstsein keine Selbstbestimmung (griech. „Autonomie"), ohne Selbstbestimmung keine Selbststeuerung* (Krainz 2006, S. 18). Hier geht die Gruppendynamik einen umgekehrten Weg als traditionelle, naturwissenschaftlich-orientierte Wissenschaften: Es wird nicht von vornherein das „gewünschte Wissen" induziert (wie bei institutionalisierten Lehr- und Lernprozessen), sondern die Beteiligten werden dazu gebracht, in und an ihrer sozialen Situation zu lernen. *Nimmt man politische Bildung beim Wort, so bildet Gruppendynamik politisch primär schon deshalb, weil sie bei der unmittelbaren politischen Situation und Basis beginnt, in der gebildet werden soll. Sie versucht daher, Erleben, Verhalten und Wissen möglichst wenig auseinander fallen zu lassen und aufeinander zu beziehen.* (Heintel 1977a, S. 83)

Der emanzipatorische Anspruch der Gruppendynamik geht aber über das Individuum hinaus bzw. betrachtet es als „Emergenz" aus der sozialen Verflochtenheit und kollektiven Affektivität, deren „überpersönliche Phänomene" immer auch auf das individuelle Verhalten zurück wirken. Ein Fokus richtet sich dabei auf die „Verhältnismäßigkeit": auf das Verhältnis der beteiligten Personen zueinander, auf das Verhältnis von Personen zur Gruppe (zur Organisation / zur Gesellschaft) und auf das Verhältnis zwischen Gruppen in einem organisatorischen Kontext. *Damit ist die Gruppendynamik sowohl die Dynamik in Gruppen (also die Beziehungsdynamik der einzelnen Gruppenmitglieder) wie auch die Dynamik von Gruppen (untereinander bzw. gegenüber ihren ebenfalls aus Gruppengefügen bestehenden sozialen Umwelten).* (Krainz 2006, S. 20)

Heintel betont diesen *aufklärerischen Auftrag: Es geht um einen Akt der Selbstvergewisserung, des Setzens „selbstbewusster Kollektivität". Letztere ist Bedingung für die Selbststeuerung.* (Heintel 2006, S. 191) Von einer so verstandenen Kollektivität wird ein Autonomiebegriff abgeleitet, der auf Gruppen wie auf die Gesamtgesellschaft gleichermaßen übertragbar ist. Es geht um eine „kollektive Aufklärung der Gefühle", um eine Art von Selbstvergewisserung, die zugleich eine konkrete Gesellschaftskritik ausdrückt und gleichzeitig ihre Defizite zu bewältigen versucht. *Mit dem Begriff einer kollektiven Autonomie wird auch das Thema einer „zweiten Aufklärung" angesprochen. Die Erfassung der Selbstzweckhaftigkeit ist einerseits Fundament der Selbststeuerung, andrerseits Voraussetzung für kollektive Autonomie. Letztere wiederum ermöglicht sowohl individuelle Autonomie als auch deren Einbindung in eine handlungsfähige Sozialität. Sie bringt überhaupt erst so etwas wie „Systemfreiheit" in den Blick.* (ebd., S. 198)

Bereits in den siebziger Jahren des vorigen Jahrhunderts wurde der Stellenwert der Gruppendynamik als Gesellschaftskritik ganz explizit betont – die Gruppendynamik sei nicht zuletzt deswegen interessant geworden, *weil sie einen Versuch darstellt, mit jenem Verunsicherungspotenzial in unserer spätkapitalistischen Gesellschaft zu Rande zu kommen, das aus der in ihr notwendigen Differenz von subjektivem Selbstverständnis und objektiver Repression resultiert. ... Vor diesem gesellschaftspolitischen Hintergrund arbeitet in unserer Gesellschaft Gruppendynamik mit einem emanzipatorischen Anspruch. Emanzipatorisch insofern, als sie versucht, in ihrer Theorie und in ihrer Praxis das Verhältnis des Anspruchs des einzelnen zu den deren Identität bestimmenden Vergesellschaftungsformen, wie Familie, Betrieb, Partei, Staat u.a. zu einer geschichtsphilosophisch vermittelbaren, konkret aber in einer jeden Gruppe verschieden sich ereignenden Bedürfnislogik auszurichten.* (Huber 1977, S. 27 ff.)

Diese Art von „angewandter Gesellschaftskritik" versucht Autonomie und „Systemfreiheit" als kollektive Kategorien zu denken, und zwar so, dass die Subjekthaftigkeit nicht verloren geht. Nur in der Relation des Individuums zu einer gesellschaftlichen Sozialität kann sich Freiheit bzw. Unfreiheit als eine unmittelbare Lebenserfahrung ereignen. Daher ist der gesellschafts-politische

Kontext eine zentrale Voraussetzung der gruppendynamischen Theoriebildung. Huber setzt in diesem Zusammenhang einen hohen Anspruch: *Das Verhältnis zwischen den Individuen und den möglichen Vergesellschaftungsformen wird also nicht allein – und das möchte ich betonen – aus Autonomieforderungen des Individuums abgeleitet, sondern dialektisch vermittelt auch von materialen Prozessen des gesellschaftlichen Seins bestimmt, etwa von der Arbeitsteilung und bestimmten Besitzverhältnissen resultierenden Momenten.* (ebd.)

Die *Vermittlung zwischen Individuum und Vergesellschaftungsformen*, sowohl in theoretischer wie auch in praktischer Hinsicht, hat sich die Gruppendynamik zur Aufgabe gemacht. Der emanzipatorische Anspruch und das Motiv der Systemfreiheit wird jeweils auch mit dem Wissen und der Erfahrung um die organisatorische Bedingtheit von „Freiheitsgraden" verknüpft. Und hier hat die Gruppendynamik ihr praktisches Potenzial entwickelt, das gerade für die politische Bildung bedeutsam erscheint. Es ist evident, dass Ziele wie kollektive Autonomie, „Systemfreiheit" oder Selbststeuerung nur mit geeigneten Methoden zu erreichen sind; der soziale Prozess auf dem Weg zum (politischen) Bewusstsein muss daher immer auch sorgfältig organisatorisch und strukturell gestaltet werden. Für Individuen ist dieser Organisationsprozess noch relativ einfach. Aber (mit Kant gesprochen): Der „Ausgang aus der selbstverschuldeten Unmündigkeit" sollte sich nicht privat, sondern vor allem öffentlich ereignen. Öffentlichkeit bedeutet jedoch immer eine gesteigerte soziale Komplexität, und die Organisation von kollektiver Selbstreflexion ist hier sehr viel schwieriger.

Hier differenziert die Gruppendynamik zwei unterschiedliche Wirkungsweisen: Eine, die an die direkte Kommunikation geknüpft ist, d. h. dass hier Gruppengrenzen nicht überschritten werden können; das „Selbst der Gruppe" kann sich direkt und unmittelbar über die Personen vermitteln. Eine andere Wirkungsweise bezieht sich auf größere soziale Formationen, die durch eine indirekte Kommunikation gekennzeichnet sind (Organisationen, Institutionen, Gesellschaft, Öffentlichkeit, Masse). Hier muss die Selbstthematisierung jeweils auch auf ein „konkretes Selbst" bezogen werden, innerhalb dessen es noch möglich ist, direkt zu kommunizieren. Dieses „Selbstbewusstsein" muss dann jeweils in eine strukturelle Transformation im Sinn der Autonomie „organisatorisch übersetzt" werden.

2.2 Gruppendynamische Wurzeln im ursprünglichen Politikbegriff

Die Gesellschaftskritik, der Anspruch auf „kollektive Autonomie" und die Intention der „Systemfreiheit" sind einige Kategorien der Gruppendynamik, welche ihre Wurzeln in der *praktischen Philosophie*, insbesondere in der politischen Philosophie der Griechen erkennen lassen. *Die Gruppendynamik kann als eine der vielen Reflexionsvarianten der Gegenwart angesehen werden. Im Prinzip operationalisiert sie die alte aristotelische Forderung: nicht in Unwissenheit über die eigene handelnde Person zu sein. Man könnte hinzufügen: insofern sich diese eigene Person in einem Kommunikationsprozess mit anderen befindet. Selbstreflexion ist daher Voraussetzung der Selbstbestimmung, so wie die Reflexion der Naturgesetze Voraussetzung für die Technik ist. Diese Selbstreflexion kann aber nicht allein eine des Individuums sein, sondern sie ist eine eines sozialen Systems, d. h. zunächst der Gruppe, später der Organisation.* (Schwarz 1993, S. 76)

Unter dieser Perspektive kann die Gruppendynamik als Weiterentwicklung der platonischen und aristotelischen *politischen Philosophie* mit einer besonderen Hinwendung zur sozialen Verflochtenheit bzw. zu den daraus resultierenden Kommunikationsanforderungen angesehen werden. Gerade hierin liegt das „Wesen" der Gruppendynamik: in der dialogischen Form der „Wahrheitsfindung". *Wenn also der Gruppenprozess sozusagen ,die Wahrheit' in sich trägt, dann muss man wohl als Verifikations- oder Falsifikationskriterium den Grad der Zustimmung zu einer Entscheidung ansehen* (ebd., S. 80). Sei es eine gesellschafts-politische Entscheidung, eine „hierarchische" Entscheidung, eine Gruppenentscheidung, sie setzt immer eine bestimmte Kommunikation voraus, deren Verlauf und Strukturierung eben zu einer bestimmten Art der Entscheidung führen kann. Diese Voraussetzungsproblematik bzw. deren Reflexion ist für die Gruppendynamik ein zentraler Fokus im Sinn der Theorie- und Methodenentwicklung. Als Vorbild dient die Generierung von sozialen Wahrheiten im Gespräch, wie sie einst von den Griechen vorgeführt wurde (und damals noch den Stellenwert der *politischen Kunst* (auch: *dialektische Kunst, Königswissenschaft, Staatskunst*) hatte).

Heintel meint in diesem Zusammenhang, dass Platon *der erste war, der diesen Ansatz dialektischer Wissenschaft in die Welt gesetzt hat. .... Wie bei keinem anderen Denker wird bei Platon das Bestreben offenbar, den Menschen, das Individuum, zum Subjekt seines Wissens zu erheben, es aus seiner Objektrolle herauszuführen; nicht einige, Priester, Autoritäten usw., sind Maß des Wissens und der Wissenschaft, sondern alle Bemühten, die in einer durch Muse (Distanz unmittelbarer gesellschaftlich-pragmatisierter Praxis) erreichten Gesprächssituation, sich ihr gemeinsames Wissen zu erwerben und als verbindlich zu setzen* (Heintel 1977a, S. 86). Die Griechen haben die soziale Immanenz der politischen Situation gewissermaßen vorausgesetzt: Die Hinterfragung von Herrschaftsverhältnissen kann nur in einer sozialen Situation wirksam werden, in der alle Beteiligten an dieser Kritik beteiligt werden und somit „politisch handeln"

können. In der platonischen und aristotelischen Philosophie sind diese Grund-
züge der dialektischen Wissenschaft erkennbar, denen sich die heutige Gruppendynamik immer noch verpflichtet sieht.

Der Zusammenhang von Gruppendynamik und Philosophie muss jedoch
dahingehend differenziert werden, dass die moderne Verfasstheit als akademische Philosophie hier „nur" als „Modell im kritischen Denken" dienlich ist.
Demgegenüber steht das Prinzip der *Dialektik*, welches – so Sokrates – die
praktische Philosophie im Sinne der *politischen Kunst* begründen soll. *Politische Kunst* wird im *Politikos* mit der *Gemeinzucht der Menschen* gleichgesetzt,
die eine *freiwillige Herdenwartung über freiwillige Menschen* ermöglichen soll.
Heute würde man diesen Zustand als „kollektive Autonomie" bezeichnen. Diese
politische Kunst zeichnet sich nicht durch theoretisches Wissen aus, sondern
durch die politische Handlung. Dem Handeln wird eine ganz zentrale Bedeutung
zuerkannt. Einfach ausgedrückt: durch (politisches) Handeln sollen wir nicht
gescheiter, sondern besser werden (bessere Menschen, bessere StaatsbürgerInnen), und zwar in unserer sozialen Qualifikation. Das beschreibt auch ein Ziel
der Gruppendynamik – die „kollektive Selbstaufklärung". Dies ist aber kein
Zustand, sondern eine „kollektive Handlung", gewissermaßen ein Prozessieren
von sozialen Widersprüchen zum Zweck der (politischen) Einigung.

*Nun hat, was die Philosophie anlangt, nie die Philosophie als ‚Wissenskör-
per' Wirkungen erzeugt, sondern nur das Philosophieren als Tätigkeit. Dabei
werden die interaktiven ‚vermittelnden' Formen wichtig, in denen sich dieses
Philosophieren ereignen kann. Auch ist ein Begriff davon vorauszusetzen, was
der Zweck der Übung sein soll. Philosophieren dient im weitesten Sinn der
‚Aufklärung'. Dies erreicht man weniger dadurch, dass Gelehrte über den Unwissenden das Füllhorn ihres Wissens ausschütten, sondern dadurch, dass die
von einem Problemzusammenhang Betroffenen miteinander in einen sozial-
interaktiven Prozess eintreten, an dessen Ende sie über sich selbst schlauer sind
als vorher. Als prototypisch dafür gilt die ‚Maieutik' des Sokrates, der aus seinen Gesprächspartnern durch geschicktes Fragen herausholte, was bereits in
ihnen angelegt war. Auch wenn nach den Maßstäben einer modernen Interven-
tionstechnik das ‚sokratische Fragen' des Sokrates selbst, wie uns dies in den
Dialogen Platons mitgeteilt wird, recht holzschnittartig erscheint, ist damit
jedoch ein Paradigma bezeichnet, an das moderne angewandte Sozialwissenschaft gut anknüpfen kann.* (Krainz 2006, S. 13)

Diese Maßstäbe einer modernen Interventionswissenschaft könnten ebenso
eine wichtige Orientierung in der (Neu-)Ausrichtung der politischen Bildung
sein. In der griechischen politischen Philosophie sind jene „Paradigmen des
Philosophierens" formuliert, die nahe legen, die politische Bildung als Bewusstseinsprozess aufzufassen (im Unterschied zur reinen Wissensvermittlung). In

die heutige Zeit übersetzt würde das heißen, dass das „dialektische Modell" ein Leitmotiv in der politischen Bildung (sowie generell in den angewandten Sozialwissenschaften) werden könnte. Dieser Anspruch ist nicht neu; er wurde seitens der Philosophie und Gruppendynamik in der Mitte des vorigen Jahrhunderts wieder explizit aufgegriffen. Heintel resümiert dazu: *Was sich aus diesem Modell für die Situation politischer Bildung ergibt, ist leicht abzuleiten: einmal stellt das gruppendynamische Wissenschaftsverständnis schon in sich selbst, durch seine Existenz, Wissenschafts- und Fachcharakter politischer Bildung in Frage; zum anderen begründet es in der aufgezeigten Einheit von Theorie und Praxis praktische politische Bildung. Politische Bildung wird somit nicht bloß gelernt; durch und in Einübung an konkreten sozialen und politischen Situationen wird politisch gebildet, durch gemeinsames Handeln, das sich die Bestimmung der Theorie schafft und diese nicht schon in einzelnen Inhalten voraussetzt.* (Heintel 1977a, S. 83 f.)

2.3 Wissenschaft und Praxis der Gruppendynamik

Was aber will eine Gruppendynamik, die sich selbst als eine Sozialwissenschaft versteht? Seine Frage beantwortet Jakob Huber (1977) folgendermaßen: *Ganz allgemein kann man sagen, dass sich die Gruppendynamik um die Erarbeitung der Identität einzelner in den verschiedensten Gruppierungen bemüht, die diese in gleicher oder ähnlicher Form ihr Leben lang umgeben – sei dies nun in der Familie, sei dies in der Schule, sei es am Arbeitsplatz oder auch in einer Partei.* (ebd., S. 26 f.) Die *Erarbeitung der Identität* ist vorwiegend eine praktische Tätigkeit, die nicht unbedingt ein hohes Maß an „Faktenwissen" erfordert, hingegen erfordert sie ein hohes Maß an sozialer Kompetenz.

Das bedeutet nicht, dass Theoriebildung im Sinne einer permanenten „Erforschung des menschlichen Seins" oder in der Erarbeitung der Identität keine Bedeutung hätte, im Gegenteil: Die Theorie hat in der Gruppendynamik einen besonderen Stellenwert, weil sie mehrfache Funktionen erfüllen muss: Erstens ist die Theorie als „notwendiges Vorurteil" vor jedem Forschungsprozess ein konstitutives Forschungsmoment. Ausgehend von einem „vorläufigen Wissen" (Ausgangshypothesen) werden jene „Erkenntnisse" hervorgebracht, die zugleich ihre Vorurteile bestätigen oder relativieren – daraus entstehen dann neue Erkenntnisse bzw. Theorien (mit einem Charakter der Vorläufigkeit). Grundsätzlich ist ja ein sozialwissenschaftlich aufgefasster Forschungsprozess immer unabgeschlossen. Insofern hat die Theorie zweitens die Funktion einer Rationalisierungsform dieser Unabgeschlossenheit; sie hinterfragt und reflektiert die

Funktion von Forschung allgemein und bringt dabei neue Theorien über Forschungsmodelle, Methoden oder Forschungsparadigmen hervor. Schließlich sollte Theorie drittens eine „praxistaugliche Funktion" haben können im Sinne eines Interventionsmittels in das beforschte Feld. Das ist eine sehr wesentliche Funktion, weil sie den Beforschten hilft, selber zu einer „Theorie über sich selbst" zu kommen. Theorie bietet daher viertens im Prozess der Erarbeitung der Identität eine gewisse Sicherheit im Sinne einer „kollektiven Selbstvergewisserung".

Theorie als eine Form seines Selbstverständnisses ist für den Menschen notwendig, weil er seine Identität nicht instinktgeleitet in einer Naturordnung findet, sondern sich diese durch seine Praxis, d. h. durch bewusstes Handeln, das Entscheidungen setzt, zu bilden hat. Gruppendynamik stellt nun den Anspruch, die Sinnkonstitution individuellen und sozialen Handelns zu replizieren, insofern sie als ein Lernen durch Erfahrung die in Gruppen notwendig sich ereignende Bedürfnislogik aufzuzeigen und handhabbar zu machen. (Huber 1977, S. 28 f.)

Das wichtigste Merkmal dieses Theoriebegriffs ist das Motiv der Vermittlung. Theorie ist kein „fertiges Wissen", das autoritär vorgesetzt wird, sondern gewissermaßen ein Medium für die Vermittlung von gesellschaftlichen Widersprüchen (Wissenschaft und Praxis, Politik und BürgerIn, Vorgesetzte/r und MitarbeiterInnen, Lehrer und Schüler etc.) zum Zweck der „kollektiven Autonomisierung". Die *Erarbeitung von Identität* muss daher mit einer dynamischen Theoriebildung nach dem Motto „Erkenne dich selbst!" einhergehen, wobei diese Erkenntnis die Funktion einer kollektiven Vermittlung des Selbst mit seinem (gesellschaftlichen) Bewusstsein hat. Daraus folgt für die „Erkenntnistheorie der Gruppendynamik" eine besondere Berücksichtigung der Organisationsfrage von Erkenntnisprozessen.

Die *Organisation von Erkenntnis* (vgl. Berger / Heintel 1998) beschreibt auch den wissenschaftstheoretischen Ausgangspunkt der Gruppendynamik. Sie ist gewissermaßen eine Reaktion auf das Auseinanderfallen von Theorie und Praxis (welches im Übrigen auch die traditionelle politische Bildung kennzeichnet). Die Fragmentierung und Segmentierung von einzelnen Gesellschaftsbereichen, die sich wissenschaftlich abbilden und das Theorie-Praxis-Problem hierdurch institutionell verschärfen, verdanken sich gerade der Entwicklung von technisch-rationalen Forschungsparadigmen sowie einer wissenschaftlich fundierten „Subjekt-Objekt-Trennung", die die Gruppendynamik wieder zurückzunehmen versucht.

Nur die Einheit von Beobachter und Beobachteten, die Selbstthematisierung des Prozesses kann in sich die Verifikations- und Falsifikationsbestimmungen enthalten. Eine Trennung von Subjekt und Objekt, wie es die Naturwissenschaft voraussetzt, ist hier nicht möglich. (Schwarz 1993, S. 79) Das „Forschungs-Objekt" wird in der Gruppendynamik als „Forschungs-Subjekt" aufgefasst, welches immer schon in der Lage ist zu wissen, was gut oder nicht gut für es ist. Auch komplexe Sozialgefüge können einen Organisationsgrad von Bewusstsein erreichen, der für die Entscheidung über ihr „Gutes" hinreichend ist. Entlang des sokratischen Autonomiebegriffs bzw. des aristotelischen Begriffs der Polisfreundschaft lässt sich die dialektische Koevolution zwischen Individuum und Gemeinschaft nachvollziehen, denn nur auf einem „dialektischen Weg" lässt sich das „höchste Gut im Staate" erreichen, mittels Beteiligung, Zu- und Bestimmung der Menschen.

Platon und Aristoteles haben hierfür eine „systematische Beweisführung" im Rahmen ihrer politischen Philosophie demonstriert. Damals war lediglich das Wissen um die „organisatorischen Weichenstellungen" im „Prozessieren der Demokratie" eher rudimentär (bzw. wurde nicht schriftlich festgehalten). Die griechische Philosophie hat jedoch die ersten Spuren für die Modellentwicklung von kollektiver Autonomie gelegt. Historisch wurden sie ausgebaut mit den Erkenntnissen aus der Psychologie (insbesondere Psychoanalyse, Sozialpsychologie und Massenpsychologie), aus der Soziologie (Systemtheorie), aus der Anthropologie, aus einigen modernen sozialwissenschaftlichen Disziplinen und vor allem auch aus der Gruppendynamik, die sich als eine Form der *praktischen Philosophie* versteht.

„Praktische" oder „angewandte Philosophie" in diesem Sinn wendet sich mit einem offenen Erkenntnisinteresse an die Praxis und schreckt nicht mittels akademischer Theoriebildung zurück, sondern sie lässt sich auf einen Dialog mit den „Subjekten" ein – wie Sokrates es vorgeführt hat. Die gängigste Form der heutigen Wissensvermittlung hat aber etwas Monologisches – sie verzichtet auf die Gegenrede des Gegenübers und setzt somit eine wissende Autorität, die eine politische Beteiligung verhindert (traditionelle Lehr- und Lernprozesse sind so strukturiert). Das dahinter stehende Menschenbild könnte so beschrieben werden, dass die „wissende Autorität" (LehrerIn) dem „unwissenden Subjekt" (SchülerIn) ein fertiges Wissen einflößt, wie in ein leeres Gefäß. Irgendwann ist das Gefäß voll, dann soll ein wissender Mensch heraus kommen (was mit der „Reifeprüfung" bestätigt wird). Demgegenüber steht ein Menschenbild, dass davon ausgeht, dass Menschen immer schon „voll" sind – voll mit unterschiedlichem Wissen, Erfahrungen, Werthaltungen, politischen und ideologischen Einstellungen etc. Es geht nur darum, dieses Wissen aus ihnen herauszuholen. Die sokratische *Maieutik* ist dafür ein Vorbild: Die „Hebammenkunst" generiert aus den Menschen ein Wissen zum Zweck der Selbstaufklärung.

Wie wohl niemand in der philosophischen Tradition, hat Platon vorgeführt, wie ein Wissen über den Menschen, seine Gesellschaft, seine Prinzipien und

Tugenden entsteht, wie es von den Beteiligten im Gespräch erworben wird. (Heintel 1977a, S. 85) Diese *politische Kunst* ist also wesentlich auf ihre Methoden und auf ihre Didaktik angewiesen, sowie auf die Möglichkeiten der organisatorischen Verankerung von den „Ergebnissen" der Selbstreflexion. Die Gruppendynamik kann in dieser Hinsicht wohl auch als eine Form der *politischen Kunst* angesehen werden, die das Ziel der „Politisierung des Subjekts" verfolgt. *Praktische gruppendynamische Arbeit eröffnet also in jedem Fall ein konkretes praktisches Lernfeld, in dem Verhalten geübt wird, soziale und politische Situationen erkannt werden und politische Selbstbildung stattfinden kann* (ebd.). Diese Form von Politisierung setzt aber voraus, dass sie eine nachhaltige Wirkung haben sollte, denn jede „Selbstreflexion", die keine Möglichkeiten der praktischen Realisierung hat, verbleibt im Status eines „theoretischen Luxusgutes".

Jede Thematisierung, der nicht ein Organisationsprozess folgt, bleibt sozial wirkungslos. Dies ist das Schicksal vieler ‚guter Ideen' und insgesamt auch der Philosophie. Es reicht nicht, Themen in die Welt zu setzen, wenn sich niemand darum kümmert, wie sie aufgenommen, verarbeitet, d. h. auf ihre Bedeutung hin bewertet werden, für wen überhaupt eine Bedeutung dieser Themen vorliegt usw. Weder die engere Welt akademischer Erörterungen noch die medial aufbereitete Darstellung derselben sind dafür ausreichend; es braucht immer jenen Zusammenhang, den ich vorher ‚real existierende Menschen mit real existierenden Problemen' genannt habe. (Krainz 2006, S. 18 f.) Dieser Befund kann ebenso für die politische Bildung gelten: Was nützt es, wenn die politische Bildung ein elaboriertes Wissen produziert, um das sich niemand kümmert, schon gar nicht PolitikerInnen? Was nützen wissenschaftliche Erkenntnisse, wenn sie über keine Vermittlungsformen verfügen, mit denen sie die „real existierenden Menschen mit real existierenden Problemen" erreichen?

Diese Fragen führen wiederum zur Methoden- und Praxisfrage, und hier setzt die Forschungsrichtung der Gruppendynamik an: Wie ist es möglich, dass eine soziale Situation so organisiert und gestaltet wird, dass aus ihr ein möglichst großes Potenzial an kollektiver Autonomie „herausgeholt" werden kann? In so einem sozialen Autonominierungsprozess muss der Zusammenhang zwischen „politischer Theorie" und „Selbstbildung" jeweils erst hergestellt werden. Heintel behauptet, *dass alle praktische gruppendynamische Arbeit, die nicht bloß am Individuum, sondern an sozialen und politischen Einheiten arbeitet, für alle politische Bildung erst den Blick für die konkrete soziale und politische Basis eröffnet; an ihr aber muss angesetzt werden, will man wirklich politisch bilden und erziehen.* (Heintel 1977a, S. 85) Das erfordert wiederum einen intensiven, direkten „Kontakt mit der Praxis", der als solches in traditionellen Wissenschaftsparadigmen nicht verankert ist (die naturwissenschaftlich-orientierten

Sozial- und Geisteswissenschaften sind ihren eigentlichen Subjekten gegenüber, den real existierenden Menschen, oft bereits „methodisch entfremdet").

Im Rahmen der wissenschaftstheoretischen Positionierung der Gruppendynamik ist die „Gesellschaftstheorie- bzw. Kritik" immer auch bezogen auf die sozialen und politischen Verhältnisse der Gesamtgesellschaft, auf ihre Regierungsformen, auf die Methoden ihrer Vermittlung und insbesondere auf das Verhältnis zwischen Individuum und Staat. *Die Demokratie als Staatform versucht sich als Organisation von Freiheit zu verstehen. Will sie nicht eine bloß formale Konstruktion am Papier bleiben, Verschleierer von Ungleichheit und eigentlicher Macht, bestenfalls Hypothek auf ein zukünftige konkretes Subjekt, muss sie öffentliche Kommunikation organisieren und fördern; dazu müssen Individuen erst gebildet werden.* (Heintel 1977b, S. 146)

Diese These wird in der gruppendynamischen Grundlagenforschung von vielen geteilt. Sowohl in der amerikanischen Tradition der Gruppendynamik wie auch in ihren europäischen Ausformungen wird die Interdependenz zwischen individuellem Verhaltenslernen und gesellschaftlicher Veränderungsnotwendigkeit vorausgesetzt. In diesem Zusammenhang spricht Lapassade von einer historischen Funktion der Gruppendynamik (er differenzierte sie in *Psychosoziologie* und *Organisationssoziologie*) (vgl. Lapassade 1972): Sie soll historisch gewachsene, institutionelle „Fremdbestimmung" zurücknehmen und einer neuen Form der kollektiven Selbstbestimmung Platz machen. Die Gruppendynamik soll ihre Wirkungsweisen als *Psychosoziologie* vor allem Institutionen gegenüber geltend machen. Er fordert eine wissenschaftliche Reflexion der (politischen) Organisationsformen der Gesellschaft mit dem Ziel der Weiterentwicklung von gesellschaftlichen Institutionen (hierbei beschäftigte er sich insbesondere mit der Institution Schule). Diese neue Form der Selbstbestimmung nannte er *institutionelle Sozio-Analyse. Diese gesellschaftliche Funktion der Psychosoziologie gerät mit einer anderen Funktion in Konflikt: der Funktion des Raums, wo die gesellschaftliche Sprache uneingeschränkt laut wird, wo die Trennung und das Sichverkennen zwischen Individuen und Gruppen überwunden ist. Das impliziert, dass man die Bedeutung der Gruppen auf der Ebene der Institutionen untersucht: Dies ist die Aufgabe der institutionellen ‚Sozio-Analyse'.* (Lapassade 1972, S. 233 f)

Ähnliches hatten die amerikanischen Kollegen (Lewin und Schüler) im Sinn, wenngleich mit einem sehr viel deutlicherem politischen Impetus. Sie forderten eine Besinnung auf jene Werte der Humanwissenschaften, die sich auf die Verpflichtungen gegenüber der Praxis gründen. Dieser Forderung geht eine scharfe Kritik an der Verfasstheit dieser Wissenschaften voraus. *Die Besorgnis über die unzureichende Nutzung der Sozial- und Verhaltenswissenschaften in der Praxis wurde schon betont. Noch grundsätzlicher war die Besorgnis, dass*

sich die immanenten Werthaltungen der Wissenschaft bei praktischen Problem-
lösungsverfahren wenig funktionstüchtig zeigten. (Bradford u. a. 1964, S. 27)
Die wissenschaftlichen Werte sollten zugleich den traditionellen Wissenschaften
eine Möglichkeit der Weiterentwicklung bieten, in Form einer Reflexion ihrer
institutionellen Voraussetzungen und ihrer Wirkungen für die Weiterentwicklung der Gesellschaft. Die Humanwissenschaften sollten in ihren Forschungsparadigmen generell mehr die „menschlichen Tatsachen" berücksichtigen.

Ein wichtiger Begriff in diesem Zusammenhang ist für die Amerikaner die
Ethik: Eines ihrer Elemente bildet die Verpflichtung, alle Tatsachen, die ein
Problem oder seine Lösung betreffen, zu berücksichtigen. Oft berücksichtigen
die Träger praktischer Entscheidungsgewalt bei ihren Versuchen, gesellschaft-
liche Probleme zu definieren und zu lösen, gerade die menschlichen Tatsachen
nicht: Gefühle, Motivationen, personale und kollektive Entfaltungs- und Mitwir-
kungsmöglichkeiten. Auch ihr eigenes persönliches Beteiligtsein wird von den
Entscheidungsträgern oft übersehen. Diese Schwierigkeit entsteht für sie teils
aus mangelnden Kenntnissen und Fähigkeiten zur Interpretation von Verhal-
tensdaten, teils auch aus Widerstand dagegen, sich der menschlichen Folgen
ihrer Handlungen bewusst zu werden. Verhaltenswissenschaftler sollten sich mit
diesen beiden Schwierigkeiten auseinandergesetzt haben; sie können Praktikern
bei der Bewältigung ähnlicher Schwierigkeiten behilflich sein. (Bradford u. a.
1964, S. 27 f.).

Aus dieser ethischen Grundhaltung wird auch die Verpflichtung abgeleitet,
dass unterschiedliche WissenschafterInnen interdisziplinär zusammenarbeiten
sollen, damit dadurch *eine bessere Aufnahme in einen rationalen Konsensus der*
Gemeinschaft der Wissenschafter gewährleistet wird (ebd., S. 28). Es bestehe
die Pflicht zu kooperativen Problemlösungsverfahren, die zugleich als Hand-
lungsmodelle in die Praxis übertragen werden sollten. *In den heutigen Entschei-*
dungsprozessen ist diese Pflicht ungleichmäßig institutionalisiert. Faktisch
herrscht weithin eine Widermoral vor. Die ohnehin schon bedrohlich fragmen-
tarisierte Gesellschaft wird durch die mangelnde Kooperation bei Entscheidun-
gen weiter fragmentarisiert. Die Zukunft der Humanwissenschaften wird durch
diese Fragmentarisierung bedroht. (ebd.) Dieses Bild der Gesellschaft, von dem
hier ausgegangen wird, wird in sehr ähnlicher Form von anderen GruppendynamikerInnen geteilt, auch heute noch. Die Vorstellung, dass Theorie und Praxis
auseinander fallen und dass damit eine gesellschaftliche Fragmentierung einher-
geht, die zu „Entfremdungserscheinungen" führt, ist ein wesentlicher Ausgangspunkt der Gruppendynamik.

2.4 Demokratische Methoden und Lernbegriff

Bradford, Gibb, Benne, Lippitt und ihr Lehrer Kurt Lewin waren die ersten Gruppendynamiker, die die Wertfrage deutlich mit „demokratischen Werten" in Verbindung brachten und diese Werthaltung in der Entwicklung von gruppendynamischen Methoden und Lernformen umsetzten. Diese Entwicklung zeitigte didaktische Konzepte, die heute noch als Grundlagen für unterschiedliche Formen des Verhaltenslernens gelten. Die so genannten „Laboratorien" wurden von den Amerikanern begründet und in der europäischen Entwicklung der Gruppendynamik „verfeinert", insbesondere mit den Erkenntnissen aus der Gestaltpsychologie, der Psychoanalyse, der Systemtheorie und der Aktionsforschung.

Es ist bemerkenswert, dass ein brisanter gesellschaftspolitischer Hintergrund die Initialzündung war für die Entwicklung der Prinzipien der gruppendynamischen Forschung; diese lassen sich auf ein Seminar auf dem Campus des State Teachers College in New Britan im Jahr 1946 zurückführen. *Diese Forschungs- und Trainingsveranstaltung wurde gemeinsam getragen vom Ausschuss des Bundesstaates Conneticut für Rassenbeziehungen, der Erziehungsbehörden des gleichen Bundesstaates und den Research Center for Group Dynamics, das damals am Massachusetts Institute of Technology beheimatet war. Das Ziel der ‚handlungsorientierten' Trägerorganisationen war die Ausbildung wirksamer lokaler Führer zur Erklärung und Durchsetzung des Gesetzes über die gerechte Behandlung von Arbeitssuchenden (Fair Employment Practices Act), wozu der Ausschuss für Rassenbeziehungen vor kurzem ins Leben gerufen worden war. ... Das Ziel des Forschungsinstitutes, des Research Center for Group Dynamics, lag in der Prüfung einiger Hypothesen über die Auswirkungen der Teilnahme an Seminaren im Hinblick auf die für die einzelnen Teilnehmer unterschiedlichen Bedingungen des Transfers von Verhaltensänderungen in Alltagssituationen.* (Benne u. a., 1964, S. 96)

Die real-politischen Hintergründe – Rassenunruhen, soziale Unterschiede, Arbeitslosigkeit – waren für die damalige Politik das zentrale Motiv, um die Verhaltenswissenschaften dahingehend forschen zu lassen, wie eine Gesellschaft konkret mit sozialen Unterschieden umgehen könnte und welche Ausbildung die jeweiligen beteiligten Fachkräfte haben sollten. Kurt Lewin und seine Schüler folgten diesem politischen Auftrag und entwickelten die Grundprinzipien der gruppendynamischen Forschung (*action research*), sowie entsprechende wissenschaftliche Paradigmen und Werthaltungen. Sie gingen davon aus, dass für die Veränderung von sozialen Situationen in Institutionen und in Gemeinwesen ein „demokratisches Verhalten" seitens der Beteiligten nötig sei; dieses Verhalten müsste aber erst im Rahmen von geeigneten Lernszenarien gelernt werden. Sie übten Gesellschaftskritik, insbesondere im Hinblick auf

Bildungseinrichtungen – sie orteten *unbefriedigte Lernbedürfnisse in der gegenwärtigen Kultur* und führten diese auf die gängigen Formen der Erziehung zurück, und daher sollten neue *Erziehungsinnovationen,* die besonders das Lernen in Gruppen forcieren, den Umgang mit sozialen Unterschieden ermöglichen. *Die Begründer des ersten Laboratoriums verstanden die Gruppe als das Bindeglied zwischen der Einzelperson und der weiteren Sozialstruktur. Sie sahen sie daher als ein Medium für zwei Bündel miteinander verknüpfter Funktionen an: einmal die Umerziehung (re-education) des Individuums in Richtung auf größere Integrität, besseres Verständnis für seine gesellschaftlichen Lebensbedingungen und für sich selbst, effizienteres Verhalten bei der Planung und Verwirklichung von Änderungen seiner selbst und seiner gesellschaftlichen Umwelt; zum anderen die Erleichterung von Veränderungen der übergreifenden sozialen Strukturen, von denen das Leben der Individuen abhängt.* (Bradford 1964 u. a., S. 23)

Heute ist es schwierig, den Begriff „Umerziehung" zu verwenden, weil er eine diktatorische Struktur unterstellt. Gemeint war er als eine Erziehungsform für demokratische Strukturen, insbesondere für die aktive Gestaltung von sozialen und individuellen Veränderungen. In der Anfangszeit des Laboratoriums wurde die Auffassung vertreten, dass wissenschaftliche Werte auch demokratische Werte implizieren müssten, jedoch sei hier noch eine operationale Neudefinition von demokratischen Werten erforderlich, um ihnen eine größere Wirksamkeit zu verleihen. Die Antwort darauf wurde im Konzept des Laboratoriums gesehen, sowie in den darin vermittelten Lernformen (entsprechend anspruchsvoll waren die Lernziele des Laboratoriums; später wurden die Lernziele „vereinfacht" und realistischer formuliert). Demokratische Ideen seien in zweierlei Hinsicht im Laboratorium wirksam: als Werthaltung bzw. bei Entscheidungen über Ziele und Vorgangsweisen das Laboratoriums, und als *deskriptives Konzept. Wissenschaftliche Methoden betreffen die Erzeugung und Prüfung von Wissen, demokratische Methoden die Leitung und Kontrolle individuellen und kollektiven Verhaltens. ... Die Demokratie betont die potenzielle Fähigkeit der Menschen, die Probleme ihres Zusammenlebens und Zusammenarbeitens kooperativ zu definieren und zu lösen. Sie setzt voraus, dass gemeinsame Probleme ohne die Beteiligung der von der Lösung Betroffenen nicht richtig gelöst werden können.* (Benne u. a., S. 56)

Diese Annahmen würden sowohl für die Demokratie wie auch für das Laboratorium gelten; ausgehend davon wurden die Lernziele für das Laboratorium formuliert: *Die Menschen müssen lernen, neue und unvorhergesehene Probleme zu lösen, die kollektives Entscheiden erfordern. Sie müssen lernen, die für gültige Entscheidungen notwendigen Informationen zu geben und zu sammeln. Sie müssen lernen, gemeinsam mit anderen die Informationen zu interpretieren und*

Formen und Regelungen zu schaffen, die mit den Informationen übereinstim-men. Dies bedeutet konstruktives Sichauseinandersetzen mit Wert- und Macht-konflikten in pluralistischen Gruppen, Organisationen und Gemeinwesen. Die Menschen müssen lernen, ihre Bindung an herkömmliche Handlungs- und In-terpretationsmodelle zu überprüfen und auf experimentellem Wege neue Model-le zu erarbeiten ... Alles dies lernen sie nicht von selbst, auf natürlichem Wege. (ebd., S. 56)

In der Grundhaltung und in der Zielformulierung betonten die „Urväter" des Laboratoriums ganz explizit die konstitutiven Gemeinsamkeiten von demokrati-scher und wissenschaftlicher Methodik: *Beide beruhen letztlich auf der Validie-rung der erzielten Resultate durch Konsensus. Beide haben Schutzvorkehrungen gegen einen ‚falschen' Konsensus in ihre Vorgangsweise eingebaut. Beide ver-fahren experimentell. Beide wollen möglichst viele Folgerungen aus relevanten individuellen Erfahrungen und aus alternativen Interpretationsweisen in die angestrebten Lernresultate mit aufnehmen. Beide insistieren auf öffentliche Validierungsprozesse.* (ebd., S. 57). Zugleich beschreibt diese Methodik auch den Lernbegriff des Laboratoriums, der sich radikal vom gängigen Lernbegriff der Wissensakkumulation unterscheidet. Das Laboratorium schafft die Bedin-gungen für soziales Lernen im allgemeinen Sinn; Lernen, Einsicht und Fertig-keiten können nur über die Beteiligung der Seminarteilnehmer erreicht werden – sie sollten zunächst lernen, *wie* man lernt. In diesem Sinn wird eine *re-education* gefordert, eine neue Form des Lernens über sich selbst und über sozi-ale Strukturen über *feed-back.* Lernen in diesem Sinn wurde aufgefasst als eine *Transaktion zwischen sich und der Umwelt* (ebd., S. 45), wobei weder die Ler-nenden noch die Umwelt von vornherein festgelegt sind. Es geht also nicht um eine „Umerziehung", sondern um ein „Umlernen". Dabei gilt die wissenschaft-liche Norm, dass durch Beobachtung und Analyse etwas über sich und andere gelernt werden kann.

Für diese neue Form des Lernens ist heute noch der Begriff des „Erfah-rungslernens" (als Überbegriff für „soziale Kompetenz", „Lernen über feed-back", etc.) gebräuchlich, der in unterschiedlichen Anwendungsbereichen (Wei-terbildungsprogramme, interne Weiterbildung, Beratungsprojekte, Trainings etc.) entsprechend methodisch adaptiert wird. Hier kommt der sorgfältigen De-signplanung eine besondere Bedeutung zu, weil diese Lernformen ungewöhn-lich sind und teilweise Widerstände auslösen; die Konfrontation mit dieser Art von „sozialen Erfahrungen" wird individuell unterschiedlich angenommen. Ein weiterer „Urvater" der Gruppendynamik, Wilfred Richard Bion (er war zwar Analytiker, „erkannte" aber den Einfluss der kollektiven Affektivität in der Gruppe) hat diese Schwierigkeit als *Hass gegen das Erfahrungslernen* (Bion 1961, S. 63 f) beschrieben. Seine Studien haben gezeigt, dass die analytische

Selbstkonfrontation in der Gruppe oft emotional nicht unmittelbar verstanden werden kann. Bion hält fest, dass seine Gruppenteilnehmer *nicht viel von der Fähigkeit halten, aus der Erfahrung zu lernen* (ebd., S. 65). Er meinte damit die unmittelbare soziale Erfahrung der TeilnehmerInnen einer Gruppe und ihren Unwillen, sich selbst zu thematisieren. *Alles dies und dergleichen mehr ist im letzten Grunde nichts anderes als der Hass gegen einen Entwicklungsprozess. ... Dahinter steht ein Hass darauf, dass man überhaupt aus der Erfahrung lernen soll, und mangelnder Glaube an den Wert solchen Lernens.* (ebd., S. 65) Bion hatte das Modell des Laboratoriums noch nicht gekannt, das historisch etwas früher in den USA entwickelt worden war und sich seit den frühen sechziger Jahren im deutschsprachigen Raum weiterentwickelt hat.

Laboratorien und strukturierte oder halboffene Lernsettings haben sich seit damals als jene Lernformen erwiesen, die diese Problematik des Erfahrungslernens im Design explizit bearbeitet. Heute dürfte die Bedeutung des sozialen Lernens weithin unbestritten sein. In den letzten Jahren ist sogar die Tendenz zu beobachten, dass sich am „freien Bildungsmarkt", aber auch in den Universitäten immer mehr AnbieterInnen von „sozialen Kompetenzen" etablieren. In diesem Bereich haben sich unterschiedliche Ausbildungsprogramme entwickelt, wobei jedoch zu hinterfragen ist, ob eben genau jene Dimension des Erfahrungslernens auch wirklich vermittelt wird. Man könnte sagen, dass überall dort, wo es ausreichend Zeit und Lernmöglichkeiten gibt um die eigenen Erfahrungen der reflexiven Bearbeitung zuzuführen, dass hier am ehesten ein sozialer Lernerfolg möglich ist. In einschlägigen gruppendynamischen Veranstaltungen (beispielsweise an den Universitäten Klagenfurt und Graz: Trainingsgruppe, Organisationslaboratorium, halboffene Seminare und Trainings) wird die Bearbeitung und Reflexion der sozialen Erfahrung bewusst methodisch forciert, wobei die Verantwortung für „pädagogische Erfolge" zugleich an die TeilnehmerInnen „zurückdelegiert" wird. Letztlich entscheiden sie, ob sie aus ihren Erfahrungen lernen (können) oder nicht. *Kann man soziale Kompetenz lernen?* (Krainz 1998, S.309 ff., vgl. auch Krainz 2005) Diese Frage ist nicht nur individuell, sondern auch institutionell zu beantworten – Krainz nennt einige Qualifikationskriterien zur Beurteilung von sozialer Kompetenz, wie beispielsweise die *Kenntnis der Eigengesetzlichkeit sozialer Prozesse auf unterschiedlichen Komplexitätsebenen* (ebd., S. 329). Wie auch immer Qualitätskriterien oder Ziele von Ausbildungen zu sozialen Kompetenzen definiert werden, ihr Weg dorthin führt über das Erfahrungslernen.

3 Die Kunst der politischen emanzipatorischen Bildung

In dieser Überschrift wird eine bestimmte Intention in Richtung „Neuorientierung" der politischen Bildung angekündigt: Politische Bildung kann nicht nur „für sich", als Fach stehen, sondern sie sollte sich ebenso einem „Freiheitsanspruch" zuwenden, der als solcher im „Modell des Fachs" zumindest theoretisch vorkommt, aber in der praktischen Anwendung wenig oder kaum wirksame Entwicklungen in Richtung Emanzipation, Aufklärung oder bessere demokratische Zustände bewirkt. Deswegen erscheint es zweckmäßig den traditionell verstandenen Begriff der politischen Bildung zu erweitern, beispielsweise durch das Attribut „emanzipatorisch", weil damit eine bestimmte Absicht ausgedrückt werden soll. Wenn politische Bildung „mehr" oder auch etwas anderes sein soll als bloßes Faktenwissen, dann sollte der Begriff ebenso diese Qualität beinhalten; nicht nur in der Zielformulierung, sondern auch in den praktischen Auswirkungen müsste daher eine qualitative Orientierung erkennbar sein. Das bedeutet für eine neue Begriffsformulierung ebenso, dass die performative Einlösbarkeit von Emanzipation jeweils erst in einem Anwendungsfeld erprobt werden muss. Es ist daher auch von der „Kunst" der politischen Bildung die Rede – sie verweist auf einen kreativen Aspekt und darauf, dass emanzipatorische Lehr- und Lernformen weitgehend noch experimentell zu entwickeln sind.

Im ersten Teil dieser Arbeit wird diese spezielle Problematik der politischen Bildung beleuchtet, die durch ein starkes Auseinanderfallen von Theorie und Praxis gekennzeichnet ist. Dieses Dilemma ist auch bedingt durch eine Dominanz der „Fachlogik" (Unterrichtsgegenstand) zu Ungunsten einer erfahrungs- und praxisorientierten Wendung der politischen Bildung. Diese Problematik zieht weit reichende Folgen nach sich: Die „Engführung" auf das Fach geht mit einem Verlust an gerade jener gesellschaftlichen Gestaltungsfähigkeit einher, die wesentlich in der Programmatik der politischen Bildung (Erlass, Gesetze, wissenschaftstheoretische Rechtfertigung der Politikwissenschaften) gefordert wird. Es scheint, als wenn der vermittelnde „Link" zwischen Theorie und Praxis abhanden gekommen wäre, als wenn die Wissenschaftsentwicklung durch eine nahezu Absolutsetzung eines technisch-rationalen Lernbegriffs zwar einen „Nutzwert" von Bildung einlöst, nicht aber jene Lernformen etabliert, die für die Gestaltung der Praxis notwendig sind.

Dieser Zustand der traditionellen politischen Bildung lässt sich wie folgt zusammenfassen: Heute ist die „gesellschaftliche Weisheit" an die Universitäten und die „demokratische Weisheit" ist an die Parlamente „ausgelagert". Diese Formen von „Weisheiten" führen ein eigenständiges Dasein, die wenig systematische Koppelungen aufweisen. Diese Trennung erschwert die „Erfahrung von

Demokratie" in den Bildungsinstitutionen. Demokratie wird nicht als eine Form der praktischen Selbstbestimmung vermittelt und erlebt, sondern zum einen als ein „objektives" Wissen (wie es sein sollte...) und zum anderen als eine Praxis „mit Sachzwang" (wie es ist...). Dort, wo politische Bildung also letztendlich ankommen sollte – bei kritischen BürgerInnen, bei PolitikerInnen – ist sie offenbar nur sehr fragmentarisch vorhanden.

Dieser Zustand der heutigen politischen Bildung steht im fundamentalen Widerspruch zur griechischen (sokratischen und aristotelischen) Auffassung von Politik, welche keine apriorische Trennung von Bildung und Staatsführung kennt (siehe erstes Kapitel in diesem Teil). „Weisheit" ist hier ein kollektives „Bildungsprinzip", welches sowohl dem „Regenten" wie auch dem Volk zusteht. Ein „Regent" soll erstens selber gebildet sein, am besten sei er ein Philosoph. Und zweitens muss er in der Lage sein, gerechte Verhältnisse herzustellen und für ein Gemeinwohl zu sorgen, damit alle BürgerInnen mit ihren Affekten und Leidenschaften an der Gemeinschaft teilhaben können (vgl. erstes Kapitel: *dialektische Kunst* im *Staat*).

Betrachtet man die heutige Problematik der politischen Bildung mit der griechischen Perspektive, dann ist zunächst folgender Aspekte auffällig: Er betrifft eine grundsätzliche Differenz zwischen antiker und moderner Auffassung von politischer Bildung. Politik bedeutet im „griechischen Sinn" so etwas wie „Massenführung" mit dem Instrument der Erkenntnis, wobei es eine ausgeglichene Balance zwischen dem „reinen Denken" (Vernunfteinsicht) und irdischer Welt (Praxis) gibt. Diese Balance leistet ebenso eine bestimmte Form von Erkenntnis, die im Politikos „selbstgebietende Kunst" genannt wird. Diese „Kunstform" präjudiziert eine prinzipielle, kollektive „Autonomie des Gemeinwesens" und einen „Weisheitsbegriff", der sehr wenig mit unserem heutigen Bildungsbegriff zu tun hat und vermutlich auch nicht das moderne „Entfremdungsphänomen" gekannt hat. Das antike Modell von „politischer Weisheit" scheint daher für eine „Übersetzung in die Gegenwart" oder „Wiederbelebung" interessant zu sein, zumal es Versuche gibt, politische Bildung als „Befähigung zur Praxis" neu zu entwickeln. Der im zweiten Teil dieser Arbeit dargestellte „Fall von politischer Bildung" ist so ein Versuch, der gezeigt hat, dass es eine „alternative" politische Bildung gibt, die ihren Attributen „demokratisch", „emanzipatorisch" oder „aufgeklärt" auch gerecht werden kann.

Diese griechische Grundhaltung lässt sich wieder finden in gruppendynamischen Bemühungen in Richtung Entwicklung eines „demokratischen" Lernens. Daraus ging immerhin ein neues Lernmodell hervor, das sich einem erfahrungsbezogenen Lernbegriff verpflichtet.

Für das Vorhaben der Neuorientierung der politischen Bildung gibt es eine Reihe von „alten" und „neuen" Überlegungen, die in den vorangegangenen

Kapiteln dargestellt wurden. Die griechische politische Philosophie lehrt uns beispielsweise den spezifischen Zusammenhang von „Regieren" und „Philosophieren" und die Kunst, diese Disziplinen in ein fruchtbares Verhältnis zu setzen. Einige Grundgedanken des Modells der „politischen Kunst" haben sich historisch erst sehr viel später weiterentwickelt und unter anderem Sozial- und Geisteswissenschaften beeinflusst. Eine Form der angewandten Sozialwissenschaft – die Gruppendynamik – verfolgt in ihrer Zielformulierung ähnliche Intentionen des „praktischen Philosophierens" und begründet sie methodisch-didaktisch – das Erfahrungslernen spielt hierbei eine zentrale Rolle. Aus diesen Zugängen – einem praktisch-philosophischen und einem sozialwissenschaftlichen – können einige Konsequenzen für die Neugestaltung der politischen Bildung abgeleitet werden. Zudem verdeutlicht die Begleitforschung zur „Kunst der Politik" einige mögliche „Hindernisse" und praktische Schwierigkeiten, die sich aus der Neugestaltung der politischen Bildung und dem daraus folgenden Veränderungsprozess ergeben können. Vor diesem theoretischen und praktischen Hintergrund sollen im Folgenden zweierlei Konsequenzen gezogen werden, die als allgemeine Kategorien für die Neuorientierung der politischen Bildung herangezogen werden können.

3.1 Erste Konsequenz: Re-Integration von Bildung und Politik

3.1.1 Für die Erweiterung des „Weisheitsbegriffs": Einheit von Erkennen und Handeln

Von der platonischen und aristotelischen politischen Philosophie können wir lernen, dass die „Gleichursprünglichkeit" von Bildung und Politik ein grundlegendes Schema für eine Modellbildung der emanzipatorischen, demokratischen Bildung darstellt. Sowohl Erkenntnis wie auch Politik gründen auf einem breiten „Weisheitsbegriff" – die politische Kunst bezeichnet sowohl die Wissenschaftlichkeit, das Handlungsprinzip und ein methodisches Moment der „Gemeinschaftsbildung". Ausbildung, Erziehung und allerlei körperliche und geistige Übungen sind für die politische Kunst ebenso notwendig, wie die Verfasstheit des Staates als soziales Gesamtgefüge. Deren Regenten sollen einen ausgeglichenen, gerechten sozialen Zustand der Gesellschaft gewährleisten, wo die Bürger weise und glücklich sein können. Bildung hat für dieses Ziel – das Gute – eine zentrale Bedeutung, weil sie ebenso gerechte Verhältnisse (heute würden wir von „gerechten demokratischen Verhältnissen" sprechen) hervorbringen soll.

Ohne Bildung kein Staat, könnte man schlussfolgern. Überspitzt formuliert: Ohne demokratische Bildung keine Demokratie. Eine Diktatur würde keine breite Bildung (im Sinn des breiten Weisheitsbegriffs) benötigen, weil ohnehin nur „eine Meinung" zählt. Bildung wird dadurch obsolet – es wäre zwecklos, andere Meinungen zu „bilden". Bildung hat nur dort einen Sinn, wo verschiedene Meinungen und Interessen miteinander vermittelt werden müssen. Platon und Aristoteles haben hier theoretische und methodisch-didaktische „Grundrisse" entwickelt, die für das moderne demokratische Bildungsverständnis insofern interessant sind, als die Griechen „Erkennen und Handeln" als dialektischen Prozess gedacht haben, der deswegen immer auch politisch ist, weil am Ende das „Gute" herauskommen soll. Was jeweils eine „gute" Demokratie ist, hängt von der Verfassung und der Ausbildung der *Staatsmänner* und *Bürger* ab, grob gesagt. Eine „Bildung gewährleistende" Staatsform ist für die Griechen sowohl eine unabdingbare Voraussetzung wie auch das Ziel der „Gemeinschaftsbildung". Politische Bildung hat a priori eine soziale Konnotation – es geht letztlich immer um die „gerechte Handlung", um das Vermitteln von Widersprüchen in der *Polis* und um politische Entscheidungen im Sinne des Gemeinwohls.

Daraus folgernd könnte man für die emanzipatorische, demokratische Bildung als Leitgedanken ableiten: „Wissen und Macht" soll „unter die Leute" gebracht werden, damit sie sich gegenüber den herrschenden Verhältnissen kritisch und selbstbestimmt verhalten können. Demokratie erfordert genau jene Formen von Bildung, die die BürgerInnen zum „politischen Handeln" befähigen. Platon hat hierfür die Kategorie der *Tugend* verwendet. Die Tugenden bzw. deren Ausbildung haben einen zentralen Stellenwert für diese politische Handlungsfähigkeit. Das Konzept der Tugenden (siehe *Euthydemos, Staat*) beschreibt ein grundsätzliches Dilemma der politischen Bildung, das in jedem modernen Bildungsbegriff jeweils unterschiedlich „aufgelöst" wird: Die Tugend ist lehrbar, die Tugend ist nicht lehrbar. Jede Tugend hat ein „Gegenstück" (z. B. *Tapferkeit – Besonnenheit*), einen Widerspruch zu sich selbst. Das bedeutet, dass die grundsätzliche Widersprüchlichkeit von Tugenden, (heute könnte man von „Fähigkeiten" sprechen) jeder Gemeinschaft bzw. jedem sozialen System anhaftet. Die „soziale Wesenhaftigkeit" ist also eine widersprüchliche, daher sollten diese Widersprüche benannt und vermittelt werden, und das muss erst gelernt werden, und zwar als „soziale Selbstbildung". *Denn gemeinsame Tätigkeiten sollen auch gemeinsam eingeübt werden*, heißt es in der *Politik* (siehe erstes Kapitel).

Laut Sokrates ist für diese Aufgabe der Einzelunterricht ungeeignet – die *Sophisten* und *Privatgelehrten* würden ohnehin durch ihre Reden die Massen verführen und manipulieren, anstatt sie philosophisch zu bilden. Nur die „echte" Philosophie – die *dialektische Kunst* – kann Wissen und Nichtwissen in ein fruchtbares Verhältnis bringen. Dieser im *siebenten Buch* des *Staates* beschriebene *dialektische Weg* ist einer, der eine „Brückenfunktion" zwischen *Wissenschaft* und *Meinung* haben soll. *Wir haben es schon häufig gewohnheitsmäßig 'Wissenschaft' genannt. Angebracht wäre ein anderer Name, der etwas klareres ausdrückt als 'Meinung' und etwas Dunkleres als 'Wissenschaft' – wir haben sie ja vorhin irgendwo als 'Denktätigkeit' vage umrissen* (siehe Kapitel 1.1). Sokrates plädiert für eine „dritte Instanz" für die Vermittlung von *Meinung* und *Wissenschaft*, eine eigene Art von *Denktätigkeit*, die er auch im Dialog *Euthydemos* einfordert: *Einer solchen Erkenntnis also bedürfen wir, ... in welcher das Hervorbringen und das Gebrauchenwissen des Hervorgebrachten beides zusammenfällt.* Diese *dritte Erkenntnisart* soll die Einheit von Erkennen und Handeln gewährleisten und einen Wissenschaftsbegriff hervorbringen, der später im *Politikos* als *freiwillige Herdenwartung über freiwillige Menschen* genannt wird (vgl. Platon 1992, 1994, 2004).

Es bedarf einer „dritten Erkenntnisart", einer Brücke zwischen Bildung und Politik, zwischen BürgerInnen und Regierenden, zwischen Denken und Handeln. Dieser dialektische Wissenschaftsbegriff beschreibt ein grundsätzliches „Prinzip der Partizipation" – „freiwillige Menschen" sollen am Ganzen teilhaben und sowohl individuell wie auch kollektiv profitieren – sie sollen *glücklich* sein können. Auch Aristoteles fasst die *politische Kunst* als eine *dialektische Wissenschaft vom Staat* auf, die in ihrer Form dem „Erkenntnisgegenstand" entsprechen soll. Gemeint ist damit eine „sich-selbst-gesetzgebende", „selbstzweckliche" Gemeinschaftsform, die *Autarkie*. Sie ist eine Form der „kollektiven Selbstbestimmung" mit zweierlei Funktionen: Erstens ist der Autarkiebegriff auf das *Leben in der Verflochtenheit* anzuwenden – es ist jeweils das richtige Maß in der Vermittlung der sozialen Widersprüche zu finden (vgl. Aristoteles 1983, 2003). Dieser „Autarkiebegriff" ist „empirisch fundiert"; es geht um die *Verständigkeit* zwischen den Widersprüchen, die jeweils durch die Bestimmung des Maßes hervorgebracht werden. Andrerseits eröffnet die Frage nach dem richtigen Maß immer auch eine „transzendente Wendung" – der Maßstab des Glücks liegt in der Reflexion dessen. Das „Gemeinwohl" bedeutet hier weniger eine Form der funktionalen Vermittlung, sondern eine „Selbstkonfrontation" der Gemeinschaft mit sich selbst. Aristoteles spricht an dieser Stelle von *Polisfreundschaft*, der durch „sozialen Konsens" zustande kommt. Die *Polisfreundschaft* beschreibt die „Teilhabe" an der politischen Macht mittels politischer Bildung (*ethische Tüchtigkeit*). Die „Handlungsform" der Partizipation, das *sittliche Handeln*, hat nichts mit moralischen Vorstellungen zu tun, sondern mit einer „transzendenten Qualität": das Handeln soll *abwägend reflektierend* sein. Denn der Ursprung der Handlung ist die „Entscheidung": *Der Ursprung*

der Entscheidung ist das Streben und eine Reflexion, die den Zweck aufzeigt.
(Aristoteles 1983, S. 155)

In dieser politischen Philosophie ist die „philosophische Praxis" dem Wissenschaftsbegriff immanent; Denken und Handeln werden aufeinander bezogen. Daraus kann für die heutige (Neu-)Formulierung der politischen Bildung zweierlei abgeleitet werden: Erstens müsste die Dialektik von „Denken" und „Handeln" im modernen Wissenschaftsbegriff als ein wesentliches Paradigma integriert werden. Die bestehende Kluft zwischen Theorie und Praxis wäre methodisch-didaktisch zu „koppeln", was auch bedeutet, dass hier erst die „Brücken" zwischen Politik und Wissenschaft geschlagen werden müssten.

Die Wissenschaften sollten ebenso an der Politik „partizipieren" wie umgekehrt und aus diesem Prozess ihre Erkenntnisse gewinnen. Das führt zur zweiten Konsequenz, die wahrscheinlich für die heutigen Wissenschaften noch viel dramatischer ist: Sie müssten die „abwägende Reflexion" auch auf sich selbst anwenden und ihr eigenes, „politisches" Handeln im Sinn der Gestaltung der Gesellschaft kritisch hinterfragen. Das bedeutet, dass Fachgrenzen verlassen werden müssen und dass die systembedingte „Selbstzwecklichkeit" einer fundamentalen Reflexion unterzogen wird. Hier sind insbesondere die Politikwissenschaften (aber auch andere Sozialwissenschaften und die Philosophie selbst) gefordert, ihr „Dilemma" dahingehend aufzulösen, dass sie ein dialektisches (nicht instrumentelles) Verhältnis zu ihrem „Erkenntnisgegenstand" herstellen.

Systemreflexion müsste dort beginnen, wo sowohl Wissenschaft wie auch Politik die ihnen eigentümlichen und eigengesetzlichen Ausprägungen und Charakteristika reflektieren, und zwar in der Art und Weise, dass „Theorie" und „Praxis" in eine maßvolle Interaktion gebracht werden. Die „dritte Erkenntnis" wäre als eigenständige Methodik zu etablieren, damit die Kluft zwischen Theorie und Praxis überwunden werden kann. Modern gesprochen: Es geht um die Vermittlung zwischen verschiedenen „Systemen" und um die Steuerung der Interventionen zwischen Systemen, unter der spezifischen Berücksichtigung der jeweiligen „Eigenlogik des Systems". Praktische Modelle und wissenschaftstheoretische Ansätze für eine „moderne" philosophische Praxis wurden in der Gruppendynamik (und in deren Verzweigungen wie Interventionsforschung, Organisationsentwicklungsforschung, Beratungsforschung, prozessorientierte Forschung) entwickelt; sie müssten „nur" mehr in den traditionellen wissenschaftlichen Kanon aufgenommen werden.

Diese „Ansätze" aus der Gruppendynamik begründen weitgehend die Notwendigkeit zur stärkeren wissenschaftlichen Etablierung einer Sozialwissenschaft, die sich als „Interventionswissenschaft" versteht (vgl. Heintel 2005). Sie hätte eine „Brückenfunktion" zwischen „denkenden" und „handelnden" Instanzen. Die Bezeichnung, die Sokrates auch vorschlägt, die *Kriegskunst,* erscheint für eine „Übersetzung" in die Gegenwart ungeeignet zu sein; das darin enthaltende „dialektische Prinzip" konstituiert allerdings ein Paradigma (das Sokrates etwas umständlich vorbereitet). Übersetzt auf die Probleme der politischen Bildung kann festgehalten werden, dass die Widersprüche zwischen „Denken und Handeln" durch eine angewandte „philosophische Praxis" oder „politische Kunst" integriert werden könnten. Bildung hätte dann auch die Funktion, Vermittlungsformen und Organisationsformen bereit zu stellen, die eine solche Integration gewährleisten könnten. Mit Recht wäre dann hier von einer „Kunst" die Rede – es ist eine Kunst, Theorie und Praxis als zwei notwendige Aspekte der Politik zu einem „Lerngegenstand" werden zu lassen.

3.1.2   Demokratisierung durch Systemreflexion

Sokrates hat jene Methode der „dialektischen Kommunikation" vorgeführt, die den heutigen Wissenschaften bedauerlicherweise weitgehend fremd geworden ist: den Dialog. Durch diese Methode kam Reflexion überhaupt erst kommunikativ zur direkten Anwendung, als permanentes Hinterfragen von gesellschaftlichen Normen. Diese dialogische Form, die ebenso ein Erkenntnisprinzip begründet, findet sich heute kaum mehr, höchstens als sozialwissenschaftliche Methode („offene Gesprächsführung", „qualitatives Interview", „hermeneutisches Interview", „narratives Interview"); sie spielt aber im „Mainstream" der Wissenschaften eine marginale Rolle. Viele moderne (Sozial-)Wissenschaften führen – methodisch gedacht – „Selbstgespräche"; sie verzichten auf die unmittelbare Antwort ihres „Erkenntnisgegenstands". Dieses (im ersten Teil behandelte) Dilemma betrifft gewissermaßen sowohl die Politikwissenschaften, wie auch die akademische Philosophie und verwandte Wissenschaften.

Eine Anwendung der sokratisch verstandenen *philosophischen Praxis* würde hingegen bedeuten, dass Wissenschaft und Demokratie miteinander konfrontiert werden und sich gegenseitig hinterfragen. *Wissenschaftliche Wahrheit ist also dort mit Demokratie zu konfrontieren, wo es um die Vorentscheidung (der Wissenschaft) selbst geht. Recht besehen stellt daher Demokratisierung die jeweilige Wissenschaft selbst in Frage. Demokratie hier zuzulassen und einsetzen heißt eine Differenz zur Geltung kommen lassen, die in der Wissenschaft gar nicht vorgesehen ist. ... In Zeiten der Sinnkrise einzelwissenschaftlicher Spezialisierung angesichts globaler gesellschaftlicher Probleme scheint nun diese Konfrontation nicht so unangebracht... Leider wird aus Mangel an Organisationsverständnis aus dieser Möglichkeit wenig Kapital geschlagen.* (Berger / Heintel 1998, S. 154)

Diese Problematik ist offensichtlich, angesichts der Schwierigkeiten, in oder zwischen den Wissenschaften interdisziplinäre Vermittlungsformen zu schaffen. Nach Berger und Heintel fehlen für die Verständigung von Wissenschaft und Demokratie die *geeigneten Organisationsformen. Was in der Demokratie Souveränität des Volkes heißt, die Teilnahme aller Staatsbürger am Entscheidungsprozess über das alle betreffende Allgemeine, das Gemeinwohl, wird in der Philosophie als Autonomie, als Teilhabe aller Menschen an der ihnen gemeinsamen Vernunft begriffen. ... Die Demokratie ist aber insofern weiter als die Philosophie, als sie wenigstens grundsätzlich und prinzipiell das Problem sieht und immerhin für seine Bewältigung auch organisatorische Vorkehrungen getroffen hat (freie Wahlen, Volksabstimmungen). Auch wenn diese zum Großteil nach hierarchischen Mustern funktionieren, so kann doch festgehalten werden, dass im politischen System der parlamentarischen Demokratie der entscheidende Widerspruch organisatorisch etabliert wurde* (ebd., S. 155 f).

Auch Willke analysiert das Vorhandensein bzw. Nicht-Vorhandensein von Demokratie in Organisationsformen an Hand einer Systemanalyse der *dummen Universitäten* und *intelligenten Parlamente* (Willke 1997, S. 107 ff, siehe auch drittes Kapitel im ersten Teil dieses Buches). Die hier beschriebenen „Systemschwächen" von Bildungsinstitutionen – das Fehlen der Opposition – werden auf historisch „nicht-gelernte" Verfahrensweisen zur demokratischen Entscheidungsfindung zurückgeführt. Heute gilt es, diese Wendung zu vollziehen, insbesondere für eine Neudefinition von politischer Bildung: Sie kann nur dann „emanzipatorisch", „demokratisch" oder „aufgeklärt" sein, wenn sie einen Prozess der „demokratischen Selbstbildung" initiieren und begleiten kann. Ebenso müsste sie dafür sorgen, dass dieser systemkonstitutive Widerspruch systematisch organisatorisch etabliert wird, und zugleich müssten neue demokratische Verfahrensformen ausprobiert werden. Das, was für die Demokratie die Opposition ist – der „etablierte Widerspruch" – muss für die Wissenschaften und für Bildungsinstitutionen erst entwickelt werden. Das heißt für die politische Bildung, dass sie erst dann „demokratisch" oder „emanzipatorisch" sein kann, wenn sie diese Differenzsetzung leistet.

Das Konzept der griechischen, dialektischen Wissenschaft liefert hierzu den Grundgedanken, es gibt aber wenige konkrete „didaktische" Vorschläge, *wie* die „Vermittlung von Weisheit und Erkenntnis" einer größeren Masse gegenüber organisatorisch zu leisten sei. Vor allem ist für die heutige Anwendung erst eine „Übersetzung" auf moderne (Bildungs-)Institutionen zu leisten. Wie könnte eine institutionelle „Selbstaufklärung" aussehen? Mit welchen Organisationsformen und Bildungsmodellen könnte eine „kollektive Selbstreflexion" vermittelt werden und welche Rolle sollten dabei die Wissenschaften spielen? Diese Fragen spitzen sich insbesondere in der methodischen und didaktischen Vorgangsweise zu, weil es darum geht, Systemgrenzen zu öffnen und eine neue „Denktätigkeit" einzuführen. Dafür gibt es Beispiele und Modelle aus der Gruppendynamik, die in ihrer Methodik und in ihrem Wissenschaftsbegriff eine emanzipatorische Intention verfolgt (siehe vorangegangenes Kapitel). Ein wichtiger Wegbereiter für diese Überlegungen war zum Beispiel Georges Lapassade, der den Begriff der *institutionellen Analyse* auf Bildungsinstitutionen (vor allem Schulen) überträgt und hier eine *institutionelle Pädagogik* fordert, die eine neue Form von Erziehung entwickeln soll, *wie sie im alten System nicht möglich war; z. B. eine Erziehung zu sozialen Beziehungen, zum Infragestellen, zur Zusammenarbeit usw.* (Lapassade 1972, S. 199). Eines der wesentlichen Ziele dieser „Systemreflexion" von Schulen sieht er darin, dass die Schule sich mit ihren Widersprüchen konfrontiert und eine dementsprechende Didaktik der Integration des Widerspruchs entwickelt.

Diesen Grundgedanken der „Selbstkonfrontation" verfolgen praxis- und prozessorientierte, „gruppendynamische" Forschungs- und Interventionsmodelle (Aktionsforschung, Interventionsforschung, Organisationsentwicklungsforschung). Die seit den siebziger Jahren entwickelten „Sozialarchitekturen" und Methoden haben sich als praktikable Formen der Differenzsetzung in Organisationen und Institutionen erwiesen. Im Zuge dessen ist der Begriff der „Intervention" als didaktische Fragestellung prominent geworden, weil die praktischen Erfolge bzw. Misserfolge gezeigt haben, dass jede Differenzsetzung auf systemspezifische Reaktionen (Widerstand, Abwehr, Vereinnahmung etc.) stößt. Dieses Phänomen ist besonders in der Falluntersuchung (zweiter Teil) deutlich geworden. Hier hat das neue Bildungsmodell KUPO nicht nur die (Selbst-)Reflexion als einen wesentlichen „Lerngegenstand" forciert, sondern dadurch zugleich eine nachhaltige Intervention in den „kulturellen Zustand" der Organisation gesetzt. Die neue, „emanzipatorische Bildung" bedeutete für die Organisation eine „fundamentale Differenz", weil ihre systemspezifischen Normen und Werte hinterfragt und verändert wurden. Auf diese „Zumutung" reagierte die Organisation mit verschiedenen Manövern der Systemabwehr. Diese Problematik, dass Systeme sich nicht gern mit ihren Widersprüchen konfrontieren, ließe sich auf alle gesellschaftlichen Systeme übertragen. Daher ist die „organisatorische Frage" so wesentlich, weil sie über „Raum" und „Zeit" der Reflexion entscheidet.

Es gibt eine lange Geschichte von Modellen, die sich dem hierarchischen Dualismus entgegensetzten. Die Dialogdialektik Platons war ebenso an nichthierarchischen Organisationsformen interessiert wie neuere Entwicklungen in den Sozialwissenschaften (zum Beispiel die Aktionsforschung) oder in Interventions- und Beratungswissenschaften. Hier werden Situationen arrangiert, in denen gemeinsame Erkenntnisprozesse zu bestimmten Resultaten führen, in denen man wechselseitig zum Subjekt und Objekt der Erkenntnis wird (Berger / Heintel 1998, S. 309). Selbstbildungsprozesse, die organisatorisch wirksam sein sollen, erfordern also neue Organisationsformen der Interaktion und Kommunikation, die ebenfalls in der Form einer eigenen Bildungsmaßnahme entwickelt werden müssen. Diesbezügliche Erfahrungen aus der Begleitforschung bestätigen die Notwendigkeit nach eigenen „Bildungsveranstaltungen", die eine Einübung und Erprobung in eine „Sprache der Systemreflexion" gewährleisten. Darüber hinaus zeigen diese Erfahrungen ebenso, dass immer mit Widerständen gegen diese „Reflexionszumutungen" zu rechnen ist, welche wiederum nur kommunikativ zu bewältigen sind. Diese Problematik verweist auf eine weitere unumgängliche Voraussetzung: Es gibt so etwas wie ein „affektives Eigenleben" in jedem sozialen System, ein „emotionales Unterfutter" als „Bedingung der Möglichkeit von Reflexion", das bei jedem Reflexionsprozess „mitschwingt" und bearbeitet werden muss.

3.2 Zweite Konsequenz: Politisierung aller Lebensbereiche

3.2.1 Aufklärung der Affekte

Für Sokrates sind die *menschlichen Affekte* eine sehr wesentliche Kategorie der politischen Kunst. Ausbildung, Erziehung, politische Bildung haben primär etwas mit Gefühlen und Bedürfnissen zu tun – es geht um den *Leib* und das *Wohlergehen*. Sokrates fragt ganz ausdrücklich danach, ob *wir Menschen uns alle wohl befinden wollen* (siehe erster Teil, *Euthydemos*). Weisheit und Glück sind „gleichursprünglich" und sollten sowohl individuell, wie auch kollektiv erreichbar sein. Im Glücksbegriff ist die „Teilhabe der Affekte" immanent – erst wenn die menschlichen Bedürfnisse befriedigt sind, kann die höchste Stufe der „menschlichen Güter" erreicht werden – Weisheit und Glück. Im *Staat* wird diese Dimension in ihrer politischen Relevanz diskutiert: die Massen haben gewissermaßen keine „Metaebene" (Philosophie und Masse verträgt sich nicht, sagt Sokrates); sie sind von einer kollektiven Affektivität getrieben und können daher keinen Staat führen. Deswegen sollten die Staatsmänner möglichst nahe an die *philosophische Natur* herankommen, damit sie dieser *unüberwindlichen Zwangsläufigkeit*, die von den Massen ausgeht, Stand halten können.

Man könnte sagen, dass Sokrates (Platon) mit dieser Erkenntnis einiges von der modernen Massenpsychologie vorweggenommen hat. Anders als heute wurde der Umgang mit „Massenphänomenen" als ein zentrales Element der Ausbildung mitgedacht. Man müsse mit den *Wutanfällen* und *Begierden* der

Masse umgehen können – ihr einerseits nicht verfallen, aber sie auch nicht manipulieren, wie die *Sophisten* es tun würden. Und gerade deswegen sei die philosophische Ausbildung so wichtig. In einigen heutigen Ausformungen der „politischen Kunst" als Technik sind offenkundig starke „sophistische Einflüsse" zu bemerken – es geht um WählerInnenstimmenmaximierung, um eine gute PR, um „Politainment", um die Inszenierung etc., damit die Aufmerksamkeit der Masse erzeugt wird. Das hat wenig mit „Aufklärung der Massen" zu tun, sondern mehr mit einer Anpassung an die „Bedürftigkeit" der Masse. Sokrates macht hier einen interessanten Vorschlag, der sowohl damals wie auch heute eher „fremdartig" erscheint, nämlich dass sich der Staat mit einem *philosophischen Studium befassen*[96] müsste. Der Staat bzw. seine „Staatsmänner" sollen sich in der *philosophischen Kunst* üben, die zugleich eine Form der *philosophischen Praxis* sei: Philosophieren wird als Tätigkeit aufgefasst, die mit „Leib und Seele" betrieben wird. Diese Qualität soll ebenso der Gemeinschaft zukommen, sie sollte an dieser politischen Kunst mit all ihren affektiven Erscheinungen teilhaben können.

Es war vom Philosophieren mit Leib und Seele die Rede. Zugleich ist deutlich geworden, dass dies nicht Unmittelbarkeit oder partikulare Betroffenheiten meint. Worum es geht, ist die Rückbindung an das ganze individuelle, soziale und kollektive Leben und seinen konkreten Leibern. (Berger / Heintel 1998, S. 324) Diese Rückbindung müsste ein „Wesensmerkmal" der heutigen politischen Bildung sein. Metaphorisch ausgedrückt: Nicht nur der Verstand soll sich durch Reflexion „befreien", sondern auch die Emotionen. Da Emotionen auch ein kollektives Phänomen sind, müsste es auch kollektive Formen des Nachdenkens über die „gesellschaftliche Leiblichkeit" geben. Es geht hier nicht um die neuzeitlich verstandene individuelle Freiheit, auch den Griechen ging es nicht darum, sondern um eine allgemeine und intersubjektive „politische Freiheit" als Möglichkeit zur aktiven Teilnahme an der kollektiven Macht, die immer auch eine „Partizipation der Affekte" erfordert. Und diese Teilnahme hat notwendig die Einheit von Erkennen und Handeln zur Voraussetzung (Aristoteles: *sittliches Handeln*).

Diese Handlungsform könnte heute eine „Schlüsselfunktion" haben für die Re-Integration von politischer Praxis und politischer Theorie zu Gunsten der Modellentwicklung für die emanzipatorische Bildung. *Dann aber stellt sich die Frage, ob sich das wissenschaftliche Interesse einer philosophischen Ethik nicht auch mit einem praktischen Interesse vereinen lasse, mit anderen Worten: ob das Ziel, sittliche Urteile nicht zu fällen, sondern auch zu analysieren, nicht*

---

96 *Ganz in entgegengesetzter Weise als heutzutage üblich muss sich der Staat mit diesem philosophischen Studium befassen.* (Platon 1992, S. 289).

auch von einem Denken erreicht werden könne, das sich als weiteres Ziel ge-
setzt hat, dem sittlichen Handeln zu dienen. (Höffe1979, S. 38) In der Tat müsste das „wissenschaftliche Interesse" dem Handeln dienen, das haben Platon und
Aristoteles explizit ausgedrückt; ob die Bezeichnung „sittliches Handeln" heute
geeignet ist, um in dieser „Denkungsart" verstanden zu werden, sei dahinge-
stellt. Worum es geht, ist die Einsicht in die Bedeutung von „Handlungen", von
sozialen Interaktionen, von unterschiedlichen Formen der Kommunikation, von
„sozialen Gesetzmäßigkeiten" und von der Schwierigkeit, Reflexion in einen
„sozialen Körper" zu bringen.

Politische Kunst oder emanzipatorische Bildung müsste an dieser „Bildungsqualität" interessiert sein, schon allein deswegen, um die sogenannten
„Entfremdungserscheinungen" verstehen und bearbeiten zu können. Die Dominanz des modernen technisch-rationalen Bildungsbegriffs suggeriert Eindeutig-
keit und Rationalität. Aber weder in der gelebten Praxis der Bildung noch in der
Politik gibt es eindeutige, rationale und berechenbare Ereignisse, es gibt ebenso
das Gegenteil davon. Im technisch-rational orientierten Bildungsbegriff werden
aber Gefühle, Emotionen, Affekte ausgeschlossen. In der Gestalt von gesellschaftlicher Irrationalität kehren sie aber wieder und „belästigen" abermals das
konventionelle Selbstverständnis der Institutionen. „Störungen" dieser Art sollten daher einer Bildungsfrage zugeführt und analysiert werden. Wenn Bildung
an dieser Stelle kein Verständnis und keine Fähigkeiten entwickeln kann, dann
besteht die Gefahr einer permanenten Verleugnung der sozialen Dimension, die
die Griechen im Bereich der „Handlungen" verortet haben.

Eine weitere Schlussfolgerung aus der griechischen Betrachtung der Massen
und der Affekte müsste lauten, dass sich nicht nur die Politik, sondern auch
andere gesellschaftliche „Institutionen", vor allem Bildungsinstitutionen, mit der
„Aufklärung der Gefühle" beschäftigen müssten. Angesichts „systemspezifi-
scher Funktionslogiken" erscheint es höchst angebracht, hier eine institutionelle
„Metaebene" zu fordern, eine Art „Reflexionsinstanz", die nicht nur die kognitiven Ebene, sondern auch die affektive Ebene erreicht. Zwar ist diese „Metaebene" potenziell individuell gegeben (hier gibt es eine Reihe von individual-
psychologischen Modellen im Bereich der Psychoanalyse und der Psychothera-
pien), aber historisch ist noch keine „kollektive Wende" eingetreten. Wie können sich Massen über ihre emotionale Verfassung „aufklären"? „Gar nicht",
würden MassenpsychologInnen und GruppendynamikerInnen sagen; Massen
müssten strukturiert und organisiert werden. Erst die Form der Institution, Organisation oder der Gruppe erlauben einen Zugang zur „kollektiven Ebene".
Heute geht es darum, mit und über den „kollektiven Leib und die kollektiven
Seele" zu philosophieren; so müsste philosophische Praxis aufgefasst werden.

Die Neuorientierung der politischen Bildung und die Bemühungen in Richtung Modellbildung erfordern diese Differenzierung zwischen „verstandesorientierter" Aufklärung (die sich oft auch als Gesellschaftskritik ausdrückt) und einer zweiten Form von Aufklärung, eine „Aufklärung der Gefühle", die aber nicht an ein bestimmtes „Spezialistentum" ausgelagert werden kann, sondern nur in der Interaktion mit den Beteiligten erarbeitet werden kann. *Eine zweite Aufklärung gegenüber einer ersten, die sich eher der Verobjektivierung verschrieb, würde aber bedeuten, mit Sinnlichkeit, Gefühl, etc. einen neuen Umgang zu finden, sie in ihrem Eigenwert gemeinsam als das Subjekte-Verbindende wieder zu erkennen. Sie sind nämlich nicht bloß subjektiv, auch wenn die Subjekte ‚erster Ort' sind, noch ‚trügerisch', Restbestände vorwissenschaftlicher Zeitalter.* (Heintel 2005, S. 45 f.)

Der aristotelische Autarkiebegriff deutet eine Wendung zur „zweiten Aufklärung" an – die Gemeinschaft solle „selbstzwecklich", „für sich allein genügend" sein, aber nicht im Sinn von „selbstgenügsam", sondern diese „Selbstzweckhaftigkeit" muss immer auf die *Verflochtenheit mit den Mitbürgern* angewendet werden (siehe Kapitel 1.2 in diesem Teil). Philosophische Praxis ist also keine „göttliche Eingebung", sondern muss „gewollt", entschieden und gelebt werden; das systematische Nachdenken und Diskutieren über die eigenen Befindlichkeiten muss kollektiv gewollt werden. Der Begriff der *Polisfreundschaft* erscheint zwar altmodisch, jedoch verweist er auf eine prinzipielle soziale Verflochtenheit, die auf Freiwilligkeit basiert (und daher nicht als absolutistisches oder demagogisches Programm interpretiert werden kann). Damit wird bereits der Grundgedanke der „kollektiven Selbstbildung" angesprochen.

Das dem Begriff der „Polisfreundschaft" immanente konsensorientierte Verhaltensprinzip (*ethische Tüchtigkeit*) kann zugleich als politischer Imperativ verstanden werden, der ein Konzept zu Teilhabe an der kollektiven Macht voraussetzt. Daher sind Bildungsfragen für die Griechen so wesentlich; sie forderten eine *Wissenschaft vom menschlichen Leben* (siehe Kapitel 1.2.3) oder eine *Wissenschaft der Gemeinzucht der Menschen, als freiwillige Herdenwartung über freiwillige Menschen* (siehe Kapitel 1.1.3).

Diesen Grundgedanken weiterverfolgend sind einige Ideen von „Selbststeuerung" in der modernen Sozialforschung zu finden. Dennoch wären ihre „Selbstbildungsmodelle" und sozialen Erkenntnisse heute entsprechend auf ein breites gesellschaftliches Feld anzuwenden. So könnte eine umfassende „Politisierung" aller Lebensbereiche in Angriff genommen werden: wenn man das jeweilige soziale Handlungsfeld als einen Ort der politischen Bildung identifiziert und entsprechende Prozesse und Lernformen in Ganz setzt.

3.2.2 Reflexive Lernformen

Betrachtet man die Politisierung aller Lebensbereiche nicht nur als Handlungs-prinzip, sondern auch als Bildungsprinzip, dann folgt daraus einerseits, dass politische Bildung als Prinzip aller Bildung gedacht werden müsste (siehe dazu auch erster Teil des Buches). Andrerseits folgt daraus ebenso die Notwendigkeit für die Schaffung von neuen Lernformen, die direkt im Anwendungsfeld, das heißt bei den TeilnehmerInnen einer Bildungsveranstaltung bzw. Mitgliedern einer Organisation ansetzt und auf die Organisation „zurückwirkt". Diese „Kop-pelung" zwischen Lernerfahrungen und Strukturen der Organisation erfordert Einsicht und Umgang mit „emotionalen Begleiterscheinungen" von Verände-rungsprozessen – das ist in der Begleitforschung zu KUPO (zweiter Teil) deut-lich geworden. Wenn die emanzipatorische politische Bildung tatsächlich in einem bestimmten Praxisfeld wirksam werden soll, dann müssen Prozesse be-gleitet werden können, die ganz bestimmte strukturelle und organisatorische Veränderungen mit sich bringen. Das bedeutet plakativ gesagt: Die Aufklärung eines „kollektiven" Selbst sollte umfassende „Lernmöglichkeiten" bereitstellen, gerade für die Schnittstelle zwischen individueller Lernerfahrung und organisa-tionaler Lernerfahrung.

Reflexive Lernformen, die vom Prinzip her immer die „herrschenden Ver-hältnisse" eines sozialen Systems hinterfragen und auch verändern können, rufen notwendigerweise Veränderungswiderstände hervor. Das Beispiel KUPO hat gezeigt, dass der „Hass gegen das Erfahrungslernen", der dem sozialen Ler-nen immanent ist, nicht nur individuell, sondern auch kollektiv ausagiert wird (Widerstand gegen strukturelle Entwicklungsprozesse). Das bedeutet umge-kehrt, dass es die organisatorische oder institutionelle Struktur ist, die derartigen Veränderungsprozessen mit reflexiven Lernmöglichkeiten begegnen muss. Die Bildungsaufgabe der Organisation oder des jeweiligen sozialen Systems besteht darin, dass das „Selbst" der Reflexion zum Gegenstand des Lernens gemacht wird; hierfür bieten sich reflexive Lernformen an (Erfahrungslernen, organisati-onales Lernen, soziales Lernen), wie auch die Begleitforschung zu KUPO ge-zeigt hat.

Nach Platon und Aristoteles besteht die „Politisierung des Systems" darin, dass die Selbstthematisierung das ureigenste Ziel von Politik ist – „Regenten" müssen philosophieren, sogar der Staat als ganzes sollte das tun. Reflexion ist die primäre Aufgabe nicht nur der Politik, sondern auch der politischen Wissen-schaft. Die griechische Idee von „praktischer Philosophie" übersetzend kann festgehalten werden, dass jedes soziale System eine potenzielle „Polis" ist, ein politischer Ort, an dem hinterfragt und nachgedacht werden kann. Vorausge-setzt, dass sich ein Kollektiv dazu entscheidet, über sich nachzudenken, und entsprechende Rahmenbedingungen (Zeit, Ort, Kommunikationsform, Beteiligung) schafft, könnte so etwas wie „Politisierung der eigenen Praxis" stattfinden. Das heißt, dass ein soziales Leben erst dann „politisch" ist, wenn es diese Reflexionsebene gibt und wenn auch davon Gebrauch gemacht wird. Und die *politische Kunst* lehrt, wie davon Gebrauch zu machen ist.

Auch moderne PhilosophInnen fordern eine neue Bildungsqualität, die helfen soll, die praktische Philosophie zu verwirklichen. *Mit diesem neuerwachten Interesse der Philosophie verbindet sich der Anspruch, gegenüber dem persönlichen, sozialen und politischen Handeln eine normativ-kritische Kompetenz zu besitzen, eine Anspruch, der angesichts der Orientierungs- und Legitimationsschwäche der fortgeschrittenen Industriegesellschaften sehr willkommen ist. Gleichwohl: Trotz der weltweiten Rehabilitierung der praktischen Philosophie ist der wissenschaftliche Charakter der philosophischen Ethik und politischen Philosophie, sind die ihnen entsprechende methodische Erkenntnis und vor allem ihr Anspruch auf normativ-kritische Kompetenz noch immer umstritten.* (Höffe 1979, S. 7) Dass der Anspruch der Philosophie auf normativ-kritische Kompetenz umstritten ist, dürfte unter anderem darin begründet sein, dass die „akademische" Philosophie diese Kompetenz zwar auf einer theoretischen Ebene einfordert, aber fast keine praktischen Modelle entwickelt hat. Es ist auch zu bezweifeln, ob „moderne PhilosophInnen" selbst eine solche Kompetenz besitzen, da sie – sokratisch gedacht – den *einsehenden Teil der Erkenntnis* wissenschaftlich begründen, nicht aber den *handelnden Teil*. Das Wesen der politischen Handlung – das aktive, dialogische Teilnehmen an der Gemeinschaft – ist im Zuge der naturwissenschaftlichen und neuzeitlichen „Disziplinierung" als Methode der „praktischen Philosophie" weitgehend abhanden gekommen. Die dominante Form des Philosophierens nach Aristoteles (historisch) ist der Monolog, das „einsame" Nachdenken; deswegen ist die normativ-kritische Kompetenz der Philosophie mit Recht umstritten, aber dennoch einzufordern.

Auch Baumann fordert eine Repolitisierung, eine „Wiederbelebung" der kritischen Reflexion. *Kritische Reflexion meint eine menschliche Aktivität, die – sehr ähnlich dem Leben selbst – keine Begründung hat... Kritische Reflexion ist das Wesen aller echten Politik (im Unterschied zum bloß ‚Politischen' – das heißt auf die Ausübung von Macht Bezogenen). Politik bedeutet die wirksame und praktische Anstrengung, Institutionen, die mit ihrer Gültigkeit de facto prahlen, der Überprüfung de jure zu unterziehen. Und Demokratie ist ein Ort kritischer Reflexion, der seine charakteristische Identität aus dieser Reflexion ableitet* (Baumann 2000, S. 124). Hier werden zwar zentrale Bezugshorizonte genannt, jedoch nicht weiter konkretisiert; es fehlt die Handlungsebene. Reflexion meint eine *menschliche Aktivität*, aber in welchem gesellschaftlichen Rahmen soll sie stattfinden und wie soll dieser Prozess gesteuert werden? Dass die

Demokratie der Ort der kritischen Reflexion ist, wird niemand bezweifeln, aber wo genau und wer soll worüber reflektieren?

Diese akademisch-philosophischen Ansätze beschreiben anspruchsvolle Richtziele, aber sie entbehren der praktischen „Durchführungsbestimmungen". Demgegenüber definiert die Gruppendynamik als „politischen Ort" die Gruppe; sie ist jenes Bezugssystem, das erstens eine kollektive Reflexion erreicht und zweitens zugleich eine Lernform darstellt für die Einübung einer „normativ-kritischen" Kompetenz. In der gruppendynamischen Literatur ist diese Methodik ausführlich beschrieben worden; hier sei noch ein Beispiel angeführt, das versucht, diese Art von Kompetenz auf eine Art Demokratiefähigkeit zu beziehen: Diem-Wille entwickelt eine *Demokratieskala*, die eine Reihe von Kompetenzen umfasst, wie zum Beispiel die *flexible Überprüfung eigener Wertvorstellungen, selbständiges Handeln, Konflikfähigkeit, emotionale Erlebnisfähigkeit, Umgehenkönnen mit Ambivalenz und Angst.* (Diem-Wille 1993, S. 359 f., vgl. auch Krainz 1998, 2005). Wie auch immer kritische Kompetenzen genannt werden, eines ist ihnen gemeinsam: sie müssen gelernt werden, am besten in und mit Gruppen.

Wenn politische Bildung
emanzipatorisch sein soll...
FÜNF THESEN

Wenn die politische Bildung auch „emanzipatorisch", „demokratisch" oder „aufgeklärt" sein soll, dann müsste es – modern gesprochen – zu einer umfassenden „Bildungsinnovation" kommen. Wie kann das gelingen? Das ist die zentrale Fragestellung dieser Arbeit. Ausgehend von einer Bestandsaufnahme der Situation der gegenwärtigen politischen Bildung wurde der Blick auf die praktischen Möglichkeiten gerichtet, auf die Schwierigkeiten, aber auch auf die Erfolge von Bildungsinnovationen (zweiter Teil). Schließlich wurden unter der Berücksichtigung von (historisch) alten und neuen Perspektiven einige Konsequenzen gezogen. Diese seien hier zusammengefasst dargestellt:

1. These:
Politische Bildung ist dann emanzipatorisch, wenn sie am Verhalten ansetzt. Das kann nur eingeschränkt mittels Akkumulation von Wissen passieren – hier sind andere „Bildungsmaßnahmen" nötig. Verhaltenslernen, Lernen über Feedback oder reflexives Lernen bezeichnen diese andere Seite; das Ergebnis daraus ist kein „objektives Ergebnis", sondern ein Zustand der Reflektiertheit, ein Bewusstsein über sich selbst, möglicherweise ein „unglückliches Bewusstsein". Dahinter steht die Annahme, dass sich Aufklärung, Demokratie oder Emanzipation nur mittels gelebter „Selbstthematisierung" verwirklichen lassen. Eine „reine Schau der Theorie" macht noch keinen aufgeklärten Bürger, salopp gesagt. Aufgeklärt sein bedeutet, sich selbst aufzuklären in einer Form des „organisierten Nachdenkens". Wenn das Verhalten zum Gegenstand des Lernens erhoben wird, dann kann dieses Lernen niemals „erschöpft" sein, sondern ist prinzipiell offen und unbegrenzt.

Die Schwierigkeit oder besser gesagt die „historische Herausforderung" liegt darin, dass dieses „Selbst" kollektiv bestimmt werden müsste. Hier wäre eine neue Perspektive einzunehmen, die das „kollektive Verhalten" (von Menschenmassen, von Institutionen, von Organisationen etc.) analysiert und daraus Konsequenzen zieht – auch Konsequenzen für eine Neuformulierung und Neuorientierung der politischen Bildung. Ihre Funktion müsste darin liegen, einen kollektiven Aufklärungsprozess zu fördern; sie sollte diese Art von „Denktätigkeit" ermöglichen und begleiten.

2. These:

Politische Bildung ist dann emanzipatorisch, wenn sie ein Konzept der Veränderung impliziert, welches nicht nur individuelle, sondern auch strukturelle Kategorien der Veränderung anbieten kann. Das „Nachdenken über sich selbst" impliziert die Reflexion der strukturellen Umgebung, insbesondere dann, wenn Entscheidungen aus dem Nachdenken hervorgehen. Reflexion wäre sozusagen der erste Schritt; der zweite Schritt liegt in der Bewertung, Interpretation und Schlussfolgerung aus deren Ergebnissen; erst am Ende dieses Prozesses sollten Entscheidungen über gewollte Veränderungen getroffen werden. Für das Bewältigen von Veränderungen sind begleitende Reflexionen zweckmäßig, zumal es ohnehin kaum Alternativen gibt. Nun können aber größere soziale Gebilde nicht so einfach „über sich entscheiden" oder Veränderungen „anordnen"; sie benötigen dafür zunächst Zustimmung und in weiterer Folge neue Strukturen, die dann mehr oder weniger partizipativ oder „demokratisch" gestaltet werden können. Diese Gestaltungsmöglichkeiten zu entwickeln und zu fördern müsste eine zentrale Aufgabe der politischen Bildung sein.

3. These:

Politische Bildung ist dann emanzipatorisch, wenn sie auf die Schaffung von demokratischen Strukturen in Bildungseinrichtungen abzielt und sie zugleich voraussetzt. Das bedeutet, dass sich die Selbstbildung (als eine Voraussetzung für Emanzipation) nur dann entfalten kann, wenn die Strukturen, in denen das geschehen soll, das überhaupt zu lassen. In den gegenwärtigen Bildungseinrichtungen (aber auch in den meisten anderen gesellschaftlichen Systemen) ist in diesem Zusammenhang ein markantes strukturelles Defizit auffällig: das Fehlen einer „Opposition", eines „organisierten Widerspruchs". Es fehlen jene Strukturelemente, die Kritik zulassen und sie in die Entscheidungsfindung einfließen lassen (nicht nur in Bildungseinrichtungen; das „hierarchische Strukturprinzip" ist wohl gesellschaftlich das dominanteste). Erst wenn es die organisatorische Möglichkeit gibt, die Kritik demgegenüber zu äußern, den sie betrifft, erst dann kann sie gehört werden. Ansonsten verstummt sie in der „individuellen Selbstthematisierung" und bleibt somit kollektiv wirkungslos. Das bedeutet weiter, dass sich Bildungseinrichtungen (aber auch andere Organisationen und Institutionen) eine „strukturelle Differenz" leisten müssten, von der sie zunächst nicht wissen, was sie aussagt. Es hängt maßgeblich von den internen Strukturen, Verfahrensweisen und Funktionsweisen ab, ob eine Kritik effektiv werden kann oder nicht. Anders gesagt: Insgesamt wäre eine „Demokratisierung von Strukturen" nötig, damit sie dann imstande sind, ihren „Widerspruch" als Struktur sozusagen „neben sich zu dulden" bzw. davon zu profitieren.

4. These:

Politische Bildung ist dann emanzipatorisch, wenn sie eine Form von Öffentlichkeit schafft, in der ein „Gebrauch der politischen Freiheit" stattfinden kann. Relativ einfach ist die Schaffung eines „politischen Ortes" dort, wo konkrete soziale Situationen (in Organisationen, in gesellschaftlichen Einrichtungen) benannt bzw. geschaffen werden können. In ihnen kann Selbstbildung oder organisiertes Nachdenken noch unmittelbar erfolgen. Aber dieses „Kollektiv" ist ein bestimmtes – es ist ein von den jeweiligen AkteurInnen bestimmtes Kollektiv. Anders ist es, wenn das Kollektiv unbestimmt ist, wenn es sich um die sogenannte „Öffentlichkeit" handelt. Und hier liegt eine der größten Herausforderungen für die politische Bildung, wenn sie auch emanzipatorisch sein will, dass sie nämlich eine Öffentlichkeit schafft und somit dem Gebrauch der politischen Freiheit einen Raum gibt. Das erfordert zugleich einen Bildungsprozess, der die potenziellen „kritischen BürgerInnen" dazu befähigt, in dieser Form kritikfähig zu sein. Mit anderen Worten: Wir haben den „privaten Gebrauch" der „kritischen Vernunft" zwar gelernt, aber nicht den „öffentlichen Gebrauch" – das zu lehren und lernen wäre eine Aufgabe der politischen Bildung. Platon und Aristoteles bieten hierfür einen Freiheitsbegriff, der sich nicht auf die individuelle Freiheit (im heute verstandenen Sinn – „Individualismus") bezieht, sondern auf eine „politische Freiheit", die darin besteht, dass es ausreichende Möglichkeiten zur kollektiven „Teilhabe" an der kollektiven Macht gibt. Diese Möglichkeiten zu schaffen ist vermutlich die schwierigste Aufgabe, die heute zu bewältigen ist.

5. These:

Politische Bildung ist dann emanzipatorisch, wenn sie „demokratische Methoden" für ihre Vermittlung einsetzt. Selbstbildungsprozesse, die kollektiv ausgerichtet sind, sind abhängig von sozialen „Rahmungen" und Begleitmaßnahmen. Es geht wesentlich darum, *wie* mit sozialen Situationen umgegangen wird, ob der Umgang ein „demokratischer", ein sozial-integrativer ist, oder ob es ein „hierarchischer" ist. Politische emanzipatorische Bildung könnte helfen, den Umgang mit sozialen Situationen zu lernen, in einer Weise, dass die Beteiligten nicht „untergeordnet" werden, sondern dass sie zur Mitbestimmung gebracht

werden. Das heißt, dass Nachdenkprozesse professionell strukturiert und gesteuert werden sollten. Es ist naheliegend zu unterscheiden, dass die offene
Reflexion didaktisch anders zu beantworten ist, als der nächste Schritt in diesem
Prozess, im Finden von Handlungsalternativen. Und die Umsetzung dieser Alternativen benötigt ebenfalls eine begleitende Strukturierung, ebenso wie die
daraus folgende Reflexion, die wiederum aus der neu entstandenen Situation
resultieren kann – bei entsprechender sozialer Rahmung.

Ausblick

Qualitative Forschung ist prinzipiell unabgeschlossen – unter diesem Aspekt
seien abschließend noch einige weiterführende Forschungsperspektiven gehen
könnten. Anschließend an die Ergebnisse aus dieser Auseinandersetzung mit
politischer Bildung lassen sich mehrere Möglichkeiten für eine „Bildungsinno-
vations-Forschung" identifizieren, die hier taxativ angeführt werden:

-      Demokratische Möglichkeiten in Organisationen und Institutionen:
       Welche strukturellen und organisatorischen Voraussetzungen gibt es in
       Organisationen für die Etablierung einer „organisierten Differenz"?
       Was müssen Organisationen lernen, um sich absichtsvoll und bewusst
       zu verändern in einer Weise, die möglichst viel Beteiligung zulässt?
       Was sind die je spezifischen Handlungsmuster oder Verhaltensweisen,
       an denen hier anzusetzen ist? Diese Fragen zu beantworten müssen
       Organisationen weitgehend erst lernen. Wie das zu leisten ist, wird
       beispielsweise in der Organisationsentwicklungsforschung untersucht,
       wobei eine leitende Fragestellung lautet, wie eine fruchtbare „Schnitt-
       stelle" zur jeweiligen Organisation selbst zu entwickeln ist. Es braucht
       gewissermaßen mehr als eine „Theorie über die Organisation", es
       braucht eine aktive Auseinandersetzung der Betroffenen mit „ihrer"
       Theorie, sowie eine professionelle Hinführung zu Handlungsalternati-
       ven. Politische Bildung könnte in diesem Kontext eine „intervenieren-
       de" Funktion (beforschend, begleitend, beratend) wahrnehmen. An-
       schließend an die Erkenntnisse in der Organisationsentwicklungsfor-
       schung könnte eine Fragestellung weiterverfolgt werden: In wie weit
       ist Organisationsentwicklung politisch bildend? In welcher Weise be-
       dingen sich „Selbstaufklärung" und soziale Lernerfahrungen in Orga-
       nisationen? Die „Interventionsforschung" (vgl. Heintel 2005) hat dazu
       bereits einige Fragestellungen aufbereitet.

-    Analyse der gesellschaftlichen Interaktionen: Wie vermittelt sich ein
     Gemeinwesen? Wodurch werden wir „demokratisch"? In welchen Be-
     reichen sind wir tatsächlich „selbstbestimmt" und wo sind wir „fremd-
     bestimmt"? Dass diese Fragen nicht leicht zu beantworten sind, steht
     außer Zweifel. Die Komplexität der modernen Gesellschaft verlangt
     einen differenzierten, interdisziplinären Zugang, nicht nur in forscheri-
     scher Hinsicht, sondern auch in „bürgerlicher Absicht". Das bedeutet,
     dass der Begriff der Gesellschaft entlang ihrer dominanten und weni-
     ger dominanten Systeme differenziert werden muss. Welches System
     „regiert" die Gesellschaft? Welche Zwecke verfolgen sie und in wel-
     cher Weise sind sie voneinander abhängig? Können oder sollen sich
     Systeme (die Systemtheorie würde von „Funktionssystemen" spre-
     chen) selbst bestimmen oder ist ihnen eine heteronome Gesteuertheit
     lieber, und welcher „Preis" wird dafür gezahlt? Komplexe Zusammen-
     hänge erkennen und sich ihnen gegenüber verhalten, wäre das Motto
     dieser Forschungsrichtung. Eine wesentliche Fragestellung in diesen
     Zusammenhang wäre, *wie* unterschiedliche gesellschaftliche Systeme
     mit- oder gegeneinander interagieren und welche „Öffentlichkeiten"
     dabei geschaffen werden (oder auch nicht geschaffen werden). Hier
     spielt u. a. die Medienforschung eine zentrale Rolle, weil Medien die
     „Konstruktion von Gesellschaft" entscheidend beeinflussen können,
     wobei die „Organisiertheit der Medien" wiederum einen wesentlichen
     Einfluss auf ihre Funktionsweise hat und darauf, wie „politisch gebil-
     det" ihre KonsumentInnen sind; das ist ein großer Forschungsbereich,
     der sich beispielsweise unter dem Titel „Prozessethik" (vgl. Krainer
     2001) zu entwickeln beginnt.

-    Weiterführende Untersuchung im Bereich der Bildungsforschung: Er-
     gänzend bzw. wiederholend kann festgehalten werden, dass die „Lern-
     fähigkeit" von Bildungseinrichtungen als Organisationen eine noch zu
     bewältigende Herausforderung darstellt. Inwieweit gelingt es den Bil-
     dungseinrichtungen, sich selbst als eine „lernende Organisation" zu
     verstehen? Wenn es so ist, dass Menschen „soziale Wesen" sind, was
     heißt dann „sozial" für die Schule (und andere Bildungseinrichtun-
     gen)? Angesichts der evidenten Defizite kann eine klare Forderung
     nach einer Bewertung der Bildungsbegriffe gestellt werden bzw. die
     Forderung nach einer Reform von Bildungsinstitutionen erhoben wer-
     den. Eine offene Frage ist in diesem Kontext u. a., wie Interdisziplina-
     rität realisiert werden kann – wie sie (von den SchülerInnen, von den

LehrerInnen) gelernt werden kann und wie sie als organisatorisches Prinzip entwickelt werden kann. Eine gelebte Interdisziplinarität ist eine wichtige „Tür" für die „Demokratisierung" der Bildung, weil dabei die Trennung zwischen den Fächern bis zu einem gewissen Grad aufgehoben werden und dadurch erst ein Niveau der Kooperation erreicht werden kann.

Literaturverzeichnis

Altrichter, Herbert / Krainer, Konrad: Wandel in der Lehrerarbeit und Lehrerfortbildung. In: Krainer, Konrad / Posch, Peter (Hrsg.): Lehrerfortbildung zwischen Prozessen und Produkten. Klinkhardt, Bad Heilbrunn 1996, S. 33 – 52.

Altrichter, Herbert / Posch, Peter: Lehrer erforschen ihren Unterricht. Eine Einführung in die Methode der Aktionsforschung. Julius Klinkhardt, Bad Heilbrunn 1998, 3. Aufl.

Antons, Anton / Amann, Andreas / Clausen Gisela / König, Oliver / Karl Schattenhofer (Hrsg.): Gruppenprozesse verstehen. Gruppendynamische Forschung und Praxis. Verlag für Sozialwissenschaften, Wiesbaden 2004, 2. Aufl.

Aristoteles: Politik. Deutscher Taschenbuch Verlag, München 2003, 9. Aufl.

Aristoteles: Nikomachische Ethik. Reclam, Stuttgart 1983, ergänzte Aufl.

Baumann, Zygmunt: Die Krise der Politik. Fluch und Chance einer neuen Öffentlichkeit. Hamburger Edition Verlagsgesellschaft, Hamburg 2000

Benne, Kenneth D. / Bradford, Leland P. / Lippitt, Ronald: Die Laboratoriumsmethode. In: Bradford, Leland P. / Gibb, Jack R. / Benne, Kenneth D. (Hrsg.): Gruppen-Training. T-Gruppentheorie und Laboratoriumsmethode. Klett Verlag, Stuttgart 1964, S. 35 – 67.

Benne, Kenneth, D.: Geschichte der Trainingsgruppe im Laboratorium. In: Bradford, Leland P. / Gibb, Jack R. / Benne, Kenneth D. (Hrsg.): Gruppen-Training. T-Gruppentheorie und Laboratoriumsmethode. Klett Verlag, Stuttgart 1964, S. 95 – 156.

Berg-Schlosser, Dirk / Stammen, Theo: Einführung in die Politikwissenschaft. Beck, München 1995

Berger, Wilhelm / Heintel, Peter: Die Organisation der Philosophen. Suhrkamp, Frankfurt am Main 1998

Bradford, Leland P. / Gibb, Jack R. / Benne, Kenneth D.: Zwei Innovationen der Erziehung: die T-Gruppe und das Laboratorium. In: Bradford, Leland P. / Gibb, Jack R. / Benne, Kenneth D. (Hrsg.): Gruppen-Training. T-Gruppentheorie und Laboratoriumsmethode. Klett Verlag, Stuttgart 1964, S. 19 – 34.

Braun, Eberhard / Heine, Felix / Opolka, Uwe: Politische Philosophie. Ein Lesebuch. Rowohlt Taschenbuch Verlag, Hamburg 2000, 7. Auflage

Bundesministerium für Bildung, Wissenschaft und Kultur: Politische Bildung in Schulen. Grundsatzerlass zum Unterrichtsprinzip. GZ 33.466/103-V/4a/94. Wien 1994

Bundesministerium für Bildung, Wissenschaft und Kultur: Grundsatzerlass zur Medienerziehung. GZ 48.223/14-Präs. 10/01. Wien 2001

Devereux, Georges: Angst und Methode in den Verhaltenswissenschaften. Suhrkamp Verlag, München 1984

Diem-Wille, Gertraud: Die politische Relevanz der Gruppendynamik und Organisationsberaturn. In: Schwarz, Gerhard u.a. (Hrsg.): Gruppendynamik. Geschichte und Zukunft. WUV-Universitätsverlag, Wien 1993, S.353 – 370.

Dörner, Andreas: Politainment. Politik in der medialen Erlebnisgesellschaft. Suhrkamp Verlag, Frankfurt am Main 2001

Filzmaier, Peter: Politik und Medien: Teledemokratie, *Cyberdemocracy* und politischer Wettbewerb. In: Filzmaier, Peter u.a.: Politisches Alltagsverständnis. Demokratie, Geschlechterverhältnisse, Arbeitswelt, Medien und Bildung. Studien-Verlag, Innsbruck Wien 1999, S. 169 – 228.

Filzmaier, Peter / Jenewein, Franz / Pelinka, Anton: Angst vor der politischen Bildung? Programme an Universitäten und in der Erwachsenenbildung. In: Filzmaier, Peter u.a. (Hrsg.): Politisches Alltagsverständnis. Demokratie, Geschlechterverhältnisse, Arbeitswelt, Medien und Bildung. Studien-Verlag, Innsbruck Wien 1999, S. 275 – 296.

Freud, Sigmund: Massenpsychologie und Ich-Analyse. Fischer Verlag, Frankfurt a. Main 2000, 5. Aufl.

Froschauer, Ulrike / Lueger, Manfred: Das qualitative Interview zur Analyse sozialer Systeme. Universitätsverlag, Wien 1992

Grossmann, Ralph / Heintel, Peter: Vermittlung von Organisationskompetenz. In: Heintel, Peter / Krainer, Larissa (Hrsg.): Weiter Bildung? Beiträge zur wissenschaftlichen Weiterbildung aus Theorie und Praxis. Springer Verlag, Wien-New York 2000, iff texte Bd. 7, S. 49 – 60.

Heintel, Peter: Grundthesen zur Aktionsforschung. Unveröffentlichtes Manuskript, Klagenfurt Jahr unbekannt.

Heintel, Peter: Bedeutung und Unterdrückung sozialer Interaktion in der Schule. In: Schwarz, Gerhard (Hrsg.): Gruppendynamik für die Schule. Reihe Pädagogik der Gegenwart 114. Jugend und Volk, Wien-München 1974, S. 107 – 130.

Heintel, Peter: Die Gruppe im Lehr- und Lernprozess. In: Buchinger, Kurt u.a. (Hrsg.): Gruppe und Bildung. DeGruyter, Berlin-New York 1975, S. 132 – 205.

Heintel, Peter: Politische Bildung als Prinzip aller Bildung. Jugend und Volk, Wien München 1977a

Heintel, Peter: Die Bedeutung der Gruppendynamik für die menschliche Kommunikation. In: Heintel, Peter (Hrsg.): Das ist Gruppendynamik. Heyne Verlag, München 1977b, S. 129 – 171.

Heintel, Peter: Motivforschung und Forschungsorganisation – ein neuer integrativer Forschungsansatz. In: Fischer, Heinz (Hrsg.): Forschungspolitik für die 90er Jahre. Springer Verlag, Wien-New York 1985a, S. 371 – 414.

Heintel, Peter: Lernen durch Erfahrung – Lernen im Verhalten. In: Frei, Norbert / Heintel, Peter: Politische Bildung als Unterrichtsprinzip. Konsequenzen für die Universitäten. Im Auftrag der Österreichischen Rektorenkonferenz 1985b, S. 65 – 90.

Heintel, Peter: Systemtranszendenz als neue Sicherheit. In: Kitzmüller, Erich / Paul-Horn, Ina: Alternative Ökonomie. Springer Verlag, Wien-New York 1998, iff texte Bd. 4, S. 20 – 27.

Heintel, Peter: Zur Grundaxiomatik der Interventionsforschung. Erschienen in der Reihe: Klagenfurter Beiträge zur Interventionsforschung, Klagenfurt 2005, Bd. 1

Heintel, Peter: Über drei Paradoxien der T-Gruppe. In: Heintel, Peter (Hrsg.): betrifft: TEAM. Dynamische Prozesse in Gruppen. Verlag für Sozialwissenschaften, Wiesbaden 2006, S. 191 – 250.

Heintel, Peter / Huber, Jakob: Aktionsforschung – Theorieaspekte und Anwendungsprobleme. In: Zeitschrift Gruppendynamik. Forschung und Praxis. Klett-Cotta, Stuttgart 1978, Heft 6, S. 390 – 408.

Heintel, Peter / Krainer, Larissa: Bildung und Ökonomie. In: Heintel, Peter / Krainer, Larissa (Hrsg.): Weiter Bildung? Beiträge zur wissenschaftlichen Weiterbildung aus Theorie und Praxis. Springer Verlag, Wien-New York 2000, iff texte Bd. 7, S. 79 – 96.

Heintel, Peter / Krainz, Ewald: Projektmanagement: eine Antwort auf die Hierarchiekrise? Gabler, Wiesbaden 1990, 2. Aufl.

Heintel, Peter / Krainz, Ewald: Was bedeutet „Systemabwehr"? In: Götz, Klaus (Hrsg.): Theoretische Zumutungen. Vom Nutzen der systemischen Theorie für die Managementpraxis. Auer Verlag, Heidelberg 1994, S. 160 – 193.

Heintel, Peter / Krainz, Ewald: Veränderungswiderstand von Organisationen. In: Dalheimer, Veronika / Krainz, Ewald / Oswald, Margit (Hrsg.): Change Management auf Biegen und Brechen? Revolutionäre und evolutionläre Strategien der Organisationsveränderung. Gabler Verlag, Wiesbaden 1998. S.201 – 234.

Höffe, Otfried: Ethik und Politik. Grundmodelle und –probleme der praktischen Philosophie. Suhrkamp Verlag, Frankfurt am Main 1979

Höffe, Otfried: Aristoteles' *Politik*: Vorgriff auf eine liberale Demokratie. In: Höffe, Otfried (Hrsg.): Politik. Aristoteles. Akademie Verlag, Berlin 2001, S. 187 – 204.

Huber, Jakob: Gruppendynamik als Wissenschaft. In: Heintel, Peter (Hrsg.): Das ist Gruppendynamik. Heyne Verlag, München 1977, S. 26 – 37.

Kellermann, Paul: Politische Bildung: Erziehung zur Mündigkeit – Erziehung zur Anpassung. In: Frei, Norbert / Heintel, Peter (Hrsg.): Politische Bildung als Unterrichtsprinzip. Konsequenzen für die Universitäten. Im Auftrag der Österreichischen Rektorenkonferenz, 1985, S. 91 – 100.

Königswieser, Roswita: Reflexion als Sprungbrett. In: Heintel, Peter (Hrsg.): betrifft: TEAM. Dynamische Prozesse in Gruppen. Verlag für Sozialwissenschaften, Wiesbaden 2006, S. 69 – 80.

Krainer, Konrad: Ausgangspunkt und Grundidee von IMST². Reflexion und Vernetzung als Impulse zur Förderung von Innovationen. In: Krainer, Konrad u.a. (Hrsg.): Lernen im Aufbruch: Mathematik und Naturwissenschaften. Pilotprojekt IMST². Studienverlag, Innsbruck 2002, S. 21 – 57.

Krainer, Larissa: Medien und Ethik. Zur Organisation medienethischer Entscheidungsprozesse. KoPäd Verlag, München 2001

Krainz, Ewald: Steuern von Gruppen. In: Voß, Bärbl (Hrsg.): Kommunikations- und Verhaltenstrainings. Verlag f. angewandte Psychologie, Göttingen 1994, S. 206 – 220.

Krainz, Ewald: Veränderung in Organisationen. Einführung in die Fragestellung. In: Grossmann, Ralph / Krainz, Ewald / Oswald, Margit (Hrsg.): Veränderung in Organisationen. Gabler Verlag, Wiesbaden 1995, S. 3 – 8.

Krainz, Ewald: Kann man soziale Kompetenzen lernen? In: Falk, Gerhard / Heintel, Peter / Pelikan, Christa (Hrsg.): Die Welt der Mediation. Entwicklung und Anwendungsgebiete eines interdisziplinären Konfliktregelungsverfahrens. Alekto Verlag, Klagenfurt 1998, S. 309 – 329.

Krainz, Ewald: Lehren, Lernen und Prüfen von sozialer Kompetenz für Mediation und Konfliktmanagement. In: Falk, Gerhard / Heintel, Peter / Krainz, Ewald (Hrsg.): Handbuch Mediation und Konfliktmanagement. Verlag für Sozialwissenschaften, Wiesbaden 2005, S. 349 – 364.

Krainz, Ewald: Gruppendynamik als Wissenschaft. In: Heintel, Peter (Hrsg.): betrifft: TEAM. Dynamische Prozesse in Gruppen. Verlag für Sozialwissenschaften, Wiesbaden 2006, S. 7 – 28.

Krainz, Ewald / Lesjak, Barbara: Gruppendynamik in der Sozialarbeit. In: Knapp, Gerald (Hrsg.): Soziale Arbeit und Gesellschaft. Entwicklungen und Perspektiven in Österreich. Hermagoras Verlag, Klagenfurt – Ljubljana – Wien 2004, S. 310 – 341.

Krainz-Dürr, Marlies: Wie kommt Lernen in die Schule? Zur Lernfähigkeit der Schule als Organisation. Studienverlag, Innsbruck-Wien 1999

Lackner, Karin: Soziodynamische Gestaltungskompetenz. In: Heintel, Peter / Krainer, Larissa (Hrsg.): Weiter Bildung? Beiträge zur wissenschaftlichen Weiterbildung aus Theorie und Praxis. Springer Verlag, Wien-New York 2000, iff texte Bd. 7, S. 70 – 78.

Lackner, Karin: Zur Aktualität von T-Gruppen. In: Heintel, Peter (Hrsg.): betrifft: TEAM. Dynamische Prozesse in Gruppen. Verlag für Sozialwissenschaften, Wiesbaden 2006, S. 126 – 144.

Lapassade, Georges: Von der Gruppendynamik zur institutionellen Anlayse. In: Zeitschrift Gruppendynamik. Forschung und Praxis. Klett-Cotta, Stuttgart 1970, Hft. 2, S. 124 – 133.

Lapassade, Georges: Gruppen, Organisationen, Institutionen. Klett Verlag, Stuttgart 1972

Lippitt, Robert: Kurt Lewin und die Aktionsforschung. In: Heigl-Evers, Annelise (Hrsg.): Kinlers "Psychologie des 20. Jahrhunderts", Sozialspsychologie, Bd.1, Beltz, Weineheim-Basel 1984, S. 106 – 109.

Luhmann, Niklas: Sich im Undurchschaubaren bewegen. Zur Veränderungsdynamik hochentwickelter Gesellschaften. In: Grossmann, Ralph / Krainz, Ewald / Oswald, Margit (Hrsg.): Veränderung in Organisationen. Gabler Verlag, Wiesbaden 1995, S. 9 – 18.

Leuthold, Margit: Grüne politische Bildung. Eine problemgeschichtliche Darstellung der Entwicklung in Deutschland und Österreich. Leske&Budrich, Opladen 2000

Moscovici, Serge: Das Zeitalter der Massen. Eine historische Abhandlung über die Massenpsychologie. Hanser Verlag, München Wien 1984.

Pages, Max: Das affektive Leben der Gruppen. Eine Theorie der menschlichen Beziehung. Klett Verlag, Stuttgart 1974.

Pelinka, Anton: Politikwissenschaft und Politische Bildung. In: Frei, Norbert / Heintel, Peter: Politische Bildung als Unterrichtsprinzip. Konsequenzen für die Universitäten. Im Auftrag der Österreichischen Rektorenkonferenz, Wien 1985, S. 545 – 556.

Pelinka, Anton: Politik- und Demokratiebegriff. In: Filzmaier, Peter u.a.(Hrsg.): Politisches Alltagsverständnis. Demokratie, Geschlechterverhältnisse, Arbeitswelt, Medien und Bildung. Studien-Verlag, Innsbruck Wien 1999, S. 9 – 54.

Pesendorfer, Bernhard: Organisationsdynamik. In: Schwarz, Gerhard u.a. (Hrsg.): Gruppendynamik. Geschichte und Zukunft. WUV-Universitätsverlag, Wien 1993, S. 196 – 230.

Pickl, Dietmar: Schule – Ort und Gegenstand von politischer Bildung. Herausgegeben in der Reihe: Huber, Jakob / Macho, Thomas (Hrsg.): Klagenfurter Beiträge zur Philosophie. Verlag wissenschaftliche Gesellschaften Österreichs, Wien 1980.

Platon: Der Staat. Phaidon Verlag, Kettwig 1992, Bd. 5

Platon: Sämtliche Werke, Rowohlt Taschenbuch Verlag, Hamburg 1994, Bd. 1

Platon: Sämtliche Werke, Rowohlt Taschenbuch Verlag, Hamburg 2004, Bd. 3, 34. Aufl.

Scala, Klaus: Gruppendynamik und Schulreform. In: Schwarz, Gerhard (Hrsg.): Gruppendynamik für die Schule. Reihe Pädagogik der Gegenwart 114. Jugend und Volk, Wien-München 1974, S. 171 – 194.

Schattenhofer, Karl: Lernergebnisse aus der Sicht der TeilnehmerInnen. In: Antons, Anton / Amann, Andreas / Clausen Gisela / König, Oliver / Karl Schattenhofer (Hrsg.): Gruppenprozesse verstehen. Gruppendynamische Forschung und Praxis. Verlag für Sozialwissenschaften, Wiesbaden 2004, 2. Aufl., S. 347 - 356

Schwarz, Gerhard: Von der indirekten zur direkten Pädagogik. In: Schwarz, Gerhard (Hrsg.): Gruppendynamik für die Schule. Reihe Pädagogik der Gegenwart 114. Jugend und Volk, Wien-München 1974, S. 9 – 24.

Schwarz, Gerhard: Philosophie und Gruppendynamik. In: Schwarz, Gerhard u.a. (Hrsg.): Gruppendynamik. Geschichte und Zukunft. WUV-Universitätsverlag, Wien 1993, S. 73 – 94.

Schwarz, Gerhard: Die „heilige Ordnung" der Männer. Patriarchalische und Gruppendynamik. Westdeutscher Verlag, Wiesbaden 2000, 3. Auflage

Willke, Helmut: Dumme Universitäten, intelligente Parlamente. In: Grossmann, Ralph (Hrsg.): Wie wird Wissen wirksam? Springer Verlag, Wien-New York 1997, iff texte Bd. 1, S. 107 – 110.

Wimmer, Rudolf: Erlebt die Gruppendynamik eine Renaissance? Eine systemtheoretische Reflexion gruppendynamischer Arbeit am Beispiel der Trainingsgruppe. In: Schwarz, Gerhard u.a. (Hrsg.): Gruppendynamik. Geschichte und Zukunft. WUV-Universitätsverlag, Wien 1993, S. 111 – 140.

Wimmer, Rudolf: Das besondere Lernpotenzial der gruppendynamischen T-Gruppe. Seine Bedeutung für die Steuerung des Kommunikationsgeschehens in komplexen Organisationen. In: Heintel, Peter (Hrsg.): betrifft: TEAM. Dynamische Prozesse in Gruppen. Verlag für Sozialwissenschaften, Wiesbaden 2006, S. 36 – 52.

Handbücher
Erziehungswissenschaft

Jutta Ecarius (Hrsg.)
Handbuch Familie
2007. 701 S. Br. EUR 59,90
ISBN 978-3-8100-3984-2

Rudolf Tippelt / Bernhard Schmidt (Hrsg.)
Handbuch Bildungsforschung
2., überarb. u. erw. Aufl. 2009. 1058 S.
Br. EUR 79,90
ISBN 978-3-531-15481-7

Als umfassendes Nachschlagewerk zum
Thema Bildungsforschung vermittelt das
Handbuch einen zuverlässigen und systematischen Überblick über das gesamte
Diskussions- und Erkenntnisspektrum
eines der elementaren Forschungsberei-
che der Erziehungswissenschaft. Die einzelnen Beiträge führen in Bezugsdiszipli-
nen, Institutionen, Methoden und Handlungsfelder ein und bieten eine grundlegende Information für eine vertiefende
Beschäftigung mit den Themenfeldern von
A wie Acceleration bis Z wie Zielgruppen.

Rudolf Tippelt / Agia von Hippel (Hrsg.)
**Handbuch Erwachsenenbildung/
Weiterbildung**
3., überarb. u. erw. Aufl. 2009. 1105 S.
Br. EUR 79,90
ISBN 978-3-531-15506-7

Als Grundlagenwerk zu Geschichte, Theorien, Forschungsmethoden und Institutionen vermittelt das Handbuch einen syste-

matischen Überblick über den vielfältigen
Themenbereich. Die zahlreichen Zielgruppen der Erwachsenenbildung und Weiterbildung wie auch die verschiedenen
Methoden des Lehrens und Lernens werden zugleich einführend und umfassend
dargestellt. Diese neue Auflage ist grundlegend überarbeitet und erweitert.

Heiner Barz (Hrsg.)
Handbuch Bildungsfinanzierung
2009. ca. 400 S. Br. ca. EUR 49,90
ISBN 978-3-531-16185-3

Rolf Arnold / Antonius Lipsmeier (Hrsg.)
Handbuch der Berufsbildung
2., überarb. u. akt. Aufl. 2006. 643 S.
Br. EUR 59,90
ISBN 978-3-531-15162-5

Heinz-Hermann Krüger /
Winfried Marotzki (Hrsg.)
**Handbuch erziehungswissen-
schaftliche Biographieforschung**
2., überarb. und akt. Aufl. 2006. 529 S.
Br. EUR 49,90
ISBN 978-3-531-14839-7

Werner Helsper / Jeanette Böhme (Hrsg.)
Handbuch der Schulforschung
2., durchges. u. erw. Aufl. 2008. 1037 S.
Geb. EUR 79,90
ISBN 978-3-531-15254-7

www.vs-verlag.de

Erhältlich im Buchhandel oder beim Verlag.
Änderungen vorbehalten. Stand: Januar 2009.

VS VERLAG FÜR SOZIALWISSENSCHAFTEN

Abraham-Lincoln-Straße 46
65189 Wiesbaden
Tel. 0611.7878 - 722
Fax 0611.7878 - 400

Neu im Programm Politikwissenschaft

Viktoria Kaina / Andrea Römmele (Hrsg.)

Politische Soziologie
Ein Studienbuch
2009. 507 S. Br. EUR 29,90
ISBN 978-3-531-15049-9

Mehr als 25 Jahre nach Erscheinen des letzten Überblicksbandes zur Politischen Soziologie fasst das als Sammelband angelegte Studienbuch den aktuellen Forschungsstand der Politischen Soziologie im Schnittbereich von Politikwissenschaft und Soziologie zusammen. Ausgewiesene Forscherinnen und Forscher geben einen Einblick in die theoretisch-konzeptionellen Grundlagen und Fortentwicklungen der zentralen Subdisziplinen der Politischen Soziologie, zum Beispiel der Werte- und Einstellungsforschung, der Wahl- und Parteiensoziologie, der Parlamentarismussowie politischen Partizipations- und Kommunikationsforschung. Der profunde Überblick über grundlegende Begriffe, Konzepte und Analyseinstrumentarien wird nicht nur um empirische Befunde ergänzt. Der Band bietet zudem eine Übersicht über die Analyse- und Forschungsdesigns der Politischen Soziologie, ihre zentralen Forschungsmethoden und verwendbaren Datengrundlagen. Unter besonderer Berücksichtigung neu konzipierter und noch entstehender BA- und MA-Studiengänge ist der Band ein unverzichtbares Studienbuch in einem wichtigen Bereich der Politikwissenschaft.

Thomas Meyer

Was ist Demokratie?
Eine diskursive Einführung
2009. 235 S. Br. EUR 19,90
ISBN 978-3-531-15488-6

Die Demokratie ist in der Gegenwart mannigfaltigen Bedrohungen ausgesetzt. Dieses Buch führt in die geschichtlichen Grundlagen und die Bedingungen der Demokratie ein.

Thomas Meyer

Sozialismus
2008. 153 S. (Elemente der Politik)
Br. EUR 12,90
ISBN 978-3-531-15445-9

Diese Einführung behandelt auf knappem Raum systematisch die Geschichte und Theorie des Sozialismus. Insbesondere werden die modernen Entwicklungen im Sozialismus – Kommunitarismus, Dritter Weg, Soziale Demokratie – behandelt.

Erhältlich im Buchhandel oder beim Verlag.
Änderungen vorbehalten. Stand: Januar 2009.

www.vs-verlag.de

VS VERLAG FÜR SOZIALWISSENSCHAFTEN

Abraham-Lincoln-Straße 46
65189 Wiesbaden
Tel. 0611.7878-722
Fax 0611.7878-400

If you have any concerns about our products,
you can contact us on
ProductSafety@springernature.com

In case Publisher is established outside the EU,
the EU authorized representative is:
Springer Nature Customer Service Center GmbH
Europaplatz 3, 69115 Heidelberg, Germany

Printed by Libri Plureos GmbH
in Hamburg, Germany